工银租赁·经典译丛

编著　维塔利·S.古日瓦（Vitaly S.Guzhva）
　　　桑德·拉加万（Sunder Raghavan）
　　　达蒙·J.达戈斯蒂诺（Damon J.D'Agostino）

译者　金　朦　平时利　倪　冰　苏延华　等

飞机租赁和融资
国际飞机购置和管理的成功工具

Aircraft Leasing and Financing
Tools for success in International Aircraft Acquisition and Management

中国金融出版社

责任编辑：李　融　李林子
责任校对：刘　明
责任印制：丁淮宾

图书在版编目（CIP）数据

飞机租赁和融资：国际飞机购置和管理的成功工具/（美）维塔利·S.
古日瓦（Vitaly S. Guzhva），（美）桑德·拉加万（Sunder Raghavan），
（美）达蒙·J. 达戈斯蒂诺（Damon J. D'Agostino）编著；金朦等译.
—北京：中国金融出版社，2020.1
（工银租赁·经典译丛）
书名原文：Aircraft Leasing and Financing：Tools for success in
International Aircraft Acquisition and Management
ISBN 978 - 7 - 5220 - 0401 - 3

Ⅰ.①飞…　Ⅱ.①维…　②桑…③达…④金…　Ⅲ.①飞机—租赁业务
②航空公司—融资　Ⅳ.①F560

中国版本图书馆 CIP 数据核字（2019）第 283945 号

飞机租赁和融资：国际飞机购置和管理的成功工具
Feiji Zulin he Rongzi：Guoji Feiji Gouzhi he Guanli de Chenggong Gongju
出版
发行　**中国金融出版社**
社址　北京市丰台区益泽路 2 号
市场开发部　（010）63266347，63805472，63439533（传真）
网 上 书 店　http：//www.chinafph.com
　　　　　　　（010）63286832，63365686（传真）
读者服务部　（010）66070833，62568380
邮编　100071
经销　新华书店
印刷　北京市松源印刷有限公司
尺寸　169 毫米×239 毫米
印张　37.25
字数　550 千
版次　2020 年 1 月第 1 版
印次　2020 年 1 月第 1 次印刷
定价　108.00 元
ISBN 978 - 7 - 5220 - 0401 - 3
如出现印装错误本社负责调换　联系电话（010）63263947

Aircraft Leasing and Financing, 1st edition

Vitaly Guzhva, Sunder Raghavan, Damon D'Agostino

ISBN: 9780128152850

Copyright © 2019 Elsevier Inc. All rights reserved.

Authorized Chinese translation published by China Financial Publishing House.

飞机租赁和融资：国际飞机购置和管理的成功工具（金朦 平时利 倪冰 苏延华 等 译）

ISBN：978 - 7 - 5220 - 0401 - 3

维塔利·S. 古日瓦（Vitaly S. Guzhva）

古日瓦博士是安柏瑞德航空大学商业学院的金融学教授，他教授航空金融课程。他拥有航空工程学士学位、军事科学硕士学位、航空工商管理硕士学位和金融博士学位以及特许金融分析师和飞机高级估价师资格。作为一名军事和企业飞行员，古日瓦博士在高性能喷气飞机上有超过 5000 小时飞行记录。古日瓦博士的作品发表在各类同行评审期刊，包括《经济与金融杂志》《航空运输管理杂志》《公共预算杂志》《会计和金融管理》《运输研究记录》《风险管理》和其他期刊。古日瓦博士关于 2001 年 9 月 11 日后美国航空公司损失以及对美国通用航空机场财务状况的研究在美国国内的商务和航空会议中得到了广泛讨论。古日瓦博士是多个金融和航空协会的专业成员。他的研究应用和咨询项目主要包括行业评估和制造商市场分析、下一代航空运输管理系统运营改进的效益—成本分析、航空基础设施重大投资评估等。他目前的研究领域包括航空公司破产、国内外航空公司动态燃油货币对冲策略分析及飞机资产证券化和 EETC 的投资收益分析等领域。

桑德·拉加万（Sunder Raghavan）

拉加万博士是金融教授、富布莱特学者，也是安柏瑞德航空大学在德通纳海滩校区商学院的国际运输飞机贸易协会学院项目负责人。他在华盛顿州立大学获得博士学位，是一名飞机高级估价师。他的研究领域包括飞机融资和租赁，国际航空金融、燃油价格对冲、汇率建模、财务困难和破产、发展中国家的金融市场运作以及金融业在航空业的理论应用。拉加万博士在爱思维尔的《航空运输管理杂志》等期刊上发表了多篇文章。他撰写了两本航空金融案例研究书籍。他曾担任印度储备银行（印度中央银行）顾问，他关于印度公司债券市场发展的报告由印度储备银行出版。他曾担任金融学博士论文的外部论文审查员，并参与编写金融学课本。拉加万博士拥有在美国、加拿大、中国、印度和中东等国的国际教学和研究经验。目前，作为富布莱特项目一部分，拉加万博士将研究中东航空公司使用的创新飞机融资方法。

达蒙·J. 达戈斯蒂诺（Damon J. D'Agostino）

达蒙·J. 达戈斯蒂诺是泽菲勒斯航空资本的总裁兼首席执行官，泽菲勒斯航空资本是一家以老旧飞机为主的租赁公司。在加入泽菲勒斯之前，他任职于 CIT 航空航天公司，CIT 航空航天公司是全球领先的飞机租赁公司之一。他在 CIT 的最后一个职位是首席商务官，负责 CIT 的商业战略和执行，包括飞机销售和租赁、航空公司关系管理、合同谈判、交易重组、新飞机和发动机采购

等方面。在此之前，他曾担任首席销售官，负责营销 CIT 拥有和管理的飞机，到 2017 年，CIT 机队已超过 350 架、价值 110 亿美元。他的职业生涯始于 20 世纪 90 年代初，达戈斯蒂诺先后担任销售和营销职务，并促成超过 170 架飞机出售、租赁和融资项目的成功。达戈斯蒂诺是安柏瑞德航空大学的毕业生，获得航空商业管理的理学学士学位，金融方向。他还获得了迈阿密大学的国际商业工商管理硕士学位，是荣誉毕业生和毕业致辞者。

致谢

任何长期和紧迫的项目都有一个契机，让人明白对该项目需求的迫切性，也能使参与方为达成目标投入时间和精力。2015 年国际运输飞机贸易协会（ISTAT）基金会与安柏瑞德航空大学（ERAU）联合创办的 ISTAT 大学（ISTAT U）项目为本书的编写提供了契机。ISTAT U 项目由 ISTAT 行业专家联合开发，课程专门为立志从事飞机融资、飞机租赁和资产交易领域的研究生设计。在教授了几个学期之后，我们意识到需要把课堂讲稿、演讲资料、文章集和 ISTAT 行业专家的采访笔记整合到一本书中，供 ISTAT U 学生和希望扩充航空金融领域知识的从业人士使用。我们得到许多人的鼓励和帮助，在此我们想感谢他们对这本书作出的贡献。

我们要感谢 ISTAT 和 ISTAT 基金会为我们提供相关主题和想法，并在各类 ISTAT 会议上组织业内专家访谈。我们也感谢众多 ISTAT 行业专家，他们对课程编制提供建议，并和我们当面探讨行业重要问题。我们尤其要感谢谢香农·阿克特（Shannon Ackert）、巴伯·艾格纽（Bob Agnew）、戈兰·阿维迪维奇（Goran Avdicevic）、彼得·巴雷特（Peter Barret）、利奥·伯勒尔（Leo Burrell）、彼得·张（Peter Chang）、克里斯汀·齐米耶夫斯基（Kristen Chmielewski）、杰夫·迪尔（Geoff Deal）、乔治·迪米特洛夫（George Dimitroff）、马克·迪托（Mark Ditto）、罗伯特·范宁（Robert Fanning）、约翰·费伦（John Feren）、迪克·福斯伯格（Dick Forsberg）、托德·弗里曼（Todd Freeman）、罗伯特·

盖茨（Robert Gates）、理查德·根格（Richard Genge）、迪恩·格伯（Dean Gerber）、西蒙·古德森（Simon Goodson）、塞吉奥·古德斯（Sergio Guedes）、克里斯蒂娜·哈夫纳（Christine Hafner）、斯图尔特·哈奇（Stuart Hatcher）、乔尔·赫西（Joel Hussey）、丹妮尔·卡斯克尔（Danielle Kaskel）、道格·凯利（Doug Kelly）、托拜厄斯·康拉德（Tobias Konrad）、哈罗德·库格曼（Harold Kugelman）、格里·拉德曼（Gerry Laderman）、布莱恩·兰格（Bryan Lange）、基因·列维京（Gene Levitin）、马修·利特尔（Matthew Little）、蒂姆·林斯（Tim Lynes）、罗宾·曼德尔（Robyn Mandel）、安迪·曼塞尔（Andy Mansell）、保罗·马森（Paul Mason）、史蒂夫·梅森（Steve Mason）、瑞安·麦克纳（Ryan Mckenna）、唐·米切尔（Don Mitchell）、布莱森·蒙特龙（Bryson Monteleone）、罗伯特·尼尔（Robert Neal）、丹·皮特扎克（Dan Pietrzak）、迈克·普拉特（Mike Platt）、奥尔加·拉齐维纳（Olga Razzhivina）、道格·润特（Doug Runte）、布瑞恩·里诺特（Brian Rynott）、斯图亚特·施瓦茨伯格（Stuart Schwartzberg）、菲尔·西摩（Phil Seymour）、卡尔·谢泼德（Carl Shephard）、贝琪·斯奈德（Betsy Snyder）大卫·斯旺（David Swan）、卡洛琳·范德林（Caroline Vandedrinch）、哈塞姆·瓦扎伊尔（Haseem Vazhayil）、马杜·维杰（Madhu Vijay）、约瑟·文森特（Jose Vincente）、艾德·维耶（Eddo Weijer）、沃伦·威利斯（Warren Willits）、巴里·沃尔夫（Barry Wolf）、大卫·于（David Yu）、云达·萨帕特罗（Yunda Zapatero）和考斯蒂亚·佐洛图斯基（Kostya Zolotusky）。为感谢那些分享了宝贵时间和丰富经验的ISTAT成员，我们决定把本书销售收入中我们应得的部分捐给ISTAT基金会。

　　同时，我们还要感谢所有安柏瑞德航空大学的学生，他们在我们研究和写作本书时提供了帮助。感谢柴华（Hua Chai）、斯隆·丘吉尔（Sloane Churchill）、托马斯·加尼尔（Thomas Garnier）、詹姆斯·约瑟夫（James Joseph）、阿里·马扎尔（Ali Mazhar）、维拉吉·奥扎（Viraj Oza）、沙拉斯·萨希库马尔（Sharath Sashikumar）、内森·施尼茨林（Nathan Schnitzlein）、迈克尔·韦尔奇（Michael Welch）、加布里埃尔·威斯康比（Gabriel Wiscombe）和俞大伟（Dawei Yu）。

最后，特别感谢我们家人的支持。有太多人为本书作出贡献，我们可能有所疏漏，在此深表歉意。

维塔利·S. 古日瓦

安柏瑞德航空大学，德通纳海滩，美国

桑德·拉加万

安柏瑞德航空大学，德通纳海滩，美国

达蒙·J. 达戈斯蒂诺

泽菲勒斯航空资本，劳德代尔堡，佛罗里达州，美国

当我 20 世纪 80 年代初加入航空业时，航空公司要么自己购买飞机，要么通过附带购买权的长期融资租赁结构租赁飞机。现在，大约 40 年过去了，我大部分时间都在从事商用飞机融资和租赁工作，也见证了航空业的许多变化。当被问到谁拥有航空公司的飞机时，人们最有可能的反应是航空公司。虽然航空公司确实自己拥有大部分飞机，但很多人都没意识到全球机队超过 40% 是租赁的，而且这个数字还在持续上升。一架商用飞机价值几千万美元，有时达几亿美元，无论是航空公司购买自用还是租赁公司购买用于出租，都需要进行融资。

《飞机租赁和融资：国际飞机购置和管理的成功工具》全面介绍了商用飞机行业，详细解释了航空公司和租赁公司如何为资本密集型资产融资，进而捕捉航空业的变化。本书是立志从事航空事业学生的优秀课本和参考资料。此外，经验丰富的从业人员也可从本书中学习自己熟悉领域以外的行业知识。

本书通过不同章节，讲解了航空公司为机队选择机型的原因和方法，以及租赁或购买飞机哪种方式更合适。法律和监管、保险、估值和税收也有涉及，以上方面对飞机融资都至关重要。有关租赁的章节讲解了租金率和维修储备金如何计算及发动机租赁背后的机制。

多年来，主要融资渠道已从银行转向非银行融资，例如资本市场、私募股权、出口信贷机构等。在许多情况下，税收可能是选择购买或租赁飞机的决定性因素。飞机租赁公司已将其主要业务从美国转移到爱尔兰、新加坡和中国香港等中枢。新租赁公司在中国和欧洲发展迅速，出租人之间的并购越来越普遍。《飞机租赁和融资：国际飞机购置和管理的成功工具》全面讲解了现有的多种融资方式，对日益增长的跨境租赁和由此需要出租人了解的不同司法管辖区的法律和法规也有所涉及。

来自安柏瑞德航空大学的两位教授和飞机租赁公司的高管以及有经验的行业专家，共同为商用航空业的从业者提供了一个不可多得的资源。

C. 杰夫瑞·奈特尔（C. Jeffrey Knittel）
空客美洲公司董事长兼首席执行官
美国弗吉尼亚州赫恩登

民用航空业很庞大，每年为全球 GDP 贡献超过 7000 亿美元，产值甚至超过了一些 20 国集团成员。半个世纪以来，旅客需求以每年超过 5% 的速度增长，增长势头几乎没有减弱。如今，约 500 家航空公司运营着 25000 架喷气式飞机和 4000 架涡桨飞机，年载客量超过 40 亿人次。

预计未来 20 年将有 40000 架新的民用喷气式飞机交付，其中 60% 将用于航空公司机队新增需求，其他将用于取代老旧机队。这些交付将需要 6 万亿美元，融资来源包括有担保和无担保的银行债务、债券、组合证券以及其他资本市场产品、股权投资和留存收益资金。超过 50% 的融资需求将通过经营出租人获得，这些出租人拥有和管理全球 40% 以上的飞机机队，价值接近 3000 亿美元。

对航空公司来说，选择未来运营哪种飞机通常取决于飞机性能，并通过载客量、航程、油耗等其他运营成本和获得成本来衡量。对于经营租赁出租人和其他飞机投资者来说，考虑因素与航空公司完全不同。尽管航空公司取得的收益仍是关键因素，但这些高价值资产的长期保值率和流动性（有多少航空公司愿意继续经营这种飞机，有多少投资者愿意继续购买这种飞机）是最重要因素，理解这些因素需要具备专业技能和在多个行业周期中积累的广泛经验。

飞机投资者的持续成功取决于两个因素，即保证资产购买价格最低，并确保始终有足够的流动性，以尽可能低的综合资金成本为这些资产融资。满足上述核心条件，然后选择合适的飞机进行长期投资，保证"合理"的采购价格，在飞机经济生命周期中维持资产价值，并在退出时达到预期出售价格，这不仅仅取决于运气。

本书提供了一份详细指南，介绍如何成功进行飞机采购和融资，后续租约谈判，持续风险管理、资产管理和资产价值考量的关键因素和流程，让初始投资获得预期经济回报。飞机租赁行业的全球性质也在本书中有所体现，如税收、会计处理和跨境交易。随着如中国香港和新加坡等新兴租赁地区不断扩大其影响力，这些因素变得越来越重要。

作者把飞机租赁、融资和投资的实际经验与从事相关学术研究的学生们和希望扩充现有行业知识的从业者们所需知识结合在一起。本书填补了市场上的一个空白，且受众广泛，是一本不可多得的课本和参考资料，也是为未来航空产业专家和投资者助力的工具之一。

迪克·福斯伯格（Dick Forsberg）
爱尔兰都柏林
阿沃隆租赁公司战略主管

目录

第一章
飞机租赁行业与市场环境综述

章节大纲

飞机租赁和融资。DOI：https：//doi.org/10.1016/B978-0-12-815285-0.00001-8
爱思维尔公司 R2019 保留所有权利。

航空工业的现状

在所有的旅行选择中，飞机运输是最快的，也是最昂贵的。我们今天所说的航空业可以追溯到 1925 年，当时美国的《空邮法》允许邮政局局长与私人航空公司签订快递服务，从而促进了商业航空运输的发展。1926 年的《空中商业法》赋予商务部部长建立空中通道、向飞行员发放许可证、认证飞机以及发布和执行空中交通管制条例的权力。1938 年的《民用航空法》设立了民用航空委员会，该委员会是负责确定航线和管理旅客机票等其他职能的监管机构。然而，我们今天知道的航空业的两个最重要的事件是 1957 年第一架由喷气发动机驱动的商用飞机波音 707 的开发和 1978 年颁布的《航空公司放松管制法》。喷气飞机成为世界上长途旅行的主要方式。放松管制开创了航空业创新和自由市场竞争的时代，使人们可以负担得起航空旅行。

过去只有富裕人群在放松管制后才能乘坐飞机，但随着更多的航空公司加入竞争，机票价格逐渐下行。由西南航空公司首创的低成本商业模式使航空旅行更加便宜。中产阶级成为行业的推动力。亚洲、中东和南美洲发展中国家的经济增长导致了中产阶级的出现，进一步推动了全球航空运输产业发展。此外，航空服务自由化，如"开放天空"协定加剧了竞争，改善了航空公司效率方面的激励，并为消费者提供了实质性好处。

近年来，伴随世界人口的增长和油价的历史低位，航空旅行的需求正在成倍增长。如图 1.1 所示，航空公司乘客的数量从 1980 年到 2017 年增长了 8 倍，从 2007 年到 2017 年几乎翻了一番，每年运送超过 40 亿乘客。

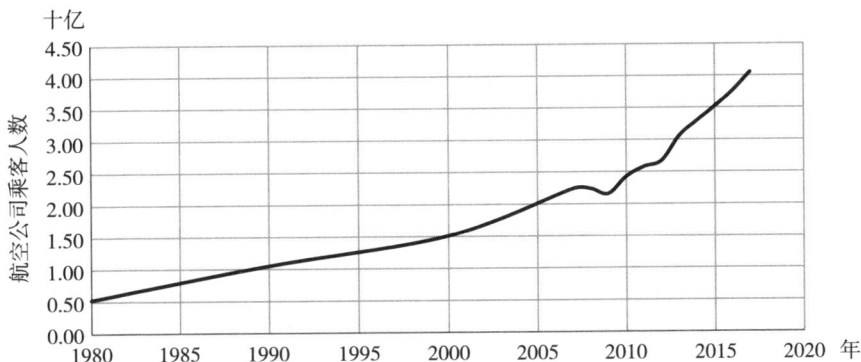

资料来源：作者使用国际民航组织数据绘制。

图 1.1　1980—2017 年航空公司乘客总数

航空业使用的一个常见统计数据是营收乘客里程（RPMs）。对于航空公司来说，重要的是了解它们一里或一公里携带了多少营收乘客，因为每一个乘客都产生收入。该测量结合了飞机飞行距离、容量和负载系数。如图 1.2 所示，使用 RPMs 衡量全球航空业的业绩也表明，在过去 10 年中，RPMs 在 2017 年的增长是 2007 年水平的两倍多。图 1.3 表明，RPMs 的这种增长不仅是由于容量的增加，而且也是由于全球航空机队利用率的提高。从 1980 年到 2017 年，航空公司的年平均负荷系数从 60% 左右上升到 80%以上。

如今，在经历了几十年的低（或负）盈利后，航空业表现良好。航空公司已经学会了如何控制成本和容量，优化其网络，最大限度地降低分销成本，产生大量辅助收入，并有效地为机队提供资金。例如，仅在行李费方面，美国航空公司在 2017 年就收取了近 12 亿美元，是美国航空公司中最高的。德尔塔航空公司和联合航空公司分别以 9 亿美元和 8 亿美元居第二位和第三位。国际航空运输协会估计，全球航空业净利润为 384 亿美元（IA-TA，2017）。

航空业的增长和成功转化为对商用飞机的强劲需求。图 1.4 列出了 1958 年至 2017 年主要商用飞机制造商交付的飞机的美元总值。该图显示，1980 年后交付的飞机美元总值呈指数级增长，2015 年达到 1100 亿美元。

十亿英里

营收乘客里程

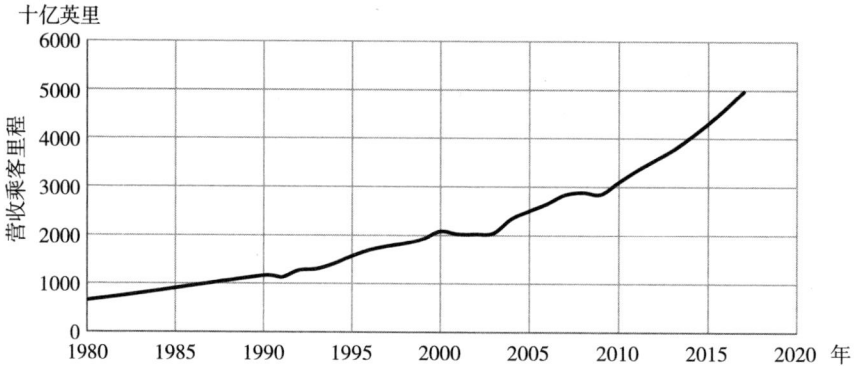

资料来源：作者使用航空公司监测数据绘制。

图 1.2　全球年度 RPMs

%

负载系数

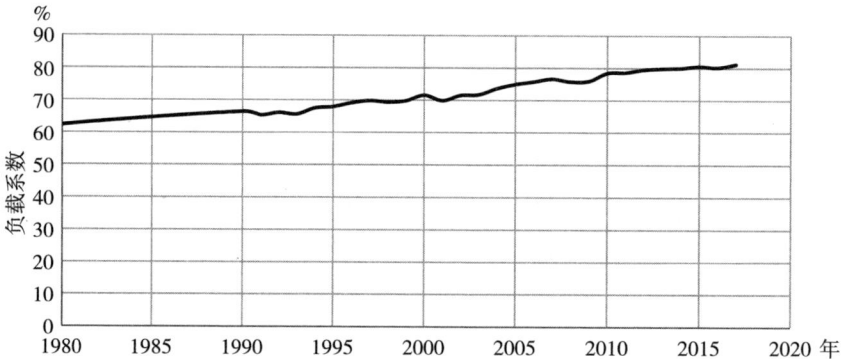

资料来源：作者使用航空公司监测数据绘制。

图 1.3　全球航空公司负载系数

百万美元

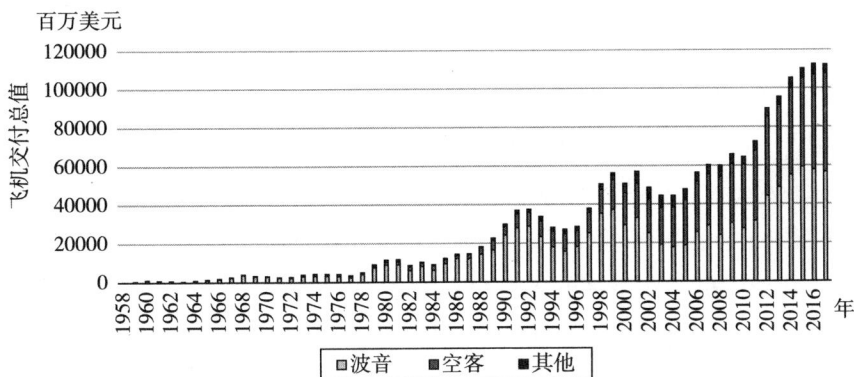

资料来源：作者使用航空公司监测数据绘制。

图 1.4 每年交付的飞机价值

商用飞机市场

根据航空公司监测，截至 2017 年 12 月 31 日，全球交付的飞机超过 28307 架（见图 1.5）。波音公司拥有近 50% 的全球机队（包括剩余的麦克唐纳道格拉斯飞机）主要份额。作为一个相对较新的公司，空客公司制造

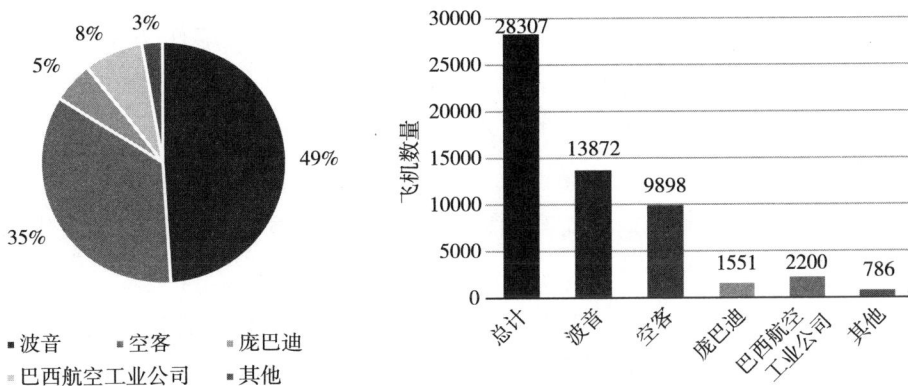

资料来源：作者使用航空公司监测数据绘制。

图 1.5 截至 2017 年 12 月 31 日商用飞机制造商的市场份额

了全球飞机总数的 35%，落后并未太多。根据航空公司监测的数据，2002 年至 2011 年期间，空客公司交付的飞机比波音公司多。然而 2012 年，波音公司重新夺回了领先优势。

2017 年，波音交付了 763 架飞机，而空客交付了 718 架飞机。值得注意的是，两家制造商的生产能力都大大提升了，但它们的未交付订单仍在惊人地增加，而且每年都在不断增加。截至 2017 年 12 月末，波音公司未交付约 5900 架飞机，而空客的未交付订单接近 7300 架。尽管近年来波音公司交付的飞机比空客公司多，但正如积压的情况所反映出的，空客公司在新订单方面的表现超过了波音公司。

预测

影响新飞机需求的主要因素是，在燃油成本高的情况下，需要更省油的飞机，飞机的更换周期和全球经济增长要求更大的容量，特别是在新兴市场。平均而言，商用飞机的有用经济寿命为 25 年，宽体飞机通常较长些，而窄体飞机则较短。然而，最佳经济寿命取决于许多内部和外部因素，如利率、燃油价格、新技术的供应等。当航空公司运营飞机时，它们要平衡资本和直接运营成本。折旧和摊销的资金成本对新飞机而言很大，随着飞机老化而减少。飞机购置和融资成本或租赁付款（租赁飞机）造成了资金成本，其高度依赖利率水平。在低利率环境下，资金成本往往相对较低，导致资本资产的经济寿命缩短。直接运营成本包括燃油、维护、机组人员和保险费。当飞机老化时，维护成本会推高直接运营成本。另外，与现代新技术飞机相比，旧飞机的燃油成本更高。因此，较高的燃油价格和低利率加速了飞机的更换周期，而高利率和低燃油价格往往会延长商用飞机的经济寿命。

所有主要预测都表明，未来 20 年空中交通将以合理较高且持续的负荷系数显著增长。图 1.6 显示了航空公司监测的预测，而空客和波音公司也预测了类似的增长。空客公司预计，到 2036 年，空中交通平均每年将增长 4.4%，将有 35000 架新的客机和货机交付，估计价值为 5.3 万亿美元（空客公司，2017）。空客公司预计，为满足不断增长的需求，将有 60% 的新飞机交付，40%将取代现有的机队。波音公司预测，到2036年，航空流量每年将增长4.7%，新增航班约41000架，市值估计为6.1万亿美元（波音，2017）。空客公司和波音公司的预测包括座位容量在100或更多的客机。图1.7和图1.8显示的航空公司监测预报认为，所有商业客机和货机的估计交付数量将增加至56000多架。2040年，近90%的在役飞机将由2017年后交付的飞机组成。

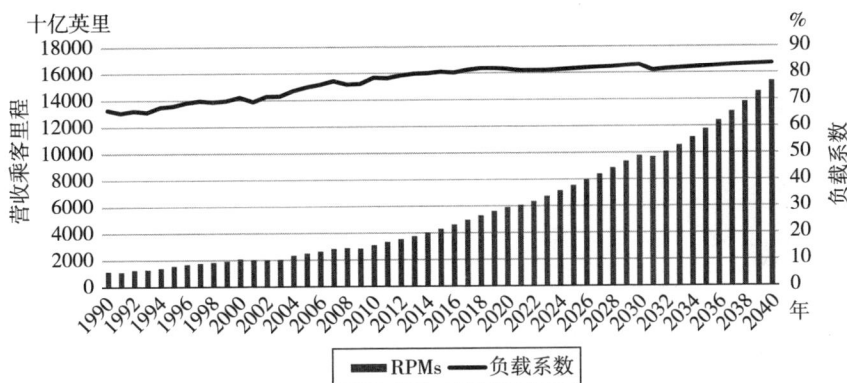

资料来源：作者使用航空公司监测数据绘制。

图1.6 RPMs和负载系数的历史数据和预测

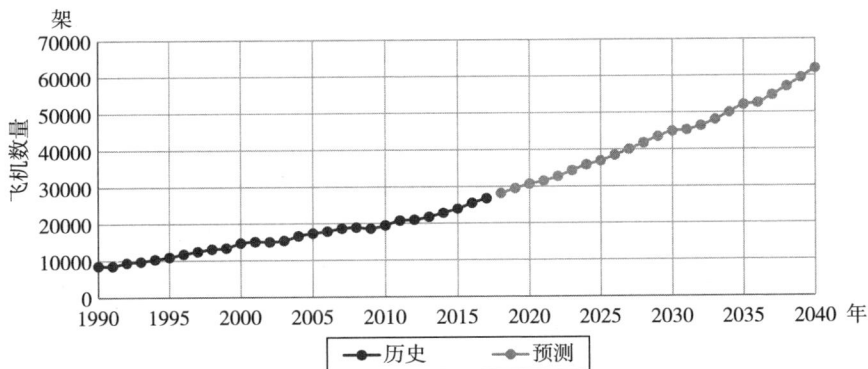

资料来源：作者使用航空公司监测数据绘制。

图1.7 飞机交付的历史数据和预测

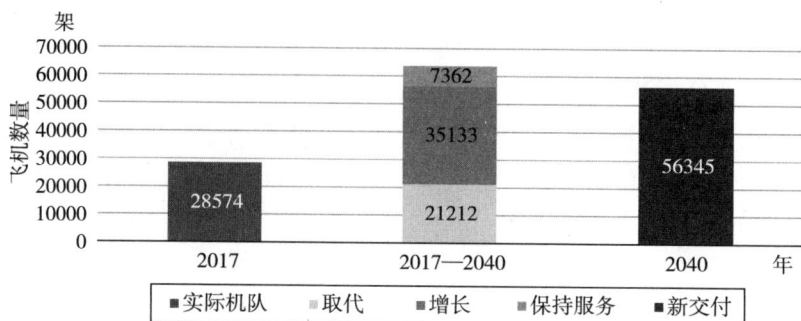

资料来源：作者使用航空公司监测数据绘制。

图1.8　当前和预测的在役飞机和交付

飞机融资

由于 2017 年后将交付大数量的飞机，航空公司和租赁公司将需要为价值超过 5 万亿美元的飞机提供资金。我们将在第六章中详细讨论飞机融资的来源，在此仅简单提及。30 年前，现金和股权融资是飞机融资的主要来源。现在，飞机融资格局相当复杂，包括银行和资本市场债务、制造商和出口信贷机构融资、保险、循环贷款、企业循环信贷等资金来源。然而，最重要的发展可能是租赁的飞机在航空机队中的份额增加，目前占全球机队的 40% 以上，新交付飞机的比例超过 50%。

图 1.9 显示了 2017 年全球飞机和波音交付的资金来源。2017 年，出租人约占飞机交付量的 51%，其中大部分资金来自银行债务和资本市场。2017 年，航空公司使用的银行债务多于资本市场，因为银行向航空公司提供了非常有吸引力的融资交易。然而，对于飞机出租人来说，资本市场是主要的资金来源，65% 的飞机交付融资主要来源于有担保或无担保的资本市场债务。2016 年至 2017 年，资本市场融资从 632 亿美元增加至 654 亿美元，其中飞机租赁出租人分别占 36.7% 和 65%（波音，2018）。

所有飞机的资金来源

波音飞机的资金来源

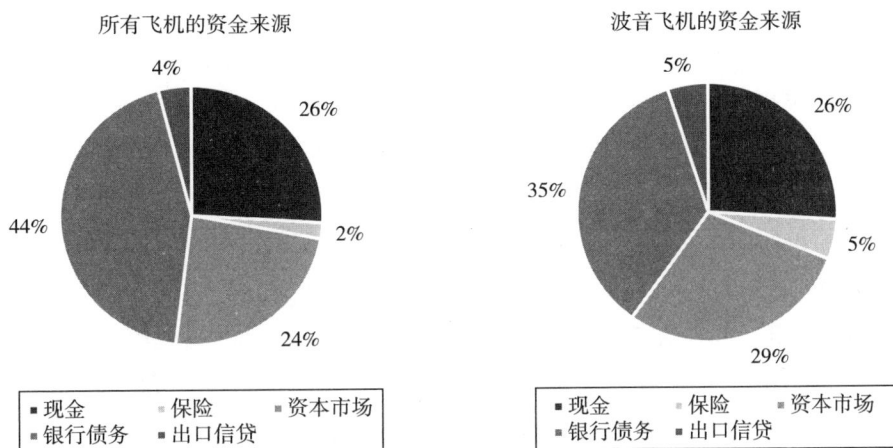

资料来源：2018 年波音金融市场展望。

图 1.9　2017 年飞机交付的资金来源

飞机租赁行业

40 年前，飞机租赁行业几乎不存在，占全球机队的比例不到 2%。直到 20 世纪 90 年代初，该比例一直很小约为 15%，随后在 2000 年跃升至 25%，在 2017 年跃升至 40% 以上（卡普兰，2017）。

图 1.10 描述了以 10 年为增量租赁的飞机数量的进展情况。1970 年只租赁了 17 架飞机，1980 年租赁了 100 架飞机。

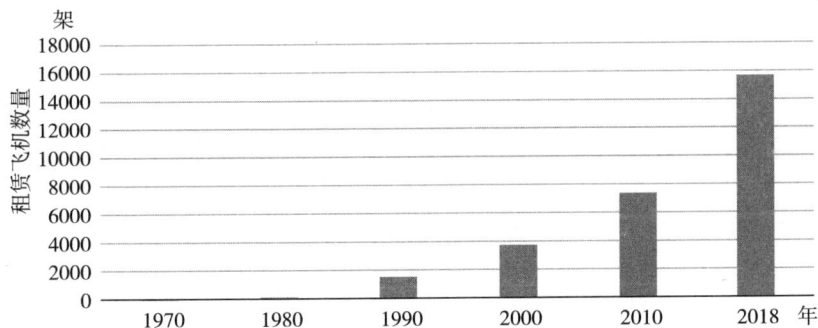

资料来源：作者使用 CAPA 和 Ascend 数据绘制。

图 1.10　租赁飞机数量

截至 2017 年 12 月末，有 50 多名出租人的飞机投资组合价值达到或超过 10 亿美元。表 1.1 根据投资组合价值列出了前 20 名出租人。这 20 名出租人的投资组合价值超过 22000 亿美元及 7208 架飞机。更令人印象深刻的是，前三名出租人管理着近 3000 架飞机，机队总价值为 767 亿美元。飞机租赁行业一直在经历合并和收购。荷兰爱尔开普航空租赁公司于 2013 年 12 月收购了国际租赁金融公司。爱尔兰飞机租赁公司阿瓦隆 2010 年至 2016 年间实现了强劲增长，于 2016 年与香港航空资本合并，并于 2017 年收购了 CIT 航空航天公司。在 2017 年 DAE 资本收购麦格理之前，AWAS 于 2015 年向麦格理出售了 40 架飞机。随着规模较大的出租人更有能力利用低资金成本和强劲市场中有吸引力的交易，行业整合可能会继续下去（Wood，2018）。

图 1.11 按运营区域列出了截至 2018 年 6 月末的出租人机队。亚洲和西南太平洋地区在租赁飞机数量及其价值方面领先于世界其他地区，其次是欧洲和北美。在亚洲和西南太平洋运营的租赁飞机价值较高，这意味着与欧洲和北美相比，出租人在这一地区部署的飞机更新、更昂贵，如宽体飞机。

表 1.1　　　　　　　　2017 年基于机队价值的前 20 家出租人

排名	出租人	总机队价值（百万美元）	总飞机数量（架）
1	荷兰爱尔开普航空租赁公司	31944	1076
2	通用电气资本航空服务公司	25760	1324
3	阿瓦隆	19038	585
4	日本住友航空资本公司	15808	450
5	巴布科克和布朗飞机管理公司	15523	324
6	工银金融租赁有限公司	13931	323
7	中银航空租赁有限公司	13890	326
8	航空租赁公司	12896	293
9	迪拜航空航天企业	10536	349
10	航空资本集团公司	7340	273
11	国银航空金融租赁有限公司	6915	198

排名	出租人	总机队价值 （百万美元）	总飞机数量 （架）
12	交银金融租赁有限公司	6671	165
13	杰克逊广场航空公司	6305	152
14	欧力士航空公司	6219	227
15	北欧航空资本公司	5865	416
16	麦格理航空金融公司	4955	204
17	渣打航空金融公司	4913	136
18	空中城堡投资有限公司	4659	191
19	苍鹰公司	3668	93
20	中国飞机租赁有限公司	3593	103

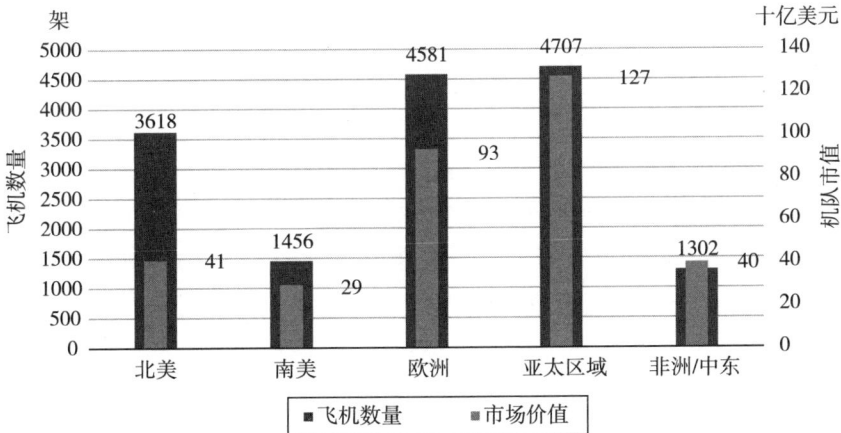

资料来源：作者使用 CAPA 数据绘制。

图 1.11　截至 2018 年 6 月按运营区域分列的机队

区域市场

虽然世界航空流量一直在增长，预计未来将继续以 4.5% 左右的速度增长，但地区增长是不同的。在新兴中产阶级的推动下，亚太地区的交通增长超过了北美和欧洲的发达市场。正如图 1.12 中所示，到 2040 年，亚太地区将占世界交通量的 50% 左右。非洲和中东将达到北美的交通水平。

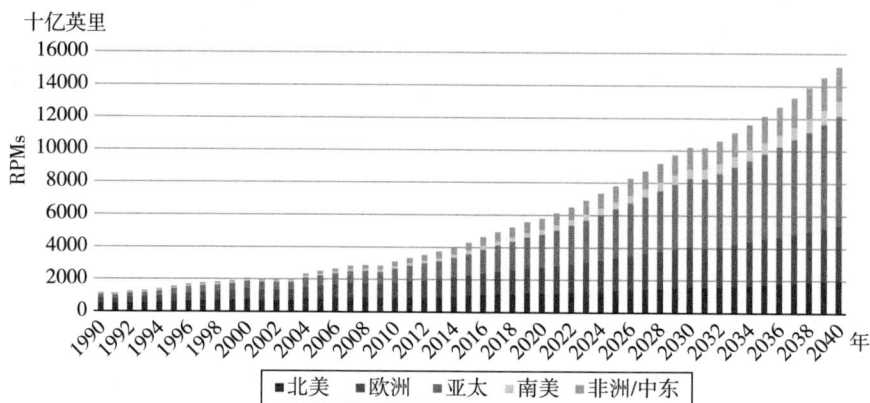

资料来源：作者使用航空公司监测和国际民航组织数据绘制。

图 1.12 按区域分列的 RPMs 的历史数据和预测

北美

根据国际货币基金组织 2017 年的数据，按照国内生产总值，北美包括排名第 1 位、第 10 位和第 15 位的三个国家：美国、加拿大和墨西哥。北美航空运输行业经历了整合且非常成熟。北美约占世界商业机队的 30%，未来 20 年将有大量的飞机更换。波音公司预计，航空流量每年增长 3%，机队增长 1.8%，其中包括市值 1.04 万亿美元的 8640 架飞机交付（波音，2017）。空客公司预测，2018—2036 年航空流量增长将有所放缓，或为 2%（空客，2017）。图 1.13 提供了北美机队和市场份额的历史数据和预测。虽然北美的飞机数量将稳步增加，但到 2040 年，亚洲/太平洋和非洲/中东地区的较高增长将使北美机队市场份额减少到 20% 以下。

南美

南美洲国家面临经济困难，但该区域的经济改革预计将刺激市场，特别是在南美洲两个最大的国家巴西和阿根廷。在市场展望中，波音公司预

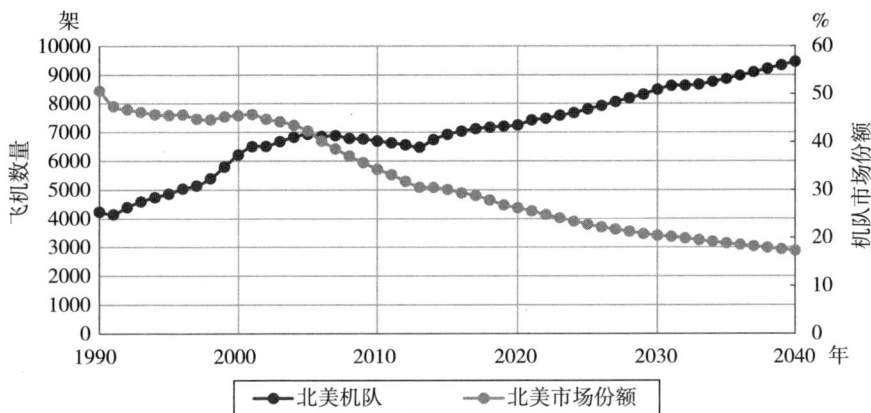

资料来源：作者使用航空公司监测和国际民航组织数据绘制。

图1.13　北美机队和市场份额的历史数据预测

计，包括中美洲和南美洲地区在内的拉丁美洲航空流量每年将增长6.1%。这一增长将使该地区的飞机数量每年增加4.4%，交付价值3500亿美元的3000多架飞机（波音公司，2017）。同样，空客公司预计在未来20年内将在拉丁美洲交付2720架新飞机（空客，2017）（见图1.14）。

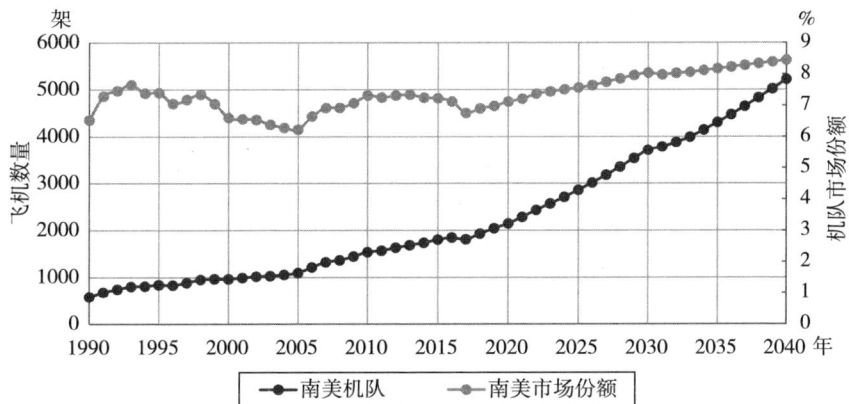

资料来源：作者使用航空公司监测和国际民航组织数据绘制。

图1.14　南美机队和市场份额的历史数据和预测

欧洲

欧洲拥有 50 多个国家和 200 多种不同的语言，在当地经济、文化和交通偏好方面非常多样化。尽管是一个成熟的行业及存在发达的铁路系统与其竞争，但欧洲的航空运输工业在继续增长。波音公司预计，未来 20 年，每年交通增长 3.7%，机队的年增长率为 2.7%，将交付价值超过 1.1 万亿美元的 7530 架飞机（波音，2017）。空客公司还预计，到 2037 年，将有 7175 架商用飞机交付欧洲航空公司（空客，2017）（见图 1.15）。

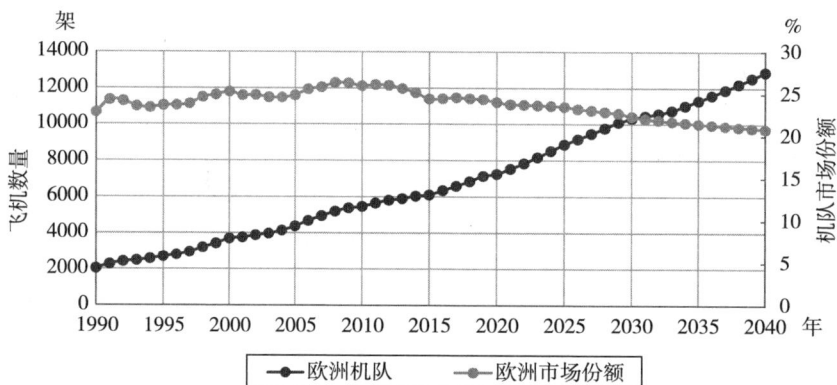

资料来源：作者使用航空公司监测和国际民航组织数据绘制。

图 1.15 欧洲机队和市场份额的历史数据和预测

亚洲和西南太平洋

亚太区域一直并将继续是世界上最具活力的区域。印度和中国的经济扩张导致了作为空中交通增长主要推动力的中产阶级的快速发展。波音公司预计，到 2036 年，该地区的航空流量年增长将达到 5.7%，机队每年增长 4.8%，新商用飞机每年增长 16050 架，价值 2.5 万亿美元（波音，2017）。空客公司预计，到 2037 年，亚太地区也将有 15895 架飞机交付（空客，2017）（见图 1.16）。

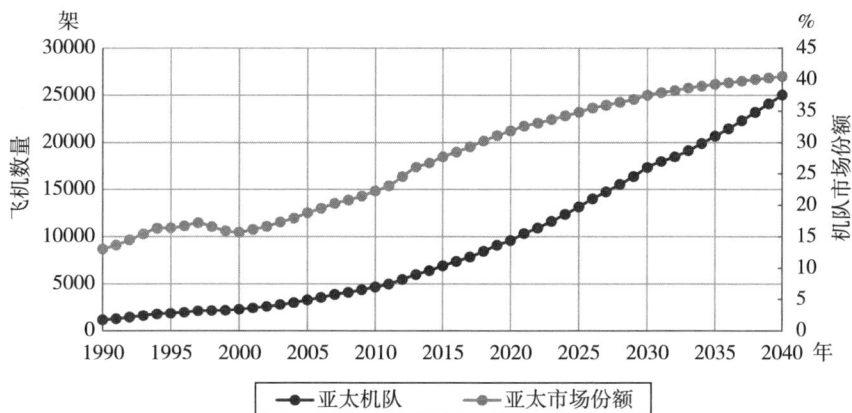

图 1.16 亚洲及太平洋机队和市场份额的历史数据和预测

非洲和中东

非洲是一个庞大而多样的大陆，拥有丰富的自然资源，如金属、石油和矿物。虽然大陆有许多旅游和商业目的地，但其航空运输业在成熟到与北美或欧洲相似之前仍有增长空间。波音公司预计非洲未来 20 年航空流量每年将增长 5.9%，机队将增长 4.1%，将交付 1220 架飞机，价值 1800 亿美元（波音，2017）。空客公司预测同期将交付 1154 架飞机（空客，2017）。

中东以其石油资源和位于亚洲、非洲和欧洲之间为它们提供便捷的联系而闻名。波音公司预计，未来 20 年，航空流量每年将增长 5.6%，机队将增长 5.1%，将交付价值 7300 亿美元的 3350 架飞机（波音，2017）。同样，空客公司预测同一时期该地区将交付 2879 架飞机（空客，2017）（见图 1.17）。

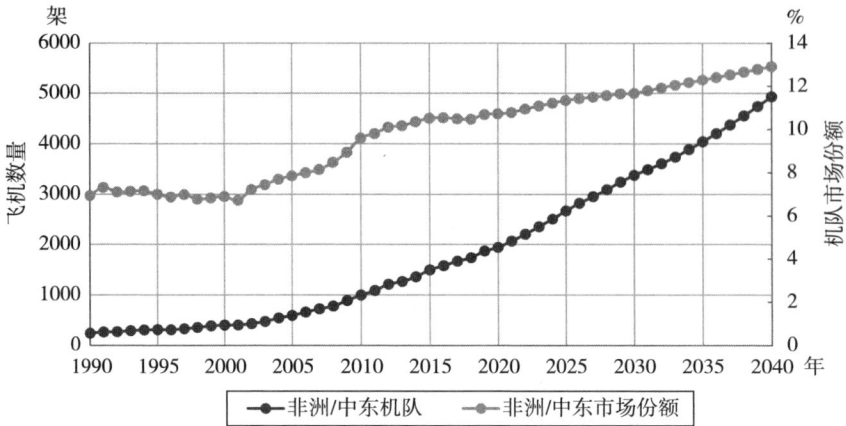

资料来源：作者使用航空公司监测和国际民航组织数据绘制。

图 1.17　非洲及中东机队和市场份额的历史数据和预测

飞机融资与租赁行业的现状

　　尽管世界 GDP 一直以不理想的速度增长，但以营收乘客里程衡量的航空流量继续以每年近 8% 的速度增长，这表明了行业的稳健性（Wood，2018）。营收乘客里程的强劲增长支持通过向航空公司和出租人交付新飞机来增加运力。航空公司利润的提高、全球金融市场有效的流动性以及历史上较低的油价有助于为飞机租赁行业创造有利环境。事实上，近期欧洲的航空公司破产（意大利航空公司、柏林航空和英国君主航空公司）没有对行业产生严重的不利影响也显示出弹性。大多数受影响的飞机很快被重新销售并释放给其他航空公司。虽然航空运输是一个周期性行业，但目前周期的增长阶段似乎比过去更长且没有放缓的迹象，该行业对投资者仍然具有吸引力。近年来，新的资本涌入该行业，这压缩了租金率及相应的利润率。压缩利润率可能成为扩张阶段即将结束的先行指标，但大多数行业参与者预计扩张将持续到 2018 年和 2019 年（Wood，2018）。

　　一些令人关注的领域是燃油价格和利率的上涨、航空公司之间的激烈竞争以及美元的相对坚挺（对那些大部分收入以外币计价的航空公司）。此外，地缘政治的发展，如英国脱欧，以及对俄罗斯、伊朗和朝鲜的经济制裁，也可能影响该行业的未来。

受潜在回报吸引，银行、私募股权公司和对冲基金等新投资者仍在通过并购进入该行业，这是获得飞机租赁业技术和营销专业知识的最快方式。没有迹象表明行业整合将很快停止，因为低资本成本（与出租人的信用评级相关）是在低利润率环境下获得可接受回报的先决条件。业内人士将租金率压缩归咎于新进入者和加剧的竞争，尤其是在新飞机的售后回租市场。在某些情况下，新窄体飞机的售后回租市场的租金率系数已经达到了历史最低，这对出租人来说长期是不可持续的。

资本市场飞机租赁公司融资目前以无担保发行和飞机资产支持证券（ABS）为主。虽然银行融资也是可行的，《巴塞尔协议Ⅲ》和即将推出的巴塞尔Ⅳ正在限制传统的资产负债表融资，大多数银行交易都在结构性融资领域。对资金的需求导致了新的资金来源的出现，如航空金融保险联盟（将在第六章进一步讨论），作为股权来源的众筹等。近期肯定会出现更多新的资金来源为飞机制造商生产的大型机队提供资金。

在书中讨论的主题

本书介绍了一系列的主题和见解，这些对于在飞机租赁和融资行业工作的专业人员来说是必不可少的，因为它已经发展成为世界上最有特色和最重要的行业之一。虽然本书中包含的事实和讨论为经验丰富的飞机融资专家所熟知，但进入该行业的年轻专业人士或来自不同行业的进入飞机融资和租赁领域的专业人士会发现，本书将加快他们的学习，并帮助其了解这个独特行业的各样主题。

机队规划

我们从第二章中的飞机选择策略基础开始，第二章讨论了航空公司和飞机租赁公司如何在它们的机队中选择飞机，以及飞机制造商如何决定制造哪架飞机。飞机选择决策对航空公司和飞机租赁公司至关重要，因为它们涉及巨大的资金密集型资产，这些资产是它们业务的核心。此外，飞机选择决策是复杂的，并受多种变量的影响，包括全球经济状况、公司战略、技术创新、航空运输市场发展、决策者影响等。机队规划涉及航空公司或出租人的多种职能：金融——收购、所有权和融资成本；操作——飞行和机组人员培训，乘客经验等；工程——技术人员培训、维护间隔、发动机通用性、模具投资、预计调度可靠性等；战略规划——飞机如何适应航空公司网络或出租人的投资组合；以及战略愿景——潜在的市场、技术和宏观经济发展如何改变这架飞机的前景。

第二章从航空公司、出租人和制造商的角度提供了机队规划观点，这些观点是相关的，但可能有不同的目标和成功的衡量标准。了解所有行业参与者的愿望和需求将使人们对有效的飞机选择决策有更多的了解。

飞机租赁与所有权选择的原则

第三章论述了承租人和出租人的决策过程。具体而言，我们专注于租赁或购买飞机，作为承租人的融资决定，其中涉及使用飞机的最低成本选择。然而，租赁也为航空公司在机队决策方面提供了灵活性，获得了目前的飞机技术，并有助于将飞机残值风险转移给出租人。从出租人的角度来看，租赁飞机是在出租人评估租赁收入流是否能产生足够的投资回报时的资本预算或投资决策。第三章数值化地演示了如何计算租赁的净优势和一系列既能满足承租人又能满足出租人的租赁付款，以及与评估租赁与购买决定所涉及的标准相关的过程。

航空法律和监管框架

飞机融资和租赁是一个受独特规则和法规制约的行业。飞机资产的移动性质造成了复杂的多管辖权问题。此外，设备价值高、部件可互换，导致法律、政治和附带风险增加。第四章涉及飞机融资特有的法律和监管事项。特别专题包括适用的管辖法律、公约和条约（芝加哥、华沙、蒙特利尔、日内瓦、开普敦）、飞机注册和所有权、飞机权益记录、《美国破产法》第 1110 节、留置权、监管考虑因素、管辖权审查、出租人和经营者责任以及多边协议。

航空保险

保险是一种风险管理技术，反映了在财产损失发生时保护财产利益的必要性。它涉及寻求保护的个人或实体与提供保护的保险公司之间的合同协议。作为协议的一部分，保险公司收取保险费，以换取弥补事故可能造成的损失的承诺。航空公司、租赁公司和其他飞机所有者（如飞机投资者）都寻求保护以防范与运营飞机有关的风险。保险是航空业的一个关键领域。在制定保险单之前，承销商仔细评估每一个风险，正是这个过程决定了保费。第五章将有助于读者了解保险的类型、影响保费的因素、航空公司业务的法律规定和起草有效保险的整个过程。

飞机融资——债务、股权和资本市场

在第六章中，我们讨论了航空公司和租赁公司如何筹集资金为其机队提供资金。第六章重点讨论了股权和债务融资的各个方面，以及介绍了为航空公司和租赁公司提供飞机融资的国家和国际组织。它还简要概述了资本结构的优序理论，介绍了航空公司和租赁公司在机队融资中使用的主要债务工具，回顾了评级和出口信贷机构的作用，并讨论了飞机融资方面的重要创新。特别考虑了增级设备信任凭证、资产证券化和交货前付款融资。

航空公司信用分析

在租赁中，风险承销是决定是否发起租赁而评估出租人所面临的风险的过程。风险并不局限于信誉。这一过程还涉及对承租人满足租赁要求的能力和意愿进行彻底分析。在第七章中，我们讨论了出租人如何进行航空公司信用分析。具体主题包括评估航空公司的业务模式、战略和所有权结构；航空公司创收的能力及其来源（商务旅行组合、货物等）；航空公司产量和负荷系数；航空公司成本结构；关键行业特定的信用杠杆率指标和覆盖率；现金结余和潜在流动性来源；债务和租赁到期情况；飞机资金的供应情况；资产负债状况；以及航空公司的风险管理实践。

租赁组合管理和风险管理

以合适的价格购买合适的飞机，妥善管理飞机，以合适的价格出售（或处置）飞机，对于租赁公司的成功至关重要。任何阶段的小错误（购买、管理或处置飞机）都可能将租赁交易回报降低至不可持续的水平。第八章讨论的风险管理和投资组合管理对租赁公司的生存至关重要。我们首先简要概述了飞机租赁业务所固有的飞机收购渠道和风险。虽然风险和投资组合管理是重叠的概念，但我们将它们放在两个不同的小节中：了解和降低资产和负债方面的风险，然后通过分散出租人大量个别风险的风险敞口来管理它们的投资组合。我们描述了飞机租赁公司面临的主要风险以及用来降低这些风险的技术。对利率风险管理进行了大篇幅的讨论，因为这对出租人管理资金成本与资产回报之间的利差至关重要。

维修储备开发与管理的原则

第九章概述了飞机技术状况和维修储备及其在飞机租赁领域的应用。因为定期和适当的维护对飞机安全运营和最大化保值至关重要，租赁公司期望航空公司根据制造商的建议和法规要求维护资产。向航空公司收取维修准备金是即使航空公司拖欠租金也能确保维修费用的一种方式。本章介绍了主要维护事件、确定适当的维护准备金率、准备金率上调和其他相关主题。本章包含相关文件的实例以及练习维修准备金率计算和维修准备金现金流量预测的一个小案例。

交易成本模型

在第十章中，我们讨论了飞机租赁交易中的关键变量以及如何对租赁现金流进行建模。影响租赁交易的一些关键因素包括购买价格、租金（租赁利率）、维护准备金、残值和交易成本。所有这些因素都会影响出租人的回报计算。因此，对租赁交易进行建模，需要考虑上述现金流量，以确定出租人应支付的购买价格，以便利用净现值和内部回报率等资金预算工具获得公平和适当的投资回报。案例研究和实例用于展示如何对不同的因素进行建模和模型压力测试，并确定影响出租人回报的关键驱动因素。

租赁协议和谈判

第十一章重点论述了租赁谈判和租赁合同的关键要素。从出租人的角度来看，租赁有两个主要目的：第一，构建经济回报；第二，管理资产和信用风险。租赁的关键要素包括售后回租情况下的购置价格、租赁期限、租赁费、所交付飞机的技术规格、技术退货条件及偏离这些条件如何得到补偿的详细情况、保证金、维修准备金、其他风险缓解和契约、对安静享受的限制，其中可能包括对转租或在受限制的司法管辖区经营的限制，在租赁结束期间和之后对更改飞机规格以及使用零件制造商的批准部件维持适航性和费用分摊的规定。租赁谈判既是一门艺术，也是一门科学。对出租人来说，飞机购置价格和租赁利率是科学的要素，因为这两个因素都与融资成本和业务的回报要求有关。虽然租赁谈判的艺术方面取决于各个出租人、承租人和特定交易，但一般来说，谈判是围绕在可能需要妥协的降低风险（维修准备金、保证金和退货条件）领域进行的。从出租人的角度来看，妥协的程度通常取决于承租人在以往租赁下的履约记录、承租人可以提供的额外保护，或者承租人是否位于签署了《开普敦公约》的国家。

飞机估值和评估

从本质上讲，评估是基于系统过程得出的价值观点。确定飞机的价值对于租赁公司、金融机构、飞机经纪人、航空公司运营商、保险公司和制造商等不同的利益相关方非常重要。估值过程是估价师用来回答客户有关价值和价值相关问题的系统过程。在这一过程中，必须确定客户和其他预定用户，评估意见和结论的使用，以及特定日期所需价值的类型和定义。两个主要组织提供了飞机评估的准则，它们是国际运输飞机贸易协会（ISTAT）和美国估价师协会（ASA）。虽然国际运输飞机贸易协会专注于商用飞机评估，但美国估价师协会的重点是商业和通用航空评估。在第十二章中，我们讨论了评估过程的主要内容，并讨论了不同的估值方法以及提供飞机估值的各种出版物和来源。我们还提供了概述评估企业和商用飞机过程的两个案例研究。

跨界交易的税收和考虑

租赁交易通常对出租人和承租人都有多重税务影响。由于交易的经济性在很大程度上是以税收优惠为基础的，税收方面的考虑对租赁结构至关重要，特别是对跨境交易而言。第十三章概述了适用于国内和跨界租赁两个租赁交易的不同税收。我们首先从飞机租赁税的一般概念开始，然后研究国家和区域市场以及这些市场跨境交易的相关考虑因素。在过去几十年中，租赁交易的受欢迎程度一直在稳步上升，部分原因是租赁带来的税收优势，特别是与传统的资产收购融资相比，经营租赁更受欢迎。最近会计处理办法发生变化，要求公司在资产负债表上显示经营租赁，与其他资金来源相比，这将导致对经营租赁的持续效益的重新审查。此外，各国税法之间的多样性可能会扩大这些税收优惠，为新的租赁结构创造机会，最大限度地分配现有的税收减免。

发动机租赁

第十四章概述了领先的发动机原始设备制造商及其在窄体和宽体飞机市场的产品。主题包括发动机维护、发动机租赁和售后服务计划。最初，发动机的价值可能是飞机总价值的30%。然而，有了正确的维护，同一台发动机可以保留其价值的70%，而机身在20年的使用中可能贬值80%～90%。这就是航空公司和出租人如此专注于发动机维护的原因。由于飞机是航空公司用来赚取利润的关键工具，它们必须能够通过从原始设备制造商购买备用发动机或从发动机出租人租赁或通过小时协议来提供备用发动机库以覆盖发动机厂家工作期。原始设备制造商也提供售后服务计划，以帮助航空公司最大化发动机价值并保持对未来维护事件和费用的更准确预测。

参考文献

Airbus. (2017). *Global market forecast 2017—2036.* Retrieved from Aircraft Market: <http://www.airbus.com/ aircraft/market/global-market-forecast.html>.

Boeing. (2017). *Current market outlook.* Retrieved from Commercial Market: <https://www.boeing.com/com- mercial/market/current-market-outlook-2017/>.

Boeing. (2018). *Current aircraft finance market outlook 2018.* Retrieved from Boeing Capital Corporation: <https://www.boeing.com/resources/boeingdotcom/company/capital/pdf/2018_cafmo.pdf>.

IATA. (2017, December). *Strong airline profitability continues in 2018.* Retrieved from IATA pressroom: <http://www.iata.org/pressroom/pr/Pages/2017-12-05-01.aspx>.

Kaplan, T. (2017, March). *Mid-life aircraft trading patterns and the impact of lessors.* (Flight Global) Retrieved from Flight Ascend Consultancy: <https://www.flightglobal.com/asset/16191>.

Wood, T. (2018, January). *Lessors.* Retrieved from KPMG in Ireland: <https://home.kpmg.com/ie/en/home/ insights/2018/01/lessors.html>.

第二章
飞机的选择原则

章节大纲

飞机租赁和融资。DOI：https：//doi. org/10. 1016/B978 － 0 － 12 －815285 － 0. 00002 － X

机队规划

　　在选择飞机时，无论是承租人还是出租人，选择合适的飞机涉及很多要素。这些要素可能包括全球经济力量、公司战略和决策者的影响力。重要的是所有的这些要素共同作用以保持业务成功向前。机队规划是一项持续的工作，通常看来至少要持续到未来 15 年（克拉克，2007）。因为未来不确定性非常大，特别对于商业航空，在合适的时间选择合适的飞机是非常重要的。

　　飞机的选择具有巨大的风险，因为错误的决定可能意味着一个公司的倒闭。错误的机队，在最乐观的情况下，也会极大地阻碍航空公司或出租人的盈利能力，在最坏的情况下，会导致公司破产。飞机是高成本的资产，航空公司和世界各地的出租人在其资产负债表上共同持有价值数十亿美元的飞机。由于飞机通常是公司资产负债表的最大部分，购买或租赁哪种类型的飞机、单位数量和每架谈判价格背后的策略可能是一个政治化的事件。值得注意的是，由于政治敏感性和飞机订单的规模，以及经济或其他因素，有时无法作出机队战略的最佳决定。例如，由于政治原因，国有航空公司可能会因政府的压力去购买波音飞机，尽管空客飞机是满足其机群需求的更好解决方案。在本章中，我们将聚焦于飞机选择过程中的一些重要的其他因素，但政治压力应被认为是机队决策过程中的通配影响。

组织结构

机队规划应适合企业环境的哪些地方？

机队规划汇集了航空公司或出租人的多种职能以决定采购最佳的飞机和数量。每个职能必须协同工作以找到最合适的选择（克拉克，2007）。以下各节列出了关键职能。

金融

这架飞机多少钱？总成本是多少？就像任何重大资产购买一样，收购价格会严重影响购买飞机的决定。波音和空客公司从生产线上起飞的新飞机的目录价格见表2.1和表2.2。然而，目录价格往往不是航空公司或出租人支付的最终价格。根据批量订单的大小、对制造商的战略重要性以及客户关系，运营商和金融家可以获得超过50%的折扣。

除了价格，拥有成本对购买飞机的决定也有很大影响。关于飞机的总体拥有成本的维修、融资、保险、机组费用、燃油燃烧等方面的成本和费用，将在下一章讨论。

表 2.1　　　　　　　　**2018 年波音和空客目录价格**

波音	目录价格（百万美元）	空客	目录价格（百万美元）
737 - 700	85.8	A318	75.9
737 - 800	102.2	A319	90.5
737 - 900ER	108.4	A320	99.0

波音	目录价格（百万美元）	空客	目录价格（百万美元）
737 MAX 7	96.0	A321	116.0
737 MAX 8	117.1	A319neo	99.5
737 MAX 200	120.2	A320neo	108.4
737 MAX 9	124.1	A321neo	127.0
737 MAX 10	129.9	A330 - 200	233.8
747 - 8	402.9		
747 - 8 Freighter	403.6	A330 - 200 Freighter	237.0
767 - 300ER	209.8	A330 - 300	259.0
		A330 - 800（neo）	254.8
767 - 300 Freighter	212.2	A330 - 900（neo）	290.6
777 - 200ER	295.2	A350 - 800	275.1
777 - 200LR	334.0	A350 - 900	311.2
777 - 300ER	361.5	A350 - 1000	359.3
777 Freighter	339.2	A380	436.9
777 - 8	394.9		
777 - 9	425.8		
787 - 8	239.0		
787 - 9	281.6		
787 - 10	325.8		

资料来源：波音和空客网站的数据。

表 2.2　　　波音按类别全球交付飞机预测（2017—2036 年）

类别	新飞机（架）	价值（十亿美元）
区域喷气机	2370	110
单通道	29530	360
小宽体机	5050	1340
中/大宽体机	3160	1160
货机	920	260

操作

飞行员和空乘人员将如何操作这架新飞机？他们是否需要额外的训练

和/或能够驾驶其他飞机或仅仅是这种类型的（克拉克，2007）？一个通用的评级允许航空公司使用较少的飞行员从而节省培训经费和人工成本。评估的飞机与航空公司或竞争对手机队中的飞机相比乘客体验如何？哪些飞机的类型和型号能继续飞行，且不是每架飞机都能在舒适性方面提供相同的乘客体验，这对所有乘客可能不太明显，但吸引乘客再次乘坐的共同选择是希望有一个平稳舒适的体验。有的飞机飞行比其他更顺畅，有的比其他更安静，有的新技术飞机有能力减少时差的影响。例如，空客350和波音787会在座舱高度达到6000英尺时向整个机舱内输送少量的水汽，并配有发光二极管（LED）的情绪照明，以配合飞行不同阶段的白天时间，使乘客经过长时间的飞行感觉爽快。波音公司和空客公司还有不同的飞行控制和驾驶舱布局，这两个制造商对机舱布局有不同的想法，这将影响乘客体验效果。由于上述大多数劳工都是工会的，因此在某些情况下征求他们的意见是选择过程的一部分。商用飞机的物理特性将在以下几页中进一步陈述。

工程

飞机的保养间隔是多久？航空公司是否有适当的设备（工具）和培训以对飞机进行维护？与竞争对手飞机相比新的及老的飞机维修费用如何？回答这些问题对于运营商在决定飞机类型之前是必不可少的（克拉克，2007）。无论航空公司是在内部提供自己的维护还是将其外包给第三方提供商，这些决定可能有重要的成本和运营影响，在选择过程中需要列入考虑。出租人和外包维修的小运营商可能并不关心工具和培训，因为它们会寻求具有足够能力的维修提供商，但其他因素与维护提供商的来源同样相关。机队规划部门必须与维修和工程部门密切合作，以确认它们有能力服务一架特定的飞机。例如，如果一家航空公司只经营CFM（由CFM国际制造，其名称来自两家母公司的商业发动机名称：通用电气的"CF"和斯内克马的"M"）引擎，它会增加飞机与普拉特惠特尼发动机的成本，反之亦然。为实现这一过渡，工具、培训、更新手册和软件是必需的。维护成本将在第九章中进一步分析。

战略规划

一架飞机目前和在预测的操作时间范围内如何适应航空公司的网络？

飞机在能力和盈利方面能否支持航空公司计划飞行的航线？这架飞机的市场是饱和还是欠饱和？这些问题将快速缩小购买飞机的范围。较小的航空公司通常不会经营大型宽体机，而低成本航空公司（LCCs）通常经营专门提供适当回报和机队标准化的空中客车或波音飞机，这两者都是低成本航空公司成功的关键。范围和有效载荷能力以及网络分析等方面将在以下内容中讨论。

战略愿景

航空公司在加价吗？航空公司是否处于增长阶段正在考虑新的航线？每种飞机类型需求的宏观前景如何？飞机购买或租赁承诺至少提前几个月和更常见的几年。决定机队类型可能跨越十年或更长时间，往往发生在飞机技术还在设计阶段的时候，这不过是飞机制造商的一个销售推销和承诺而已。负责机队类型选择的人员或团队必须有远见，知道所选择的飞机将符合该领域的战略愿景。这似乎还不够，他们也必须坚信关于飞机价值和预期乘客需求的全球市场假设（克拉克，2007）。飞机订单往往以数十亿美元来衡量，因此必须作出正确的决定。简单地说，没有犯错的余地。相对于竞争者而言，航空公司或出租人正确或错误的机队会促进其发展或造成其失败。

飞机类别

飞机有许多形状、大小和价格。旗舰运营商、低成本航空公司和网络运营商通常经营着各种飞机，这可以是多种类型和变体的窄体和宽体飞机或两种类别。地区航空公司倾向于运营涡轮螺旋桨和较小的区域喷气式飞机，这些飞机对于它们运营较短航线来说更合适且更经济。每个座位的燃油效率一般与飞机尺寸有关，这意味着随着飞机规模的扩大，座位成本会降低，但大型飞机的行程和拥有成本会更高。以下将介绍几种类型的飞机。

涡轮螺旋桨飞机使用燃气轮机发动机，每个发动机连接一个变速箱，其转动螺旋桨使飞机在地面和空中移动。它们的最高巡航速度约为每小时400英里，通常坐 25 ～ 90 名乘客。当商业航空公司使用涡轮螺旋桨时，通常会飞行短途航线（通常少于 1 小时）或乘客需求低且不一致的路线。虽然涡轮螺旋桨飞机在较长的航线上可能效率低下，但由于与喷气式飞机相比速度较慢，这些类型的飞机在与枢纽机场相连的较小城市飞行方面特别有效。表2.3显示了一些受欢迎的涡轮螺旋桨飞机。

区域喷气式飞机是短到中程的单通道涡扇动力飞机。这些飞机以每小时600英里左右的速度巡航，通常坐50～125名乘客。类似于涡轮螺旋桨，航空公司使用这些飞机在中小城市到枢纽机场或在旅客需求的支线上飞行。通过在航线上使用更多的区域喷气式飞机，航空公司可以增加频率，为特定城市提供相似的座位供应。

表2.3   **航空公司飞行的涡轮螺旋桨飞机实例**

飞机	最多座位	最大起飞重量（磅/公斤）	航程（海里/公里）	最大速度（公里/小时）	长度（英寸/米）	翼展（英寸/米）
ATR 72 - 600	70	50706/23000	825/1528	509	89 英尺 2 英寸/27.17	88 英尺 9 英寸/27.05
庞巴迪 Q400	90	67200/30481	1100/2040	667	107 英尺 9 英寸/32.8	93 英尺 3 英寸/28.4
巴西航空工业公司 120	30	26433/11500	945/1750	552	65 英尺/20.00	64 英尺 10 英寸/19.78
萨博 2000	58	50265/22800	1549/2869	665	89 英尺 6 英寸/27.28	81 英尺 3 英寸/24.76
塞斯纳 402	9	6850/3107	1273/2360	428	36 英尺 5 英寸/11.09	88 英尺 9 英寸/27.05

资料来源：制造商网站。

由于它们的大小和成本与乘客数量有关，区域喷气式飞机的座位成本通常高于较大的窄体飞机，但有更低的行程成本。表2.4显示了一些主要区域喷气式飞机的详细情况。

表2.4   **航空公司飞行的区域喷气式飞机实例**

飞机	最多座位	最大起飞重量（磅/公斤）	航程（海里/公里）	最大马赫数	长度（英寸/米）	翼展（英寸/米）
ARJ21 - 900	105	96157/43616	1200/2200	M0.82	119 英尺 3 英寸/36.35	89 英尺 6 英寸/27.28
庞巴迪 CRJ 700	78	75000/34019	1400/2593	M0.83	106 英尺 7 英寸/32.3	76 英尺 3 英寸/23.2
巴西航空工业公司 145	50	48501/22000	1550/2873	M0.78	98 英尺 0 英寸/29.87	65 英尺 9 英寸/20.04

续表

飞机	最多座位	最大起飞重量（磅/公斤）	航程（海里/公里）	最大马赫数	长度（英寸/米）	翼展（英寸/米）
巴西航空工业公司 170	72	85098/38600	2150/3982	M0.82	98 英尺 1 英寸/29.9	85 英尺 4 英寸/26
巴西航空工业公司 190	100	114199/51800	2450/4537	M0.82	118 英尺 11 英寸/36.24	94 英尺 3 英寸/28.72
苏霍伊 SSJ100	108	101150/45880	1894/3048	M0.81	98 英尺 3 英寸/29.94	91 英尺 2 英寸/27.8

资料来源：庞巴迪（2017）、庞巴迪（2018）和其他制造商网站。

　　窄体飞机是单通道飞机，最大宽度为并排 6 个座位。窄体飞机能够跨洲飞行和短途跨大西洋飞行。它们以每小时 620 英里左右的速度巡航，通常坐 120 ~ 240 名乘客。窄体飞机占有世界商业航空公司机队的较大比例，从所有者和金融家的角度看它们最具流动性。目前的技术飞机非常省油，制造商正在不断地升级和改进这些飞机以满足航空公司和市场的需求。它们为航空公司提供了极大的灵活性，可有效用于不到 1 小时以及 6 ~ 7 小时长的密集航班。空客公司和波音公司是窄体飞机最主要的制造商，但最近加拿大的庞巴迪（由于空客公司在 C 系列计划中持有多数股权，庞巴迪 C 系列飞机现在已重新指定为空客 A220），在俄罗斯的伊尔库特和中国的中国商飞也进入了窄体飞机市场。表 2.5 比较了一些流行的窄体飞机的技术细节，包括两种最流行的类型，波音 737－800 和空客 320ceo。

表 2.5　　　　　　　　　　航空公司飞行的宽体飞机实例

飞机	最多座位	最大起飞重量（磅/公斤）	航程（海里/公里）	最大马赫数	长度（英寸/米）	翼展（英寸/米）
空客 A320ceo	186	172000/78000	3300/6100	M0.82	123 英尺 3 英寸/37.57	117 英尺 5 英寸/35.8
波音 737－800	189	174200/79016	2935/5436	M0.82	129 英尺 6 英寸/39.5	117 英尺 5 英寸/35.8
波音 757－200	239	255000/115660	3915/7250	M0.86	155 英尺 3 英寸/47.3	124 英尺 10 英寸/38.0
空客 A220	160	149000/67585	3300/6112	M0.82	127 英尺 0 英寸/38.7	115 英尺 1 英寸/35.1
COMAC C919	168	159835/72500	2200/4075	M0.785	127.6 英尺/38.9	117.5 英尺/35.8

资料来源：制造商网站。

中级宽体飞机有两个通道，经济舱中并排有七个或七个以上的座位。这些都是典型的以每小时 650 英里左右的速度飞行的长途飞机，通常坐 200 ~ 400 名乘客。大多数经营横贯大陆航线的国际航班通常由宽体飞机运营。然而，即使在同一国家，一些人口密集的城市由于客流量大也会使用宽体飞机。这是在亚洲的一种主要情况，其大量人口往往在选定的城市对之间流动。空客公司和波音公司是两个主要的商用宽体飞机的制造商（见表2.6）。

表 2.6 航空公司飞行的中型宽体飞机实例

飞机	最多座位	最大起飞重量（磅/公斤）	航程（海里/公里）	最大马赫数	长度（英寸/米）	翼展（英寸/米）
空客 A330–300	440	533500/242000	6350/11750	M0.86	208 英尺 10 英寸/63.66	197 英尺 10 英寸/60.3
空客 A350–300	400	617290/280000	8100/15000	M0.89	219 英尺 2 英寸/66.08	212 英尺 5 英寸/64.75
波音 767–400ER	409	450000/204116	5625/10415	M0.86	201 英尺 4 英寸/61.37	170 英尺 4 英寸/51.92
波音 787–9	406	560000/254011	6430/11908	M0.90	224 英尺/68.28	197 英尺 3 英寸/60.12
伊留申 II–96M	420	595000/270000	6907/12800	M0.84	212 英尺 3 英寸/64.7	197 英尺 3 英寸/60.12

资料来源：不同制造商网站。

大型宽体飞机通常是可容纳超过 400 个座位的宽体飞机。类似于中级宽体飞机，大型宽体飞机巡航速度约每小时 650 英里。这些飞机多用在跨越大陆的人口密集城市或明显的距离相隔的城市间。从收购或资金和行程成本的角度来看，这些飞机的成本最高，但座位里程成本最低。由于仅有少量航空公司拥有能够支持它们的航线网络和客运移动，因此该类飞机在残值方面波动最大（见表2.7）。

表 2.7 航空公司飞行的大型宽体飞机实例

飞机	最多座位	最大起飞重量（磅/公斤）	范围（海里/公里）	最大马赫数	长度（英寸/米）	翼展（英寸/米）
空客 A350–1000	440	679000/308000	7950/14750	M0.89	242 英尺 1 英寸/73.79	212 英尺 5 英寸/64.75
空客 A380	853	1268000/575000	8200/15200	M0.89	238 英尺 7 英寸/72.2	261 英尺 8 英寸/79.75
波音 747–8	605	987000/447696	8000/14816	M0.90	250 英尺 2 英寸/76.3	224 英尺 5 英寸/68.4
波音 777–300ER	396	775000/351533	7370/13649	M0.89	242 英尺 4 英寸/73.9	212 英尺 7 英寸/64.8

资料来源：不同制造商网站。

货机是运输货物而不是乘客的飞机。它们在规格上可以是窄体飞机也可以是宽体飞机。最受欢迎的货机之一是747F，因为它能够长距离运送大量货物。然而，777货机因更高的燃油效率和空中运动减小的体积（大小）很快就取代了747F。货机可直接从原始设备制造商（OEM）手中购买全新的也可由旧客机改装。由于货机每天的飞行时间和周期通常比客机少，因此它们的使用寿命通常更长。这是为了延长资产的有效经济寿命，改装客机部分或全部折旧具有经济意义的一个原因（表2.8）。

表 2.8 航空公司飞行的货机实例

飞机	最大容量（磅/公斤）	最大起飞重量（磅/公斤）	范围（海里/公里）	最大马赫数	长度（英寸/米）	翼展（英寸/米）
波音 747 – 400ERF	274100/124330	875000/396890	4985/9230	M0.92	231 英尺 10 英寸/70.66	211 英尺 5 英寸/64.44
波音 777F	224900/102010	766800/347815	4970/9200	M0.89	209 英尺 1 英寸/63.73	199 英尺 11 英寸/60.93
空客 A330F	154324/70000	513677/233000	4000/7400	M0.82	193 英尺/58.82	198 英尺/60.3

资料来源：不同制造商网站。

操作重量和支付能力

随着时间的推移，正在制造的新飞机能够飞得更远更长，同时重量也越来越轻，消耗燃油越来越少。选择合适飞机的目标意味着为飞行所需的任务选择最理想的飞机。了解飞机性能特性背后的术语和驱动因素非常重要。下一节将概述这些功能。

首先是重量，最大限制不应超过的不同重量类别直接影响飞机在飞行过程中的性能。在选择具有最佳重量的飞机时，需要了解不同的重量定义。当我们浏览表2.9（阿克特，2013）时，最好将不同的飞机重量测量值当作制造商从空重到最大滑行重量的构成要素。

以下重量是范围。飞机能以一定的重量飞行多远？在重量和航程之间有一些权衡。所有其他因素保持不变，航程随着重量的增加而减小。图2.1

描述了 B777 的重量和航程之间的权衡。这一点非常重要，因为单个飞机类型的范围差异可能超过 3000 英里（5556 公里），有效载荷能力间隔超过 200000 公斤以上（约441000 磅）。正如图表中所指出的，在一定程度上航程随着重量的减少而增加。经过一定的时间后，飞机将以其最大的效率运行，航程将不再随着重量的下降而增加。

表 2.9 重量和有效载荷术语

例释	术语	定义
滑行燃油	最大滑行重量	飞机强度和适航性要求的地面机动的最大重量
出行燃油	最大设计起飞重量	飞机强度和适航性要求的飞机所能承受的最大起飞认证重量
储备燃油	最大着陆重量	飞机强度和适航性要求的着陆的最大重量
货物 + 乘客 + 行李	最大有效载荷 最大零燃油重量	最大零燃油重量减去操作员空重 加载可用燃油和其他指定项前允许的最大重量
飞机结构 + 系统 + 推进 + 操作员项目	操作员空机重量 制造商空机重量	准备投入使用的飞机重量，由制造商空机重量和操作员项目组成 为服务而准备和由制造商空机重量加操作员项目组成的飞机重量

资料来源：阿克特（Ackert, 2013）。

图 2.1 描述了范围—有效载荷权衡。此图上有四个中心点，有效负载和范围在这些点上出现均衡（阿克特，2013）：

● A 点表示最大零燃油重量的飞机。由于飞机没有燃油，其范围为零英里。

● B 点是飞机在最大有效载荷下飞行的最大范围。因此，要飞得更远，必须减少有效载荷。

● C 点是在一个合理的有效载荷下使用最大燃油的重量，该点飞机在有效载荷权衡下效率最高。

● D 点是运营商的空重或"摆渡重量"。它代表了最小有效载荷的最大燃油。从 C 点移到 D 点是通过完全减少有效载荷来实现的。

图 2.2 专门为不同的 B777 变体而布置。它概述了每个权衡点的特定重

量。请注意乘客配置将改变飞机超过 1000 海里的范围。例如，一架波音 777 – 300ER 可以在最大有效载荷下飞行与 B777 – 200 相似的范围。然而，随着重量的减少，波音 777 – 200LR 有能力飞更远的距离。了解预期有效负载的大小和路线距离是选择最好飞机的关键。

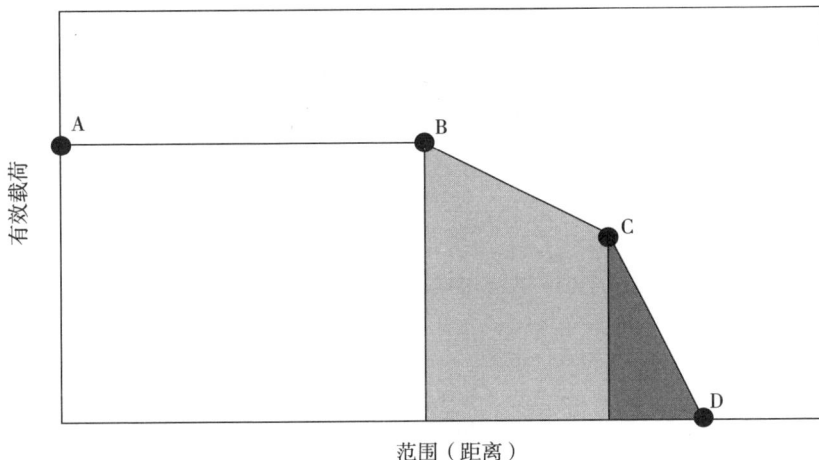

图 2.1　范围—有效载荷权衡

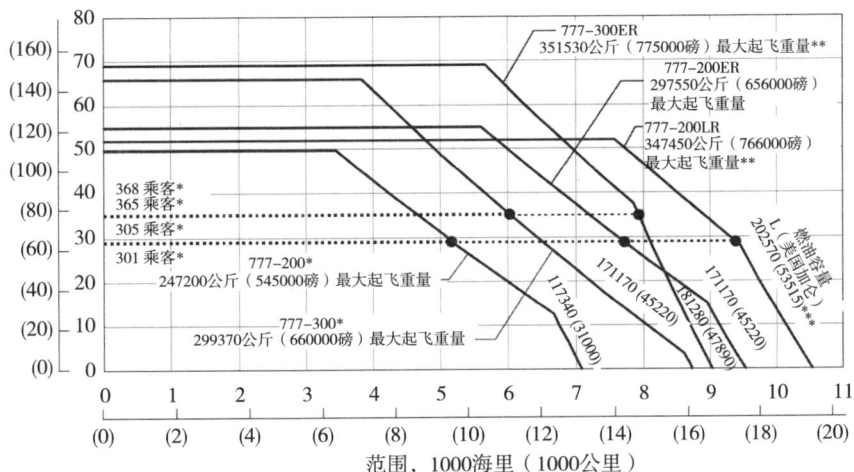

图 2.2　波音 777 有效载荷和范围

- 典型任务规则
- 三级座位

资料来源：阿克特（2013）。

飞行性能和能力对选择正确的飞机至关重要，但飞机在地面上的运行方式也非常重要。地面处理速度和座位风格可以减少或增加飞机的周转时间，这将减少或增加航空公司的成本。

收入和成本构成部分

从本质上讲，飞机是一个创收机器，是航空公司最大的（如果不是唯一的）现金来源。虽然检查和降低成本是非常重要的，但对成功的航空公司来说同样重要的是最大化收入。航空公司的盈利能力取决于管理成本和改善收入能力。以下术语有助于了解出租人和航空公司如何计算飞机和整个航空公司的收入构成。

可用座位里程（ASM）是一种容量度量，计算公式为

$$ASM = 座位数 × 飞行里程$$

一个座位（无论是否被占用）飞行 1 英里是一个可用座位里程（ASM）。例如，一架 200 座的飞机飞行 500 英里，有 100000ASMs。这可以在整个机队集合起来时从飞机水平或航空公司水平来测量。ASM 也可用ASKs 来计算，或称可用座公里，只需在上述计算中将飞行里程更换为公里。

每个可用座位里程的收入（RASM）被称为单位收入，计算公式为

$$RASM = 收入 / 可用座位里程$$

RASM 是确定一个座位（空座位或满座位）飞行 1 英里产生的收入的有效工具。有些航空公司同一个座位的价格差别很大，有些航空公司对所有座位的价格都相对相同。RASM 是平滑这些差异及确定飞机或航空公司的适当收入的好方法。RASK 是每个可用座位公里的收入，可以使用上述公式中的 ASK 进行计算。

每个可用座位里程的成本（CASM）是单位成本的度量，计算方式为

$$CASM = 直接经营成本 / 可用座位里程$$

CASM 确定一个座位（空载或坐满）1 英里的费用。直接运营费用包括飞行员工资、乘务员工资、飞机拥有成本、维修费、保险费，有时还有燃油费。由于其波动性，可能无法准确反映航空公司的真实运营成本，燃油费可以包括也可以不包括。CASM 可以根据其配置在相同的飞机类型内进行

更改。座椅密度是降低 CASM 的关键。由于低成本航空公司的座位密度更高，因此其 CASM 通常比传统航空公司低。类似于每个可用座位公里（RASK）的收入，每个可用座位公里的成本（CASK），可以使用上述公式中的 ASK 来计算。

客座率（LF）是乘客或货运收入与可用座位或货运的比率，以百分比表示，计算公式为

$$LF = 乘客总数 / 可用座位数$$

为了介绍 LF 的计算，可以考虑一架拥有平均 189 个座位的波音 737 – 800，在 1500 海里的既定城市对上平均搭载 150 名乘客。客座率（LF）计算为 150/189 = 79.37%。

在决定购买哪架飞机时，重要的是要考虑飞行的座位密度。随着座位的增加，其他一切不变，CASM 和 RASM 都减少。因此，必须权衡考虑。表 2.10 显示了这一权衡。然而，由于更多的座位通常会增加收入，在这种情况下，CASM 将减少且 RASM 也可能增加。

表 2.10　　　　　　　每个可用座位里程的成本

每个可用座位里程的成本实例			
直接经营成本（美元）	100000.00	100000.00	100000.00
收入（美元）	150000.00	150000.00	150000.00
阶段长度（英里）	3500	3500	3500
座位（个）	150	175	200
可用座位里程（美元）	525000.00	612500.00	700000.00
每个可用座位里程的成本（美元）	0.19	0.16	0.14
每个可用座位里程的收入（美元）	0.29	0.24	0.21

其他方面的考虑

噪声和 CO_2 污染

除了重量和有效载荷能力外，还有其他财务考虑可能是选择飞机的决定因素。首先是环境方面的考虑。飞机的燃油消耗和二氧化碳排放量的大小可以由公众进行检查。在许多国家，特别是在欧洲，根据飞机的二氧化

碳排放水平，飞机在空域飞行或在机场降落都要交税。幸运的是，减少燃油燃烧不仅降低了燃油成本，而且降低了二氧化碳排放，因此降低了罚款。除了对金融和公共关系的影响外，航空公司以其经营的环境为荣，并在可能的情况下选择能够最大限度地减少释放到大气中的二氧化碳的飞机，是一个很好的策略。

仅次于二氧化碳污染的是噪声污染。经过过去几十年的技术进步，现在喷气发动机比过去安静多了。美国东部协会和联邦航空局对噪声法规有严格的指导原则，航空公司必须遵守。目前，喷气式飞机的噪声有四个阶段，第一阶段是最响亮的，第四阶段是最安静的。目前，欧洲航空安全机构和联邦航空局都不允许第一阶段或第二阶段的飞机在美国和欧洲进行商业飞行。预计在几年内，第三阶段的飞机需要进行改装以变得更安静，否则在许多国家也将限制其飞行。

现在，有一些机场将限制第三阶段的飞机在一天中的某些时间或某些跑道运行。这些限制会影响航空公司自由安排飞机的能力，从而影响航空公司创收水平，在没有限制的情况下则不同。还有一些机场将对不符合最严格的第四阶段噪声限制的航空公司处以罚款和罚金，从而导致更高的着陆费和使用费。

例如，英国交通运输部已经建立了一个配额计数（QC）系统以确定机场夜间发出多少噪声。然后将不同类型的飞机分配至一个用于起飞和着陆的噪声带，根据一定数量点，范围从 QC/0.5 到 QC/16。一旦一个机场达到了夜间的分配点，就不允许在该机场开设夜间航班，否则将受到严厉处罚。伦敦希思罗机场（2018）不允许 QC/2 以上的任何噪声带在晚上 11:30 至早上 6:00 之间着陆，并且在这些时间内对使用最安静飞机的航空公司收取较低的着陆费。

维护成本注意事项

飞机维修会严重影响飞机的拥有成本。如果一架飞机是新买的，了解飞机的时间长短和所涵盖的项目保修是很重要的。一般来说，作为采购协议的一部分，买方将就保修条款和某些维护成本保证进行协商。这一点很重要，特别是对于处于"启动"阶段、没有任何操作经验的新型飞机。由于一种新型飞机只有在具有丰富的实际飞行经验后才能得到验证，因此很难确切知道需要进行多少维修。

使用飞机，必须知道其维修间隔，以及飞机是否附有维修储备账户，以支付先前消耗的维修寿命成本。机身大修和大型维修活动，如发动机性能恢复可能需要数百万美元，因此必须将这些假设包括在成本模型中。在第九章中，我们将更详细地介绍维护储备和成本计算。另一个重要考虑是确定是否有任何未决的法规要求或适航指令需要在不久的将来遵守。

机组成本考虑

根据飞机类型波动的其他可变费用是机组人员费用。在作出购买决定之前，必须确定飞行员需要多少培训才能操作某一型号飞机。例如，如果一家航空公司目前运营波音 737NG 机队，它们的飞行员可以迅速过渡到737MAX，仅在培训方面有细微的差异。然而，如果同一家航空公司改用空客 320 机队，则需要更昂贵和更耗时的培训，反之亦然。同时，还有一个共同的座舱等级的概念，这不仅可以节省航空公司的培训成本，而且还可以减少航空公司在其工资单上需要的总人数。普通的驾驶舱等级允许飞行员从一架飞机转到另一架飞机。例如，飞行员可以一天驾驶空客 319，下一天驾驶空客 330。在评估飞机类型和布局时，乘务员培训和人员配备是另一个考虑因素。每个国家的监管机构为每增加一个座位规定了最低的空乘人数。例如，联邦航空局要求飞机上每 50 个乘客座位配备一名乘务员（无论这些座位是否已满）。因此，152 个座位与 148 个座位的客舱布局相比可能大幅增加客舱乘务员的成本，而潜在收入只会小幅增加。

其他费用考虑

伴随着飞机的运行还有许多其他的费用和开支。我们之前提到了一些国家或机场征收的碳排放和噪声污染费用。此外，每个机场根据飞机重量收取着陆费。同样，当一架飞机通过其国领空时，大多数国家也会收取通航费，也称为飞越费。大多数国家根据飞机的重量来计算这个费用。因此，重要的是要知道飞机将在哪里飞行，以及该飞机将收取什么第三方费用。

飞机价值

我们在第十二章中更详细地讨论飞机价值和估值方法。我们在这里介绍这些概念，因为它们对于理解飞机选择过程至关重要。

飞机的价值是由多种因素决定的。首先，与其他资产一样，确定飞机价值的最大因素是供求关系。换句话说，市场将根据市场力量在任何特定的时间点为不同的飞机变体设定价值。总拥有成本、机龄和创收潜力也是市场在确定飞机价格时权衡的因素。其次，单架飞机的维护状态将根据飞机在其维护间隔内的位置，提高或降低其市场价值。例如，如果一架飞机需要进行大修或发动机性能恢复，则该成本可能以百万美元计，该飞机的价值将反映还未进行的维护。此外，如果飞机的驾驶舱或内部结构不常见或需要更新或更换，也会影响特定飞机的价值。最后，渊源或运行历史是一个变量，可以提高或降低飞机的价值。在恶劣环境下运行的飞机，即使不再在这种环境下运行，维护成本也会更高。另外，一架在非常温和的环境中运行的飞机，如凉爽的海平面气候，在其他条件相同的情况下，应该有一个较低的维护负担。这些因素，连同其他可转让的物品，可能使两个看似相同的飞机在销售中的价值不同。

估值方法

基础价值（BV）是在一个供求相对平衡的竞争和平衡的市场中，自愿和知情的买方和卖方之间的飞机交易的理想美元金额。它基于历史价值和趋势以及对未来趋势的预测。基础价值不考虑市场上的短期波动和变动，如政治不稳定、燃油价格或经济事件。应该注意的是，基础价值假定飞机处于所有维护事件之间的中点，被称为"半衰期"状态。在现实中，这是一个虚构的参考，因为飞机很少处于一种状态，每个维修项目实际上都处于其维修间隔的中间。然而，飞机评估师一致认为，这是作为飞机价值基准的最佳理论参考点。BV 几乎不代表个别飞机的实际交易价格（国际运输机交易协会评估师计划，2013）。

当前市场价值（CMV）是飞机评估的实际交易价格。这考虑了短期政治变化、燃油价格和经济事件。飞机也进行半衰期条件下的当前市场价值评估。

如果市场条件平衡，基础价值和当前市场价值可以是相等的。市场对当前市场价值的影响如下：

CMV = BV	市场条件处于平衡状态
CMV > BV	由于供应不足或需求过剩，市场条件支持更高的价格
CMV < BV	由于供过于求，市场条件支持较低的价格

除了 CMV 和 BV 之外，还有包括预测假设的一些附加条款，用以得出飞机的估计价格。

未来 BV 是评估师从初始出发点（通常是其 BV）预测的未来飞机价值。然后使用从飞机的 BV 导出的标准化数据点生成曲线，该曲线的扩展生成飞机类型的未来 BV 曲线。未来价值通常以当前美元进行预测，因此需要进行通货膨胀假设。评估师通常在假设当前通货膨胀率的情况下预测未来的价值（国际运输机交易协会评估师计划，2013）。

调整后的市场价值表明飞机的市场价值已从半衰期状态调整到实际维护状态。对飞机进行维护对其价值有影响。因此，从货币角度量化涉及交易的飞机的维修状况是很重要的，因为维修成本和价值提升之间存在着很强的相关性（国际运输机交易协会评估师计划，2013）。

表 2.11 显示了几架波音、空客和巴西航空工业公司飞机的价值。这是每架飞机变型的平均当前市场价值。请注意下面列出的飞机变型之间的尺寸和机龄权衡。例如，B767 - 300ER 是一个长距离的宽体机，随着需求的增加，窄体机的价值也随之增加。此外，窄体机更具流动性，可以很容易地再出售，因此通常较小和较年轻的飞机比较老和停产的宽体飞机具有较高的当前市场价值。

表 2.11　　　　　　　　飞机当前市场列表价格（2018 年）

飞机	2018 年基本价值（百万美元）	飞机年份
A319 - 100	17.0	2008 年
A320 - 200	22.0	2008 年
A321 - 200	24.5	2008 年
A330 - 200	39.5	2008 年
A330 - 200F	53.0	2010 年
A350 - 900	101.4	2013 年
A380 - 800	75.5	2008 年

续表

飞机	2018 年基本价值（百万美元）	飞机年份
B737 MAX 8	44.3	2016 年
B737 - 800	24.1	2008 年
B737 - 900ER	24.3	2008 年
B747 - 8	76.9	2011 年
B747 - 8F	84.9	2009 年
B767 - 300ER	20.0	2008 年
B777 - 200ER	48.8	2008 年
B777F	87.4	2008 年
B787 - 9	99.9	2013 年
E190	14.5	2008 年

资料来源：阿维塔斯喷气式飞机价值（2017—2037 年）［阿维塔斯（2017）］。

出租人对飞机选型的展望

经营性出租人不经营飞机，因此出租人在其投资组合中或在订单中拥有符合航空公司要求的飞机很重要。出租人在评估选择哪架飞机和订购哪架飞机时，会考虑许多不同的方面，包括市场分析、飞机流动性、飞机生产阶段和各种风险。

市场分析

对于出租人来说，有两个关于市场分析的主要问题需要回答：现在市场需要什么飞机以及需要多少飞机？未来对各种飞机类型的需求在哪里？关于未来市场的位置，首先要检查的是飞机的技术方面或能力。这意味着要展望未来，了解市场趋势和发展。这种分析可以预测市场的走向，以及运营各种航线和任务所需的飞机。例如，如果预计亚洲的旅客增长将主要运送长途航线上的旅客，这意味着需要更多能带大量旅客长途飞行的飞机。如果增长地区是在行业阶段较短，或者趋势是向更多的轴辐式频率移动，这意味着可能需要更窄机身的飞机。与合适的飞机相匹配的增长区域是出租人的商业模式的基础。

其次，出租人关注市场的现状。换句话说，航空公司已经订购了什么。仅仅因为可能需要大量的长途宽体飞机，并不一定意味着所有出租人都会购买这种特定类型的飞机。出租人发现市场上的差异是重要的。这些差异来自航空公司现有机队和制造商的订单之间的不同以及出租人对航空公司需求的预测。这项工作是在宏观和微观两个层面上进行的，从航空公司的全球范围开始，然后深入微观层面，这就需要确定哪些航空公司将符合出租人达成交易的标准。

另外，对于任何特定的飞机，出租人必须看到飞机在经济寿命期间而不仅仅是在飞机投入使用时的创收潜力。例如，空客 A380 在推出时需求量很大，航空公司发现了一种能够长距离飞行并携带大量乘客和货物的飞机，以应对当时的高燃油价格。因此，存在对庞大飞机的初始需求。然而，从运营出租人的角度来看，预计飞机不会有很大的二级市场。换言之，在其第一份租约（通常为 12~15 年）结束时，转租飞机或转给第二运营商的机会可能有限。因此，对于运营出租人来说，从飞机的整个生命周期来考虑飞机租赁非常重要，不仅是飞机的第一个租赁期，而且要考虑第二和第三个租赁期，理想的租赁时间约为 25 年。

飞机布置

出租人可以将飞机放置在市场的四个主要领域：新市场、更换/退役、自然增长和合适的规模。

新市场只是以前没有或现在还没有成熟的市场。更大程度的航空市场自由化通常是通过在越来越多的始发地和目的地之间开辟新航线来推动航空增长和新市场发展的一个动力。低成本航空公司自由化的影响尤其显著，因为它们通过降低票价和开拓新市场来刺激航空旅行。当前新市场的例子包括拉丁美洲、印度和东南亚。这些市场上的大多数航空公司都没有购买飞机所需的资本，因此租赁非常普遍。然而，发展中国家的法律制度不完善，如果新兴航空公司违约，可能会给出租人造成经济损失。

更换/退役是所有预测的关键部分，因为飞机离开客运服务退役或转换为其他用途的时间对新飞机交付的需求水平有影响。高燃油成本和满足新环境法规的需要迫使航空公司加快更换陈旧低效的飞机。在成熟经济体中，现有航空公司的更换需求更高。此外，飞机的使用率越高，更换飞机的需求就越高。

自然增长是波音和空客大量订单的驱动力。全球经济活动是商业航空运输自然增长和由此产生的飞机需求的最有力驱动力。预计世界 GDP 将增长 2.8% 左右，而像印度和中国这样的新兴经济体在同一时期的增长率分别超过 6.1% 和 4.9%（波音，2017）。

合适的规模是市场的平衡机制。当需求和供应的泡沫形成时，市场自然会消除这些泡沫。使用合适的设备，航空公司可以通过优化需求能力，最大限度地提高运营效率和盈利能力。例如，巴西航空工业公司 E190 为运营商提供了一种优化设计的飞机，用于定位区域喷气机太小、标准 B737/A320 系列飞机太大的航线/频率。由于担心飞行员短缺，许多航空公司，特别是美国的航空公司，不得不提高它们的机队的规模（从地区性喷气式飞机增加到 100 多个座位狭窄的机队）。

价值保留和流动性

初始运营租赁后，飞机必须持有必要的残值，以允许出租人以盈利率出售或释放资产。从本质上讲，飞机的留存价值和流动性可以单边决定交易是否盈利。有限的地理和全球机队分布将限制二级市场的前景，因此飞机投资者几乎总是关注流行的、流动的飞机，这些飞机在客户和地区之间分布良好。

一般来说，出租人更喜欢流动性强的飞机。例如，B737 - 800 是目前最畅销、最具流动性的飞机之一，拥有遍布全球各地的 150 多个客户，3910 个订单。因此，它是出租人最喜欢的飞机之一。尽管大多数投资者倾向于将重点放在流动性强的飞机上，但仍有许多出租人投资于专业/专用飞机，或被认为具有较差的残值前景的飞机。它们通常会以低市场价值购买这些飞机、收取额外租金或两者结合的方式来实现这一目标。今天的专机例子是 B777 - 200LR 和 A380。

生产阶段

与产品寿命周期较短的飞机相比，具有持续生产运行的飞机具有更大的市场份额和地理分布。更重要的是，仍在生产中的飞机往往比停止生产的飞机更能保持其价值和租赁率。

飞机所处的生产周期阶段也会影响其价值。更多的时候，与中后期建造的高规格飞机相比，早期生产的飞机往往更重，最大毛重和推力更低，直接运营成本更高。相比之下，在生产周期的尾端制造的飞机，由于正在与通常能显著提高运行效率的新技术飞机竞争，未来的价值往往会出现更高的下降。

让我们以 B787 为例进行说明。B787 计划推出了三个变体机型（B787 - 3、B787 - 3 和 B787 - 3）。B787 - 3 是一种主要用于亚洲市场的短程飞机。它从来没有得到任何客户的认可，最终它也没有被建造，变体也被丢弃了。大部分订单集中在 B787 - 8 上。当波音公司在 2008 年接受这些订单中的大部分时，燃油价格正在上涨，因此航空公司将重点放在适宜的飞机尺寸规格上，以应对不断上涨的燃油价格。随后，生产计划被推迟，燃油价格继续大幅上涨。当航空公司观察竞争对手的飞机，特别是 A350 - XWB 时，它们意识到 A350 更高效。波音公司的反应是在与 A350 的面对面竞争中，尝试引导客户使用 B787 - 9 而不是 B787 - 8。客户开始将它们的订单从 B787 - 8 转换为 B787 - 9，随着越来越多的航空公司下了新的订单（以前波音公司的订单中没有），波音公司开始关注 B787 - 9 变体飞机。出租人的行为类似。通过观察市场的动态变化以及航空公司从 B787 - 8 到 B787 - 9 的变化，出租人需要确保它们拥有航空公司同样想要的飞机。此后，波音公司推出了更大的变体 B787 - 10。B787 - 10 是一种飞行距离与 B787 - 9 相同但运载乘客更多的飞机。现在，只有几家航空公司订购了这种飞机。如果该飞机也具有相同的市场接受度，或类似于 B787 - 9 拥有更广泛的市场接受度，可以假设出租人将订购 B787 - 10 或将其订单中的部分头寸转换为更大的 B787 - 10。总之，出租人需要关注航空公司的市场，并了解可能导致订单变更或变化的因素。它们需要确保投资组合中有航空公司想要租赁的飞机。

租赁利率因素

租赁利率系数实质上是每月租金支付占飞机总购买价格的百分比。行业特指按租赁利率系数计算的租赁率。一般来说，航空公司可以通过两种不同的方式签订飞机的经营租赁合同。首先是通过销售和回租。在销售和回租过程中，一家航空公司已经从制造商那里购买了飞机，但它们已经决定通过经营租赁结构为飞机融资。航空公司在销售和租赁协议中把飞机卖给出租人，并立即将其租回。在这笔交易中，航空公司先规定价格，并查看各个出租人提供的租赁利率和条款。出租人将按照租赁利率和租赁利率系数来出价。然后，航空公司将评估竞争出租人的租赁利率、期限和租赁利率系数，并且，所有其他因素保持不变，它们将选择能够为航空公司提供最低租赁利率系数的经营出租人或最理想租赁期的最低净租赁利率。

其次，出租人可以从它们的远期订单中租赁飞机。在这种交易中，出租人不披露其租赁费利率系数。如果它们这样做了，航空公司很快就能计算出出租人的购买价格。同样，与售后回租交易一样，租赁利率系数是飞机成本和每月租赁率的函数。

租赁利率系数 = 租赁利率/飞机的购置价格

此外，了解市场租赁利率也很重要。市场租赁利率是由市场的供求关系驱动的。例如，如果一个出租人订购了 B787，一架在 2018 年交付，另外两家租赁公司也有在 2018 年提供的飞机，市场租赁利率将由出租人对市场的看法决定。如果竞争性的出租人以相同的租赁利率出租它们的飞机，那么就是市场安排的租赁利率。但是，如果在这种情况下，三个出租人中的一个对租赁利率的设置不同，其他出租人可能会提供更高或更低的租赁利率，这可能是由购买价格、资本成本或出租人的回报标准的差异造成的。出租人基本上是通过收取高于或低于当前市场价格的价格来确定市场租赁价格。如果一个出租人收取较低的租金，它可以降低市场利率，因为其他人需要这样做以保持竞争力，但如果它们共同收取较高的租金，这将推动市场租赁率上升。因此，远期订单的市场租赁利率在很大程度上是由供求因素驱动的。每个出租人对残值和投资和股权的回报率都有自己的看法和要求。每个出租人对市场的看法可能略有不同，这也可能导致市场租赁利率的一些变化。表 2.12 显示了不同年份飞机的现行租赁利率。租赁利率系数波动取决于飞机的机龄、尺寸和残值风险。低租赁利率系数可归因于较小或窄体飞机（如 A319）的高需求。出租人将在 A380 和 B747 – 8 等大型飞机上获得更高的回报率，因为它们持有飞机的残值风险。旧飞机的残值已经很低，风险很小，零件的输出值几乎等于飞机的当前市场价值。一般来说，随着飞机在租赁过程中的老化，与飞机市值的下降相比，由于租赁付款固定，租赁率系数将逐渐增加。

表 2.12 　　　　　　　　**主要飞机租赁利率（2018 年）**

飞机	飞机机龄（年）	租赁利率（美元/每月）
A318 – 100	10	90000
A319 – 100	10	135000
A320 – 200	10	195000
A321 – 200	10	210000
A330 – 200	10	300000
A330 – 300	10	340000
A340 – 600	10	300000
A380 – 800	10	745000
717 – 200	10	130000
737NG	10	215000
747 – 400	10	328000
767 – 300	10	295000
777 – 200	10	550000
777 – 300	10	550000
777F	10	705000
EMB145	10	35000

资料来源：CAPA（2018）。

当前趋势

在评估当前趋势对其商业模式的影响时，出租人会考虑这些趋势对新型飞机生产以及对航空公司未来需求的影响。通过分析最近的趋势，可以看到目前由于燃油价格的波动，生产节油飞机的趋势明显。从航空公司的角度来看，航空公司希望确保其保持竞争力和盈利能力，并在投资组合中寻找保持竞争力的飞机。航空公司竞争实力的一个关键决定因素是，在燃油效率方面拥有合适的飞机在其网络中运营航线，无论是低燃油价格环境下的低燃油效率飞机，还是高燃油价格环境下的高燃油效率飞机。目前窄体机可使用的新技术飞机有空客 A320neo 系列和波音 737Max 系列。随着燃油价格的不断上涨，航空公司开始将机队从目前的 A320 和 B737－NG 更新为新的窄体机型。在宽体飞机方面，航空公司正在将 B787、A350 和 A330neo 飞机升级为宽体飞机的较大变体。因此，出租人必须仔细评估航空公司未来的运营目标，并相应调整其未来计划，以便从制造商处订购飞机或在二级市场购买飞机。

航空公司飞机选型的前景

航空公司的飞机选择过程与出租人的选择过程有重要区别，因为航空公司与出租人不同，航空公司更关心飞机的总拥有成本，而不是流动性或残值。这是因为出租人通常计划在使用寿命内多次租赁一架飞机，然后将其出售，而航空公司通常打算在 25～30 年的使用寿命内运营一架新飞机。因此，尽管残值可能是航空公司决定租赁或购买的关键决定因素（在第三章中讨论），但这并不是它们选择飞机的主要原因。由于飞机对航空公司来说是一个巨大的成本，选择过程至关重要。航空公司选择飞机的因素包括任务能力、战略目标、可用性、飞机经济性和资金可用性。

任务能力

航空公司寻找一种最小航程和有效载荷要求的飞机来执行计划航线所需的任务。了解飞机将被放置在哪条航线上，对于确定购买或租赁哪种飞机类型来说至关重要。除航程和有效载荷外，机场的环境因素和高度在选择过程中也很重要。高海拔和高温环境（高温和高机场，如拉斯维加斯）

需要飞机更多用力，从而缩短其航程，降低有效载荷和起飞能力。

表 2.13 显示了波音和空客飞机的最大航程和典型座位数。窄体机（如 B737Max 或 A320neo 系列）的典型航程为 3500 ~ 4000 海里（5400 ~ 7500 公里），而中型宽体机（如 A330）的典型航程为 6350 ~ 7500 海里（11750 ~ 12130 公里）。

表 2.13   **最大航程**

飞机	最大航程（海里）	最大航程（公里）	最大座位数（个）
A319neo	3750	6950	160
A320neo	3500	6500	165
A321neo	4000	7400	244
A330 – 200	7250	13450	406
A330 – 300	6350	11750	440
A330 – 800neo	7500	13900	406
A330 – 900neo	6550	12130	440
A350 – 800	8245	15270	276
A350 – 900	8100	15000	400
A350 – 1000	7950	14750	440
A380	8000	14800	800
737 MAX 7	3850	7130	172
737 MAX 8	3550	6570	210
737 MAX 9	3550	6570	220
737 MAX 10	3300	6110	230
777 – 200LR	8555	15843	317
777 – 300ER	7370	13649	396
777 – 8	8700	16110	375
777 – 9	7600	14075	425
787 – 8	7355	13620	242
787 – 9	7635	14140	290
787 – 10	6430	11910	330

资料来源：空客、波音网站。

机队组成

航空公司可以通过两种主要方式来构建机队：标准化机队或多样化机队。一些航空公司，尤其是西南航空和瑞安航空，发现用同一架飞机驾驶标准化机队更为经济，尽管这可能不是每项任务的最佳机队。西南航空和许多其他航空公司认为，仅飞行 B737 就可以节省机组人员培训和航线建模成本（以及其他大量费用），这将使整个航空公司受益。其他航空公司，如达美航空或联合航空则购买或租赁飞机，以适应复杂的轴辐模式，服务不平衡的需求独特的城市对。这使航空公司可以更灵活地选择航线、航班时刻表和各种不同的阶段长度。航空公司选择的是标准化的机队还是多元化的机队，也代表了它们的具体商业模式。例如，拥有标准化机队的航空公司将更加关注航班频率和登机口的周转时间，而拥有多样化机队的航空公司将更加关注每个可用座位里程的成本，并使飞机完全符合任务要求。表 2.14 至表 2.17 概述了瑞安航空公司、阿联酋航空公司、中国东方航空公司和美国航空公司在役和在购飞机的机队类型。联合航空使用两个不同制造商的飞机，包括窄体飞机、宽体飞机和支线飞机。由于机组人员的培训和增加的维修备件的供应成本，这一成本高于瑞安航空的所有波音 737 机队。然而，由于其机队的多样性，联合航空公司能够为每条航线使用最适合的飞机。瑞安航空可能在 737 太大或太小而无法满足适当需求的时候飞行，或者它们的机队可能缺少新航线盈利所需的范围。一般来说，航空公司越大，拥有多元化机队的可能性就越大。

表 2.14　　　　　　　　　　瑞安航空公司机队（2018 年）

瑞安航空公司	在役	在购	可选
B737－800	397	34	0
B737 MAX	0	110	100
总计	397	144	100

资料来源：不同年份 CAPA。

表 2.15   阿联酋航空公司机队（2018 年）

阿联酋航空公司	在役	在购
A330 – 200	1	0
A340 – 300X	2	0
A340 – 500	0	0
A380 – 800	85	57
B777 – 200ER	3	0
B777 – 200LR	10	0
B777 – 300	10	0
B777 – 300ER	124	28
B777 – 8X	0	35
B777 – 9X	0	115
B777F	13	0
总计	248	235

资料来源：不同年份 CAPA。

表 2.16   中国东方航空公司机队（2018 年）

中国东方航空公司	在役	在购
A319 – 100	37	0
A320 – 200	165	0
A321 – 200	61	0
A330 – 200	30	0
A330 – 300E	9	0
A330 – 300X	6	0
A350 – 900XWB	0	20
B737 MAX	0	60
B737 – 300	0	0
B737 – 700	46	0
B737 – 800	79	71
B777 – 300ER	15	5
B787 – 9	0	15
CRJ200ER	0	0
C919	0	5
EMB – 145LI	0	0
总计	448	176

资料来源：不同年份 CAPA。

表 2.17 　　　　　　　　美国联合航空公司机队（2018 年）

美国联合航空公司	在役	在购
A319 – 100	56	0
A320 – 200	97	0
A350 – 1000XWB	0	35
B737 – 700	38	61
B737 – 700（ETOPS）	2	0
B737 – 800	105	9
B737 – 800（ETOPS）	31	0
B737 – 9	0	99
B737 – 900	12	0
B737 – 900ER	131	6
B747 – 400	21	0
B757 – 200	11	0
B757 – 200（ETOPS）	44	0
B757 – 300	11	0
B757 – 300（ETOPS）	10	0
B767 – 300ER	35	0
B767 – 400ER	16	0
B777 – 200（ETOPS）	19	0
B777 – 200ER	55	0
B777 – 300ER	0	14
B787 – 10	0	14
B787 – 8	12	0
B787 – 9	18	10
总计	724	248

资料来源：不同年份 CAPA。

可用性

即使一家航空公司有了意向中完美的飞机，并且愿意支付市场价格，但由于新飞机的交货期可能超过 5 年，因此在航空公司要求的时间范围内，仍可能无法提供。例如一家航空公司在2018年订购了B787飞机，它们可能在5~7年内以每月14架的生产速度从波音公司提货。由于需求和生产订货交付时间，新飞机必须在预期交付之前提前订购。然而，航空公司和出租人可以合作缩短交货期。出租人可以专注于市场预期，比航空公司承担的风险更大，并向原始设备制造商大量订购，而航空公司反过来也可以更短的交付时间从出租人处取得租赁这些飞机的机会。

在二手飞机方面，如果航空公司正在寻找多架规格和起源相似的飞机，可用性就成为一个问题。航空公司重新配置飞机和提供备件的成本非常高，使大量的二手飞机订单非常罕见。航空公司在理想情况下尽量匹配现有的机队。二手飞机市场的另一个特点是维修。为了获得正确的价格，了解特定飞机在其维修周期中的位置至关重要。

总体而言，对于小型航空公司而言，可用性问题更为重要。大型航空公司可以很好地提前下大量飞机订单，因为它们有能力这样做，并且能够承担更大的风险。规模较小或资本不足的航空公司无法获得广泛的资金，因此需要在较短的时间内下较小的订单。在这里，拥有大量远期订单的出租人可以找到最大的交易机会。

航空公司的飞机可用性与飞机的流动性特征密切相关。如前所述，租赁利率是市场的一种功能。如果一种飞机类型普遍不可用或被追捧，根据供求原则，需求量大的飞机的市场租赁利率将增加。

经济性

飞机经济性不仅包括购置成本，还包括拥有成本。航空公司购买和获取飞机的主要目的是在整个使用寿命内对其进行操作。这是出租人和运营商（航空公司）的商业模式不同的地方，因为出租人最关心飞机的流动性和未来可再销售性（残值），而运营商最关心的是总拥有成本。

每家航空公司都希望能以市场上最便宜的价格拥有最快、最省油的飞机。然而，在燃油价格、维护成本、乘客舒适度和有效载荷范围方面，购买旧飞机与新飞机之间存在着权衡。航空公司在作出决定之前，必须评估哪些因素对其特定的商业模式最重要。

在租赁方面，低成本航空公司通常更喜欢更新和更省油的窄体飞机。低成本航空公司并不总是有资金购买新的和昂贵的飞机，因此它们在机队中经常租赁大部分飞机。然而，当低成本航空公司决定租赁或购买飞机时，它们会考虑所有的成本因素，包括资本和运营成本等。第三章进一步讨论了租赁与购买决策以及不同类型运营商之间的租赁趋势。

传统航空公司通常购买和运营新飞机，并在飞机的整个使用寿命期内持有该飞机。这是因为传统航空公司倾向于非常低的利率借贷，并且其成本结构可承受燃油价格波动和飞机老化时增加的维护成本负担。传统航空公司希望在飞机的整个寿命期内找到最低的总拥有成本，考虑购买价格、维护成本、资本成本等，而不是每个航班的最低成本。例如，如果一家航空公司在经济衰退期间完全拥有飞机，且没有未偿债务，那么该航空公司可以停放该飞机，而不用担心在资产未被利用的情况下每月必须支付租赁款或抵押付款。这样，传统航空公司就有了利用更高风险从市场变化中获益的优势。

此外，航空公司使用飞机越多，运营飞机的成本就越低。图2.3概述了基于燃油成本和利用率的利润贡献。

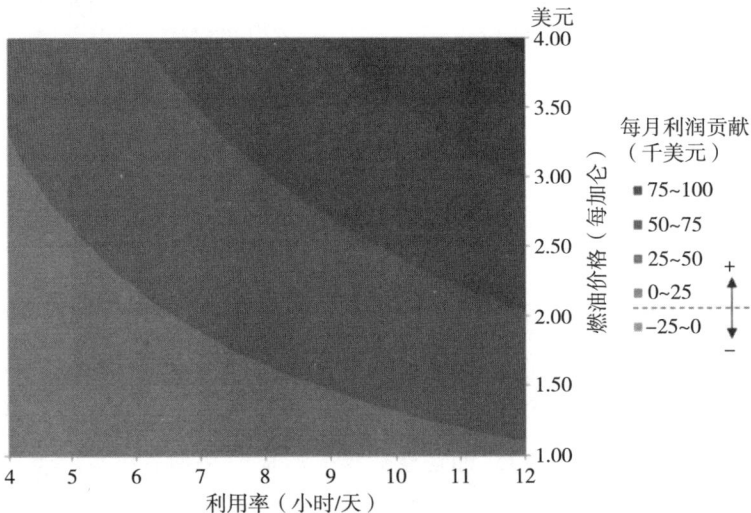

资料来源：CIT。

图2.3 利用率和燃油关系

随着燃油价格的上涨，航空公司受益于对更省油飞机的更高利用率。因此，当决定购买一架新飞机时，航空公司必须考虑飞机寿命期间的计划利用率和估计燃油价格。

最后，噪声和二氧化碳的排放也会增加飞机的总体拥有成本。全球有309个机场，占世界出发机场总数的32%，有某种类型的噪声限制。这些机场根据起飞和降落时发出的噪声收取费用。例如，与A320ceo相比，空客A320neo预计每月可节省60000美元的噪声费用。新技术还可以降低运营商的环境费用。然而，旧飞机的低价格仍然可能会超过额外的成本。因此，在选择合适的飞机时，必须对这些权衡进行建模。

从2010年开始，为了降低成本，航空公司有一种升级的趋势。升级是航空公司在给定航线上增加飞机尺寸，同时降低航线频率的过程。这样可以在减少劳动力、燃油和其他成本的同时保持生产能力不变。表2.18描述了庞巴迪地区船队预测的上涨趋势。

表2.18 庞巴迪机队预测

世界	2013年机队	2033年机队	增加/减少（%）
20~59座飞机	3400	1000	-340
60~90座飞机	2750	6850	40
100~149座飞机	4650	8450	55
总计	108000	16300	66

资料来源：庞巴迪公司。

表2.18显示了小型区域喷气式飞机的预计需求大幅下降。在未来的几年里，不仅对于区域喷气式飞机，而且对于窄体机和宽体机来说，上升是一个普遍的趋势。

融资

航空公司希望购买的飞机类型和订购的飞机数量很大程度上取决于其信用评级和筹集资金的能力。由于新飞机和旧飞机的购买价格差异很大，一些航空公司在选择飞机时受资产负债表能力的限制。

航空公司可以选择购买或租赁飞机。当飞机租赁时，运营商每月向出租人支付一系列款项，并确定租赁期限，其他因素将在后面章节中更深入地讨论。航空公司还可以选择用现金或债务支付飞机费用。航空公司可以采用几种融资机制，包括无担保债务、增级设备信托凭证、资本/融资租赁和银行贷款。所有这些策略将在第六章中进一步讨论。

飞机选型的制造商视角

自从莱特兄弟 1903 年起飞以来，世界各地的公司都开始快速研发飞机。经过一个多世纪的整合，主要的商用飞机制造商是波音、空客、巴西航空工业公司和庞巴迪，它们目前生产的商用飞机占大多数。不过，空客目前已获得庞巴迪 C 系列商用喷气机项目的多数股权，波音预计不久将完成与巴西航空工业公司商用飞机和服务业务合资企业 80% 的多数股权。此外，其他制造商，如中国商飞，未来几年在航空运输中的影响力将会增加，因此对飞机的需求特别是在亚洲将继续增长。

下一节将分析飞机制造商如何决定生产哪种飞机，以及在快速变化的全球经济中建造多少架飞机。

飞机项目的开发过程始于对航空旅行基本需求的理解。飞机制造商已经预测了近 60 年的长期航空运输需求。它们预测全球和区域市场的航空旅行需求，然后将该需求预测细分为航空公司运输预期所需的飞机类型。地区和全球需求都推动了对飞机的需求。表 2.19 至表 2.21 显示了不同世界地区的预计全球 GDP 增长，以及 2036 年这些地区的预计飞机交付量。将特定地区的航空旅行需求与 GDP 增长保持一致是标准做法。然而，随着国内生产总值的增长，人们还必须考虑到特定地区的各种经济阶段、消费能力和当前的飞机分别情况。值得注意的是，空客的预测单位和价值低于波音公司。空客预测，预测期内新飞机总数为 34166 架，价值 51370 亿美元，而波音预测的 41030 架新飞机的总价值为 61000 亿美元。

请注意，亚洲强劲的 GDP 增长导致该地区订单前景强劲。然而，非洲等地区的 GDP 增长预测强劲，但由于该地区的低支出能力以及航空管理不足，这并不能转化为对更多飞机的需求。此外，随着时间的推移，需求的地理多样性有了很大的改善。20 世纪 70 年代初，美国市场是唯一重要的市场需求。后来是美国和欧洲。如今，制造商对美国/欧洲、亚洲/中东、非洲和拉丁美洲等四个地区的需求进行了跟踪和预测。如果世界某一地区的增长或乘客需求放缓，波音或空客有机会将资产出售给可能正经历更高增长的另一地区。波音、空客和其他公司使用预测的宏观需求数据，并与各地区的个别航空公司进行详细讨论，以找到满足未来飞机需求的解决方案。

表 2.19 世界 GDP 增长率

地区	2017—2036 年增长率（%）
亚洲	3.90
中东	3.50
非洲	3.50
世界	2.80
拉丁美洲	3.00
独联体	2.00
北美	2.10
欧洲	1.70
印度	6.1
中国	4.9

资料来源：波音（2017）。

表 2.20 波音公司需求预测

地区	新飞机（2017—2036 年）	价值（十亿美元）
亚洲	16050	2500
北美	8640	1040
欧洲	7530	1110
中东	3350	730
拉丁美洲	3010	350
非洲	1220	180
独联体	1230	140
合计	41030	6100

资料来源：波音全球市场展望 2017—2036 年（波音，2017）。

表 2.21 　　　　　　　　　　　　　空客公司需求预测

地区	新飞机（2017—2035 年）	价值（十亿美元）
亚洲	14280	2271
北美	5620	689
欧洲	6820	968
中东	2530	564
拉丁美洲	2670	350
非洲	1050	144
独联体	1200	151
合计	34166	5137

资料来源：空客公司市场展望 2017—2036 年（空客，2017）。

实际上，飞机制造商的目标是生产能够充分满足全球总体需求的飞机项目，而不是专注于为高度专业化的市场生产专用飞机。

商用飞机制造的竞争与未来

为了了解当今飞机制造业的双头垄断，有必要了解当今两大商用飞机制造商的历史：空客公司和波音公司（见图 2.4 和图 2.5）。

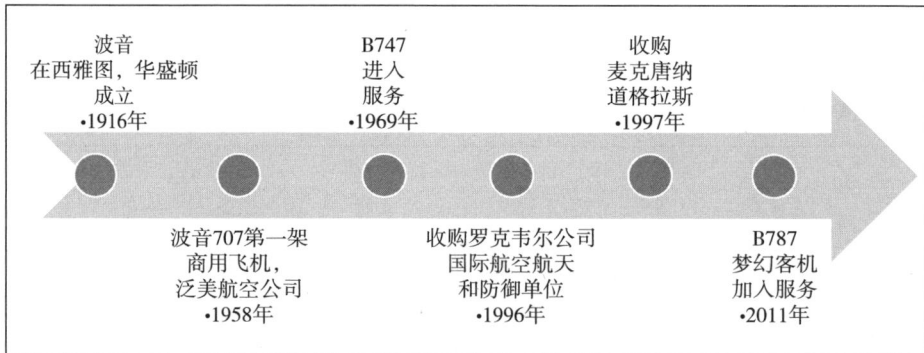

图 2.4 波音公司的时间线

波音

波音公司于 1916 年在华盛顿州西雅图成立，一直专注于国防飞机，直到第二次世界大战后，波音公司才开始推出其第一架商用飞机波音 707，泛

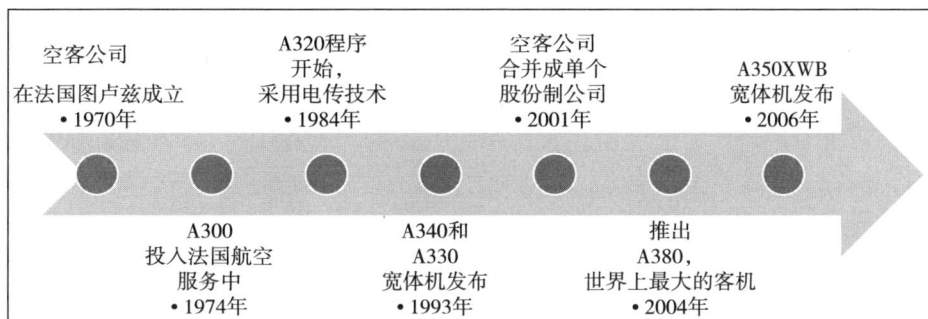

图 2.5　空客公司时间线

美航空公司 1958 年投入使用该飞机。波音 737 双喷气发动机于 1968 年投入使用，并成为世界上最畅销的商用飞机。波音 737 的更新版本今天仍在生产中。波音公司于 1969 年推出了第一架宽体客机 B747，随后于 1982 年生产了一种较小的宽体客机 B767，次年又推出了窄体客机 B757。这两架飞机的独特之处在于，它们具有相同的驾驶舱，这意味着飞行员和机组人员只需一个型号的认证就可以驾驶两架飞机。这有助于降低航空公司的成本。1994 年，波音公司推出了 B777 双引擎宽体飞机，它完全是在计算机上设计和策划的，甚至没有建立飞机的模型。波音公司最新开发的 B787 梦幻客机于 2011 年首次交付，采用复合材料制造，大大减轻了飞机的重量，提高了燃油效率，以应对燃油成本上升，这在当时是所有航空公司首席财务官（CFO）决策标准的最前沿。1996 年，波音收购了罗克韦尔国际的航空航天和国防部门，因为罗克韦尔打算继续专注于航空电子设备和自动化，1997 年，波音还收购了失败的军用和商用美国飞机制造商麦克唐纳道格拉斯（McDonnell Douglas）。波音公司通过在军工和商业两个行业获得竞争优势，基本上与空客展开了双寡头竞争，空客从 20 世纪 80 年代开始在市场上获得了吸引力，并证明自己是一个值得竞争的对手（魏斯与阿米尔，2018a）。

空客

空客于 1970 年在法国图卢兹外成立，最初由几家欧洲航空航天公司组成，试图与波音公司竞争。它的重点是中短程喷气式客机，最终扩展到宽体飞机、直升机和国防市场。2001 年，空客公司从一个财团合并为一家单一的股份制公司，80% 由欧洲航空防务航天公司持有，20% 由 BAE 系统公司（英国航空航天公司）持有。空客的第一架飞机 A300 于 1974 年由法国航空公司（AirFrance）投入使用，拥有 250 个座位和两个引擎。最初，由于公司较为年轻且缺乏经验，它的销量并不好，直到 1977 年，东方航空公司才租赁了这种机型。此后不久，较小的 A310 于 1985 年投入使用，旨在与波音 767 竞争。A320 项目始于 1984 年，采用了世界上第一个可行的电传技术和基于计算机的控制。A320 家族诞生，通过加长或缩短机身扩展到 A318、A319 和 A321。1993 年晚些时候，交付了有 4 台发动机的 A340 和有 2 台发动机的 A330。2007 年，空客交付了世界上最大的客机 A380。这架飞机有两层甲板，标准容量为 555 名乘客，多舱配置，全经济配置最多 853 名乘客。这架飞机太大了，它需要世界各地的机场更新航站楼和滑行道，以适应商业运营。2004 年，空客推出了 A330 重新设计后的宽体机 A350，但更新了发动机与波音 787 竞争。不幸的是，该机型销售陷入困境，空客被迫重新设计飞机。2006 年，空客重新推出了 A350XWB（超宽机身）。它的设计要比波音 787 稍大一点，还采用复合材料和新技术引擎，以获得更好的经济效益（魏斯与阿米尔，2018b）。

新竞争对手的可能性

在调查商用飞机制造业的性质时，了解其真实的商业模式很重要。飞机业务是什么？它是产品战略，工程，大规模制造，认证能力，支持能力，还是融资能力？答案是它们都是。不仅要弄清楚业务的所有方面，而且要把它们都做好是非常困难的。因此，研制一种可靠的飞机需要几十年的时间和许多先进的技术。这对中国商飞等希望进入飞机制造市场生产可靠飞机并说服出租人和航空公司投资的新制造商构成了很高的进入壁垒。随着时间的推移，新的进入者可能对空客和波音的双头垄断构成相当的威胁，但目前空客和波音仍在继续主导市场。尽管波音和空客在商用飞机市场上有双寡头垄断，但该行业竞争非常激烈，这给空客和波音不断创新和改进价值主张、压低价格带来了很大压力。

主要市场

飞机客户分为两类：经营飞机的客户和作为投资购买飞机的客户。有时它们是一个及相同的；但很多时候它们不是。航空公司是经营飞机的客户。还有一系列银行家和出租人实际为这些飞机付款，它们的利息与航空公司的利息大不相同。出租人将飞机视为投资，航空公司则将飞机视为主要的创收资产。表 2.22 概述了主要类型飞机的交付需求。航空公司将直接从原始设备制造商处购买飞机，通过运营飞机运送乘客和货物来产生收入，而出租人则将飞机作为投资购买，通过租赁给航空公司来获得收入。表 2.22 仅代表新飞机，替换飞机将在本节稍后讨论。

表 2.22　　　　　　　　　飞机交付预测

交付需求预测		
飞机类型	新飞机（2017—2036 年）	飞机价值（十亿美元）
支线飞机	2370	110
单通道飞机	29530	3180
宽体机	5050	1340
大宽体机	3160	1160
货机	920	260
总计	41030	6050

资料来源：波音（2017）。

客户需求和优势

了解客户在市场上的需求和偏好以及了解投资者和运营商愿意为飞机支付什么十分重要。宏观经济因素不应成为发展和生产飞机的唯一决定因素，因为它有时会导致错误的决定。例如，在 20 世纪 90 年代末至 2008 年，燃油价格大幅上涨，航空公司和出租人要求更节能以及更大的飞机，以减少使用次数和 CASM。基于当时的情况，空客和波音认为最好主要集中在节能飞机，如 A320neo 和 B737Max 以及大型飞机，如 A380。在燃油价格下降后，航空公司发现，它们可以继续在经济上运营其较旧、燃油效率较低的飞机，对新的、燃油效率较高的飞机的需求减弱。

此外，在引进 A380 之后，人们发现这种尺寸的飞机市场有限，因为乘客更喜欢高频率坐小型飞机，而不是低频率坐大型飞机。

出租人和投资者关注与收益相关的资产流动性。流动性几乎等同于风险。如果飞机流动性很强，风险就低得多，这意味着投资者可能对较低的回报感到满意。如果出租人寻求更高的回报，它们应该投资流动性更低的资产以获得溢价。例如，B737－800 被认为是高流动性飞机。然而，由于大量的金融家向信誉良好的航空公司提供低利率融资，迫使出租人提供低租赁利率来竞争，出租人对这架飞机的回报往往较低。A380 或 B777 等宽体飞机的客户群较窄，因此很难重新处置飞机，而且由于重新配置的成本，出租人面临额外的风险。航线和运营客户的数量较少，因此风险要高得多，而且很少有人愿意投资，假设投资者的残值如预期的那样，产生的回报似乎更高。在分析今天的投资概况时，几乎一半的窄体机队是由投资者而不是航空公司拥有的，而只有 30% 的宽体机队是由金融投资者拥有的，剩下的 70% 是由航空公司拥有，因为与宽体机队和二级市场相关的风险更高。

客户表示感兴趣的另一类飞机的例子是所谓的"中间市场"飞机。A321 和 B787－8 之间的尺寸差距足够大，足可以产生一种与 B757 相似或略大的飞机。航空公司有这样的要求，但由于设计和生产一种新型飞机所需的巨大开发成本，制造商不愿生产这种飞机。因此，如果没有一个可靠的经济条件，制造商不愿意承担一个新的机身项目，这意味着有足够的需求远远超过开发成本，从而引发一个盈利项目。

宏观经济影响

市场的最新趋势以及需求管理策略帮助飞机制造商更好地管理其生产过程中的短期宏观经济干扰。首先，制造商的生产计划考虑了航空公司的机队规划过程（通常在 15 ~ 20 年的时间范围内），而不是宏观经济变量（如燃油价格、利率或汇率）的短期波动。此外，飞机制造业的商业模式在许多方面经过调整或向客户学习产生了重大变化。航空公司早就意识到，它们的座位是一种易腐烂的产品，填补它们的最好办法就是超卖（也就是所谓的超额记账率）。制造商已经开始遵循类似的生产管理流程，在该流程中，它们销售的产品超过了计划的产量，因为它们知道，在历史上，根据各种市场波动（燃油、利率、国内生产总值等），一些客户会取消或推迟订单。这一生产管理流程帮助制造商创造了所需的灵活性，以转移不同的客户，并保持生产速度相当一致。

其次，航空公司已经开始在更长的时间内订购飞机。历史上，飞机订单积压了 2~3 年。现在有 5~7 年的积压是很正常的。这有助于抑制市场的周期性，无论是政治或经济动荡导致的波动。

再次，有助于平滑制造业需求的动态因素是一直存在替代需求。已安装的机队数量如此之大，替换需求已增长至交付飞机的 37% 左右。因此，在如此庞大的安装机队的情况下，需要不断更新和更换已安装的机队。表 2.23 显示了对替换飞机的预测，以及将继续留在运营商机队的飞机的增长。

表 2.23 需求类型

交付需求预测	
需要类型	新飞机（2017—2036 年）
成长	22030
更换	12870
保留	7630
总计	42530

资料来源：空客（2017）。

预计未来 20 年将更换 16000 多架飞机。表 2.24 概述了飞机类型、交付总量、平均退役年龄以及截至 2015 年已退役的百分比（弗罗斯伯格，2015）。

表 2.24 飞机退役

飞机	交付数量	平均退役年龄	退役（%）
英国航宇 146	217	19.7	42
麦道 - 80	1191	22.4	42
波音 B737	1988	21.8	33
福克 70/100	322	17.2	25
麦道 - 90	116	12.5	17
英国航宇 Avro RJ	170	16.0	12
波音 B757	1048	23.4	9

续表

飞机	交付数量	平均退役年龄	退役（％）
空客 A330	559	22.8	51
空客 A130	253	22.2	51
波音 B747-400	690	20.5	17
波音 B777	1053	22.6	14
麦道-11	198	19.2	14
总计	7805	21.7	27

资料来源：Frosberg（2015.3）。

最后，有助于平稳飞机需求和生产的重要动态因素是航空公司业务模式的多样化。截至 2001 年，大约 90% 的流量由网络运营商承担，如拥有区域网络和全球国际联系的汉莎航空公司、联合航空公司和三角洲航空公司。21 世纪初，瑞安航空、易捷航空等低成本航空公司的激增，导致了"网络运营商"和低成本航空公司共存的商业模式的多样化。这种多元化的经营模式有助于生产过程的顺利进行。这是因为经济生命周期导致具不同业务模式的航空公司需求出现不同的高峰和低谷。例如，在一个导致网络运营商挣扎的疲软经济中，低成本航空公司是反周期的，随着乘客寻找更便宜的出行方式，其需求也在增长。随着经济的改善，随着乘客对价格的敏感度降低，网络运营商的表现更好，从而平衡了对飞机的需求。

发动机制造商

除了了解波音和空客等机身制造商外，了解驱动通用、罗尔斯—罗伊斯和普惠等发动机制造商的动力是很重要的。这是因为波音和空客不生产发动机，它们必须与各种发动机制造商合作，以供应它们的飞机。商用飞机通常使用涡轮风扇喷气发动机。喷气发动机是目前开发的最有效的飞机发动机类型，可以将商用飞机的速度从 310 英里/小时推进至 620 英里/小时。涡轮风扇发动机市场由普惠、罗尔斯—罗伊斯和通用电气主导。这三大发动机制造商为空客和波音公司生产发动机。表 2.25 概述了每种主要飞机类型的不同发动机类型和制造商。请注意，有些飞机有两个或多个发动机选项，而另一些只有一个。一方面，具有多个发动机选项的飞机可以提高买方的议价能力；另一方面，多个发动机制造商之间的分散化可能会使投资者难以重新出售飞机，导致具有多个发动机选项的飞机的未来价值降低。

除了发动机选项外，飞机还具有一系列影响购买飞机价值的额定推力值。根据阿克特（2012）的数据，配备 CFM56－7B26 发动机（额定功率为26300lb）的 737NG 与配备 CFM56－7B24 发动机（额定功率为24200lb）的737NG 之间的差值为 170 万～180 万美元。

最后，随着飞机的老化，飞机的价值从机身转移到发动机，这可能是航空公司决定购买飞机并长期持有飞机以利用发动机上剩余的可用绿灯时间的一个重要决定因素。

飞机价值的转换

飞机价值在不同的买家和评估者之间往往有很大的差异。目前还没有像房地产中使用的多重上市服务（MLS）这样的飞机大规模销售系统。制造商直接向航空公司和出租人出售飞机，折扣高达目录价的50%。制造商通过指出每架飞机都是独一无二的，配置也不尽相同来解释这些折扣，这就导致了每种飞机的价格差异很大。航空公司往往会得到较低的价格，因为每家公司都倾向于购买具有相同配置的批量飞机。另外，当制造商向租赁公司出售飞机时，向出租人出售了巨大的灵活性。

表 2.25 　　　　　　　　　 主要飞机类型的发动机制造商

飞机类型	制造商
空客 A320	CFM 普惠
空客 A330	通用电气 普惠 罗尔斯—罗伊斯
空客 A340	通用电气 罗尔斯—罗伊斯
空客 A350	罗尔斯—罗伊斯

续表

飞机类型	制造商
空客 A380	通用电气/普惠发动机 联盟 罗尔斯—罗伊斯
波音 B737	CFM
波音 B747	通用电气 普惠 罗尔斯—罗伊斯
波音 B757	普惠 罗尔斯—罗伊斯
波音 B767	通用电气 普惠 罗尔斯—罗伊斯
波音 B777	通用电气 普惠 罗尔斯—罗伊斯
波音 B787	通用电气 罗尔斯—罗伊斯

资料来源：空客、波音网站。

　　出租人可以为不同的客户提供不同的配置，从而提高它们购买每架飞机的成本。价格变化的另一个原因是从飞机订购到最终交付的时间延迟。制造商在合同年对其飞机定价，然后根据通货膨胀和其他因素提高购买价格，直到交货为止。制造商也倾向于出售具有不同可选性和价值的飞机。因此，要真正了解飞机的价值，我们必须问，飞机什么时候交付？重量是多少？推力是什么？配置是什么？在交付飞机之前，客户有什么灵活性？所有这些因素对理解给定飞机的价格范围都很重要。第十二章将更详细地探讨飞机价值和估值。

总结

机队规划决策需要大量的研究，对于航空公司和租赁公司来说是不同的。购买特定飞机的决定很大程度上取决于公司的资本结构、维护能力和战略目标。除了公司的限制外，工程师、网络规划师、财务分析师和高级管理层之间的合作对于选择满足公司所有需求的最佳飞机至关重要。

对于出租人来说，机队规划分为两类：目前的市场和未来的市场。由于飞机出租人不经营资产，它们必须购买航空公司希望租赁和经营的飞机。对于出租人来说，宽体飞机往往产生更高的回报，但风险更大；窄体飞机更具流动性，但回报率较低。此外，出租人必须考虑租赁问题，如维护准备金、残值和回报条件等，以便为双方创造一个互利的局面。

对于航空公司来说，总拥有成本是选择飞机的主要决定因素。购买或租赁飞机的航空公司与其对应的出租人相比，对飞机的残值没有多大关注。航空公司应将飞机视为一种成本，而不是一种投资，并通过批量订单以优惠价格购买节油飞机，以尽量降低成本。

最后，飞机和发动机制造商是使整个设想成为可能的群体。研究、设计和制造一种新型飞机或发动机需要几十年的时间。制造商的任务不仅是预测市场的走向，还包括提供一种采用客户（出租人或航空公司）将购买的最新技术的产品。同时，它们必须管理自己的生产过程，以可靠和及时地生产和交付飞机和发动机。

附录 2A　小案例研究 A

飞机选择（航空公司）

精神航空公司（Spirit Airlines）是位于佛罗里达州劳德代尔堡的低成本公司。它们的机队组成全部由空客 A320 系列机型组成。作为低成本公司，精神航空公司最关心的是减少包括燃油、劳动力和机队成本在内的成本。

事实证明，A320 是一种可靠、省油的飞机，能够在美国执行大多数国内任务。飞机可容纳 186 名乘客，航程超过 3000 海里。

精神航空公司已进入增长阶段，正在市场上购买更多的飞机。主要目的是检查各种飞机的总拥有成本，并在降低拥有成本的基础上作出购买决策。

作为精神航空的首席财务官，您在要购买两架的飞机中选择：A320ceo（当前发动机选项）和 A320neo（新发动机选项）。燃油价格在过去的十年里一直在波动，拥有一架 A320neo 这类省油的飞机将非常理想，但它也有一定的成本。这架特殊的飞机将用于平均 1000 英里的任务，每天大约使用 5 次。

下表概述了这两个选项的一些重要功能。

项目	A320ceo	A320neo
价格（美元）	25000000.00	40000000.00
机龄（年）	7	0
每次行程使用燃油加仑数	4000	3500
退役年龄	25	N/A
座位数	186	186
平均任务距离（英里）	1000	1000
每天的任务数	5	5
每年维护成本（每年增加 25000 美元）	325000.00	200000.00
每年服务天数	320	320

除了上面列出的飞机细节外，燃油价格预计在这两架飞机的使用寿命期间为 2 ~ 5 美元/加仑。A320ceo 还将承担每项任务 500 美元的噪声附加费。

对选择最佳飞机加入精神机队的决策标准进行调查。以下指南应作为飞机选择过程中考虑的基础，并在全面分析中提出，以支持您的决定。

飞机选择指南：

航空公司类型

航空公司的结构和商业模式将对其飞机选择决策产生影响。低成本公司的考虑因素将不同于传统和网络运营商的考虑因素。在考虑航空公司类型时，在飞机选择过程中要评估的因素如下：航空公司的机队配置是旧的还是新的？这家航空公司经营短途或长途航班吗？航空公司主要拥有或租赁其机队吗？

任务能力

确保正确选择适合航空公司任务的飞机是一个关键点。应评估有效载荷和范围、目的地机场特征、噪声/排放影响以及配置标准化等因素。

机队共性

进入航空公司机队的额外飞机有能力影响各种成本。应考虑额外飞机如何适合机队系列（所有机队的标准化任务与运营一个针对每个任务的多样化机队相比）。该决定对机械工的工具和培训以及与机组人员培训相关的影响也应进行检查。

新技术含义

新飞机上的先进技术可以提供创收和降低成本的机会。在评估新技术飞机的效益时，需要考虑的因素是该技术的拥有成本增加，以及该技术带来的燃油节约和定价机会（梅森与莫里森，2016）。作为初始新一代飞机的初始运营商，与可能受益于服务公告和制造商故障排除的后期老式飞机相比，其下行风险有待研究。

新的网络机会

提高利用率会增加航空公司的盈利能力。在评估中的飞机是否有能力根据其机龄、技术和操作规范创造额外的网络扩展机会，以提高利用率，值得研究。

可用性

在选择过程中，应权衡额外飞机需求的时间敏感性。一般来说，新的和更受欢迎的飞机交货周期更长，而旧的/在役飞机可以更早提供。因此，时间限制可以在决策中发挥作用。客舱和厨房配置以及买方提供的设备（如果需要重新配置）也会影响飞机准备交付航空公司的速度。

经济考虑和资金供应情况

飞机的价值，包括初始购买价格和转售价值，可能会相当高。考虑成本，信贷市场在收购中起着重要作用。航空公司需要了解信贷市场是如何评估特定的飞机模型和变型，以及市场是否具有流动性和融资是否可用。航空公司的信用度也会影响其融资渠道和最终融资成本。

附录 2B　小案例研究 B

飞机选择（出租人）

大学租赁公司（ULC）是全球领先的飞机租赁公司，拥有超过 415 架商用飞机，并在 40 多个国家向大约 90 家航空公司租赁。ULC 的机队由单通道和双通道飞机组成，它们的订单目前是业内最大的。

作为向全球客户群提供高价值生产资产的供应商，ULC 正寻求购买目前租赁给印度尼西亚的梅耶尔航空公司的 737NG 或 737MAX。

作为亚太地区市场营销副总裁，您必须确定 ULC 从梅耶尔航空公司购买哪架飞机。目前市场环境稳定，没有影响选择决策的外来因素。

下表概述了这两个选项的一些重要功能：

项目	737 NG	737 MAX
基本价值——当前市场价值（美元）	27700000	54000000
机龄（年）	5	0
建议租赁期	8 年	8 年
飞行小时数/飞行周期	16500/11000	0/0
发动机	CFM56 - 7	CFM LEAP - 1B
下次检修	5 年	5 年
每年维护成本（每年增加 25000 美元）	325000.00	200000.00
标准座椅配置	189	189
每天的任务	6	6
每年服务天数	320	320

对从梅耶尔航空公司购买 ULC 的最佳飞机的决策标准进行调查。在飞机选择过程中，应考虑以下因素，并进行全面分析，以支持您的决定。

选择飞机的指导原则：

飞机价格

对于出租人来说，飞机的价格是选择过程中的一个关键因素。行业评估人员以基础价值和当前市场价值的形式评估飞机价值，这些评估考虑到飞机的维修状况、类似的交易类型、可用性以及其他行业的观点。

飞机租赁利率

飞机租赁利率和价格是您需要考虑的重要因素。其他考虑因素，如维修准备金支付、退租条件和保证金也是租赁中的重要考虑因素，我们将在后面的章节中对此进行讨论，但超出了本案例研究的范围。

残值

资产风险是评估租赁交易的关键因素。如果一架飞机很容易获得融资，市场占有率很高，而且报废概率很低，残值应追踪其经济寿命期间的通货膨胀，从而允许交易以增加出租人投资组合的价值。交易的经济性将是未来发展的一个潜在决定因素，预测飞机是否会在经济寿命内产生价值的能力将决定它是否是出租人投资组合中经营租赁的良好备选。

飞机订货单

飞机与制造商的订单簿清楚地表明了飞机的市场份额以及它在一段时间内保持价值的能力。在评估飞机替代品时，出租人应关注公司订单数量、交付量和公司积压量，以清楚了解飞机的未来前景。

市场渗透率

研究飞机部署的地区、目前运营的运输公司类型以及飞机部署的环境是评估飞机当前和未来价值/需求的有用工具。

生产阶段

飞机所处生产周期，持续生产水平会影响飞机在市场上的竞争力。评估全球能力和增长空间可以洞察飞机的未来价值。

资本市场展望

进入资本市场和获得信贷对飞机融资和租赁能力至关重要。在进入资本市场融资之前，出租人需要评估承租人的信用价值、飞机的残值和未来价值以及飞机的定价。鉴于出租人不经营飞机，请牢记航空公司的需求，确保订购/拨款给合适的飞机以满足航空公司的任务标准。

飞机再销售性

评估一架飞机在经济寿命中的进展情况，可以洞察资产的整体价值生成。对于运营出租人而言，了解飞机在初始租赁到期后进入二级市场的能力，可提供决策过程中所需的关键信息。需要考虑的问题是，飞机对二级或三级运营商的可再销售性，随着飞机的老化，货机转换的可能性，或飞机在运营或经济上过时时的转出能力。

飞机转换和重新配置成本

还应考虑飞机归还或需要收回时的过渡和重新配置成本。这些成本通常非常重要，可能对所选飞机类型有重要影响。

司法和税收考虑

考虑出租人和承租人的司法权，以及租赁结构中的角色，以保护出租人的权利和出租人可能承担的任何额外费用。您还应考虑租赁租金的税务影响，并确保租赁的结构能够最大限度地减少双方的税务负担。

飞机性能

飞机将如何执行其预定飞行的任务，以及附加在飞机上的规格选项将有助于在生命周期内保持对该飞机的高需求。识别发动机配置、认证能力以及设备在其维修周期中的位置有助于租赁一架飞机。

新技术含义

技术影响性能，因此应对飞机上的第一代和第二代技术进行测量。了解市场的发展趋势，以及航空公司对未来交付的要求，需要对当前的飞机可用性/规格进行审查。当前的技术是否足够，是否能从新技术中获得更高的寿命和价值，是否会逐步向更尖端的技术转变，竞争对手是否会使新一代飞机的功能过时，这些都是需要研究的问题。

机队共性

出租人的商业模式各不相同，应确定可用于购买和安置的飞机是否适合该模式。出租人是否专注于保持宽体或窄体飞机的机队通用性，或者出租人的投资组合是否由单通道和双通道飞机组合而成？

全球需求—航空价值周期

航空业倾向于跟踪全球经济活动。在给定的时间点上，了解飞机在经济生命周期中的安置可以洞察当前和未来航空公司的需求，以及对飞机及其残值的需求。

致谢

　　我们要感谢德尔塔航空公司的丹·皮特扎克（Dan Pietrzak）和波音资本公司的克斯特亚·佐洛图斯基（Kostya Zolotusky）为本章的写作提供指导和背景信息。

参考文献

Ackert, S. (2012). *Basics of aircraft market analysis*. Retrieved from Aircraft Monitor: <http://www.aircraft-monitor.com/>.

Ackert, S. (2013). *Aircraft payload-range analysis for financiers*. Retrieved from Aircraft Monitor: <www.aircraftmonitor.com>.

Airbus. (2017). *Global market forecast: 2017-2036*. Retrieved from Airbus.com: <http://www.airbus.com/aircraft/market/global-market-forecast.html>.

AVITAS. (2017). *Blue book of jet aircraft values*. Chantilly: AVITAS.

Boeing. (2017). *Current market outlook*. Retrieved from Boeing.com: <http://www.boeing.com/commercial/market/current-market-outlook-2017>.

Bombardier. (2017). *Q series*. Retrieved from Bombardier.com: <https://commercialaircraft.bombardier.com/content/dam/Websites/bombardiercom/supporting-documents/BA/DDBC0275_Factsheet-Q400_EN_V8.pdf>.

CAPA. (2018). *CAPA Fleet Data*. Retrieved from centerforaviation.com: <https://centreforaviation.com/data/fleet>.

Clark, P. (2007). *Buying the big jets: Fleet planning for airlines* (2nd ed.). Hampshire: Ashgate Publishing Limited.

Embraer. (2018). *Commercial aviation*. Retrieved from embraercommericalaviation.com: <https://www.embraercommericalaviation.com/commercial-jets/e190/>.

Frosberg, D. (2015, March). *Aircraft retirement and storage trends: Economic life analysis reprised and expanded*. Retrieved from Avolon: <http://avolon.aero/wp/wp-content/uploads/2015/03/Avolon-White-Paper-FInal-30-March-2015.pdf>.

Heathrow Airport. (2018). *Night flights*. Retrieved from heathrow.com: <https://www.heathrow.com/noise/heathrow-operations/night-flights>.

ISTAT Appraisers' Program. (2013, January). *Handbook ISTAT appraisers' program*. Retrieved from International Society of Transport Aircraft Trading (ISTAT): <https://www.istat.org/Appraisers>.

Mason, S., & Morrison, J. (2016). *The value of new-technology single-aisles*. Retrieved from cit.com: <https://www.cit.com/assets/0/74/83/350/4294967336/351/db6c88a6-d02f-4c14-8ba9-1a28bc679ea7.pdf>.

Weiss, S., & Amir, R. (2018a). *Airbus industrie*. Retrieved from Encyclopaedia Britannica: <https://www.britannica.com/topic/Airbus-Industrie>.

Weiss, S., & Amir, R. (2018b). *Boeing company*. Retrieved from Encyclopaedia Britannica: <https://www.britannica.com/topic/Boeing-Company>.

第三章
飞机租赁与所有权原则

章节大纲

飞机租赁

产业格局

在飞机租赁初期，航空公司与金融机构订立长期融资租赁合同，通常在租赁期限结束时购买飞机。在美国，联邦储备委员会（Federal Reserve）禁止银行订立此类被视为有风险的经营性租约。许多租赁公司是受美联储法规约束的银行子公司。当私人公司开始向航空公司租赁飞机时，情况开始发生改变。最早的先行者之一是乔治·巴切罗（George Batchelor），他创建了美国箭航（Arrow Air），一家航空货运公司和国际航空租赁公司（International Air Leases），一家总部位于迈阿密的飞机租赁公司。巴切罗通过在风险较大的第三世界国家租赁飞机发了大财。1973 年，史蒂芬·乌德瓦—海兹（Steven Udvar‐Házy）与其父莱斯利（Leslie）和其子路易斯·贡达（Louis Gonda）在加州洛杉矶成立了国际租赁金融公司（ILFC）。史蒂芬·乌德瓦—海兹被认为创造了经营租赁的现代概念，因为他认识到，从螺旋桨飞机发展到喷气发动式飞机的阶段，航空公司同时需要机队和财务灵活性。ILFC 最初将道格拉斯 DC‐8 租给墨西哥航空（Aeromexico），由此催生了一个充满活力的全球产业，预计到 2020 年，该产业的价值将超过 3000 亿美元。北美飞机租赁市场是全球最活跃的市场之一，也是一些飞机租赁行业规模最大的公司之总部所在地，这些公司包括通用电气资本航空服务公司（GECAS）、BBAM 飞机租赁与管理公司、航空资本集团、爱卡索有限公司（Aircastle）和美国航空租赁公司。虽然这些公司将总部设在美国，但它们的许多交易都涉及在爱尔兰的子公司，以利用优惠的税收待遇和条约庇护。

20 世纪 80 年代，瑞安航空（Ryanair）创世人托尼·瑞安（Tony Ryan）在爱尔兰创办了健力士皮亚特航空公司（Guinness Peat Aviation）。瑞安看到了一个机会，将过剩或未充分利用的飞机"出租"给全球需要或短缺飞机的地区使用。这让航空公司能够提高它们的回报收入，并拥有根据其任务运营飞机的灵活性。有利的法律、融资和税收法规很快使爱尔兰成为全球飞机融资中心，吸引了世界上最大的飞机租赁公司在此注册运营。

随着全球需求的增长转向亚洲，许多全球顶级租赁商已在新加坡和/或中国香港开设了业务，在这些地区，类似的监管优势促进了租赁行业的建立与发展。预计到 2020 年，中国的机场数量将增加至 240 个（路透社，2015），这推动了中国航空业的增长，推动了对增加运力的需求。预测未来

20 年，中国对飞机的需求量为 7240 架（波音，2017），这将为航空公司提供一个继续增长机队的机会。通过兼并、资本市场准入和收购，中国租赁公司在满足该地区乃至全球需求方面的影响力正在不断扩大。

目前的产业格局，包括强劲的商用飞机基本面以及创新的融资选择，已使新的、经验丰富的投资专业人士和金融家们对飞机金融行业产生兴趣。国际航空运输协会（IATA）报告称，航空交通需求的增长、载客量因素、油价下跌及航空利用率的提高，令航空公司 2018 年的预期利润增至 384 亿美元左右（IATA，2016）。因此，随着航空公司寻求满足不断增长的市场需要，其对新飞机和替补飞机的需求都很强劲。根据飞行国际（Flight Global）2017 年的数据，随着时间的推移，通过融资租赁实现运营的飞机数量稳步增长，从 1980 年占全球飞机机队的不到 2%，上涨到 2017 年的 40%（见图 3.1）。

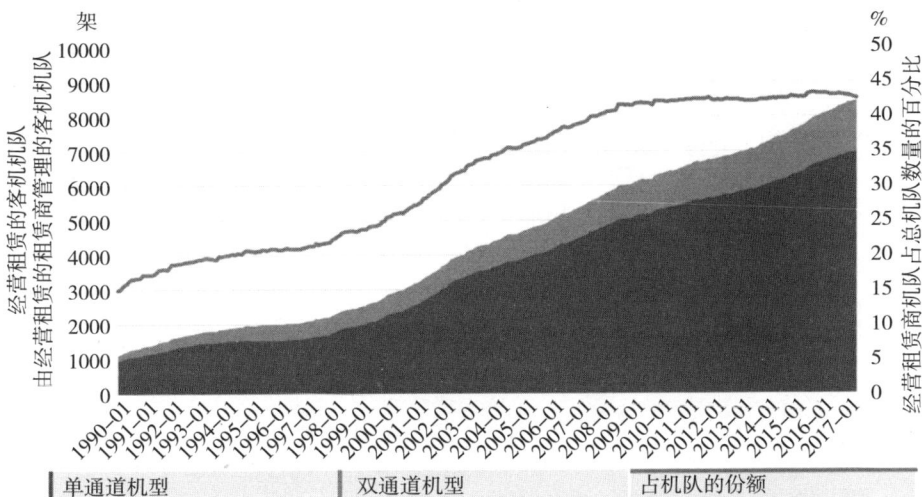

资料来源：航班机队分析程序（现役和在库的单通道和双通道客机）飞行国际（2017）。

图 3.1　租赁商拥有的全球总机队占比

全球飞机需求的增长以及航空公司越来越倾向于使用经营租赁的趋势，为航空业提供了一个谨慎的机会前景，因为租赁商和金融机构希望除了从增长的需求中获利之外，也能有一套防范市场风险的机制。飞机融资需要进入资本市场，预计未来 5 年将有 1720 亿美元的新飞机交付，因此对风险监控对维持该行业的发展来说至关重要。全球性和地区性需求冲击以及持续的订单积压，将是决定该行业未来前景和方向的关键。

　　该行业前十大租赁公司管理着全球所有飞机机队的 15%（见图 3.2）。虽然机队配置主要由窄体飞机和宽体飞机组成，但一些租赁商的投资组合中也有支线飞机和涡轮螺旋桨飞机。多样化的飞机投资组合，可以对冲技术过时、燃油价格波动问题以及残值和重置风险。虽然机身和发动机领域的新技术在不断发展，但某些市场发展可能会让人们重新对以前不受欢迎的旧机型产生兴趣。

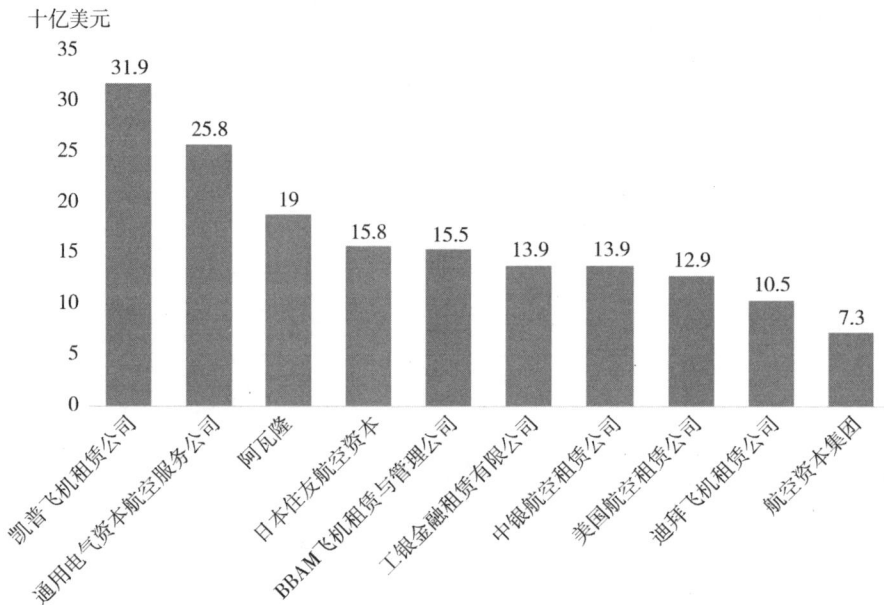

十亿美元

凯普飞机租赁公司	31.9
通用电气资本航空服务公司	25.8
阿瓦隆	19
日本住友航空资本	15.8
BBAM飞机租赁与管理公司	15.5
工银金融租赁有限公司	13.9
中银航空租赁公司	13.9
美国航空租赁公司	12.9
迪拜飞机租赁公司	10.5
航空资本集团	7.3

资料来源：飞行国际（2018）。

图 3.2　按机队价值计算的十大飞机租赁公司

　　强劲的行业基本面继续推动着航空公司发展、飞机需求增长并提高对租赁行业的预期（黑尔福什和里吉，2016）。预计到 2020 年，租赁商将占据 50% 的市场份额（Avolon，2017），多样化的资金来源将为新交付飞机数量的增长提供机会。结合健康的飞机融资市场和日益流行的经营租赁，飞机租赁行业很可能会看到商用飞机作为一种资产类别的优势将得到更广泛的认可。随着人们对此点的认识，伴随着飞机的再销售和飞机贸易的增长，该行业可能会面临进一步整合。整合活动将使现有的租赁商腾出资金购买较新技术制造的飞机，同时也使新的租赁商能够进入行业内并建立其机队。

新进入者、战略联盟、不断增长的需求以及老飞机的退役，为航空公司转变飞机收购流程打开了大门。随着企业着手机队的扩张与更替，过去采取的买入并持有的策略已演变为使用更灵活的、租期更短的租约。伴随技术的不断进步，航空公司将继续使用经营租赁作为融资途径，因为它可以防止技术过时，并能使机队保持年轻。随着全球航空公司专注于提高运营业绩和利润增长，短期经营租赁为航空公司提供了更灵活的机队，以更快地对需求变化作出反应。

对于航空公司来说，尽管购买新机的价格很高，但更年轻的机队可能更有利，因为新机燃油效率高、维护成本低。在某些经济或运营环境下，旧飞机的好处也可能比购入新机的好处多；但用现代化的机队满足乘客的需求和维持有效的成本结构往往能令某组织长期存续。

经济增长的驱动力

增加获得资本的渠道和资本灵活性将有助于保持市场对商用飞机租赁的需求。该行业的三个主要融资来源是租赁商、商业银行和资本市场。由于租赁商能够通过多种渠道获取流动资金，它们可以向航空公司提供具有竞争力的报价、租赁费率和融资选择。正因为租赁商能利用低利率获利，导致了大量有担保债务和无担保债务的产生。

据预测，未来 20 年，中国的客运量将增长约 5%，主要推动力包括世界经济的持续全球化、全球旅游业的增长、航空旅行市场管制的放松以及机票价格的下降。利用预期的增长、油价下跌和现有航空公司盈利能力的提高，市场上可能会继续出现新的航空公司。低成本航空公司（LCC）的商业模式在过去的二十年中经历了显著的成长，并定位于为从业者提供进一步的发展。LCC 通过引入更低的票价，为过去无法乘坐飞机的旅客打开了通道，并创造了未来将继续乘坐这些航空公司航班的回头客。一般来说，规模较小的航空公司成本意识较强，获得资本的渠道也更有限。为了扩大机群，这些新航空公司在很大程度上会依赖融资，更具体地说，利用经营租赁以扩大机队。

对新飞机和替补飞机的长期需求依然强劲，积压的飞机数量处于历史高位，这为投资者提供了诱人的投资机会。2017 年，波音积压 5864 架，空客积压 6691 架（空客，2018）。波音公司预计，到 2036 年，对新飞机的需求将达到 41030 架，其中欧洲占 19%，北美占 17%，亚洲占 40%，拉丁美洲占 6%，中东占 13%，非洲占 3%。订单积压，加上预期的需求和融资灵活性，正在增加航空公司、租赁商和银行将待交付飞机投入经营租赁的动力（德勤，2016）。

在 2008 年至 2009 年国际金融危机之后，传统银行贷款匮乏，出口信贷机构（ECAs）为债务提供担保保障，以增加贷款并推动经济增长。由于风险较低，而且有担保可以弥补损失，银行和资本市场变得更愿意提供债务，并给出更具竞争力的飞机报价。随着流动资金返回市场，利率重新恢复到市场调整后的水平，2013 年公布的一份航空业谅解协议旨在降低 ECA 融资的溢价。尽管 ECAs 提供了有利的融资，但不断上升的成本和银行监管规定的增加，使其他的融资来源变得更具吸引力。这些融资渠道令租赁商处于有利地位，并以有竞争力的价格向希望扩大机队的航空公司提供经营租赁。

有益的市场动态

国际航空运输协会（IATA，2018）预测，到 2035 年，世界年客运量将增至 72 亿人次，平均每年增长 3.7%。预计客运量增长的主要驱动力将来自亚太地区。国际航空运输协会预计，到 2024 年，中国航空市场的规模将超过美国。

在亚太地区，中国有望成为客运量增长最快的国家；然而，中国经济增速的放缓可能影响该地区的整体增长前景。预计东南亚、拉丁美洲和中东地区的客运量也将快速增长，原因是航空旅行和经济扩张的可达性增加。引人注目的是，非洲拥有 10 个增长最快市场中的 7 个，尽管基数相对较低，但未来几十年，每个市场的年增长率都有望达到 7%～8%。图 3.3 对全球 GDP、货运量、航空运量和客运量的增长进行了 20 年的预测。值得注意的是，货运量、航空运量和客运量的增速都有望超过全球 GDP 增速（波音，2017）。

由于飞机机群老化、燃油价格波动和技术过时，人们对下一代飞机的需求已升至创纪录水平。随着飞机和发动机制造商在设计上作出重大改进，人们越来越希望驾驶更省油的飞机以帮助实现运营效率（DVB Bank SE，2018）。此外，技术进步使乘客和机组人员的飞行体验得到改善。根据波音公司对 2017 年的市场展望，全球商业机队预计将以每年 3.5% 的平均速度增长，到 2036 年将翻一番。图 3.4 显示了窄体飞机和宽体飞机到 2036 年将达到的预测水平。

6 ~ 10 年持续的生产积压趋势取决于全球化、新兴市场的增长和新航空公司的崛起。图 3.5 显示了从北美到欧洲再到亚太地区航空运输区域主导地位的转变，也显示了未来各区域的新交付情况。

随着低成本航空公司在新兴市场的扩张，将越来越多的乘客送往越来越多目的地的机会已然浮现。此外，随着新一代技术产品被不断推出，新航空公司扩大机队规模的需求也在上升，以求与之前控制长途运输市场的外国航空公司进行竞争。这两种情况都将在未来 20 年内推动飞机新交付量的增长。

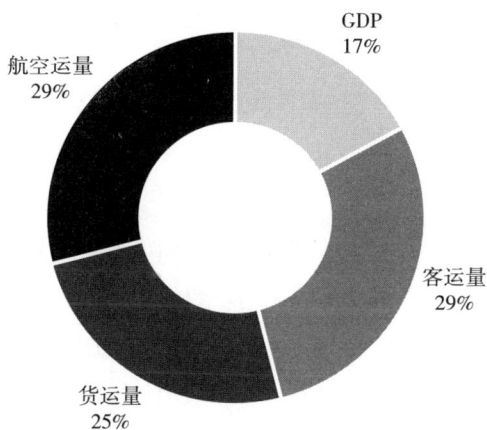

资料来源：波音当前市场预测（2017）。

图 3.3　未来 20 年市场增长预测（2017—2036 年）

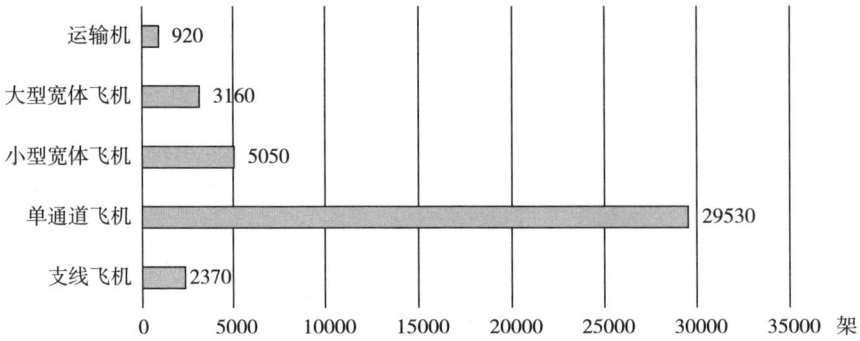

资料来源：波音当前市场预测（2017）。

图 3.4 预测新飞机的交付量——按类别（2017—2036 年）

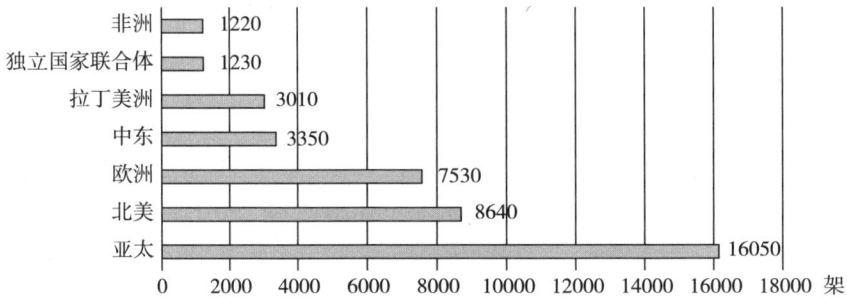

资料来源：波音当前市场预测（2017）。

图 3.5 预测新飞机的交付量——按地区（2017—2036 年）

世界航空租赁机队

尽管处在不同层次，世界各地的航空公司都在利用租赁。低成本航空公司（LCCs）的租赁水平往往高于全成本航空公司（FCCs）和传统航空公司。年轻的航空公司，不管是 LCC 还是 FCC，也比老牌航空公司更倾向于接受偏高的租赁费率。以北美为例，截至 2018 年，老牌航空公司达美航空（Delta Air Lines）其约 25% 的机队为租赁，而 LCC 航空公司边疆航空其94% 的机队为租赁。此外，租赁率也因地区而异。亚洲 FCCs 的机队租赁率始终低于 30%，而美洲和欧洲 FCCs 的机队租赁率则维持在 25%～50%

（亚太航空中心，2018）。租赁的趋势会随着时间的推移和市场的发展而变化，因此对租赁商、制造商和航空公司来说，跟踪市场发展以确保适当的机队管理是非常重要的。

资金来源

日新月异的资本市场贷款解决方案为租赁商和承租人提供了多种多样的选择，供它们对个别交易进行评估。除资本市场外，交易融资领域的无抵押债务、私募、资产抵押证券（ABSs）、增级设备信托凭证（EETCs）以及最近成立的飞机金融保险联盟（AFIC）也在崛起。这些创新的解决方案提供了诱人的费率，增强了该行业的实力，并吸引了新投资者的注意。图3.6显示了2017年新交付飞机的1220亿美元融资的资金来源。

现金流、资本市场和银行债务是租赁商和承租人融资需求的主要来源。虽然租赁商的最大资金来源仍然是有担保债务，但无担保债务市场的财务和业务灵活性促进了无担保债的增长。对航空公司和承租人来说，融资的三大来源是租赁公司、商业银行和资本市场。

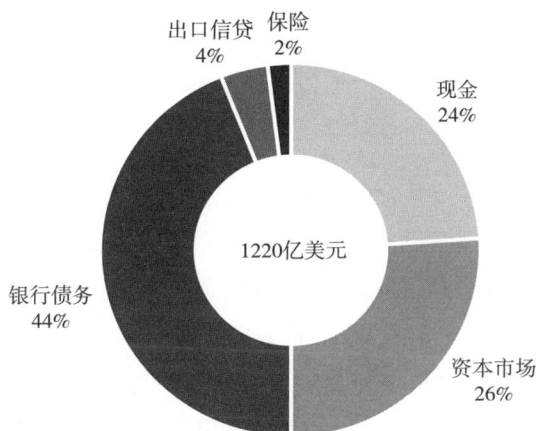

资料来源：波音2018年飞机融资市场展望（波音，2017）。

图 3.6　2017 年飞机行业实际融资来源

我们将在下面详细讨论租赁商和承租人资金重要来源。

担保债务

这种融资形式是一种贷款，通常来自银行，借款人须用抵押物进行担保。在使用担保债务进行飞机购买的融资时，实际上飞机本身成为担保贷款的资产。当该资产是债务的抵押物时，如果借款人违约，银行可以没收该资产。此时，在收回资产后，银行可以出售资产以收回借贷者所欠的余款。有担保债务被视为降低贷款风险的一种方式，在借款人信用状况不佳时，这种贷款形式颇受青睐。对于信用不良的借款人来说，有担保债务是一种策略，目的是将贷款人的注意力从它们的信用价值转移到资产的清算上。

无担保债务

无担保债务融资是一种贷款，通常由银行提供，且该借贷没有基础资产或抵押物对合同进行担保。由于没有资产为融资提供担保，贷款得以发放是基于对借款人信誉的分析和评估。鉴于这种融资方式的相关风险，借款人必须具有较高的信用评级。由于出借方承担了较高风险，无担保债务通常比其他形式的担保贷款利率更高，这就有可能增加借款人的财务负担。

私募

私募是指出售不在公开交易所上市发行的证券。这种证券的发行通常面向少数经过挑选的合格投资者，是公司筹集资金的一种方式。私募基金的基础投资者们往往是大型银行、共同基金、保险公司和养老基金，在某些情况下，还有高净值人群（high net worth individuals）。鉴于此种配售的性质，这类证券无须在美国证券交易委员会（SEC）登记，因此交易的财务细节也不会被披露。通常，私募采用发行债权的形式，不需要信用评级机构的评级。由于证券的私营性质，发行人往往会采用高利率来吸引投资者，并以此补偿它们所承担的额外风险。

增级设备信托凭证

设备信托凭证（ETC）是飞机融资的一种形式，通常由航空公司将信托凭证出售给投资集团，来为购买飞机筹集资金。信托由受托人代表投资者进行管理，它将用于向航空公司租赁飞机，所有的租金在分配给投资者之前都要通过信托基金来支付。与有担保的融资类似，飞机在贷款到期日前归信托公司所有，航空公司将在到期日届满时获得飞机所有权。

EETC 是上述规定的延伸，当涉及多架飞机，且这些飞机被分到两类或两类以上具有不同支付优先级和资产索求权的证券。EETC 的结构类证券化，因为资产的所有权不属于运营者，而是属于一个单独的实体，即信托。EETC 的主要目标是实现信用保护和信用评级，这些评级可能远远高于发行信托证书的航空公司企业本身的信用评级。EETCs 往往有以下几个主要特征：

1. 移转凭证（Pass – through certificate）结构：在这种结构中，每架飞机都由债务和一个移转凭证对其进行担保，收集债务的付款后，款项将被分配给一个或多个类别的证书。这种两级结构允许对单个飞机债务发生违约和进行救济，同时又不触发证书的违约，因为利息必须在约定的到期日支付，而本金要到最后的法定到期日才能算作是到期（但有能力偿还本金时要及时偿还）。

2. 信用分组（Credit tranching）：包括一个较高等级的凭证和一个或多个较低等级的凭证，以及支付的优先级。

3. 一种专门的流动资金融通（Liquidity facility），其规模通常足以支付 18 个月的债券利息。如果一家航空公司进入破产程序，停止偿还 EETC 债务，那么在证书持有人与航空公司谈判或收回并出售飞机抵押物以偿还债务时，该流动资金融通将被用来支付利息。

4. 一种法律框架，允许飞机出借方或出租方（从而间接成为 EETC 持有人）在破产的航空公司停止支付 EETCs 时，及时且可预测地收回飞机抵押物。

进出口银行

进出口银行（EXIM Bank）是美国一家独立的联邦机构，成立于 1934 年，旨在帮助企业从美国出口商品。进出口银行的服务包括融资租赁担保、外国贷款担保、防止买方拒付的保护、出口信用保险和其他支持出口的活动［见美国进出口银行（时间不详）］。在飞机租赁方面，通过进出口银行完成的交易被视为资本租赁，通常会通过一家特殊目的公司进行，以使外国公司更容易购买或租赁美国的飞机。值得注意的是，根据经合组织的安排准则，进出口银行支持的贷款不能超过该飞机净发票价格的 85%。购买价格的其余部分通常通过非进出口银行担保的商业贷款或由航空公司直接提供的资金。

资产抵押证券

商业资产抵押证券（ABS）是一种金融证券，特别是债券或票据，由资产组合的应收账款的现金流做担保。在 ABS 中，标的资产的流动性有限，且很难单独出售。持有多架飞机租约的公司可以通过将一组飞机合并为投资组合的方式，通过证券化的过程，在市场上将其出售给投资者，从而提高它们的市场竞争力。《波音 2018 年飞机融资市场展望》指出，ABS 市场是租赁商销售和/或融资飞机资产组合的一个重要选择。ABS 创建了一种增进投资组合流动性的新结构，并能对飞机残值进行更有效的风险管理。

以飞机进行担保的 ABS 融资已被证明是一个对租赁商来讲既可行又有吸引力的融资选择。飞机组合销售在帮助出租方保持其机队年轻化的同时，也增加了第三方基金的资产管理收入。相比亚洲主要货币，美元持续走强，亚洲投资者对飞机租赁企业的需求依然旺盛。这些投资为亚洲投资者进入飞机租赁业提供了完美路径。

航空金融保险联盟

波音公司最近宣布，它已帮助组建保险公司联盟，为贷方提供喷气式飞机的销售贷款和债券担保。由四家保险公司——安联保险公司，阿克西斯资本控股，Endurance/Sompo international 和 Fidelis SA 组成的初始财团已到位，可提供贷款或债券支付的担保。飞机金融保险联盟（AFIC）发布飞机拒付保险（ANPI）政策，以涵盖贷方的信用、飞机残值和管辖权风险。2017 年，超过 10 亿美元的新飞机交付得到了 AFIC 的支持（波音，2018）。预计这将填补美国和欧洲 ECAs 关闭所造成的飞机融资缺口。最近，苹果银行（Apple Bank Inc.）利用 AFIC 架构，为无畏号航空公司安排购买了一架 B747 – 8 型货机，该公司将这架飞机租给了总部位于俄罗斯的空中之桥货运航空公司。

租赁

根据《波音 2018 年飞机融资市场展望》，飞机租赁的绝对规模将继续增长，约占全球市场份额的 40%。该报告预计，归因于强劲的市场需求和市场流动性，2018 年租赁商的前景良好。

租赁的类型

什么是租赁？

租赁是承租人和出租人之间，有时是和第三方融资者之间的合同或协议。出租人允许承租人在指定的期限内使用其资产，以换取预先确定的定期支付的租金。航空业的租赁协议通常包括租赁期限，按月支付的租金，飞机所需的维修和返还飞机的条件，终止条件以及承租人在租赁结束后以折扣价购买飞机的选择权。表 3.1 描述了理解租赁协议组成部分所必需的一些基本术语。本文第十一章更详细地介绍了租赁协议及谈判。

租赁分两大类：经营租赁和资本（融资）租赁，它们的条款、会计和税收待遇各不相同。在航空业，经营租赁中有干租和湿租两种。下面将更详细地讨论每种类型的租赁。

经营租赁

经营租赁被定义为出租人和承租人之间的一项在特定时期内使用资产的合同（瓦赛，塔莱加尼和詹金斯，2012）。经营租赁的期限短于资产的经济寿命，未全部摊销，且不包括租赁期届满时出租人向承租人转让的任何所有权。在整个租赁期间，承租人向出租人定期支付租赁款项（通常为月付），以获得资产的使用权。在飞机租赁方面，经营租赁的期限从 3 年到 12 年不等，而每月租金支付金额的水平为各个租赁交易所特有，是由购买价格、租赁期限等市场因素所构成的函数。

表 3.1　　　　　　　　　　租约的基本结构——定义

资产	租约的标的物
出租人	将资产租给承租人
承租人	通过与出租人订立租约获取某项资产的使用权
租赁期限	资产被租出的时间段
租金	由承租人定期向出租人支付的款项
终止条款	某种条件下，任意一方均可解除租约
购买选择权	租赁期限届满时，承租人购买该资产的选择权
返还条件	资产在被返还时被要求所处的状态

对于承租人来说，使用经营租赁的好处之一是它提供了灵活性，让承租人在无须投入大量前期资本的情况下运营飞机。在这种情况下，租赁商或银行从制造商处购买飞机，并通过运营租赁将飞机租给航空公司。与租房或租车类似，航空公司需要支付押金（通常是月租金的 2～3 倍），直到租约终止时才能被返还。航空公司每月向租赁商支付租金，如有需要，每月还要支付维修储备金，以覆盖飞机的使用成本。

承租人不承担与该飞机相关的任何残值风险，也没有义务在租期结束时续约。目前这种交易被归类为表外交易（off balance sheet transaction），在租赁期间每月支付的租金可以作为税盾，以经营费用的形式抵消承租人的应交税款。不过，美国的一项新法将于 2019 年 1 月初生效，它要求经营租赁必须体现在资产负债表上，这将有效地消除经营租赁和短期融资租赁之间的差异。我们将在第十三章深入讨论租赁和税收这一话题。如果航空公司打算购买这架飞机，它们可以利用资产折旧来避税，通常要比勾销租赁付款的方式更划算。为更清晰地表明航空公司在经营租赁中的责任，其他的信息会被载于航空公司财务报表的脚注。

对于出租人来说，由于它们是资产的所有权人，并且承担着残值的风险，所以在租赁期间对资产进行保护极为重要。出租人会在租赁协议中写入一些条款，以减轻经营租赁的固有风险，如要求支付维修准备金和约定交还/返还条件。这些要求是出租人试图在租赁期间让飞机保持在最佳运行状态并降低交还时的飞机残值风险的方法。航空管理局的条例要求租用飞机的经营者要像拥有该飞机那样保持其维修记录。但是，对于租用的飞机，租赁协议可能要求承租人保留更多的维修记录，甚至多于条例的规定；而且这些记录必须在返还飞机的同时交付给出租人。出租人通常在租赁协议中规定定期检查以确保承租人按照协议对飞机进行维护。出租人作为该资产的所有人，可以在租赁期间将该飞机全部折旧，将折旧费用与收入相抵，减少应税收入，并有权取得出售该航空器后所得的税后残值。表 3.2 概述了不同类型经营租赁的基本特征。

干租

干租是经营租赁的一种常见形式。在干租中，出租人提供一架没有机组人员和维修义务的飞机，并将所有操作控制权移给承租人。根据干租合同，承租人必须将飞机记录在其操作证书上，并保持所有必要的登记和保险。在干租中，承租人每月将租金和维修准备金汇给出租人以换取飞机的使用权，同时必须为飞机提供机组人员、维护和保险。

湿租

在湿租中，除飞机外，出租人还需提供机组人员、维修和保险。根据湿租安排，承租人仍须每月向出租人支付租金；然而，对于按小时付费维修（power-by-the-hour）类型的租赁，租金将按小时计费。此外，承租人应负责与飞机使用相关的燃油、费用和税务。这种类型的租赁通常可以在转租协议中见到，即一家航空公司（出租人，飞机仍在其经营证书上）和另一家航空公司（承租人）在高峰运营期间或维修活动间隙签订的转租协议。当某租赁公司拥有该飞机，但可能需要取得出租人的事先同意时，也可能会有这样一个转租协议存在。

资本/融资租赁

资本租赁或融资租赁是一种长期租赁协议，它允许承租人在资产负债表上按租赁付款的现值持有资产，并像它们拥有该资产一样将其折旧。这样一来，承租人就可以在享受租赁残值风险降低的同时，充分利用因所有权而产生的税收优惠，如折旧和利息开支。资本租赁不可取消，且通常包含一个廉价的购买选项。在租赁结束时，承租人可以以低于当前市场价值（CMV）的价格购买该飞机。廉价购买选项的实现方式通常为租期结束时的期末整付（balloon payment）。

表 3. 2 　　　　　　　　　　　经营租赁的类型

租赁特点	干租	湿租	半湿租	微湿租
飞机	有	有	有	有
机组成员	无	有	有限的机组成员	无
维护	无	有	有	有
保险	无	有	有	有
租赁期限	长期	短期	短期	短期
飞机经营者证书	承租人	出租人	出租人	出租人

若要将租赁协议归类为资本租赁，协议必须符合财务会计准则委员会（FASB）提出的四项要求之一，我们稍后将在本章税务影响的部分对此进行详细讨论。

杠杆租赁

这类租赁的一个关键特征是有三方参与其中：承租人、出租人和长期债权人。承租人通常是资产的最终使用者，且拥有较强的信用评级。出租人，也称为权益投资人，所投资金低于飞机的全部价值。尽管具体金额因交易而异，但出租人可以投资飞机价值的 10% ~ 50%。在交易中的注资使出租人（租赁公司）处于所有权人的地位，这令其能够享受资产折旧带来的税收优惠。长期债权人是三方中的最后一方，为飞机的剩余成本提供资金。鉴于购买飞机相关成本较高，多个长期债权人参与杠杆租赁交易的情况并不罕见。对长期债权人来讲，这类租赁是一种无追索权的租赁。承租人违约的情况下，它们对设备价值的留置权优先于出租人，即它们能够先于出租人获得资产的所有权。

借贷的杠杆效应在交易中为各方创造了多种好处。通过出租人对资产价值进行折旧并扣除支付给贷款人的利息，它们可以将该经济利益以使用较低租赁利率的形式传递给承租人。在杠杆租赁下，承租人支付的租金会通过出租人直接支付给贷款方；一旦支付完本金和利息，出租人即有权收取任何残值。

售后回租

在售后回租交易中，航空公司作为飞机的所有者，以商定的价格把飞机出售给第三方。第三方通常是飞机租赁公司或银行。两方随即签订协议，航空公司以先前定好的条款将飞机租回，第三方即购买者成为所有者和出租人，先前出售飞机的航空公司则变为协议中的承租人。航空公司通过出售飞机提前获得现金注入，并随着时间的推移支付租金，并保留在运营中对飞机的使用。此外，航空公司通过出售资产和转移所有权，有效地将租赁期满后的残值风险转移给了出租人。

售后回租交易将使双方均享受税收优惠。出租人作为当前飞机的所有人，可以从折旧和利息支出中获得减税。另外，不再拥有该资产的承租人在支付租金时，能够从资产负债表中删去相当一大部分债务，而租金因被视作日常支出，也能使承租人获得税收减免。

航空公司在扩张或重组机队时，通常会向制造商订购大量飞机，这使它们在公告价格的基础上享受大幅折扣。为了确保它们的订单，航空公司可能需要提前向制造商支付购机价的30%作为预付款。航空公司希望在临近交付飞机前达成售后回租，这样就有机会将同一架飞机以高于购买价的价格出售给第三方。这为航空公司提供了一个盈利机会，并可以将到手的资金重新投入到自身经营中。虽然对承租人来说，飞机套利是售后回租交易带来的一个额外好处，但也应当认识到，若第三方以较高的价格购入了飞机，则航空公司作为承租人每月须支付的租金可能也会水涨船高，因为租赁费率是购买价格的函数。

影响飞机租赁的因素

航空公司租赁的利与弊

年轻的航空公司、信用评级较低的航空公司，或者无法获得购机所需资金的航空公司，可能会觉得飞机租赁是一种比购机更好的选择。对于一个经验丰富的全服务航空公司来说，租赁使其机队更具灵活性，且有助于机队规划。飞机租赁有其优点和缺点，其中几个将被选出讨论（康克林和德克，2010），并总结在表 3.3 中。

飞机租赁对航空公司的益处

1. 减少资本投入

航空公司在购买飞机时，须向制造商支付一大笔订金。此外，在新飞机交付前，航空公司还须向制造商支付交付前付款。如果航空公司通过第三方金融机构为购买新飞机提供融资，除了偿还所借的本金外，还需要支付利息。通过租赁，承租人将财务负担转移给出租人，从而避免了购买新飞机所需的大笔首付款、交付前付款或利息支付。

2. 增加机队灵活性

租赁给了航空公司更大的机队规划灵活性，因为它令承租人更容易地让机队保持在年轻且技术先进的状态。在购买飞机时许多航空公司将保留飞机的大部分使用寿命。在此期间，新技术将取代现有技术，航空公司机队的效率会随之降低。通过租赁低于其使用寿命的新飞机，承租人可以随技术的进步更新它们的机群。

表 3.3　　　　　　　　　　飞机租赁的优缺点

优点	缺点
减少资本投入的需求	更易受租赁费率波动的影响
增加机队灵活性	减少税收优惠
可提前交付	对低需求量的飞机来讲，融资困难
付款可固定可浮动，取决于承租人的需要	有关于归还和罚金的条件
无残值风险	运营上有限制

3. 无残值风险

租赁飞机，承租人不用承担该飞机的残值风险。出租人高度关注飞机残余价值的保留，因为在租赁协议终止后，它们必须重新出租或出售飞机，并希望尽可能地收回购机时花费的初始投资。而承租人不需要在租赁结束时担心飞机的再出租或出售问题，因此它们并不关心飞机的残值。

4. 资产负债表外融资（Off‑balance sheet financing）

经营租赁之所以受青睐，其中一个令人半信半疑的原因是，它们被视作表外融资。目前，经营租赁中的租金是损益表上的费用支出，而不属于资产负债表上的债务。通过提高承租人的财务比率，这些报表为承租人描绘出一幅比预期更为强劲的财务图景。然而，值得注意的是，目前，任何经营租赁的细节都必须在财务报表的附注中进行披露，财务分析师经常调整资产负债表以反映这一负债情况。不过，因为新的 FASB 法规将于 2019 年 1 月生效，它要求所有的租赁都要被体现在资产负债表上，所以表外融资将不再是航空公司的可行选项。

飞机租赁对航空公司的弊端

1. 减少税收优惠

拥有飞机的航空公司有权主张折旧费用，即一项减少航空公司纳税收入的福利。此外，偿还飞机贷款所支付的利息费用也可以被免税。租赁飞机的航空公司，在经营租赁中，并不能享受所有权人享有的折旧免税，但租金这部分支出可以得到税务减免。然而，在融资租赁中，由于租赁是被体现在资产负债表上的，承租人可以享受出于税收目的的折旧减免，同时将租金作为利息支出来获取税收优惠。总的来说，航空公司因飞机所有权所能享受到的税收优惠大于其租赁飞机所能享受到的税收优惠。

2. 对需求量不高的飞机融资困难

飞机租赁公司会进行市场分析，以了解世界各地航空公司对飞机的需求类型。然后，出租人会购买它们认为最容易出售、出租和融资的飞机。窄体飞机，如波音 737 或空客 A320，有很高的流动性，并因此在大多数出租人的投资组合中占相当大的比重。由于窄体飞机流动性强，对出租人来说，融资会相对容易，成本相对低廉，租赁费率也相对较低。但若承租人想租赁宽体飞机，如波音787或空客A380，对出租人来说，这些飞机的市场推广、租赁和融资难度都要大很多。承租人应该能预料到，很难找到可供租赁的这些机型，而且租赁费率也要高于窄体飞机。

3. 归还条件和罚金

租赁协议结束时，承租人将归还飞机，飞机租赁协议中会包括与飞机状态有关的归还条件和罚金规定。这些归还条件通常与飞机和发动机的维护、使用限制和一般磨损有关。根据租赁协议中所约定的条件，如果飞机的维护状况比约定的条件差，航空公司就不得不向出租人支付违约金，并有被没收保证金的风险。如果承租人在租赁期限届满前毁约并归还飞机，承租人将承担额外的罚款。

4. 运营限制

飞机的运营限制由承租人和出租人协商确定，是租赁协议的一部分。这些限制可以包括飞机如何运营，使用或循环数，维修要求以及飞机可以在何处飞行或存放。这些限制可能会使承租人更难以将飞机作为其正常经营的一部分来运行，因为它们在使用飞机执行特定任务时需要考虑这些操作限制。相反，如果一家航空公司打算购买这架飞机，它们可以不受任何限制地随意操控这架飞机。

租赁和债务转移

无论是经营租赁（根据即将生效的新租赁规则）还是融资租赁，租赁某一资产和为购买该资产进行融资有一些相似之处。租赁协议为承租公司创造了一种类似于债务的负债。承租人每月必须向出租人支付一笔使用该资产的对价，类似于每月偿还一笔贷款。无论航空公司是租用飞机还是融资购买飞机，它们都将充分利用资产并获取运营产生的所有好处，这使租赁和融资十分类似。因此，租赁资产类似于产生债务，降低了航空公司承担额外债务的能力，从而也降低了其整体负债能力。这就减少了公司从杠杆中获得的利益，包括利息支出的税收减免。由于租赁和融资对航空公司产生的影响类似，租赁计算中会利用公司的税后债务成本来贴现未来的现金流。

租赁的最优水平

从长远来看,租赁飞机比购买飞机更昂贵,但与租赁相关的成本也随着航空公司的低风险和高灵活性而增长。布贾德(Bourjade)、哈克(Huc)和穆勒—外博兹(Muller–Vibes)三人 2017 年的一项研究表明,航空业的最优租赁水平为 53.4%。然而,包括 LCCs 和 FCCs 或 legacy carries 在内的整个行业的租用率为 40%,低于他们所预测的最优水平。租赁行业在过去的几年里一直在显著增长,这可以归因于航空公司试图令自己的机队达到这种最佳租赁水平。

由于航空行业租赁的边际收益下降,有低租赁比率的航空公司租赁额外飞机的投资回报率将略高于目前运营已接近其最优租赁比率的公司(Bourjade 等,2017)。然而,当航空公司的租赁水平超过这一最优值,租赁实际上可能会损害航空公司的营业利润,因为租赁的成本开始超过灵活性增加所带来的好处。

租赁与航空公司的商业模式

租赁对航空公司的影响也取决于航空公司自身的商业模式。LCCs 和 FCCs 在以最佳租赁水平运营时都是盈利的。然而,由于 FCCs 的机队规模较小,风险较高,它们对租赁比率的变化明显比 FCCs 更为敏感。FCCs 通常拥有更大、更多样化的机群,这使它们更容易进行飞机更换,以应对特定航线需求的变化。许多 LCCs 机队中飞机的种类和数量都很少,这使它们对租赁比率的变化更加敏感。图 3.7 为 2002 年至 2009 年所选取的几大航空公司的经济利润(以百万美元计)。图 3.8 为这些航空公司同期租赁比率。这两组数字一起显示了航空公司的经济利润与其租赁策略之间的关系。例如,阿拉伯联合酋长国的一家 LCC——阿拉伯航空公司(Air Arabia),经济利润相对较低,其租赁率在所有的航空公司中最高(86%)。因此,阿拉伯航空公司可能会受益于减少机队中租赁飞机的比例,因为 86% 远高于最佳租赁水平。此外,瑞安航空,另一家 LCC 机队中租赁比例仅为 13%,所以它很可能通过增加租赁比率来提高其盈利能力。

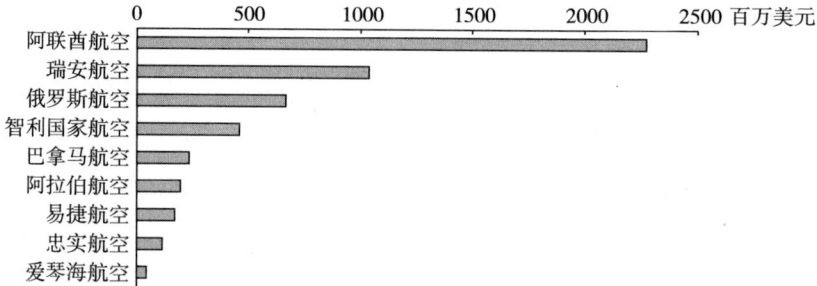

资料来源：Bourjade 等（2017）。

图 3.7　所选定的世界航空公司的累计经济利润（2002—2009 年）

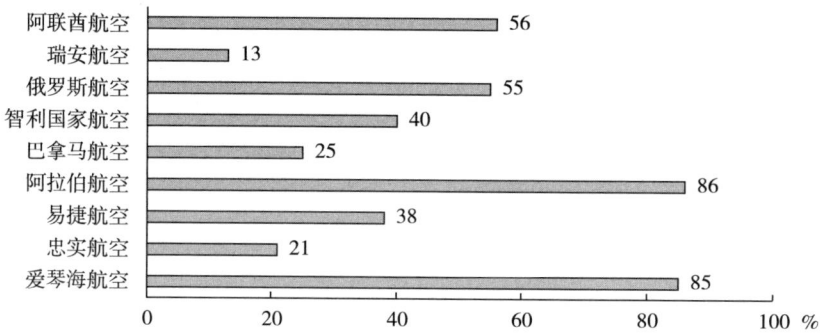

注：1. 巴拿马航空、阿拉伯航空和爱琴海航空仅有 2004—2009 年的数据，忠实航空仅有 2005—2009 年的数据。

2. 2002—2009 年租用机队的平均价值（估计为营运租赁费用）除以（PPE 值＋租用机队总价值）。

资料来源：Bourjade 等（2017）。

图 3.8　所选定的世界航空公司的机队租赁比率（2002—2009 年）

航空公司的经验与租赁

航空公司的年龄和经验也会影响租赁对航空公司运营利润。有不同年龄和经验的航空公司对租赁成本与灵活性之间的权衡是不同的。Bourjade 等人 2017 年的研究表明，租赁对老牌、成熟的航空公司来说利润更低，因为对它们来说，长期债务比租赁更为便宜。这是由于 FCCs 通常与制造商和金融机构建立了合作关系，且它们的年龄和声誉有助于它们达成交易，这要比它们与租赁公司进行谈判要简单得多。老牌航空公司能通过自己多样化的机队来适应需求的变化，而年轻的航空公司需要利用租赁来创造机队的灵活性。从本质上讲，一家年轻的航空公司取得灵活性的成本较低，而对老牌航空公司来说则较高。图 3.9 为行业中 FCCs 和 LLCs 的平均年龄。值得注意的是，虽然研究表明公司年龄和商业模式是不相关的变量，但大多数 FCC 都是 40 岁以上，大多数 LCC 都在 40 岁以下。

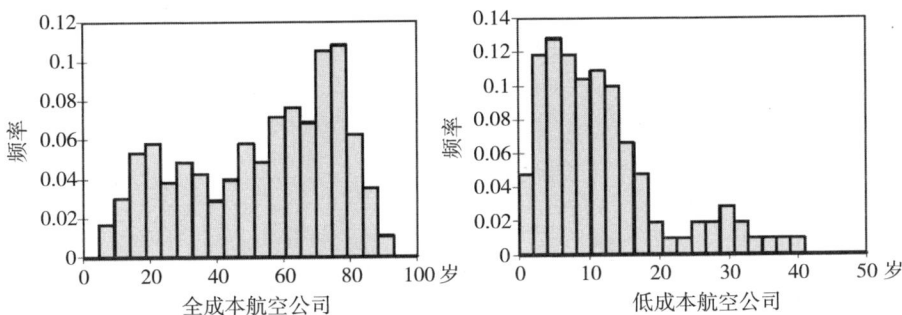

资料来源：Bourjade 等（2017）。

图 3.9　FCCs 和 LLCs 的平均年龄

租赁中的会计问题

当企业或个人购买资产时，美国国税局允许通过资产的折旧和支付贷款利息来实现免税优惠。如果资产的市场价值低于折旧后的账面价值，折旧的附加效益也可以在资产出售时被实现。

租赁行业增长的原因之一是，高利润的租赁公司与低利润的航空公司之间存在税收差异。作为资产的所有者，出租人可以通过折旧和支付利息来获取更大的税收减免，并能够将这一好处以收取更低租金的方式传递给航空公司。相比购买飞机，这一优势让租赁更具吸引力，因为除了灵活性之外，租赁还会提供机队管理服务；通常由于盈利能力较低，航空公司无法充分利用飞机所有权带来的折旧和利息减税的税收优惠。

经营租赁

如前所述，经营租赁并不体现在承租人的资产负债表上，因为它们并不拥有飞机，因此无法享受所有权带来的税收优惠。承租人以纳税为目的，将租金支付作为损益表上的一项费用。然而，经营租赁的详情是可以在财务报表的脚注中自愿披露的。航空公司的资产负债表上没有经营租赁，会使资产负债表和财务比率看上去更稳健，因为它们没有反映出航空公司的所有负债。

由财务会计准则委员会（FASB）发布的新财务会计准则（FAS）要求，从 2019 年 1 月 1 日起，所有 12 个月以下的租约必须反映在公司的资产负债表上。这是为了让企业的资产负债表更准确地反映其短期和长期负债。我们将在第十三章详细讨论该新准则。

融资租赁

融资租赁体现在公司的资产负债表上，使公司在会计和税务的层面成为资产的实际所有人。航空公司可以利用租金作为折旧费和利息费来减税。资产负债表上的负债金额等于在租赁过程中所有租赁付款的现值，然后将其折旧，通常使用修正后的加速成本回收折旧法（MACRS）或直线折旧法。表 3.4 总结和比较了经营租赁和融资租赁的会计与税务含义。

表 3.4　　　　　　　　　　经营租赁与融资租赁的比较

经营租赁	融资租赁
在损益表上，只有年度经营租赁的租金才能算作经营费用	未来最低租金的现值作为资产负债表上的一项资产入账
这种融资方式完全绕开了资产负债表	资产负债表中，等额的款项被记入负债，代表租赁中所负的义务
折旧扣除的税收优惠属于资产所有人，即出租人	在损益表中，最低租赁费被申报为利息和折旧费
多方正努力将经营租赁的情况更好地反映在公司资产负债表上	折旧抵扣所获得的税收优惠属于承租人

FAS 13 规定，若要归类为融资租赁，某租赁必须符合以下四项条件之一：

1. 租赁支付的现值必须达到总资产价值的 90% 以上。

2. 租约转让了资产的所有权。

3. 租赁期限长于资产预计经济寿命的 75%。

4. 承租人有权在租约结束时，以低于公平市场价值的价格购买资产（廉价购买期权）。

现实中的应用

美国联合航空公司的租赁与购买决策

美联航如何决定是租赁还是购买飞机？决策过程中涉及哪些部门和人员呢？美联航的大部分飞机是租来的还是买来的？换句话说，美联航的机队中租赁的飞机占比多少？它们决策是否会因飞机的新旧而不同？我们将在美联航的实际决策过程中找寻这些问题的答案。这一过程起始于机队规划与管理部门，然后它们会与公司内部的其他部门进行协调，比如技术操作、网络规划、营销、航班运营、飞行和美联航机队长期计划的融资问题。之后，公司才会决定向哪个主要的飞机制造商下单，如波音和空客。美联航既有波音飞机，也有空客飞机，目前其订单主要由波音飞机构成，不过它也向空客订购了大约 350 架飞机。订单通常要历经 5~10 年的时间，其中包括订单确认及飞机购买选项。因此，美联航的机队规划是一个长期过程。该决策过程的下一步是为购买飞机进行融资，公司的财务团队将参与进来以决定最优的飞机融资方式。美联航通常会为每一架新机融资，而不是预先支付现金去购买。它们认为新飞机是一种很好的抵押品，可以让它们在售后回租交易中获得廉价的融资和租赁利率。

对美联航来说，在租赁和购买的决策过程中，一个重要的考量是它们想保有飞机多久。美联航认为，之所以租赁飞机，一个重要的原因是，租赁允许航空公司在第一个租期（通常是 10~12 年）之后灵活地摆脱该飞机。然而，美联航更偏向于拥有自己机队中的大部分飞机，因为它们购买了其认为是"核心机型"的新飞机，并预计将耗尽这些飞机的整个使用寿命（通常是 25~30 年）。美联航最新的机队计划要求其主线业务，截至 2018 年底，飞机数量从 2017 年底的 744 架增至 768 架。该航空公司有 220 架新订单积压，包括 160 架 737 MAX 系列机型（2018 年 3 月 19 日《航空周刊》）。

在做决定时，美联航将飞机的融资成本与其从售后回租交易中的租赁费率进行了比较。影响决定的重要因素之一是飞机在预期租期届满时的残值。机队群将根据以往的经验，确定 B737 或 A320 等流行机型的盈亏平衡残值。根据美联航的计算，这个盈亏平衡点大约是飞机原价的 29%。换言之，如果美联航认为这架飞机最终能保留其初始价值的 29% 以上，就会购买这架飞机。否则，它们会选择租赁。通过分析，它们得出结论：对美联航来讲，拥有飞机比租赁飞机更划算，尤其是新飞机，因为新飞机在租期结束时很少会损失价值的 29% 以上。美联航目前的机队中，有所有权的飞机占 78%，租赁的飞机占 22%。

那二手飞机呢？美联航是否仍然愿意拥有而非租赁飞机？此处并没有明确的答案。美联航倾向于租赁二手飞机机群，以赋予其一定的灵活性，同时补充公司核心机群的新机购买计划。此外，大部分二手飞机租赁市场都是由租赁公司来主导的，这让美联航觉得，购买二手飞机在选择上非常有限。然而，美联航最近都是购买它们自己的机队中那些租来的二手飞机。2017 年，该公司购买了自己机队中 46 架二手飞机，并计划从 2018 年到期的 60 架租用飞机中购买更多二手飞机（2018 年 3 月《航空周刊》）。

不过，联合航空的策略可能并不适用于所有航空公司。相对于获得所有权，信用较低或者采用低成本商业模式的航空公司更喜欢租赁所具有的灵活性。此外，其他航空公司也许不一定能像美联航那样获取资金，因此租赁成为它们唯一的选择。租赁公司也愿意承担更大的信用风险，向信用较低的航空公司出租飞机，进而使租赁成为这些航空公司更可行的选择。

以上分析是基于对美国联合航空公司首席财务官格里·拉德曼（Gerry Laderman）的采访以及《航空周刊》的数据得出的。

租赁与购买决策的分析抉择工具

在分析中，公司倾向于用今天的钱为资本支出提供资金，同时将所有未来的现金流与最初的投资进行比较。当航空公司管理层或出租人评估其航班计划选项时，有几种工具可以用来计算对它们决策的影响。然而，航空公司和租赁公司考虑的因素并不一样。作为飞机的运营商，航空公司寻求将购买或租赁飞机的融资成本降至最低。因此，对航空公司来说，租赁或购买是一个融资决策（《经济学人》，2012）。而出租人作为投资者，有兴趣让承租人飞机租赁的收益最大化。所以，对于出租人来说，该决定是一个投资决定。

承租人租赁与购买期权的现金流

如果承租人决定租赁飞机，用于评估相关现金流的要素是租金以及租赁带来的税收优惠（见表3.5）。承租人可能被要求支付维修储备金，我们将在后面的章节（第九章）中讨论维修储备金，此处只做简单分析。

对于购买选择权，承租人可以用现金支付飞机的首期预付款，也可以通过贷款为其融资。如果承租人选择购买飞机并用贷款进行融资，那么承租人将获得折旧税收优惠，贷款的利息费也可享受减税。由于承租人拥有该飞机的所有权，承租人有权获得飞机的税后残值（见表3.6）。

评估过程的最后一步是将购买飞机的当前成本（或现值成本）与租赁的成本进行比较。如果租赁成本低于购买的现值成本，则租赁具有净利益（NAL），因而租赁优先于购买。反之，如果购买的现值成本低于租赁成本，则优先考虑购买。

换言之，

NAL = 租赁现值 – 购买现值

如果 NAL > 0，优先选择租赁

如果 NAL < 0，优先选择购买

表 3.5 　　　　　　　　　　租赁的现金流——对承租人

租赁选项	净影响
初始投资	现金流出
租赁付款	现金流出
租赁付款的减税	现金流入

表 3.6 　　　　　　　　　　购买的现金流——对承租人

购买选项	净影响
贷款偿付	现金流出
贷款利息减税	现金流入
折旧减税	现金流入
残值	流入或流出基于残值

然而，为了得到购买和租赁的现值，我们必须使用折现率对未来的现金流进行折算，接下来我们将讨论什么是折现率。

折现率

承租人和出租人必须根据它们对未来现金流的预期作出决策。因此，未来的现金流需要按折现率换算为现值。折现率反映了与现金流相关的风险的水平，它可以被认为是股东要求的回报率、公司借入资金的成本或二者的结合。通常来讲，折现率与未来现金流量的现值成反比。如前所述，租赁与债务融资类似，故承租人做决策时考虑的折现率是债务的税后成本。

债务的税后成本 = 债务的税前成本 × （1 – 累进的税率）

债务的税后成本是公司的借款利率，不包含其累进的税率的影响。根据公司的盈利能力，公司的税后债务成本可能会有所不同。如果公司利润低，企业的边际税率也会低；因此债务的税后成本和折现率将会很高。相反，当企业利润高时，其税率也会较高，导致税后债务成本和折现率下降。

折旧税收优惠

购买飞机的好处之一是拥有飞机的折旧税收优惠。人们可以使用MACRS 或直线法来折旧资产。在 MACRS 下，飞机的成本在 7 年内收回

（但是由于半年期惯例，期限会延长到第 8 年）。IRS 每年会公布折旧的百分比，总和为 100% 或者假定资产已完全折旧（例如，一项资产在 7 年时间里的折旧，每年将按如下方式进行：14.29%、24.49%、17.49%、12.49%、8.93%、8.92%、8.93% 和 4.46%）。

在直线法下，资产的成本减去残值后，在资产的使用年限内平均折旧。因此，如果飞机的初始投资为 100 万美元，残值为 5 万美元，资产预期使用年限为 5 年，则直线折旧为

直线折旧 =（1000000 - 50000）/5 = 每年折旧 190000 美元

一旦使用 MACRS 或直线法确定了每年的折旧额，用该金额乘以公司的企业所得税税率，以显示折旧带来的税收优惠。

在上面的例子中，假设税率为 35%，每年折旧 19 万美元，税收优惠将是

税收优惠 = 0.35 × 190000 = 66500 美元

飞机残值

租赁与购买决策的一个关键驱动因素是飞机的残值。对飞机所有人（航空公司、出租人或银行）来说，确保飞机在租赁期间尽可能维持其高价值至关重要。出于贷款和租赁建模的目的，假设飞机没有租赁或额外附加的产权负担，则飞机交易市场价值基于资产的当前市场价值（Current Market Value，CMV）。评估师可以调整基本价值，以帮助确定在当前市场条件下给定交易的 CMV。预测飞机的精确残值对航空公司和出租人来说都很重要，这便于它们了解何时将额外的飞机添加至机队或组合中。此外，这在构建融资组合方面也具有重要意义，因为租赁或销售终止时残值的税务影响，可能会影响确定贷款或租赁可行性的净现值（Net Present Value，NPV）分析。图 3.10 来自 PK AirFinance，显示了在 1974—1998 年，商用喷气式飞机转售价值随机龄变化的函数图，说明了市场可能存在波动性和不确定性。

影响残值的因素很多，除了机龄、生产状况、供求关系、性能、配置、维护状况外，还有很多其他因素。

如前所述，从租赁与购买的分析中，作为飞机的所有者，买方有权在类租赁期限届满时获得资产出售的税后现金流。对于保值性较高的飞机

转售价格——以新价格的%计（定值美元）

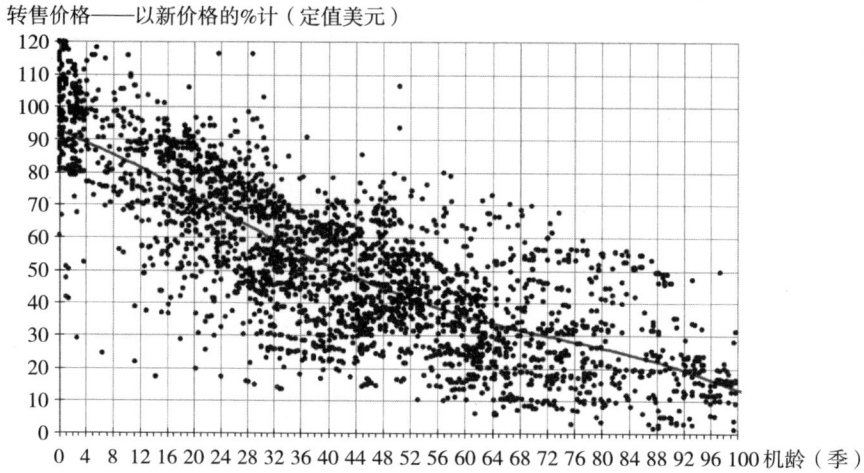

资料来源：PK AirFinance（2017）。

图 3.10 飞机残值的波动性

（如 A320neo 或 737 MAX），承租人可能更倾向于购买而非租赁。

用于租赁商投资决策的现金流

对出租人来说，进行租赁交易的评估是一项资本预算决策，因为资产是一项投资，需要随着时间的推移产生回报并使机构增值。从出租人的角度出发，它们考虑的问题是购买飞机并出租给承租人（航空公司）是否具有经济意义？租赁期间产生的价值应通过对承租成本和收益的 NPV 分析来评估。在构建 NPV 分析时，应考虑的现金流驱动因素是飞机成本、残值/销售收益、折旧、税收、交易成本和债务的税后成本。表 3.7 总结了出租人租赁选项的现金流，假设无初始付款和每月的维护费。

表 3.7   租赁的现金流——对出租人

初始投资	现金流出
租赁付款	现金流入
对租金的征税	现金流出
折旧的税收减免	现金流入
残值（税后）	现金流入

从出租人的评估角度看，初始投资和现金流出是为了购买资产。当把资产租赁给航空公司（承租人）时，将会有定期支付的租金流入出租人账户。这些流入的资金也会按企业所得税税率被征税。正如前面在承租人购买选项中提到的，当出租人拥有一项资产时，它们将受益于该资产在经济寿命内的税收折旧。每期折旧的价值将通过直线折旧或 MACRS 折旧法计算，计算方法与上面承租人的例子类似。之后，税盾会按公司的企业所得税税率从定期扣除额中计算。如果在租期结束时资产被出售，则出租人获得等于转售价格减税费（转售价值高于账面价值）后的现金流入。

一旦计算出全期现金流，出租人会评估整个交易的净现值。如果 NPV 为正值，则意味着租赁将随时间增加公司价值，而 NPV 为负值则会导致公司的价值随时间下降。

内部收益率

另一个用于投资决策分析的工具是内部收益率（IRR），以便根据租赁预期产生的回报对项目进行排名。如果现金流产生的 IRR 大于公司的折现率，租赁交易将为公司增值，如果 IRR 小于折现率，出租人最好寻求其他投资机会。

本金回收

投资回收期法（the payback method）关注的是初始投资需要多长时间才能被收回。在此分析中，将投资产生的现金流与初始投资进行比较，以确定收回初始投资所需的时间。然而，从时间和投资收回的角度看，回收期法虽然有用，但并没有考虑资金的时间价值（the time value of money）或超过截止日期所收入的现金流。此外，回收期截止日期本质上是管理层所做的任意性决定，并没有很强的理论背景。因此，回收期法常被用作一个粗略的指导方针，而非投资决策的工具。

资产收益率和净资产收益率

对航空公司或出租人来说，衡量盈利能力的两个重要指标是资产回报率

（ROA），定义为 ROA ＝净收入／总资产；股本回报率（ROE），定义为 ROE ＝净收入／总股本。ROA 衡量的是每一美元的资产所能产生的利润，ROE 衡量的是股东的股本中每一美元所能得到的回报。虽然这两项指标颇受欢迎且经常被引用，但应当记住的是，两项指标是会计收益率，会受会计规则变化的影响，因而应当谨慎使用。例如，最近要求在资产负债表上显示经营租赁的会计准则，可能会增加航空公司的总资产，从而降低其 ROA。我们需要意识到，分析师们调整资产负债表后（在负债表上显示经营租赁的数据），只是会计核算上发生了变化，并不是航空公司本身发生了重大变化。

可接受的租金范围

出租人和承租人各自进行独立评估后，如果双方都认为租赁对它们有利，那就可以开始付诸行动。然而，此处并不一定存在一个租金额让双方都愿意继续交易。通常，为了推进交易，会有一系列的租金安排使得租赁对双方来说都有吸引力。最低租金是出租人所愿接受的最低金额。最高租金是承租人愿意接受的最高金额。

租赁与购买决策示例

现在，我们将分别从承租人和出租人的角度来看一个租赁与购买决策的示例。Magna Charter 的例子如下。

Magna Charter 公司被要求为一家矿业公司运营一架海狸丛林飞机（Beaver bush plane），该公司正在利亚德堡的北部和西部进行勘探。Magna 将与该矿业公司签订一份为期 1 年的固定期限合同，预计到期后合同将会被续签 7 年，即覆盖勘探项目的总时限。Magna 有两个选择：一是以 100 万美元的价格购买矿业公司所需的飞机；二是与恒星租赁公司达成一个为期 7 年的运营租赁安排，每年年初到期的租金数额相等。这架飞机属于 5 年期 MACRS 折旧类型，7 年后其残值为 5 万美元。Magna Charter 的税前债务成本为 10%，边际税率为 20%。恒星租赁公司对类似风险的投资可获得 10% 的税前回报率，边际税率为 40%。

假设每年租金为 180500 美元，我们将评估 Magna Charter 与恒星租赁公司之间的租赁安排。

承租人角度

如前所述，从承租人角度评估租赁是包含多个步骤的过程。首先，要计算取得所有权的成本，并将其与租赁的成本进行比较，从而得出最终结论。如果 NAL 为正值，Magna 将选择租用飞机，如果 NAL 为负值，Magna 将选择购买飞机。

第一步，我们来评估 Magna 购买这架飞机的现值成本。使用 5 年 MACRS 计划，我们可以确定折旧费用，并以此确定承租人和出租人的折旧节税各是多少。

年数	MACRS 率（%）	折旧费用（美元）	年末账面价值（美元）	折旧节税（美元） 承租人	折旧节税（美元） 出租人
1	20	200000	800000	40000	80000
2	32	320000	480000	64000	128000
3	19	190000	290000	38000	76000
4	12	120000	170000	24000	48000
5	11	110000	60000	22000	44000
6	6	60000	0	12000	24000

注：MACRS，修正后的加速折旧成本回收制。

该飞机的成本 100 万美元乘以 MACRS 率，得出每年的折旧费用。年末账面价值为购入价减去累计折旧后的余额。折旧节税为折旧费用乘以这两个公司各自的税率。例如，承租人第一年因折旧而节税 4 万美元，即折旧费用 20 万美元乘以 Magna 公司的税率 20%。

第二步，我们评估飞机的购买选项所产生的现金流。

拥有该飞机的成本 项目	第 0 年	第 1 年	第 2 年	第 3 年	第 4 年	第 5 年	第 6 年	第 7 年
设备成本（美元）	−1000000							
折旧节税（美元）		40000	64000	38000	24000	22000	12000	

续表

项目	第 0 年	第 1 年	第 2 年	第 3 年	第 4 年	第 5 年	第 6 年	第 7 年
维护费用（美元）	0	0	0	0	0	—	—	—
维护费节税（美元）	0	0	0	0	0	—	—	—
残值（美元）								50000
残值税（美元）								−10000
净现金流（美元）	−1000000	40000	64000	38000	24000	22000	12000	40000
拥有飞机的现值成本（美元）		−814412						

　　100 万美元的设备成本是初始年（第 0 年）的现金支出，随后是上表中第 1 年到第 6 年折旧节税所带来的现金流入。在项目结束时（第 7 年），Magna 将飞机售出，获得 5 万美元的残值。然而，Magna 必须对残值的收益部分支付 10% 的税，所以第 7 年最终产生了 4 万美元的现金流入。要注意的是，因为租赁与公司债务类似，所以该计算中适当的折现率为 Magna 的税后债务成本。上面每年的净现金流是按 Magna 的税后债务成本，即 8% 来折现的，从而得出购买选项的现值成本为 814412 美元。

　　现在我们得出了飞机购买选项的现值成本，我们下一步将评估 Magna 租赁选项的现值成本，以计算出 NAL。

租赁该飞机的成本								
项目	第 0 年	第 1 年	第 2 年	第 3 年	第 4 年	第 5 年	第 6 年	第 7 年
租金支出（美元）	−180500	−180500	−180500	−180500	−180500	−180500	−180500	0
租金支出节税（美元）	36100	36100	36100	36100	36100	36100	36100	0
净现金流（美元）	−144400	−144400	−144400	−144400	−144400	−144400	−144400	0
租赁飞机的现值成本（美元）		−811944	NAL	2469				

　　Magna 每年的租金支出是 180500 美元（因为租金支付周期通常是从第 0 年而不是第 1 年开始）。Magna 支付给恒星公司的租金可享税款抵扣，相当于每年因支付租金而增加 36100 美元的收入。净现金流按 Magna 的税后债务成本 8% 来折现，得出租赁这架飞机的现值成本 811944 美元。要计算 NAL，须用购买飞机的成本减去租赁飞机的成本，Magna 的 NAL 为 2469 美

元。由于 NAL 是正值，Magna 会更倾向于租赁飞机。

出租人角度

现在我们将从恒星租赁公司的角度来评估这笔交易的净现值。参照以上折旧表中出租人的部分，我们发现恒星航空也将从购买飞机中获得折旧节税。但 Magna 和恒星公司的折旧节税情况不同，它们因税率不同而归属于不同的边际税率等级。恒星公司将从购买这架飞机中获得更大的税收优惠，因为其税率高达 40%。

项目	第 0 年	第 1 年	第 2 年	第 3 年	第 4 年	第 5 年	第 6 年	第 7 年
设备成本（美元）	−1000000							
折旧节税（美元）		80000	128000	76000	48000	44000	24000	
维护费用（美元）	0	0	0	0	0	—	—	—
维护费节税（美元）	0	0	0	0	0	—	—	—
租金收入（美元）	180500	180500	180500	180500	180500	180500	180500	—
租金所得税（美元）	−72200	−72200	−72200	−72200	−72200	−72200	−72200	—
残值（美元）								50000
残值税（美元）								−20000
净现金流（美元）	−891700	188300	236300	184300	156300	152300	132300	30000
出租飞机的现值成本（美元）		1819						
出租飞机的内部收益率		6.07%						

除了折旧节税外，恒星公司的其他现金注入还包括每年 180500 美元的租金，以及在项目结束时出售这架飞机所得的残值 50000 美元。现金流出为恒星公司支付的租金所得税，以及残值所得税。将净现金流按恒星公司 6% 的税后收益率折现，得出 1819 美元的 NPV 和 6.07% 的 IRR。NPV 为正值，所以恒星公司应选择购买这架飞机，并将其租给 Magna。另外，6.07% 的 IRR 高于税后收益率 6%，进一步支持了恒星公司购买飞机的决定。

最高与最低租金额

一旦我们根据基本情况进行计算，我们就可以找到对承租人和出租人都有吸引力的租金范围。最低租金是指出租人愿意接受的最低租赁费用。最高租金是承租人愿意支付的最高租赁费用。交易双方均可接受最低到最高租金范围内的任意数额。

为了计算出最高和最低租金数额，最实用的方法是使用 Microsoft Excel 中的单变量函数求解（the Goal Seek function）。通过在 Excel 中设置算法，类似于在工作表上方 f（x）的框中输入公式并引用单元格，会让计算操作变得非常简单。计算最低租金的话，请参考出租人的 NPV 分析。在单变量求解中，通过更改租赁费将 NPV 所在单元设为零，得出的结果就是最低租金值。计算最高租金则参照承租人 NAL 的计算，在单变量求解中，通过更改租赁费将 NPV 所在的单元设为零，则得出最高租金值。以 Magna Charter 与恒星租赁公司为例，最低租金为 179998 美元，最高租金为 181049 美元。在两家公司的谈判中，约定的租金应落在此范围内，否则二者不会成交。

这个例子展示了承租人和出租人在决定租赁交易是否对它们有利时的决策差异。无论是购买还是租赁飞机，对承租人来说，都将是一个融资决定，取决于哪个选项能最经济地满足它们的需求。而对出租人来说，这是一个投资决策，因为出租人必须决定购买飞机并出租给承租人是否合理。

结论

本章分别从承租人和出租人的角度概述了租赁决策的过程。具体来讲，对承租人来说，该决策是一项融资决策，或者说是租赁与购买决策，承租人试图在购买和租赁之间选择成本最低的方案来实现飞机运营。租赁还为航空公司（承租人）在机队决策、获得现有技术方面提供了灵活性，并有助于将残值风险转移给出租方。从出租人的角度来看，这是一项资本预算决定或投资决策，出租人决定租金收入是否会为其在飞机上的投资带来足够的回报。此处通过一个数值例子说明了如何计算对承租人和出租人都有吸引力的租金范围。本章附录 3A 包含一个小型案例研究，通过使用我们介绍过的工具，做一些租赁与购买决策的练习。

附录 3A　案例研究：墨西哥航空（Aeromexico）的租赁与购买决策

墨西哥航空是墨西哥的旗舰航空公司，总部设在墨西哥的墨西哥城。它运营一支全由波音飞机组成的机队，为美洲、加勒比、欧洲和亚洲的 80 多个目的地提供服务。墨西哥航空目前有 70 架飞机在役，已订购 65 架飞机，另有 34 架飞机的购买选择权（CAPA，2017 年 3 月）。墨西哥航空现役机群由 77% 的窄体飞机和 23% 的宽体飞机组成；它们未来的订单和购买选择权也非常偏重窄体飞机（B737 MAX8），占未来交付量的 91%。

经营单一类型机群的决定，从乘客和运营角度，都让公司效率得到提升。B737 MAX8 可分别为 184 名乘客提供单舱布局和为 162 名乘客提供双舱布局，飞行体验放松且舒适，同时与墨西哥航空机队的其他飞机保持一致。在运营上，增持 B737 MAX 8 将消除维护第二种机型所需的额外维护成本。此外，MAX8 的设计还将机身的直接维护成本降低了 6%。由于燃油和调度可靠性是巨大的成本消耗，MAX8 所带来的 8% 的燃油效率节省，以及 99.7% 的准班率，将以降低航班取消成本和提升商誉的形式为公司节省运营成本。单一类型的机队也有缺点，这可能会阻碍公司根据航线网络的需求变化作出适当的调整。但幸运的是，B737 系列飞机具有高载客量，且布局方式多样，令航空公司可以通过提高飞机的载客量或重新配置机舱来满足供应需求。

墨西哥航空是一个传统的 FCC，它的管理层对购买新飞机决策的评估不同于初创公司或 LCC 的管理层。墨西哥航空在决定租赁还是购买一架新飞机时，会考虑机队的灵活性、机队总的所有权、对营运利润率的影响以及借款成本等因素。

通过 7 年的短期租赁，航空公司可以在市场动态发生变化时转移其资源。一旦需要修改航线网络的范围，租用飞机使航空公司可以通过机队的高灵活性有效地将短途、窄体飞机的航线与长途、宽体飞机的航线相匹配。另外，如果预测公司个别航线的运力水平将发生积极或消极变化，通过租用飞机和不再续签现有租赁协议，可以让航空公司更快地对其运力的增加或减少作出反应。在经营租赁中，向出租人支付的租金部分可以得到税收优惠。最后，如果墨西哥航空不希望耗尽飞机的整个使用寿命，它可以在租赁到期时将残值的风险转移给出租人。

作为一个传统的 FCC 和墨西哥的旗舰航空公司，墨西哥航空有动机使用现金或长期债务融资购买从而直接自己拥有新交付的飞机。对于运营利润率最大化的航空公司来说，租赁飞机的最优水平是 53.4%（Bourjade 等，2017）。目前其机队中租赁的飞机约占 84.2%，额外租赁一架飞机所能带来的效益增量微乎其微。正如研究所示，墨西哥航空的管理层可能是时候开始评估业务多元化了，让公司从租赁交易转向直接购买或融资购买更多飞机。通过与银行机构的良好关系，航空公司可以从较低的借贷利率中受益。在所有其他条件相同的情况下，长期债务比租赁的成本更低。此外，随着墨西哥航空航线网络的扩大以及 B737 飞机家族有效运营能力被证实，公司应当认识到，通过直接购买或贷款购买新飞机所能带来的拥有飞机全部使用寿命的好处。拥有飞机所有权消除了停飞期间仍需向出租人支付租金所造成的任何负面财务影响。最后一点，通过长期融资购买飞机，并在飞机的经济使用年限内对其充分利用，能使航空公司从飞机折旧中受益。对一架自有飞机进行折旧，墨西哥航空能够将收入中的年度折旧部分进行抵税操作，从而对收入产生积极影响。

鉴于这些因素，下一小节我们将介绍墨西哥航空 2019 年购进 B737 MAX 8 飞机决策的相关细节。阅读这些信息并完成所需的分析。

墨西哥航空的决策

墨西哥航空正在评估 2019 年购进一架新 B737 MAX 8 飞机的融资方案。公司所面临的决策选项有：（1）以 8 年期贷款购买该飞机；（2）以所持现金购买该飞机；（3）与出租人签订售后回租协议，租赁航空器 7 年。经过与制造商的谈判，航空公司已就该飞机达成 6000 万美元的购买价格，预计在 7 年期限届满时，飞机残值为 4370 万美元。墨西哥航空可以 6% 的贷款利率为其购买飞机融资（假设全部金额都将按此贷款利率计算），公司的所得税税率为 40%。出于折旧目的，墨西哥航空将使用 7 年期的 MACRS 折旧计划将飞机折旧到零。附件 3.1 提供了与飞机租赁交易相关的其他详细信息。

附件 3.1

资产：一架全新的波音 737 MAX 8，将于 2019 年交付

基本租期：7 年期经营租赁，租期届满时，承租人享有优先购买权

飞机采购价格：6000 万美元

租赁费率因子（LRF）：假设 LRF 为 0.70%

基本租金：每月月初支付 42 万美元

押金：预付 2 个月租金，租期届满时退还

维修储备金：假设墨西哥航空不支付任何维修储备金

出租人资金成本：承担 5% 的债务成本

贷款利率：年利率 6%

7 年期的 MACRS 折旧计划：7 年使用寿命，半年惯例（half - year convention）

MACRS 安排	
年数	7 年期折旧率（%）
1	14.29
2	24.49
3	17.49
4	12.49
5	8.93
6	8.92
7	8.93
8	4.46

研究墨西哥航空购买或租赁一架 B737 MAX 8 飞机的决定。

1. 从墨西哥航空的角度出发，生成一个 Excel 电子表格来展现交易模型和细节。

①租赁飞机 7 年的 NPV 分析。

②现款购买飞机的 NPV 分析。

③通过 7 年贷款购买飞机的 NPV 分析。

2. 此外，从出租人的角度进行建模，并从出租人和航空公司的角度对该交易的租金范围进行评估。

参考文献

Airbus. *Orders and deliveries*. (2018, January 31). Retrieved from <http://www.airbus.com/aircraft/market/orders-deliveries.html>.

Aircraft Leasing Buy or Rent? (2012, January 21). *The Economist*. Retrieved from <http://www.economist.com/node/21543195>.

Avolon. (2017, October 30). *World Fleet Forecast*. Retrieved from Avolon.aero: <https://cms.avolon.aero/wp-content/uploads/2018/07/Avolon_White-paper_Digital-27.10.17.pdf>.

Boeing. (2017). *Current aircraft finance market outlook 2018*. Boeing.

Boeing. *2018 Orders and deliveries*. (2018, January 31). Retrieved from <http://www.boeing.com/commercial/#/orders-deliveries>.

Bourjade, S., Huc, R., & Muller-Vibes, C. (2017). Leasing and profitability: Empirical evidence from the airline industry. *Transportation Research Part A*, 30−46.

CAPA Centre for Aviation. Global fleet summary. *Global Fleet Database*. (2018, February). Retrieved from <https://centreforaviation.com/data/fleet>.

Conklin, & de Decker. *Lease pros and cons: The things you should know*. (2010). Retrieved from <https://www.conklindd.com/t-leaseprosandcons.aspx>.

Deloitte. *Global commercial aerospace industry aircraft order backlog analysis*. (2016, July). Retrieved from <https://www2.deloitte.com/content/dam/Deloitte/us/Documents/manufacturing/us-manufacturing-aircraft-order-backlog-analysis.pdf>.

DVB Bank SE. (2018). *An overview of commercial aircraft 2018−2019*. DVB Bank SE.

Export-Import Bank of the United States. (n.d.). EXIM Bank: What we do. *EXIM Bank*. Retrieved from <https://www.exim.gov/what-we-do>.

Flight Global(2018). (2018, January − February). Finance and Leasing 2018. *FlightGlobal Airline Business*, pp. 1−3.

Flight Global.(2017, April). *Commercial operating leasing market dynamics*.

Hallfors, L., & Riggi, M. (2016). Aircraft leasing industry: Recap of 2015 & outlook for 2016. *Kroll bond rating agency research report*.

IATA. *IATA forecasts passenger demand to double over 20 years*. (2016, October 18). Retrieved from <http://www.iata.org/pressroom/pr/Pages/2016-10-18-02.aspx>.

IATA. *Strong airline profitability continues in 2018*. (2017, December 5). Retrieved from <http://www.iata.org/pressroom/pr/Pages/2017-12-05-01.aspx>.

PK AirFinance. *Modeling aircraft loan & lease portfolios*. (2017, October). Retrieved from <http://www.pkair.com/common/docs/modeling-aircraft-loan-and-lease-portfolios.pdf>.

Reuters. (2015, June 26). *China's Airport Boom drives airport building frenzy*. Retrieved from Rueters.com: https://www.reuters.com/article/us-china-aviation/chinas-aviation-boom-drives-airport-building-frenzy-idUSKBN0P60F220150626.

Vasigh, B., Taleghani, R., & Jenkins, D. (2012). Aircraft Leasing and Finance. In: *Aircraft Finance: Strategies for Managing Capital Costs in a Turbulent Industry* (pp. 269−297). Fort Lauderdale: J. Ross Publishing.

第四章
航空法律与监管框架

章节大纲

飞机融资与租赁是一个受独特规章制度管控的行业。飞机资产的可移动性造成了复杂的多重管辖权问题。此外，较高的设备价值与可替换的组件会增加法律、政治和抵押风险。本章，我们将讨论飞机融资所特有的法律与监管问题，其中大部分问题源于几个关键的历史性公约。因此，我们通过进一步讨论注册/所有权、司法审查、破产和开放天空政策来阐释这些事件的现代意义。

航空法简介

航空可以追溯至几千年前中国风筝的研制到 18 世纪后期法国的热气球。中世纪的罗马财产法中已经特别提到上空权（air rights）的概念，第一部可适用的航空法是以法国地方法令的形式在法国大革命前颁布。在一个世纪后的法德战争中，气球被首次使用，随后 1899 年的海牙会议是首批构建战争法国际条约的尝试之一。具体而言，这次会议讨论了在战争中使用热气球射弹的问题。

随着 20 世纪航空运输业的发展，全球领导者们开始意识到建立国际标准的必要性。空域管制的概念首先出现在德国的气球开始飞越法国时。① 因此，1910 年后，18 个欧洲国家聚集在巴黎召开会议，讨论解决方案并制定航空导航规则。继第一次世界大战期间首个国际航班的出现，各方于 1919 年重新召开会议，与会者一致认为，各国应对其陆地上方的空域及毗连水域拥有专属主权。② 38 个国家批准了该协议，开启了国际航空委员会（ICAN）的发展。

由于目前处在使用中的飞机数量众多，因此在操作和财务方面的一致性非常重要。许多国家，包括美国和欧洲的大部分国家，都在联邦一级的层面上管理航空运输。另外，由于商业航空旅行的性质，世界上大多数国家都将航空法视为国际法问题。20 世纪初的多边运动最终为达成进一步的条约铺平了道路，这些条约有助于塑造当今行业的法律和监管框架。

法律术语概述

国际协议涉及各种文件，其中大多数都是书面文件。因此，在我们详细了解航空法的历史之前，先要理解本章中引用的各种法律文书和法律术语背后的含义：

• 国家（主权国家）[State（sovereign state）]：拥有一个可以独立管控其地理区域和人口的中央政府的国家或地区，一个主权国家可以与另一个国家建立关系，但它不受该国的任何权力的约束。

• 条约（Treaty）：国际法下由主权国家和国际组织所制定的协议。条约可以是双边的（两个国家之间）或多边的（两个以上的国家之间）。条约通常也被称为协议，公约或议定书。

• 公约（Convention）：该术语有双重含义。它既可以指代表间的国际集会，也可以替代"条约"一词。

• 条款（Article）：条约的一条规则或"一项"。

• 修订（Amendment）：正式更改条约的条款。正式修订适用于所有成员，除非原条款另有规定。

---

① 《禁止从气球上或用其他新的类似方法投掷投射物和爆炸物宣言》，海牙，1899 年 7 月 29 日。
② 《关于管理空中航行的公约》（《巴黎公约》），1919 年 10 月 13 日，第 1 章，第 1 条。

- 采纳（Adoption）：这是一项确定条约提案和内容的正式行为。采纳并不会使协议自动生效。

- 生效（Entry into force）：条约对当前参与者生效的正式日期或条约对每个新参与者生效的正式日期。大多数条约都规定了协议在通过后生效的确切日期、月份和年份，而有些条约的生效日则更具临时性。例如，条约可以在所有谈判国家签署或满足某些条件后立即生效。

- 签署（Signature）：签署是初步认可，但它并不构成同意，也不会将某国置于协议的约束之下。它只代表一个国家对条约的考量。然而，签署国通常需要避免任何违反条约目的的行为。

- 批准（Ratification）：此过程代表一个国家加入其已签署的条约之决定。批准是接受条约条款约束的正式协议。它要求国家将这些条款正式纳入其国内立法，并正式宣布加入条约的意图。在大多数情况下，批准是在条约生效之前进行的。

- 加入（Accession）：从法律上讲，加入与批准具有相同的效果，但不存在签署。加入意味着一个国家正式接受已经由其他国家谈判的现有条约。这通常发生在条约生效之后，由所有现有成员国批准新成员国加入或新成员国仅仅以现有条款约束自己。条约中可以替代性地使用接受，批准或信守。这几个字眼它们的含义相同，有时当宪法不需要批准时会在国家一级使用。

- 缔约国（Contracting state）：已批准或加入条约的国家。

- 声明（Declaration）：关于一国立场或意见的官方声明。这是一种相当不受约束的表达，通常不涉及具有约束力的协议。例如，一个国家可能只是宣布其未来有批准条约的目标。或者声明可以作为一种澄清，建议或非正式协议。声明的背景很重要，因为一些声明确实创造出了具有法律约束力的条款。

- 退出（Denunciation）：一国退出条约。这里需要有一个正式的声明，且通常要等待一段时间才能正式地不再受条款之约束。

- 保全（Perfection）：即在违约的情况下，使担保权益对第三方有效或可执行的过程。

● 法律选择（Choice of Law）：在当事人来自不同的国家或主权国家时，对适用哪个国家的法律的决定。

当我们讨论条约如何在一组初始缔约国中发展时，我们将回顾这些法律术语。在某些情况下，一国在最开始时可以选择签署但不批准条约。这往往出于对国内市场的忧虑。随着时间的推移并通过议定书采纳和调整作出，会有更多的国家加入协议，这有效地赋予了协议更多的国际力量。对于该行业的融资方来说，了解这些区别非常重要，特别是涉及对条约遵守的程度有选择性外国司法辖区。以下部分讨论了现代航空基本惯例的发展和时间。

CONVENTION
POUR
L'UNIFICATION DE CERTAINES RÈGLES
RELATIVES AU
TRANSPORT AÉRIEN INTERNATIONAL,
PROTOCOLE ADDITIONNEL
ET
PROTOCOLE FINAL
Adoptés par la II᎐ Conférence Internationale de Droit Privé Aérien
réunie à Varsovie du 4 au 12 Octobre 1929

《华沙公约》

1914 年通常被认为是第一个商业航空服务年，但直到第一次世界大战后，该行业才开始加速发展。回顾本章的介绍部分，我们知道全球领导者们已经提出领空权（airspace right）的概念。与巴黎会议不同，《华沙公约》是从安全和经济角度解决飞机可移动性问题的首次重大努力。具体而言，本次会议的代表们将重心放在他们对商业航空旅行固有责任与日俱增的关注上。之前已有过几次召开此类会议的尝试，但所有的会议都被推迟到了 20 世纪 20 年代末。1929 年 10 月 12 日，各国在波兰华沙签署了《华沙公约》，亦被称作《统一国际航空运输某些规则的公约》。公约于 1933 年 2 月 13 日生效，明确规定了以下服务所涉及的责任问题：

> 以航空器运送旅客、行李或货物而收取报酬的国际运输；以及航空运输企业以航空器办理免费运输。①

《华沙公约》由 5 章共 41 条内容组成。首先也是最重要的是，第 1 章正式将国际航空运输定义为某一缔约国国内出发点与另一缔约国国内目的地之间的任何运输，不论在服务中有任何连接或中断。起点和终点也可以在同一个国家内，但中途必须在另一个国家内（缔约国或非缔约国）有一个经商定的中途停留。例如，从汉堡到法兰克福的航班不被认为是国际航班。但是如果这架飞机中途在阿姆斯特丹停留，那么它就被归类为国际运输。

《华沙公约》第 2 章讨论了有关必备资料的具体规则。也许其中最引人注目的是，它要求所有的航空公司都提供机票和行李票。每次航空运输都必须标明旅途的起点和终点，如果存在连接，至少标明一个中转站。本质上，机票的目的是在法律上构成运输条件。《华沙公约》的另一项主要任务与货物有关，它要求所有包裹都包含由托运人提供的航空托运单（air consignment note），托运单中载有该包裹的所有细节。

最初，《华沙公约》只是简单地提到了"承运人"，但这导致了混淆，即到底是哪一方应该对此承担责任？具体来讲，是否只有承运人一方履行合同约定的服务？或者，责任是否也应延伸到参与服务的任何一个承运人？《华沙公约》第 4 章涉及联合运输问题。1961 年《瓜达拉哈拉补充公约》最终将"承运人"的定义扩大到"实际承运人"，有效地将规则和责任扩大到承包商和航空代码共享方。这意味着，如果行李在转机时被转移到另一家航空公司，那么两家航空公司的运输就被认为是一个单个的、不可分割的联合运输。

第 3 章可以说是《华沙公约》最重要的贡献，因为它特别提到责任和赔偿金额的限制。根据第 17 条，

---

① 《统一国际航空运输某些规则的公约》，1929 年 10 月 12 日，第 1 条。

> 对于旅客因死亡、受伤或身体上的任何其他损害而产生的损失，如果造成这种损失的事故是发生在航空器上或上下航空器过程中，承运人[实际承运人]应负责任。

　　在第一次世界大战至第二次世界大战期间，航空运输业在航空技术方面取得了一些重大进展。传统的双翼飞机最终发展成为一种功率更大的单翼铝壳飞机。同样，正是在这个时期，工程师们开始开发喷气发动机。最终，随着飞机开始飞得更远、搭载更多乘客，监管机构越来越担心航空运输的安全性和合法性。《华沙公约》为成员国之间商业航班上的乘客事故和损失制定了统一的规则和补救措施。第 3 章确立了法律推定原则，即承运人承担损害赔偿责任，无须旅客证明承运人的过错或过失。但是，这些补救规定也是为了保护运营商。假设一架飞机在飞行途中失去动力并坠机，机上所有乘客遇难，这样的灾难很容易使一家航空公司破产。因此，《华沙公约》对乘客（或乘客家属）向任何一家航空公司索赔的金额设定了上限。依据公约条款，人身伤害和死亡的赔偿上线为 12.5 万瑞士法郎（约合 8300 美元）。[①] 但是，如果承运人能够证明损害实际上是由于旅客的过失造成的，那么承运人可就旅客的过失行为所造成的这部分损害免责。此外，该条约要求承运人对运输在途的货物和乘客行李损害负责，除非航空公司可以证明该损坏是物品的固有缺陷、战争行为或公权力人在负责物品进出口或中转时造成的。货物的责任限额为每公斤 20 美元。

　　最后，《华沙公约》具有双重目的。成员国希望日常运营有统一的国际标准，也希望有一个灵活的责任制度以应对未来的增长和变化。对航空公司来说，推定责任实际上是对有限责任的交换。值得注意的是，《华沙公约》主要是欧洲的产物，美国直到 1934 年 10 月 29 日才批准该协议。此时美国正处在大萧条（Great Depression）中期，责任条款有益于航空公司、客户和货运公司。对于一个新兴产业，这些规定相当有效。但是，随着生活水平的提高，越来越多的人开始乘坐飞机，原来针对每位乘客的责任限额

---

　　① 《统一国际航空运输某些规则的公约》，1929 年 10 月 12 日，第 22 条。

变得不够充分。

因此，《华沙公约》有几项关键修正案，第一个是 1955 年 9 月 28 日签署的《海牙议定书》。这项修正案将每位乘客的损失赔偿上限提高到 25 万法郎，约合 16600 美元。美国再度签署但未批准该协议，理由是对其国内市场而言，这一上线仍然过低。事实上，美国国会建议实施一项补充国内保险的计划，将这一数额提高至 66600 美元。然而，由于反对的声音很大，这项提议从未被提交至法院。随后，国会试图与所有美国的航空公司达成一项自愿协议，将这一金额提高至 10 万美元，但这一战略也以失败告终，导致美国申请退出了《华沙公约》。美国的退出促使了国际行动的开展，1966 年，所有会员国同意将所有往返美国的航班的损失赔偿限额提高至 7.5 万美元，美国国会不情愿地接受了这项提议（博伊尔，1973）。

尽管如此，7.5 万美元的上限只是一项临时协议，各国代表们在争论什么才是真正符合公众利益的永久上限。从美国的角度来看，其目标是让乘客在交通事故中得到确定、快速、充分的赔偿（博伊尔，1973）。一个问题是，一国有限责任的数额在另一个国家可能是一种无限责任。另一个问题则关注承运人故意的不当行为。最后，1971 年《危地马拉议定书》将上限金额定为牢不可破的 10 万美元。该修正案确立了严格责任（strict liability），这意味着无论承运人的实际意图为何或其有无过失行为（见图 4.1），承运人都应当承担责任。

特别提款权

《华沙公约》最初以黄金法郎为单位表示其中所有的数额，但 1975 年的《附加议定书》将数字改为特别提款权（SDR）。国际货币基金组织（IMF）于 1969 年设立特别提款权，以补充其成员国的国家货币储备。它可以被兑换为任何可用的货币。特别提款权的价值基于欧元、美元、日元、英镑、人民币五种货币的加权平均值［国际货币基金组织（IMF），2016］。

因此，乘客责任的赔偿限额正式改为 16600 SDR。同样，行李和货物的限额改为 17 SDR/kg。《华沙公约》规定的这些限额直到 1999 年《蒙特利尔公约》签订后才失效。

《蒙特利尔公约》

《蒙特利尔公约》于 1999 年 5 月 28 日签署，2003 年 11 月 4 日生效。该公约也被称为 MC99，它呼吁行业有序发展，但更重要的是恢复了严格责任原则，并意识到：

> 《华沙公约》及其相关文件现代化和一体化的必要性，确保国际航空运输消费者的利益的重要性，以及在恢复性赔偿原则的基础上提供公平赔偿的必要性。[1]

最终，MC99 更新了《华沙公约》中责任金额的上限以适应通货膨胀。最初设定的数额为 10 万 SDR，该数额每五年需进行一次审查。截至 2016 年，乘客受伤和死亡的赔偿金增加了约 13%，最低为 113100 SDR（约合 16 万美元）。[2] 此外，与《华沙公约》不同，《蒙特利尔公约》将行李责任建立在持有的基础上，而非仅仅是疏忽大意。因此，承运人对旅客行李的销毁、丢失、损坏或延误负有最高 1131 SDR（更新后）的严格责任。[3]

《蒙特利尔公约》还调整了货物运输规则，相对应的责任金额已变为 19 SDR/kg。MC99 的另一份贡献是用航空托运单取代了航空运输提货单（Air waybill）（见图 4.1），这么做主要是为了提高贸易的效率。现在它为托运人提供了更准确的文件、更简便的海关遵从性，更强的安全性和更短的运输时间。标准化的流程也降低了公司的成本。MC99 扩宽了《华沙公约》的条款，其规定航空公司必须持有已获批准的保险单。

《蒙特利尔公约》被公认为最新的国际标准，但只有 122 个《华沙公约》成员国（约占 60%）批准了该协议。在许多情况下，这是由过渡进程的复杂性造成的，但它导致了制度适用上的混乱场面。2016 年 10 月举行的

---

① 《统一国际航空运输某些规则的公约》，通常称作《蒙特利尔公约》，1999 年 5 月 28 日（国际民用航空组织第 4698 号文件），引言。

② 美国交通部，《蒙特利尔公约》所规定的责任限额之通货膨胀调整，联邦法第 74 卷第 59017 页，2009 年 11 月 16 日。

③ 《蒙特利尔公约》，1999，第 22 条。

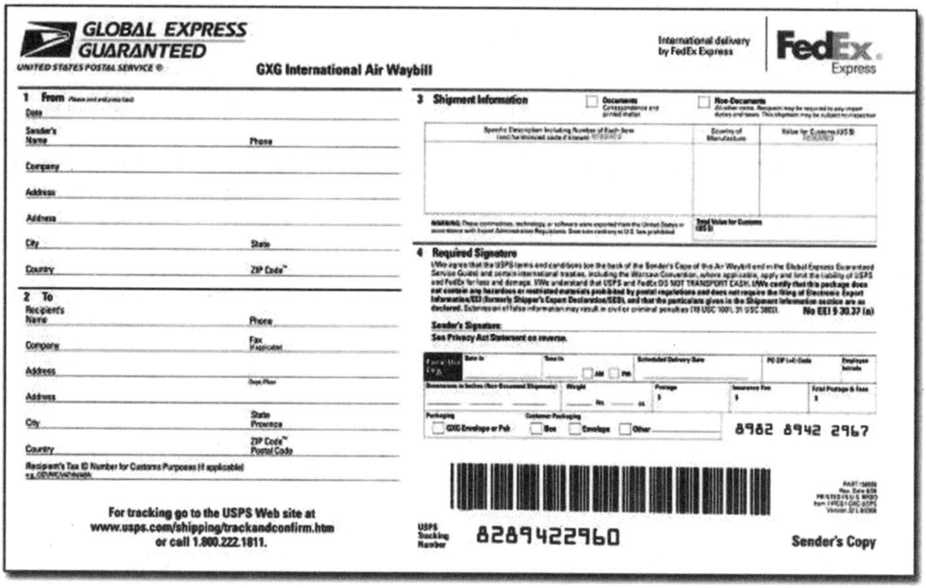

资料来源：美国邮政（2017）。

图 4.1　航空运输提货单示例

第 39 届国际民用航空组织（ICAO）大会敦促所有未加入国家尽快采用 MC99 规则［国际航空运输协会（IATA），2016］。

《芝加哥公约》

《芝加哥公约》是第二次世界大战的产物，它至今仍是航空界最著名的条约之一。商业航空运输在这之后加速发展，特别是在产品开发方面。飞行技术已有所改进，产量也将增加。在战争的最后阶段，来自 55 个国家的代表们聚集在芝加哥，讨论如何使所有国家都能从不断增长的航空运输业中受益。此次的目标是促进全球层面上的和平与合作。1944 年 12 月 7 日，52 名与会成员签署了《国际民用航空公约》，又称《芝加哥公约》。事实证明，这是历史上最成功的国际倡议之一。具体来说，该公约寻求建立一种集体共识。

为使国际民用航空得按照安全和有秩序的方式发展，并使国际航空运输业务得建立在机会均等的基础上，健康地和经济地经营。[①]

这一大事件还促成了国际民航组织的成立——一个联合国专门机构，负责促进全球合作并管理民航的标准、规章和程序。民航组织监督《芝加哥公约》的执行，并最终于 1947 年接管了国际航空委员会在巴黎的办事处。

《芝加哥公约》正式确定了有关领空权、管理及安全措施的国际规则，但它只适用于民用航空器（不包括军用、海关或其他）。公约在其首要原则中重申了《巴黎协定》中每个国家对其领土上空的领空都应有专属主权的说法。因此，领土被认为是在国家主权、宗主权保护或授权下的与其毗邻的陆地区域和领海。[②] 国内航空权（cabotage）是指在外国境内进行点对点运输的权利。例如，如果美国禁止沿岸航行，那么总部位于阿联酋的航空公司可能无法运营从纽约到洛杉矶的航班。

基本上，《芝加哥公约》第一部分的条款赋予个别国家对外国航空公司作出决定的权力。地方当局有权拒绝外国航空公司进入领空，指定特定的

---

① 《国际民用航空公约》，1944 年 12 月 7 日，前言。
② 《国际民用航空公约》，第 1 条和第 2 条。

海关或入境机场，并对任何进出境的航空器进行搜查。但是，第12条要求所有的成员在操作中力求一致。换言之，每个国家都应使其国内规则尽可能与《芝加哥公约》的规则密切保持一致。1984年增加的附加议定书禁止对任何民用航空器使用武器。[①]

协议的后半部分涉及飞机注册和经营者文件。尽管《芝加哥公约》影响航空业的各个层面，但它引起了航空融资方和处理航空器国籍问题的出租人的特别兴趣。根据该协定，飞机具有其登记国的国籍，且不能在一个以上的国家进行有效注册。[②] 但是，第1条允许根据该国法律将注册转移到另一个国家。注册通常以所有者或运营商的名义进行。例如，美国《联邦航空法》（*Federal Aviation Act*）采用的是所有者注册系统。

飞机的保养和适航性主要受其目前登记国的规则管辖。此外，所有航空公司都必须在飞机上载有证书，包括适航证、注册证、工作人员执照、飞行日志、舱单和任何无线电执照。

让融资方和出租人感兴趣的另一方面是飞机注销，这是任何跨境租赁转让所必需的环节。根据《芝加哥公约》，飞机只能在一个司法辖区内注册。因此，只有注销后重新注册，才能让飞机在另一个国家合法运营。未经过完整的流程，在一个司法辖区注册的飞机出租人或所有人无法将资产转手给位于另一个司法辖区的承租人或买方。这正是2012年10月翠鸟航空（Kingfisher Airlines）停飞后所发生的情形。围绕相互竞争的索赔纠纷，以及国际协议与地方法院权力平衡间的混乱，阻碍了多家外国租赁商试图取回停在印度各地机场的十几架空客客机的努力。

《芝加哥公约》历经几次修订，现在，所有的成员国均已同意通过一系列附件中列明的12000多个国际标准和建议惯例。此外，最初的上空权被扩大到涵盖9种航空自由权，我们将在本章最后进行详细讨论。

《日内瓦公约》

《日内瓦公约》是第二次世界大战后不久制定的另一项条约，它第一次

[①] 《国际民用航空公约》，第3条分条。

[②] 《国际民用航空公约》，第17条和第18条。

试图解决有关飞机安全利益的管辖权分歧。第二次世界大战后，飞机制造国开始担心，金融机构不愿在没有保证其利益安全的情况下投资飞机设备，特别是当这些设备不在登记国时。作为补救措施，《日内瓦公约》（不要与全球战争法《日内瓦公约》相混淆）于 1948 年 6 月 19 日签署，并于 1953 年 9 月 17 日生效。它的正式名称是《国际承认航空器权利公约》，其目的是便利融资和承认飞机销售的产权基础和条件。具体来说，《日内瓦公约》第 1 条承认以下权利：

航空器所有权；

通过购买并占有行为取得航空器的权利；

根据租赁期限为六个月以上的租赁占有航空器的权利；

为担保偿付债务而协议设定的航空器抵押权、质权以及类似权利。

但这些权利必须符合下列条件：

权利的设定符合该航空器进行国籍登记的缔约国在设定该权利时的法律；

经合法地登记在该航空器进行国籍登记的缔约国的公共登记簿内。[1]

权利通常被称为权益，它本质上是指一项财产的权益、股份和合法所有权。根据《日内瓦公约》，财产指飞机，包括机身、发动机、螺旋桨和无线电设备。[2] 该条约还承认经登记的零部件的权益。

《日内瓦公约》确立了航空器登记的概念，但这不仅仅是谁拥有这些设备的问题。更重要的是谁能管控其国内和国际运营，这个问题经常在金融事件中出现，如销售或信用纠纷。基本上，《日内瓦公约》允许所有权方面的国际法律选择规则。一般来说，航空器利益与登记地的规定相符。根据第 2 条，上述权利的任何效力应由飞机目前登记国的法律进行确认和管辖，不一定依照飞机实际所在地的法律。例如，如果一架飞机在巴西注册，但目前它位于法国，登记时记录的权利优先于来自欧洲利益攸关方或任何其他外国实体的任何第三方权利。此外，巴西政府可以选择是否承认这些外部主张。

---

[1] 《国际承认航空器权利公约》，1948 年 6 月 19 日，第 1 条。
[2] 《国际承认航空器权利公约》，1948 年 6 月 19 日，第 16 条。

一般来讲，《日内瓦公约》中的权利应优先于任何缔约国所承认的权利。因此，飞机融资商可以主张各国应认可登记国法律所规定权利，并证明各缔约国承认并执行这些权利。例如，如果美国联邦航空管理局（FAA）注册的飞机在另一个缔约国境内被其融资人扣押，该缔约国同意与此飞机有关的任何利益冲突将根据美国法律得到解决。

资产出售方面的规则略有不同。出售航空器期间的任何诉讼必须根据提起这些诉讼所在的缔约国的法律进行裁决。此外，出售日期及地点亦有最少六个星期的强制性通知要求。不幸的是，对于需要迅速执行的债权人来说，这并不总是一个可行的选择。此外，注册不得发生任何变化，除非所有登记权利的持有者的利益均已被满足或它们都同意飞机的转让，这是为了保护其他可能有登记利益的融资人。

《日内瓦公约》得到89个国家的承认。但是，它主要的缺点是，只适用于登记国和航空器所在国都是成员国的情况。作为进一步的限制，条约最后一条允许公约成员国正式地排除另一个地区。这种例外情况会在批准或加入时被记录在案，该声明既可以对成员国作出，也可以对非成员国作出。例如，墨西哥和荷兰分别于1950年和1959年批准了《日内瓦公约》。两国都是公约最初的签署国。但是，荷兰交存了批准书和一项具体声明，表示不承认公约在它和墨西哥之间生效。科威特也提交了一份针对以色列的类似声明，而以色列并非公约的缔约国。

这些规定引发了许多争议，大体上是因为几个主要国家过去没有，现在仍然没有批准《日内瓦公约》。在撰写本文时，目前的非成员包括日本、英国、加拿大和奥地利。这几国都声称公约与其本国法律框架存在具体的冲突。此外，即使非成员国同意承认飞机抵押，公约也没有提及债务人违约案件的解决办法。

《开普敦公约》

甚至在《日内瓦公约》生效之前，许多人就认为它不足以满足飞机投资者和金融机构不断变化的需求。该行业现在已经活力满满。除此之外，美国1978年放宽航空公司管制法案进一步开放了美国航空业。虽然政府继续保持对安全和运营要素的控制，但美国的航空公司终于可以自由飞行任何一个航线，并任意定价。这项立法在国内和国际上都产生了影响，此时航空运输业仍在持续发展。20 世纪 90 年代，波音和空客都预计未来几十年将有对 B747 和 A340 飞机的数千架需求。在单位飞机成本高于 1.5 亿美元的情况下，这意味着将有数十亿美元的资产分布在全球各地。

回顾过去，《日内瓦公约》的一个主要缺陷源于第 1 条：只要这些权利（一）是根据缔约国法律规定的。并非所有的国家都支持同样的法律选择规则，因此，这就产生了一个直接问题，即适用哪个法——一国的国内法或其国际私法。此外，在许多司法辖区，未付关税和卸货费往往要优先于经过登记的利息。也许从融资方的角度来看，主要的缺陷是《日内瓦公约》没有提供处理破产中各方利益冲突的有效措施。

这些缺陷成为后来《开普敦公约》的焦点，该公约可以说是航空界最成功的条约。《日内瓦公约》仅承认飞机本身的利益，而《开普敦条约》实际上创造了国际利益。主条约的正式名称为《移动设备国际利益公约》，于 2001 年 11 月 16 日在南非签署。广义上说，它致力于使销售合同、担保权益、租赁和涉及可移动资产（铁路、航空与航天）违约的流程标准化。《移动设备国际利益公约关于航空器设备特定问题的议定书》于 2006 年生效，是目前唯一还有效的议定书。条约的议定书部分效力高于与其规定不一致的国内法。根本上，它的目的是满足融资方对一套统一的法律规则的诉求，以促进飞机的融资、租赁和销售。

航空器标的物（Aircraft objects）

《开普敦议定书》的规则和益处只适用于"航空器"，协议定义如下：

● 经认证可运送至少 8 人的航空器机身；

● 如属喷气推动的航空器发动机，至少应有 1750 磅或等值推力；如属涡轮或活塞推动的航空器发动机，至少应有 550 额定的起飞轴马力或等值马力；

● 经认证可运送至少 5 人的直升机。①

---

① 《移动设备国际利益公约关于航空器设备特定问题的议定书》，2001 年 11 月 16 日，第 1 条。

国际利益与国际注册处（International interests and registry）

《开普敦公约》的第一个重大贡献是建立了一个基于网络的航空器国际注册中心。关键点是要创造国际利益，所有这些利益都被强制性地记录，并可随时核实。根据第 7 条，可以通过制造商、制造商序列号和设备型号查询某航空器。资产登记后，登记的所有权人可以在任何缔约国或适用本条约的任何辖区范围内行使其权益。不同于《日内瓦公约》《开普敦公约》的条款在国际利益的承认方面取代了国内法律。但它允许缔约国通过发表声明的方式令其国内法排除国际登记相关规则。在这些情况下，国际利益和《开普敦公约》所规定的条款不以任何方式影响依声明实施的行为。

要符合《开普敦议定书》规定的国际利益，该利益必须与实际的航空器相关联。此外，它必须是：

1. 担保协议的担保人赋予的利益；

2. 产权保留协议的附条件卖方享有的利益；或者

3. 租赁协议的出租人享有的利益。[①]

另外，根据公约第 7 条和议定书第 V 条，

4. 交易必须是书面形式；

5. 委托者，有条件卖方，出租人或卖方必须拥有处理飞机物体的能力（不仅仅是权利）；

6. 飞机物体必须由制造商的名称，序列号和型号参考。

简单回顾，租赁协议是出租人授予承租人拥有和控制航空器标的物的权利，并以此换取租金的合同。担保协议是指押记人（贷款人/出租人）授予或同意承押记人（承租人/债务人）在航空器标的物上设定担保权益，以确保现有或未来合同义务的履行（戈伯，2012）。根据产权保留协议，所有权在某些条件被满足前不会被转让。

国际注册处的一个显著特点是，每一项利益都享有优先地位。一般来讲，已登记的权益优先于未登记的权益及任何在其后登记的权益。换句话

---

① 《移动设备国际利益公约》，第 2 条，第 2 款（a，b，c 项）。

说，先到先得。要注意，虽然登记对确立优先权是必要的，但对于权益的产生则非必要。如果要出售飞机，那么协议必须采用正式直接出售合同的形式。所有权将因此而立即从卖方转移到买方，但前提是先注销注册。买方还将承担所有相关权利，包括债权及转让人的所有国际利益和优先事项。《开普敦公约》最初没有对资产所在地进行问题说明，因此，销售合同避免了物之所在地法规的适用。这是一项规定所有权转让取决于财产所在地法律的原则。此外，任何缔约国均可指定一个机构或入口点，以通过该机构或入口点传送国际利益登记所需的资料。在美国，该机构是位于俄克拉何马市的联邦航空局飞机注册部门。

法律选择

《开普敦公约》还允许当事方自行选择适用于其租赁合同和任何未来纠纷的法律，无论它们是否与所选择的司法辖区存在"合理关系"（reasonable relationship）（维德·普赖斯，2017）。[1] 但是，正如我们从《日内瓦公约》中所了解到的，并非所有的国家都采用相同的法律选择规则。

例如，根据纽约州法，飞机租赁可以被重新定义为担保权益，在这种情况下，出租人必须令其权益对第三方有效或可执行。然而根据英国法律则并不存在此风险。另外，虽然许多域外司法辖区承认纽约法院的判决，但美国尚未签署任何专门针对国外判决承认问题的条约。美国对域外判决的承认要视个案分析而定。相反，英国法律与欧盟国家之间执行判决的若干规定以及与非欧盟国家签署的其他双边协议保持一致。[2] 此外，英美两国在认定和处理违约及损害赔偿方面存在差异（维德·普赖斯，2017）。

大多数出租人更偏好使用纽约州或英国的法律，因为它们具有最高的国际信誉，在租赁合同的执行方面有最高的确定性和稳定性。然而重要的是，出租人要了解这些差异，并相应地去调整它们的租赁协议。

违约救济

《开普敦公约》的另一个主要目标是在债务人违约的情况下保护债权人的权利。这一保护包括一系列基本的违约救济措施。当有证据证明违约时，

---

① 《美国统一商法典》（UCC）规定合同中必须存在合理关系。

② 考虑到英国脱欧，未来其适用性存疑。

在对资产的索赔最终确定前，这些措施是令债权人获得有效临时补救的手段。这样做的目的是让融资人对其客户的决策更有信心，提高对设备应收账款的评级，并降低借款成本，令所有相关方受益。

基本措施因债权人的角色而异。抵押权人（出借人、出租人）可以控制航空器的，可以出售、出租该标的物，也可以收取因使用、管理该标的而产生的任何收益。附条件的卖方或出租人可以采取同样的措施，也可以申请庭谕以协助自己。① 议定书第 11 条还提供了两个备选的补救措施：

1. 允许债权人在指定的时间内占有飞机，指导债务人纠正所有的违约情形并同意履行其未来义务。

2. 允许债务人纠正所有的违约情形并同意履行未来义务，或将飞机交还给债权人占有。

中国、印度和俄罗斯等国采用了第一种破产救济方案，因为这看起来更有利于债权人。我们将在本章讨论破产时再回顾这些。

关于以违约或出口为目的而撤销注册的，公约给出了法律框架和出口授权委托书的样本，即通常所说的 IDERA（不可撤回的撤销注册和出口授权请求）。债务人必须将本表报送到有关民事部门备案。在美国，IDERAs 之前由联邦政府批准使用，后来该职责被移交给了联邦航空局。

《开普敦公约》的基本规则是，它只适用于债务人位于其缔约国时，而债权人的所在地并不重要。显然，当外国立法不承认证券（包括抵押贷款）、所有权保留（有条件出售协议）、设备租赁和破产时，公约的缺陷就会显现，而以上这些都是谈判和收回所有权的关键点。截至 2017 年 1 月，已有 60 个国家加入了开普敦公约及其议定书。但是，可以这样说，各批准国有自订公约的自由。事实上，在违约/破产救济、临时救济和未偿付的当地费用三者之间的优先级方面，成员国可以径自偏离条约的大多数规定。对于那些选择适用自己国内破产法的国家，出租人的相关权利取决于该国的规制。例如，大陆法系国家的法律往往有利于债务人，而普通法系则有利于债权人。

---

① 见《开普敦议定书》第 10 条。

最后，如果一个国家的司法系统无法满足现代商业所要求的条件，但允许经营者提起法律诉讼以保护国际利益不补救措施的影响，这样一来，可能要历经数年才能收回资产。因此，依据《开普敦公约》，债权人将得不到任何显而易见的好处。例如，印度虽然是签署国，但它在其民航条例中并没有明确规定出租人回收飞机的问题。在一项明确条款出现前，在印度收回飞机将面临进一步的挑战，这意味着各公约缔约国有必要积极参与其中。2017 年 3 月，印度民用航空总局（Directorate General of Civil Aviation）发布了对 1937 年《航空器规则》（*Aircraft Rules*）的修正案，第 30（7）条规定如下，

> 适用《开普敦公约》或《开普敦议定书》规定的在印度注册的飞机之登记，应由中央政府在五个工作日内取消其注册……

此外，其新增的第 32（A）条规定，取消登记后，政府必须在 5 个工作日内为该飞机的出口和实物转让提供便利。该最后期限条款为融资方们带来了一些希望，尽管目前我们仍不清楚印度政府将如何"促进"这些资金转移。

总体而言，《开普敦公约》的目的是让飞机融资与租赁变得更简单、更易获取、不确定性更低。它还大大减少了运营商的融资成本，这毕竟也是条约背后的根本动机。尽管，如我们在翠鸟航空案中看到的那样，条约可以以不同的方式被批准，但大多数司法辖区都会采用更有利于融资方收回资产的批准方式。

我们现在进入本章的第二部分，这部分将讨论到目前为止我们提到的各项公约的适用性。对《开普敦公约》相关条款的分析将占据较大篇幅，因为它不仅最新，而且最复杂。

美国注册与所有权

本节专门讨论在美国进行的飞机注册，并举例说明《开普敦公约》一个重要的缔约国可能选择以何种方式行使该公约。

美国航空管理局是美国的行业管理机构，拥有自己的国际注册中心，以方便飞机注册、认证飞机的价值、批准航空公司的专业维修计划，并记录与某一特定飞机有关的安全利益。联邦航空局不会对任何已经在其他国家注册的飞机进行注册。此外，该资产必须由美国公民、合法获得永久居留权的外国人，或由根据美国法律在美国开展业务的公司所拥有。若符合这些要求，申请人必须填写航管局的表格 8050 - 1（见图 4.2）。除原件外，申请人还要制作两份复印件：将绿色的复印件和原件一起提交给航管局；将粉色的复印件放置在飞机上，作为临时授权，直到收到证书为止。如果发生出售或飞机所有权转让，卖方或转让方必须在出售或转让之日起 21 天内将飞机注册证书原件退还联邦航空局。

起初，飞机注册被认为是一种一次性的程序，但这导致几乎三分之一在航管局注册的飞机记录中包含错误信息。因此，从 2010 年 10 月 1 日起，注册所有者必须每 3 年填写并提交一份表格 8050 - 1B 来重新进行飞机注册。[①]

根据 2018 年 6 月美国联邦航空管理局飞机注册分局 AFB - 710 发布的飞机注册和备案程序，自然人可以向航管局进行飞机注册，如果他/她是美国公民或其海外领地的公民，或已被合法授予永久居留权，就可以向美国联邦航空局注册飞机。

就合伙企业而言，所有的合伙人都必须是美国公民。在美居住的外国人不能成为此合伙企业的合伙人。具体规则适用于公司、有限责任公司或其他法律实体。如果存在一个或多个合伙人为非自然人，那么可行的解决办法是在受信托协议约束的受托人名下注册。公司将有资格进行飞机注册，如果它是依美国法律组织建立的，其董事长和至少三分之二的董事与管理人员为美国公民，且公司 75% 以上的投票权由美国公民拥有和控制。同样，依美国法律创建和组织的低成本航空公司（LCC），如果满足上述的标准，也有资格以其名义进行飞机注册（戈伯，2012）。

---

① 重新注册和飞机的续期注册，联邦法规第 75 卷第 41968 页（2010 年 7 月 20 日）。

美利坚合众国交通部
联邦航空管理局— 迈克·蒙罗尼航空中心

美国注册号
飞机制造商及型号
飞机序列号

注册类别（在一个框内打钩）
个人、合伙、企业、共有、政府、有限责
任公司、外国企业、外国企业共有

申请人名称［有所有权证明的人。如果是个人，写上姓、名和中间名的首字母］
电话（　　　　）

通信地址（名单上第一个申请人的永久通信地址）
门牌号和街道：
乡村邮递路线：　　　　　　　邮政信箱：
城市：　　　　州：　　　邮编：

实际地址/位置　如果使用邮政信箱或乡村邮递路线
门牌号和街道：
对位置的描述：
城市：　　　　州：　　　邮编：

如仅报告地址变更勾选此框

证明

我/我们保证：
（1）上述飞机为下面签名的申请人所有，且申请人为：（必须）勾选和/或填写 a, b, c, 或 d：
a）美国法典第 49 章第 40102 条第（15）款项下所定义的美国公民；
b）长久居留的外国人，外侨登记号码（表 1 – 551）：
c）根据＿＿＿（州）组织和经营的外国企业，该飞机以美国为基地，并主要在美国使用。飞行时数记录可在下列地点查阅到（请提供完整的实际地址）：＿＿＿＿＿＿＿
d）使用表决权信托以符合申请条件的企业，提供受托者姓名：＿＿＿＿＿＿＿
（2）如果勾选了以上的 c 项或 d 项，在下面签名的我，证明被如上所示的申请人授权签署公司文件，并代表该实体进行飞机注册；同时我证明，如被要求，我将提供相同的授权；
（3）飞机没有在任何外国国家的法律下注册过；且
（4）所有权的法律证据在此附加或已向美国联邦航空管理局提交。

本申请的任何及所有签署人必须阅读以下内容，并知悉对本文件做出签署的人必须遵守有关法例及相关处罚。

本人谨此证明，就本人所知所信，本申请书及附件所载资料均属真实、准确及正确。本人明白，本人所提供的资料，将会作为美国联邦航空管理局署长决定飞机登记资格的依据。我知晓，在美国任何部门或机构管辖的事务中，无论是谁蓄意伪造证据、隐瞒或掩饰（通过任何技巧、计划或方法）一个关键事实，或作出任何虚假、误导性的不实声明、陈述或填写，可能会面临高达 250000 美元的罚款或最高 5 年的监禁，或被并罚（美国法典第 18 章第 1001 和 3571 条）。本人明白，如故意提供不准确或虚假的资料，相关飞机的注册可能会被撤销。

注：如为共同所有，则所有的申请人必须签字。可在下一页签署或在必要时添加页面。

签字：　　　　　　　　日期：
打字或印刷的名字：　　　头衔/职务：

注：除非该飞机的注册过期或被取消，美国联邦法规第 14 章第 47.31 条（c）款规定，当该飞机载有一个已签署的飞机注册申请副本，且同时在等待新登记证的签发和等待接收新登记证时，一架适航的美国飞机可在美国国内运营高达 90 天。

图 4.2　美国联邦航空管理局飞机登记申请表

对于非美国公民，只有三种方式可以实现飞机注册：所有者信托、股票信托，或者依美国法律以美国为大本营并主要在美进行飞机运营活动。所有者信托允许授予人信托代表一个或多个受益人持有飞机的合法所有权。不符合规定的公司可以使用股票信托。这两种方式均要求受托人确保至少75%的信托成员是美国公民，且其余25%的非美国公民不会对信托作出的决定产生影响。以最后一种方式进行飞机注册要求至少60%的总飞行时间在美国境内完成。不过，在美国境内累积的飞行时数须为直达式飞行，因紧急情况飞机中断的情况除外。

飞机的所有者保持其美国国籍是至关重要的。丧失国籍意味着该飞机的注册将失效，所有者必须立即归还注册证。

对于新制造的飞机或之前在美国注册过的飞机，需要以适当的形式提交注册申请和飞机销售单（见图4.3）。此外，任何希望在美国重新注册的所有者必须提供有关先前所有权及交易的充分证据与信息。

如果一架飞机之前是在国外注册的，则该飞机的注销必须按照《日内瓦公约》和《开普敦公约》的规定进行核查和完成。根据美国联邦法规第14卷第47部分第47.37条，联邦航空管理局要求提交令其满意的证据证明该飞机的国外注册无效或已终止，之后方可向其申请重新注册。经核实后，申请人必须递交上述新注册的申请表以开始办理注册手续。

最后一种可能有飞机收购方式是收回或止赎。在这种情况下，收回人必须提交一份收回证书（见图4.4）、一份适用的担保协议的核证副本，以及一份销售单据（在通过销售进行收回的情况下）。

此外，完成所有权转让还需要一份转让声明和收回证书。未在外国登记过的航空器，注册自航管局航空器登记处收到登记所需文件之日起生效。在外国登记过的航空器，只有在取得注册证书后，其注册才生效。

同样地，联邦航空局要求所有飞机都必须登记在所有者名下，广义上，所有者指拥有该资产所有权的个人或实体。而一些国家，如英国，则采用基于运营者的注册制度。鉴于安全方面的优势，许多所有者和运营商选择在美国注册飞机。有一些出租人会选择在海外登记，以享受税收减免或更容易地获得注册。无论如何，登记国有责任遵守所有国际标准和适航指令，出租人可以根据登记国的法律行使《芝加哥公约》中规定的权利。

美利坚合众国

美国交通部　　联邦航空管理局

飞机销售单

以　　美元为对价　　以下签字的飞机所有人拥有以下飞机完整的法定和实益所有权：

美国注册号

飞机制造商及型号

飞机序列号

于　　年　　月　　日向以下各方出售、授予、转让和交付该飞机的所有权利、所有权和权益

预算办公室管理号 2120 - 0042

失效日 2020 - 09 - 30

勿在此栏填写

仅供联邦航空管理局使用

买方

名称和地址

如果是个人，填写姓、名和中间名的首字母

经销商证书号

且令　　　　遗嘱执行人、管理人和受让人永久拥有并持有该飞机，并保证其所有权。

于　　年　　月　　日由　　　　特此证明，并由　　　　签字盖章。

卖方名称　　　　签字　　　头衔/职务

（打字或印刷）　　墨水填写　　（打字或印刷）

（如执行共同所有权，所有人都必须签字）

卖方

确认（以联邦航空管理局做记录的目的则不作更改；不过，为使文书有效，当地法律可对其进行更改。）

原件：致联邦航空管理局

AC 表 8050 - 2 （2018）

联邦航空管理局网站，表 AC 8050 - 2

图 4.3　美国联邦航空管理局飞机销售单格式

预算办公室管理号 2120 – 0042
失效日 2020 – 09 – 30

公路管理局负担声明：个人因不遵守《文书削减法》中关于信息采集要求而被处罚的，联邦机构不得执行或促成该处罚，个人无须回应也无须服从该处罚，除非上述信息采集中显示出某一现行有效的预算办公室管理号。此处信息采集的预算办公室管理号为 2120 – 0042，其公开报告约为每个回复 30 分钟，包括对说明的审查、搜索现有数据源、收集和维护所需数据、完成并符合信息采集。对此处信息采集的所有回复都必须遵循联邦法规第 14 卷第 47 部分关于所有权证据出示的相关规定。如想要表达对此处负担预估、信息采集或减负方面的意见建议，请将评论寄送给：信息采集清缴官，联邦航空局，希尔伍德公园路 10101 号，沃思堡，TX76177 – 1524。

美国交通部联邦航空管理局
飞机登记处
邮政信箱 25504
俄克拉何马城，俄克拉何马州，邮编 73125 – 0504
有负担飞机的收回证明书

以下签署人特此证明，它们是由＿＿担保在下述飞机上的票据或其他可证明债务之证据的合法持有者：
飞机制造商及型号：
飞机编号：
联邦航空管理局登记号：
上述飞机上的担保协议于＿＿（日期）生效，由＿＿执行，并转让给＿＿。
本担保协议于＿＿（日期）根据美国法典第 49 章第 44107 条登记，并作为第＿＿号文件载入民航登记处。

＿＿年＿＿月＿＿日，上述的＿＿违反了担保协议所载的义务和承诺。下述签署人证明被担保方已履行担保协议以及当地法律所强制其履行的所有义务。根据担保协议的条款，并按照＿＿州的相关法律，签署者于＿＿（日期）收回以上所描述的飞机。同时，根据当地法律，剥夺债务人和其他任何一方，通过或根据任何它们所拥有的或可能有的权益对该飞机进行主张。被担保方现在拥有上述飞机或上述已出卖飞机的所有权。

注：如相关协议没有在飞机登记处登记，则应收回证明书须附有相关协议的正本或核证副本。

担保协议持有者
签名（墨水填写）
头衔/职务

确认（不作联邦航空管理局登记用，但可应当地法律对本证明书的有效性进行核验。
美国联邦航空管理局网站，表 AC 8050 – 4

图 4.4　收回证书，美国联邦航空管理局

留置权

《开普敦公约》的另一项内容涉及留置权的担保和登记。留置权是在债务人清偿所有债务之前（一方）对某标的物的合法占有。《美国统一商法典》（UCC）调节商业交易的整个过程，旨在协调各州法律的统一性法案之一。UCC 第 9 条规定了债务抵押的担保权益，以及这些利益的产生方式（附随）以及什么时候能行使这些权益（执行）。这点对于飞机相关的留置权非常重要，因为 UCC 采取的是"先到先得"的做法。换句话说，第一个向 UCC 申请对飞机附加上留置权的贷款人将拥有对该资产收取的"第一顺位的权利"。UCC 第 9 条下的登记与提交给联邦航空局的登记在本质上相同，但"在某种程度上，美国联邦航空法并不规范各方的权利和第三方因此类交易而受到的影响，在联邦的相关法案通过前，飞机安全利益仍由 UCC 第 9 条进行调节"。①

在航空领域，留置权大致分为自愿留置权（经所有者或经营者同意）和非自愿留置权（未经所有者或经营者同意）。

自愿留置权主要适用于飞机上使用的仪器或部件，包括机身、发动机、螺旋桨和备件。联邦航空局要求以特定的方式登记自愿留置权，作为运输工具的备案。运输工具是指可能影响航空器利益的工具或物体。例如，有关机身的法律比有关发动机和螺旋桨的法律要广泛得多，前者有特定的先决条件。对备件的留置权只有在维护已记录在案的航空公司利益时才能够被登记。自愿留置权在联邦航空局的备案制度下得到完善。

非自愿留置权的登记是一个更为复杂的问题。机械师、材料工和修理工所要收取的费用均被视作非自愿留置权。这些留置权产生于飞机部件供应或飞机修理工作中的无偿劳动，且只能由缔约国内的索赔者提出，像联邦航空局规定的那样。其他类型的非自愿留置权包括判决留置权和税收留置权。根据联邦航空局的规定，可以对机身、发动机、螺旋桨和零部件提起诉讼。然而，只有州税务留置权才能向联邦航空局备案。《美国国内税法典》要求所有联邦税收留置权必须备案在别处。

1981 年以前，美国联邦航空局接受所有 50 个州的留置权申请人的留置权登记。然而，在 1981 年，航空中心法律顾问处（ACC）的立场是，只有

---

① 《美国统一商法典》第 9 - 104（a）条。

在设立留置权的州的法律允许设立或完善这种留置权的情况下，机械师对飞机的留置权才能被记录在联邦航空局的飞机登记处。航空中心法律顾问处现在备有一份名单，其中列明了 37 个登记法规与其标准一致的司法辖区。此处须强调的是，《联邦航空法》对这 37 个司法管辖区机械师留置权的排除范围是非常有限的——只有留置权声明的登记地被排除了。

《联邦航空法》并不对州法律中留置权的设立、性质、完善或优先权等其他方面进行排除。在行政协调委员会名单上的司法管辖区以外申请留置权，会使留置权不完善，导致其丧失对第三方的强制执行力。然而，仅向美国联邦航空局飞机登记处进行备案也不能确保机械师留置权可执行；因此，依靠州法律和向登记处进行留置权备案可能不足以使机械师留置权具有强制执行性。

当机械师在某设备上的工作未获得报酬时，他们可能因此而占有某设备，此时他们可以在该设备上设立机械师的浮动留置权。债务人不必是设备的所有者。至少有一个司法辖区，佐治亚州，承认机械师对飞机设备的浮动留置权。机械师的浮动留置权之所以值得注意，是因为它们对飞机设备利益所构成的潜在威胁远大于承认其他种类机械师留置权。浮动留置权，相当于债务人欠机械师们的每一美元，都可以附加在飞机设备上，从而有可能抹去优先的或完善的抵押权人的担保权益。这给有担保的债权人带了很大困扰，尤其是当一个特定的机械师定期地为债务人机队提供工作时。

留置权对试图收回飞机的出租人造成相当大的风险。例如，借款人可能欠有资产税，这也可能带来维修所导致的额外的留置权。同样，机场可以对着陆费或未缴罚款设立留置权。根据具体情况，这些留置权可以附加到特定的债务上，也可以延伸到借款人机队中的其他资产上。一般来说，与运营有关的留置权通常不附加在飞机上。例如，机场费通常是由飞机运营者而非由所有者承担（纳拉亚南，2013，第 5 页）。爱尔兰航空有限公司诉印度机场管理局①一案中，法院裁定爱尔兰航空公司对机场所欠的任何费用都不能阻碍飞机所有者注销或收回其资产。

---

① 1997 年第 618 号令状及 1997 年第 586 号动议。判决于 2011 年 3 月 9 日做出。

跨境交易的司法审查

《开普敦公约》使域外租赁变得更加可行，但在美国境外进行飞机的融资租赁仍然存在相当大的风险。理想情况下，域外司法管辖区应向融资人提供与其在国内可能获得的权利和补救措施相同的待遇。参与跨境融资还需要满足一些最低标准。首先，登记国须为《芝加哥公约》的缔约国。这可以确保飞机的注册、维护和运营都是按标准进行的。飞机主要运营地的法律与海关对出资方来讲至关重要。例如，融资人应事先核实飞机是否可以注销登记。此外，在许多情况下，司法管辖区的法律选择规则也会是一个决定性因素。

理想情况下，飞机注册在其主要运营地的司法辖区。但正如我们之前所了解的，把飞机注册在美国也是一种可行的选择。融资人应在外国飞机登记处的文档中对该利益进行说明，即便飞机的所有权人为运营者。

在运营者违约的情况下，出资方应能够注销飞机并收回其权利。前提是，该外国司法辖区必须是《芝加哥公约》的签署国并同意此程序。翠鸟航空案再次证明，仅仅收回资产是不够的。在飞机可以重新注册或出售之前，需要进行完全注销（戈伯和沃尔顿，2014）。另外，融资方从运营者那里获得不可撤销的授权书，授权其采取此类行动。授权应在飞机交付给承租人时由运营者提供。

遗憾的是，租赁设备留置权的存在使融资人无法在行使补救措施后取回设备全部价值。回想前面提到的留置权风险。除了标准的留置权类型（机械师留置权或税收留置权）外，飞机在外国辖区内的运营可能会导致飞机上附有特殊类型的留置权。根据当地的法定扣留权，外国航空当局可以扣留甚至出售该飞机。为避免此类问题，出租人应在租约中声明这些费用应被及时支付。事实上，大多数融资方都要求承租人提供月度或季度报告，以证明支付了此类费用。或者出租人也有权直接从相关机构获得相关信息。

责任

《华沙公约》为航空责任奠定了许多基础。从出租人的角度来看，了解飞机的风险水平是很重要的。谁对资产的损坏负责，谁对乘客的损害负责？在美国，州和联邦两级都有对责任和赔偿的规定。

出租人/所有者责任

大多数州对因使用或操作设备所造成的损害，对所有人（包括出租人）采取严格责任制。对于制造商来说，这意味着产品责任，尤其是当其明知产品缺陷会对飞机运营造成负面影响却仍然出售时。同样，出租人也可以根据过失理论承担责任，因为其有义务知道所售设备不能安全运行。然而，在法庭上，过失理论通常被忽视，因为出租人仅仅是无须知晓飞机运行机械细节的融资方。这一事实支持了以下观点：出租人不向承租人或一般公众进行产品陈述。因此，出租人并不能控制交付的产品质量。

少数州仍对所有权人施以严格责任，即使所有权人只是在融资租赁下的出租人。为了进一步保护这些出租人，美国联邦法规第 49 卷排除任何将责任强加于出租人或消极所有权人的州法律。法令规定，飞机融资租赁出租人、消极所有权人和出借人不对飞机造成的任何人身伤害、死亡或财产损失负责。然而，如果出租人"实际拥有或控制"飞机，那么，出租人必须对飞机运行所造成的任何生命或财产损害负责。依据租约中的一般赔偿条款，融资方可将在租约的一般赔偿条款中将自己列为损害赔偿人，从而进一步避免潜在责任。

营运者责任

一般来说，承租人必须遵循当地和联邦规定以合法的方式操作和维护飞机。该业务必须符合给定管辖范围内的所有监管要求。同样，承租人有责任按照全国航空协会（NAA）批准的维修计划，使用 NAA 批准的部件和合格的 NAA 持证机械师对飞机进行维修。这些规定意味着出租人仅有有限责任，它们通常"没有义务检查飞机，也不应因未进行任何此类检查而承担任何责任或义务"[美国证券交易委员会（SEC），2012，第3.7条]。关于遇险情况，租赁合同通常会为出租人提供全面的保护，使其免受因飞机运营或维修造成的损害。此处假设承租人有充分的保险（书朋和布勒，2004）。

航空保险

《蒙特利尔公约》的一项重要规定是，所有航空公司都必须为乘客投保伤亡责任险。与其他行业类似，这是航空公司或运营商（被保险人）向符合资格的保险人支付一定经营风险赔偿的合同。此概念起源于15世纪的海上贸易，而第一个关于航空运输保险的政策是1911年制定的。

如今，商业和其他普通行业都可以获得保险，但在租赁方面，由航空公司和运营商承担并控制这一风险是最有意义的。因此，对每架飞机负责维护保单的是承租人/借款人，而不是融资人/出租人。保险政策因业务性质而异，但一般可分为以下几类：

• 机身保险涵盖所有飞机部件，对飞机在停靠或运转时发生的物理损坏进行赔偿。在这种情况下，修复此类损坏的成本远大于可抵扣的金额。如果发生全损，保险人将支付保险价值，而不考虑飞机当前的市场价值。机身全损被认为是飞机全损，保险人对包括发动机在内的所有设备（不包括备件）享有打捞权。按约定价值进行赔偿不需要进行损失证明，这在商业航空中是一种常见做法。见第五章同意要求和机身保险变化。

• 责任保险包括对乘客的人身伤害，以及飞机运行对公众（第三人）本身或其财产所造成损失的赔偿。然而，这一承包范围有金额上限，并仅限于由单一事件引起的索赔。因此，航空公司可能要自行处理由特定事件造成的额外损失。大多数承销商采用联合单一限额政策（第五章），这为航空公司和运营商在处理重大亏损时提供了更大的灵活性。

• 战争和同类危险的保险用以防止战争、敌对性的原子武器爆炸、罢工、骚乱、民众暴动、恐怖主义行为和劫机等风险。此类别保险并不包括在机身保险内。与责任保险类似，战争和同类危险的保险之承保范围仅限于单次事故，且金额固定。不过，在"9·11"恐怖袭击事件后，美国政府曾介入并提供专门的贷款、救助和赔偿基金，以帮助运营商和私营保险公司理赔。

- 政治险涵盖了飞机注册国政府的行为或不作为。出租人负责购买和维持这类保险。政治险主要适用于赔偿无法收回其资产的融资人。它还延伸至税收风险、货币不可兑换、贸易问题、没收充公和政府拒绝注销等情况（戈伯，2012）。

航空保险是一个相当易变的广阔市场。因此，我们将在第五章更详细地讨论估值及这些概念的应用。

破产与第 1110 条

回想我们之前关于《开普敦公约》中补救措施的讨论。其最终目标是将适用于融资方的航空法律规则标准化，尤其当涉及对债权人保护不力的外国破产程序时。公约中的替代方案 A 为资本市场提供了可靠的支持，它基本上与《美国破产法》第 1110 条中所概述的保护措施相同，不过前提是债权人拥有已登记的权益。本节我们将讨论破产程序、重组和保护。

清算与重组

财务困境可能导致航空公司破产，但并不总是意味着公司即将倒闭。在许多情况下，公司在违约后将被迫进行财务重组。这一过程通常从减少资本支出和/或出售资产开始。另一个选择是与其他公司合并。债务重组包括发行新证券、与债权人谈判、债转股，最坏的情况是申请破产。

根据美国《破产法》第 7 章申请破产，即意味着该公司将终止营业。在这种情况下，要么是公司，要么是其债权人之一向法院提出申请，由选出的受托人开始清算或回收资产。然后根据索赔对付款进行优先排序。在扣除行政费用、拖欠工资、消费者索赔和税收后，收益将用于偿还债权人。剩余的金额首先分配给优先股股东，然后再分配给普通股股东。

另外，一家根据《破产法》第 11 章申请破产保护的公司将继续经营下去。这类破产通常被称为重组，可能会涉及发行新的证券。在法院批准了自愿或非自愿的申请后，公司有120天的时间提交重组计划，该计划必须得到至少一半债权人的批准，且这些债权人整体上对公司三分之二的债务享有债权。一旦该计划被接受并在法庭上得到确认，公司就可以开始对各方进行支付。

航空公司破产

自1978年以来，美国已有近200家航空公司申请破产。其中最引人注目的近期案例有：

美国航空公司，2011年（第十一章）；

达美航空，2005年（第十一章）；

西北航空，2005年（第十一章）；

全美航空，2002年，2004年（第十一章）；

联合航空，2002年（第十一章）；

阿罗哈航空公司，2008年（第七章）；

中途航空公司，2003年（第七章）；

东南航空，2004年（第七章）。

欧洲的情况也很类似，市场不断吸引新的航空公司建立，同时也将其他航空公司挤出市场。事实上，2001年著名的瑞士航空停飞事件证明，没有哪家航空公司大到不能倒。那么，为什么这么多航空公司举步维艰呢？答案很简单，就是杠杆。航空公司运营时，其固定成本远远高于其可变成本。如此高的经营杠杆可能导致现金流问题（flow – based insolvency，基于现金流的破产），特别是在经济衰退、燃油价格上涨、恐怖主义事件或其他外部冲击的情况下。航空公司的财务杠杆率也很高，这意味着它们的大部分资产都是以债务来进行融资的，这将导致基于股权的资不抵债（stock – based insolvency）。

我们之前提到过，公司合并是解决财务困境的一种方法。合并通常与破产相伴而生，因为航空公司可以在以货物或服务支付债权人时节省现金，而且这一过程还为机队升级提供了特别条款。此外，司法部通常试图缓解宣布破产后合并的航空公司的反垄断问题。

对融资方的保护

《美国破产法》第 1110 条包含对飞机融资方的特殊保障措施，适用于租赁、附条件的协议和附条件的销售合同。这些保护措施是在帮助出租人在违约行为发生后立即获得资产。第 1110 条（a）款规定：

除非符合段落（2）和分款（b），对段落（3）中所描述的设备有担保权益的被担保方，或出租人，或对该设备附条件的供应商，根据担保协议、租约或附条件的买卖合同占有该设备并执行任何其他权利或救济的，或出售、出租、以其他方式保留或处置该设备的，不受本章下任何其他条文或法院权力的限制或影响。[①]

然而，出租人实施补救的权利受制于第 362 条中的自动中止条款，该条款赋予债务人在接到命令后 60 天内"治愈"所有现有违约责任的机会。如果航空公司/承租人拒绝签署法院批准的协议或未能寻求延期，则自动中止条款不再适用，出租人可以着手取消抵押品赎回权或直接收回飞机。实质上，60 天的窗口期限是航空公司进行"重组"的机会。因此，上述保护并不适用于第 7 章的违约安全。最终，债务人有三种选择：

1. 依第 1110（a）条订立协议，履行现有财务协议下的所有当前和未来义务，并在 60 天内纠正所有违约情形。

2. 进行协商以延长第 1110（b）条给定的 60 天中止期限。

3. 拒绝订立协议，从而终止自动中止期限，并放弃对该资产的租赁权。

债务人/航空公司通常对以下几种资产行使第 1110 条权利：债务人/航空公司拥有股权价值的飞机；对运营至关重要或对尚未违约飞机的融资条款进行重新谈判至关重要的设备。对于出现价值赤字的飞机，如养护成本低，债务人可自行选择是否使用第 1110 条。另一种情况是，如果资产对运营并非至关重要，且公司不相信债权人会强制收回资产，那么航空公司有可能会同时拒绝以上两种选择。这就是所谓的裸奔。

此法规适用于所有出租人和有担保的债权人，但不适用于 1994 年 10 月

---

① 《美国破产法》第 11 章第 1110 条——飞机设备和船舶。

22 日以前投入使用的任何飞机上附加的非购买性支付（non – purchase money）的担保权益。以下规定适用于所有根据第 1110 条款寻求保护的融资方：

1. 债务人须受第 11 章破产案件的管辖。

2. 设备（资产）定义为飞机、发动机、螺旋桨、器具或备件。[①]

3. 该资产必须以正式租约、有条件协议或有条件销售合同为根据。

4. 执行协议必须在 60 天期限内为违约提供补救（通常是默示的）。

5. 债务人必须持有美国商务部签发的航空公司营运人证书。

第 49 编第 447 章下可以运载 10 名或以上乘客或至少能运载 6000 磅货物的飞机运输。如果出租人不确定某一特定交易是否受第 1110 条款管辖，应在试图收回资产前向破产法院进行咨询。例如，如果某飞机的市场供应过剩，出租人在适用第 1110 条的谈判中筹码可能会变少。此外，出租人应彻底评估现有的保证金、维修费准备金以及在行使补救措施后重新销售飞机的全部成本。

尽职调查

如今成功地租赁或融资一架飞机比 20 年前要可行得多，但这并不代表没有财务和法律风险。许多专业的商务人员都听说过或使用过"了解您的客户"这一流程。它的核心是适当的注意义务。通过调查潜在客户的身份，公司将更有可能避免损失和腐败。同样，飞机租赁公司不仅要对潜在客户进行调查，而且对现有客户也要进行调查。例如，租赁公司应对客户的现有账户进行年度审计。航空公司是高度不稳定的。因此明智的做法是考虑运营环境或商业模式上可能发生的变化。此外，出租人应了解股东、董事会成员以及可能与该公司合作的其他各方。还应将这些信息与欧盟、美国的综合清单进行交叉核对。

制裁

出租人还应考虑因与特定国家或个人进行贸易活动而会面临的法律制

---

① 《美国破产法》第 11 章第 1110 条——飞机设备和船舶，第（a）（2）（A）款。

裁。例如，在美国，政府维持对若干国家的制裁和禁运，即被认为是支持恐怖主义的国家（state sponsors of terrorism）或者有人权问题的国家。美国财政部外国资产控制办公室（OFAC）还有一份特别指定国民名单（SDN）和被冻结人员名单。SDNs 是指由 OFAC 认定的，"由目标国家或集团拥有或控制的，或代表目标国家或集团行事的"个人或实体。[①] 它还包括参与恐怖主义，未经加工钻石贸易和毒品贩运的个人或组织。法律禁止美国公民处理 SDNs 拥有或经营的资产。事实上，甚至便利这些交易或考虑进行交易都可能招致制裁。

欧洲的出租人也面临类似的情况。例如，2014 年，欧盟（EU）下令对俄罗斯航空公司（Aeroflot）在俄罗斯的一家低成本子公司 Dobrolet 实施制裁。所有欧洲公民都被禁止向其提供任何经济资源。结果，出租人被迫取消了与 Dobrolet 的协议，付款亦被冻结，该航空公司最终于 2014 年停止运营。

重要的是要注意，虽然制裁可能被解除，但政府仍可能要求获得与有关个人或实体进行交易的许可证。尽职调查是出租人的责任。此外，它们应该有合理理由相信客户是在其管辖的法律范围内运作的。

多边主义和开放天空

到目前为止，我们已经讨论了航空公约的现代适用性。但贯穿始终的一个主要概念是多国在跨界问题上采取集体行动。芝加哥、华沙和开普敦都建立了一个或多个双边或多边条约。从本质上讲，航空业是一个全球性的行业，在这些公约制定的政策和权力下动作。在最后一节中，我们将对这些原则和对继续监督倡导全球航空业的主要国家组织进行简要概述。

空中自由权

第一次世界大战后，许多国有航空公司成为了民族自豪感的象征，因此才有了"传统航空公司"一词。如前所述，《芝加哥公约》最终为民间经

---

① 美国财政部资源中心，特别指定国民（SDN）及其名单。

营的自由化奠定了基础，随公约所制定的双边和多边协定，便利了不同国家之间的客运服务。作为努力的一部分，《芝加哥公约》确立了独特的自由，即给予已排程的航空公司进入和降落于外国领空的特权。而这些权利，最终扩展到九个航空自由，如下［国际民用航空组织（ICAO），2004］：

第一种自由——不着陆地飞越外国领土的权利或特权。几乎所有国家，包括非签署国，都授予了这项权利，尽管有些国家会根据旅行距离收取费用。

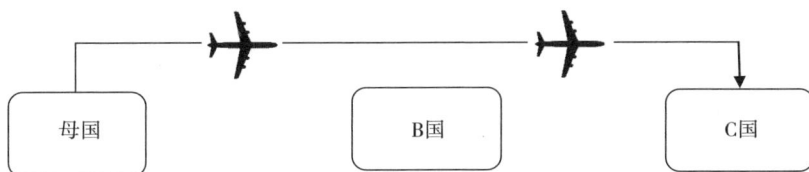

母国　　　　　　B国　　　　　　C国

第二种自由——乘客不下飞机，飞机仅在另一个国家做技术停留的权利或特权，通常是加油或维护。虽然这项权利在 20 世纪得到了广泛的使用，但如今的高科技飞机并不经常进行技术性停机。

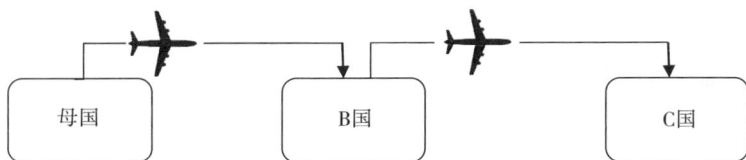

母国　　　　　　B国　　　　　　C国

第三种自由——飞机在外国降落和乘客上岸的权利或特权。这通常与下面的第四种自由一起授予。此外，一些国家可能只对外国飞机开放某些路线、机场或城市对。

母国　　　　　　B国

第四种自由——从外国飞回航空公司所在国的权利或特权。

第五种自由——飞往外国且乘客在该国上下飞机，然后继续前往第三个目的地的权利或特权。这三个国家必须达成一致。

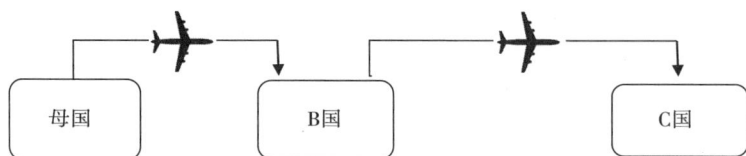

第六种自由——在两个外国之间飞行的权利或特权，但在途中，要在航空公司的母国做一次完全停留。这在从美国经欧洲飞往非洲和从欧洲经美国飞往南美的航班中很常见。

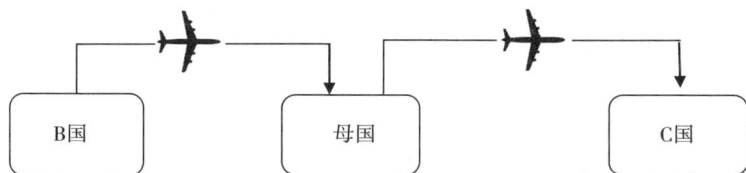

第七种自由——在两个外国之间飞行而不降落在航空公司所在国的权利或特权。最初，这种自由几乎只在欧洲范围内适用，但目前其他国家也已经给予了这种自由，但仅限于货物运输。

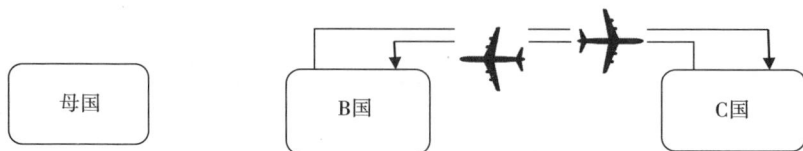

第八种自由——在国外两点之间飞行的权利或特权，但该飞行服务须起源于承运人的母国（国内航空权）。

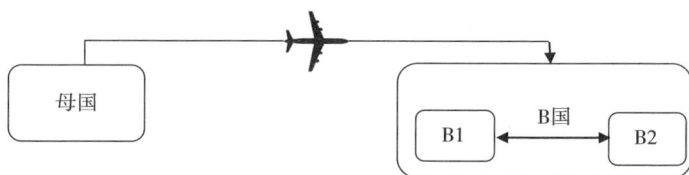

第九种自由——乘坐始发于外国的航班在外国境内两点之间飞行的权利或特权。

大多数国家通过《芝加哥公约》承认前两项自由。其余权利通常通过双边或多边服务协定得到承认。此外，后四项权利通常被称为非官方自由或所谓的自由，因为它们仍处在政府和监管机构的激烈辩论中。对于涉及国内运输的自由权来说更是如此，这类权利在欧洲以外的地方很少被实行。

开放天空

进入 21 世纪后，航空业继续自由化，而"开放天空"一词正是指这个概念——限制政府干预，向国际客运和货运交通开放市场。以下将介绍美国现有的开放天空协议模式：

美利坚合众国政府和【某个国家】政府（以下简称"双方"）；

希望在政府干预和管制最少的情况下，促进以航空公司在市场上的竞争为基础的国际航空系统；

希望航空公司能够为旅行和运送公众提供多种服务选择，并希望鼓励个别航空公司制定和实施创新和有竞争力的价格；

希望促进国际航空运输机会的扩张；

希望确保国际航空运输最高程度的安全，重申它们对威胁飞机安全、危及人员财产安全、影响航空运输、破坏公众对民航安全之行为的严重关切；

作为 12 月 7 日在芝加哥签署《国际民用航空公约》的缔约国，1944；

（美国国务院经济贸易局，2017）

美国一直是开放天空运动的领跑者，截至 19 世纪 80 年代初已发起了 20 多项双边安排。在接下来的十年里，欧洲也开始效仿美国的做法。2001 年，美国与文莱、智利、新加坡和新西兰等四个国家签署了该行业的第一份多边协议。同样，2008 年的欧盟—美国开放天空协议允许任何欧盟或美国航空公司在美国国内的任何地点和欧盟国家内的任何地点之间飞行。

自 1992 年以来，美国已与各经济水平的国家和地区建立了 120 个开放天空伙伴关系（见表 4.1），这些目的地占目前从美国出发的国际航班的 70%。2015 年和 2016 年，美国国务院宣布了与另外 7 个国家的关于开放天空的最终安排。

如今，两国之间启动的开放天空服务协议通会使航空交通量增加约 17%（Inter VISTAS，2015）。这些安排不仅提高了航空服务的效率和价格，而且还刺激了贸易、创造就业机会并促进整体经济增长。根据美国国务院经济和商务局的统计（2017），近期开放天空的影响大致包括：

- 每年 40 亿美元的经济型消费者收益；
- 美国到中东、印度和非洲的航空货运超过 10 亿美元（2013 年）；
- 前往佛罗里达州、奥兰多的巴西游客人数增加了 938%；
- 一条新的美欧直接航线每年带来 7.2 亿美元的经济活动。

国际民用航空组织

回顾我们对各项公约的介绍，民航组织是一个于 1944 年成立的非专门机构。

该组织持续执行和管理《国际民用航空公约》（芝加哥）。民航组织目前正与业界领袖及公约的 191 个签署国合作，就国际民用航空标准和建议措施以及政策达成共识，以建立一个安全、高效、可靠、经济可持续和对环境负责的民用航空部门。^① 有 25 个会员使用这些标准和政策，以确保当地的运营和规定有利于其他国家的业务和规章。本组织由选举产生的理事会管理，代表大会每三年举行一次。此外，秘书处由五个部门组成：航空导航、航空运输、技术合作、法律、行政和服务。

民航组织还为全球发展项目提供安全审计、执行情况报告和当地援助。例如，在第 38 届联合国大会上，所有成员国都同意在 2016 年前制定一项基于市场的减排措施。正在进行的全球减排解决方案的工作更能说明包容性思维具有永久的重要性（IATA，2014）。

国际航空运输协会

国际航空运输协会（IATA）是世界航空贸易协会。它代表了全球客运量的 83% 和位于 121 个国家和地区的 265 位航空公司成员。协会总部设在蒙特利尔，但该协会在世界各地设有 63 个独立的办事处。协会的核心使命是领导和服务航空运输业，以成为价值创造和创新的力量，推动航空运输业向安全、可靠、有利可图的方向发展，使其持续联结和丰富我们的世界。^② 国际航空运输协会的报告被视为整个行业的标准，该组织每年举行一次峰会，以促进对政策问题的讨论，并分享促进航空教育和航空业透明度的资源。

国际运输飞机贸易协会

国际运输飞机贸易协会（ISTAT）成立于 1983 年，自成立以来一直致力于培养各界对商业航空的兴趣并提供教育机会，同时为航空业和辅助工业的参与者们提供一个论坛。^③ ISTAT 是全球领先的行业人际网和教育协会，目前在制造业、销售、金融等领域有超过 4100 个成员。它还运行国际评估师项目，包括飞机和配套设备的所有培训和认证。ISTAT 通过出版物和会议的方式提供教学，并持续地向世界各地的学生和组织提供奖学金、助学金和实习机会。

---

① www. icao. int/about – icao/Pages/default. aspx.
② www. IATA. org，情况说明书：IATA 事实和数据。
③ www. istat. org/aboutus.

表 4.1

美国开放天空伙伴 (2017 年)[1]

伙伴	状态	日期	伙伴	状态	日期	伙伴	状态	日期	伙伴	状态	日期
荷兰	现行有效	1992	罗马尼亚	现行有效	1998	马达加斯加	临时有效	2004	克罗地亚	现行有效	2008
比利时	临时有效	1995	意大利	临时有效	1998	加蓬	现行有效	2004	肯尼亚	现行有效	2008
芬兰	现行有效	1995	阿拉伯联合酋长国	现行有效	1999	印度尼西亚	礼让互惠	2004	老挝	现行有效	2008
丹麦	现行有效	1995	巴基斯坦	现行有效	1999	乌拉圭	临时有效	2004	亚美尼亚	现行有效	2008
挪威	现行有效	1995	巴林	现行有效	1999	印度	现行有效	2005	赞比亚	现行有效	2010
瑞典	现行有效	1995	坦桑尼亚	临时有效	1999	巴拉圭	现行有效	2005	以色列	现行有效	2010
卢森堡	现行有效	1995	葡萄牙	现行有效	1999	马尔代夫	现行有效	2005	特立尼达和多巴哥	现行有效	2010
奥地利	现行有效	1995	斯洛伐克共和国	现行有效	1999	埃塞俄比亚	现行有效	2005	巴巴多斯	现行有效	2010
冰岛	现行有效	2000	纳米比亚	现行有效	2000	马里	现行有效	2005	日本	现行有效	2010
瑞士	礼让互惠	1995	布基纳法索	礼让互惠	2000	波斯尼亚和黑塞哥维那	现行有效	2005	哥伦比亚	现行有效	2010
捷克共和国	现行有效	1995	土耳其	现行有效	2000	喀麦隆	现行有效	2005	巴西	不适用	2010
德国	现行有效	1996	冈比亚	现行有效	2000	库克群岛	临时有效	2006	沙特阿拉伯	现行有效	2011
约旦	临时有效	1996	尼日利亚	临时有效	2000	乍得	现行有效	2006	圣基茨岛	现行有效	2011
新加坡	现行有效	1997	摩洛哥	现行有效	2000	科威特	临时有效	2006	黑山	现行有效	2011
中国台湾	现行有效	1997	加纳	现行有效	2000	利比里亚	现行有效	2007	苏里南	现行有效	2012
哥斯达黎加	现行有效	1997	卢旺达	现行有效	2000	加拿大	现行有效	2007	塞拉利昂	现行有效	2012
厄瓜多尔	现行有效	1997	马耳他	现行有效	2000	保加利亚	临时有效	2007	马其顿	现行有效	2012
危地马拉	现行有效	1997	贝宁	不适用	2000	塞浦路斯	临时有效	2007	蒙古尔	礼让互惠3	2012
洪都拉斯	临时有效	1997	塞内加尔	现行有效	2000	爱沙尼亚	临时有效	2007	也门	现行有效	2012
尼加拉瓜	现行有效	1997	波兰	现行有效	2001	希腊	临时有效	2007	圭亚那	礼让互惠3	2013
巴拿马	现行有效	1997	阿曼	现行有效	2001	匈牙利	临时有效	2007	孟加拉国	现行有效	2013
新西兰	现行有效	1997	卡塔尔	临时有效	2001	立陶宛	临时有效	2007	博茨瓦纳	现行有效	2013
文莱	现行有效	1997	法国	现行有效	2001	斯洛文尼亚	临时有效	2007	赤道几内亚	礼让互惠3	2014
马来西亚	现行有效	1997	斯里兰卡	现行有效	2001	西班牙	临时有效	2007	布隆迪	现行有效	2014
阿鲁巴	现行有效	1997	乌干达	现行有效	2002	英国	临时有效	2007	多哥	现行有效	2015
智利	现行有效	1997	佛得角	现行有效	2002	拉脱维亚	临时有效	2007	塞尔维亚	现行有效	2015
乌兹别克斯坦	现行有效	1998	萨摩亚	现行有效	2002	爱尔兰	临时有效	2007	乌克兰	现行有效	2015
韩国	现行有效	1998	牙买加	现行有效	2002	格鲁吉亚	临时有效	2007	科特迪瓦	现行有效	2015
秘鲁	现行有效	1998	汤加	现行有效	2002	澳大利亚	现行有效	2008	阿塞拜疆[2]	现行有效	2016
荷属安的列斯群岛	现行有效	1998	阿尔巴尼亚	现行有效	2003				库拉索[2]	不适用	2016

注：1. 遵循美国国务院，开放天空合作伙伴的完整名单。
2. 荷兰。

结论

正如我们所讨论的，就飞机的运行方式和运行地点而言，航空业受到高度管制。从融资的角度来看，最主要的因素为飞机是随时在移动的。当一个问题涉及七位数或更高的金额时，移动资产的相关事项变得更为复杂。承租人的责任是合法安全地运营、投保以及履行协议下的义务。出租人的责任是确保经营者这样做，同时保护资产的价值。《开普敦公约》是否适用？《美国破产法》中规定了哪些救济措施？当涉及跨境交易时，融资方应当全面了解所涉司法辖区的法律环境和任何可用的补救措施。它们必须正确地评估和识别基于地域而产生的风险，并且始终都要预先确认是否可以注销飞机登记。本章的重点在于强调基础工作的重要性。在合同签订前与运营商和监管机构建立良好关系的出租人，不太可能经历复杂的法律诉讼。

附录 4A　英国蓝天案

蓝天航空公司诉马汉航空（Mahan Air）公司一案是涉及六架波音747 - 422 飞机抵押权的国际纠纷。这些飞机是在英国法下通过特殊目的公司（SPV）购入的。所有权人将这些资产租给了亚美尼亚的一家公司，但飞机实际是由伊朗一家民营航空公司马汉航空承租和运营的。这一争端源于美国制裁对伊朗出口飞机资产的行为。2010 年，英国高等法院（English High Court）对伊朗现有抵押贷款的有效性进行了审理。该案特别针对 6 架飞机中的 2 架。其中一架飞机注册在亚美尼亚，现在位于伊朗境内。另一架飞机注册在美国，停泊在荷兰史基浦国际机场。

这两架飞机被抵押给了 PK AirFinance，一家美国的融资商。此外，签署方已明确同意争议纠纷适用英国法律。当债务人违约时，PK AirFinance 在英国启动了止赎程序，马汉航空随后质疑该抵押的有效性。由于该案涉及几个不同国家的法律，法院必须决定适用哪国法律。另外一个问题为是否使用本地的法律选择规则（反致原则）。最后，法院同意适用物之所在地法而不是注册地法。然而，对于位于伊朗的亚美尼亚籍飞机，法院认为并没有关于该资产所在位置的实质性证据。根据英国物权法，这种抵押被认为无效。至于在史基浦机场的英国籍飞机，依荷兰准据法，审理时应适用英国法律，或者说登记地法。法院不想使用反致原则来适用英国法。因此，该抵押在英国不可执行，在荷兰法律下则无效。PK AirFinance 最后只能守着一个无法执行的索赔，损失了抵押的全部价值4310万美元。

PK AirFinance 试图依据《日内瓦公约》来寻求司法公正，并主张严格适用注册地法，因为飞机经常"从一个地点移动到另一个地点"（洪尼比尔，2011，第4页）。法院在回应中仅强调法院打算适用一个在此情况下最恰当的法律。为了巩固这一裁定，法官提到了以前的一个案例。在那个案件中，物之所在地法适用于飞机所有权转让的纠纷，登记地法一般适用于航空业纠纷的说法被驳回。然而此后，律师们一直强调其他的英国法律著作，这些著作的观点更倾向于适用注册地法而不是所在地法。他们达成的共识认为飞机的国籍是决定飞机所有权的关键因素。所以，许多人争辩说PK AirFinance 应该在案中鼓动法院更为密切地考虑下这些出版物。

请就"蓝天个案"拟备一份备忘录（不超过三页），内容包括：

- 总结案例（随时研究租赁的实际情况）；
- 陈述案例中描述的问题；
- 讨论法院裁决的后果；
- 分析《日内瓦公约》对案件所述情况的适用性；
- 分析《开普敦公约》是否适用于案件中描述的情况。

参考文献

Boyle, R. P. (1973). The Guatemala Protocol. *Akron Law Review*, 6(2). Article 2. Retrieved from: http://ideaexchange.uakron.edu/akronlawreview/vol6/iss2/2.

Gerber, D. N. (2012). Chapter 7 aircraft finance. In I. Shrank, & A. G. Gough (Eds.), Equipment leasing-leveraged leasing (5th ed.). Practicing Law Institute.

Gerber, D. N., & Walton, D. R. (2014). Deregistration and export remedies under the Cape Town Convention. *Cape Town Convention Journal*.

Honnebier, P. (2011). *The English blue sky case—Topical international aviation finance law issues*. Utrecht: Air and Space Books.

IATA. (2014). *Are governments crowding out the Chicago Convention?*. Regulations & Taxation/Global/August 20, 2014. <https://airlines.iata.org/analysis/are-governments-crowding-out-the-chicago-convention>.

ICAO. *The history of ICAO and the Chicago Convention*. (2017). Retrieved from <http://www.icao.int/about-icao/History/Pages/default.aspx>.

International Air Transport Association (IATA). (November 2016). *Montreal Convention 1999 (MC99)*. Fact Sheet. Retrieved from <https://www.iata.org/pressroom/facts_figures/fact_sheets/Documents/fact-sheet-mc99.pdf>.

International Civil Aviation Organization (ICAO). (2004). *Manual on the regulation of International Air Transport*. 2nd ed.

International Monetary Fund (IMF). *Special Drawing Rights*. (October 2016). IMF Factsheet. Retrieved from <http://www.imf.org/external/np/exr/facts/sdr.htm>.

InterVISTAS. (2015). *Economic impacts of air service liberalization*. Published on the U.S. Department of State website.

Narayanan, N. (2013). *Aircraft Repossession in India—Turbulence ahead, Buckle Up!*. 8 Annals of Air and Space Law. (pp. 445–460). McGill University.

Securities and Exchange Commission (SEC). (2012). Exhibit 10.44. *Amended and restated master aircraft dry lease agreement*. Retrieved from SEC Lease Archives February 03, 2017 <https://www.sec.gov/Archives/edgar/data/1393818/000119312512085636/d232355dex1044.htm>.

Shupe, J.D., & Buhler, G.W. (2004). *Liability of owners and lessors of aircraft*. Schnader Harrison Segal and Lewis LLP. Presented at AIA Annual Conference May 2004.

United States Postal Service (USPS). *Shipping Label, Item 11FGG1, GXG international Air Waybill*. (2017). Photo Retrieved February 13, 2017 from <http://about.usps.com/postal-bulletin/2009/pb22269/html/kit_002.htm>.

U.S. State Department, Bureau of Economic and Business Affairs. *Open Skies agreement Fact Sheet*. (2017). Retrieved on January 21, 2017 from <https://www.state.gov/e/eb/tra/ata/>.

Vedder Price. (2017). *Getting the deal through: Aviation finance and leasing*. London: Law Business Research LTD.

第五章
航空保险及其对风险管理的影响

章节大纲

    个人或实体（被保险人）为了免受由于某些事件的发生（保险事件）所引发的责任和/或财产损失，进而导致的经济损失，希望寻求保险公司（保险人）提供的保护，这种经济需求促生了保险这种风险管理方法。这类保险包括被保险人和保险人之间的合同协议（保单），即被保险人向保险人支付约定的金额（保费），以换取保险人提供的对某些事项的保险。在确定保险政策时，承保人会在确定保费前仔细评估每一项风险。

每个行业都存在一定程度的商业风险，航空业也不例外。如飞机事故、燃油价格波动、恐怖袭击、自然灾害和政治不稳定等，都是航空公司、租赁公司和飞机所有者面临的风险事件。因此，保险是航空业的一个重要方面。了解不同类型的保险、影响保险费的因素以及航空业的法律法规非常重要，因为这些都是制定保险政策时需要被考虑的重要因素。本章的重点是扩展第四章中简要提及的保险条款。我们首先概述风险管理，然后详细讨论不同类型的航空保险承保范围、合同结构以及如何计算保费。具体章节主题包括以下部分。

风险管理概论

世界上每个人每天都面临着风险。想想我们吃的食物，我们开的车，或者我们做的投资。驾驶员在驾驶车辆时面临身体伤害的风险，而投资者在选择投资波动性股票时面临低财务回报或损失的风险。那么"风险"这个词在商业术语中的真正含义是什么呢？虽然每个个体和实体都面临不同的风险，以不同的方式承担风险，但最基本的理念是管理。换言之，驾驶员可以通过放慢车速或避免使用手机来管理受伤风险，而投资者可以通过创建多样化的投资组合来管理低回报风险。一般来说，风险的特征如下：

1. 损失或不确定性；
2. 结果不同于打算或预期。

换言之，当结果不确定或取决于其他因素，或潜在损失的程度未知时，就存在风险。

风险类型

风险分类是风险管理的重要组成部分，因为并非所有的风险都可以被转移到保险公司。类似地，有些风险根本无法管理。虽然存在许多不同类型的风险，但我们将讨论四种最常见且与行业相关的风险。

静态风险

静态风险是由自然或人类非常规行为产生的威胁引起的。这类风险涉及资产的损坏或资产占有权的变更。静态风险与经济无关，这意味着无论当前的经济状况如何，有些人都有盗窃和贪污的倾向。同样，地震、龙卷风和飓风也可能在任何时间点发生。需要注意的是，静态风险定期发生，因此可以通过保险计划进行预测和管理（Willett，1951）。

动态风险

动态风险是由人类想要和需要的变化带来的。换句话说，动态风险与经济直接相关。例如，技术通常使流程更便宜、更高效，并且常常会产生从一种产品到另一种产品的需求转移。动态风险会影响大量人群，但与静态风险不同，它不会定期发生。因此，它不能转移到保险公司，因为事件和损失很难预测（Willett，1951）。

基本风险

基本风险是影响整个城市或国家的群体风险。相关损失与任何个人无关，也不在被保险方的控制范围内。战争、失业、通货膨胀、利率、政治不稳定和自然灾害都是基本风险的例子。因为损失往往相对较大且广泛，政府可能会建立社会保险计划来补贴这些损失。

特定风险

特定风险是影响个人而不是群体或大群体的风险。特定风险的例子包括故意破坏、死亡和身体疾病。假设一个购物者走出杂货店，却发现有人从停车场偷了他的车。事件本身和损失（更换汽车的成本）都不会直接影响其他将车停在同一停车场的购物者。

值得一提的是，许多与风险相关的术语源自传统经济理论，该理论提出了社会可以减轻风险并以合理的方式预测或处理不确定性的方法。最有用的理论将所有风险类型分为纯风险和投机风险（见表5.1）。纯风险存在于有机会失去但没有机会获得的时候。上一个例子中的购物者就是这种情况，通过购买汽车，他面临着被盗或不被盗的风险。换句话说，纯风险导致两种结果之一：亏损或盈亏平衡。投机风险存在于既有亏损的机会，也有获利的机会中。这方面最好的例子之一是赌博，玩家可能赢得比他们付得多，输得比他们付得多。投机风险在商业世界也很常见，尽管有许多例子表明社会从公司的亏损中获益（例如，低成本的竞争产品）。

表 5.1　　　　　　　　　　　　　　　风险分类

纯风险	投机风险
可保险	不可保险
损失或没有变化	损失，收益或没有变化
例如：自然灾害	例如：赌博

风险管理技术

值得注意的是，风险本身并不是坏事。个人和组织可以选择他们想要接触的风险类型，并对其进行管理以降低风险（Culp，2001）。风险管理是一个过程，一旦确定并正确测量风险，就可以对其进行管理。有两种技术用于管理风险：风险控制和风险融资。

风险控制

风险控制是一种应用广泛的风险管理方法，用于降低公司的责任并减少财产或个人损失。实质上，控制风险正试图使潜在损失更具可预测性。这可以通过多种方式实施：

- 风险规避
- 风险对冲
- 风险预防
- 风险耗散
- 风险分散

风险规避是指拒绝不受信任的项目或计划，并解雇不可靠的承包商和合作伙伴。换句话说，风险管理的第一步就是不承担风险。例如，航空公司可以通过经营一支年轻的机队、适当维护机队、不在危险区域飞行、每年培训飞行员以及持续监控其机组人员的健康状况来规避风险。

风险对冲就像一种保险，它涉及风险从一个人或实体转移到另一个人或实体。愿意进行对冲的实体支付溢价，将风险转移到本质上是保险公司的实体，从而保护自己不受未来不确定性的影响。然而，该策略涉及使用金融工具（如远期、期货和期权）来抵消价格负波动的风险。航空公司就是最好的例子。因为燃油费用如此之高，而且高的燃油价格会影响公司现金流并影响投资者，航空公司有巨大的动机对冲燃油价格风险。这使公司可以在燃油价格高企的时期从困境中的航空公司购买打折资产。它还允许它们兑现现有的购买承诺。对冲可以帮助航空公司保护其股票价值，利用增值资本进行投资，简化预算，保持盈利。

风险预防与简单地完全避免风险不同，而是试图通过最小化风险来防止损失。考虑航空公司如何处理飞行固有的一些风险。预防方法包括飞行前安全检查、禁止吸烟标志、明确登机程序、氧气面罩和安全带指南。同样，在龙卷风或风暴来临之前将飞机转移到另一个机场，可以防止航空公司产生不必要的损害成本。对于某些风险，完全预防是不可能的。在这种情况下，目标是减少损失，目的是在损失或损害发生后降低其严重性。安全检查、消防和索赔管理都是降低风险的方法。

分散投资有助于降低总风险，只需将投资分散到不同的投资产品中即可。保险公司通过提供不同类型的保险选项或在不同地理区域销售保单来实施这一策略。我们也可以从出租人的角度考虑这个概念。将几架飞机租赁给多家航空公司或将整个机队租赁给一家航空公司的风险更大？为了回答这个问题，考虑一下如果出租人唯一的客户破产了，出租人会怎么样。分散成多个较小的风险是风险分散背后的主要理念。

耗散是风险控制的最终技术。这种方法实质上是将整体风险转移给有兴趣承担风险以换取溢价的其他各方。公司可以通过部分"出售"来降低自己的风险水平。

为了有效地管理风险，公司必须实施某些类型的风险分析以及监控程序，以便管理人员更好地估计损失事件的概率。

风险金融与保险

我们现在可以通过讨论风险管理的另一种形式——风险金融来探讨保险的概念。一旦接受了风险，企业和个人必须决定如何为任何负面影响提供资金。购买保险是处理不确定性和规避巨大经济损失的主要方法。回顾我们之前关于风险类型的讨论，纯风险和投机性风险的一个关键区别是投机性风险不能转移到保险公司。相反，大多数纯风险是可预测的，可保险的。因此，保险概念背后的理念是以确定性代替不确定性，为被保险人提供保障。从根本上讲，保险包括：

1. 将风险从一个人或实体转移到一个集团；
2. 损失发生时，分散损失。

保险公司承担损失的责任，并同意承担因保险对象的损坏或事故而导致的全部或部分费用。个人或实体向保险公司定期支付保险费，通常是相对于事件费用的一小部分。保险通常被称为无形保险，因为被保险人没有收到任何类型的实物产品。但优势是经济负担在一群人中分散。此外，保险承销商或提供商可能会在不同的国家或地区获得许可出售保险，以进一步分散风险。

除保费外还有保险免赔额。虽然它并不适用于所有保险，免赔额仅仅只是在保险公司支付索赔之前，被保险人必须自掏腰包的固定金额。因此，被保险人应充分了解被保险对象的价值。例如，一家公司可能会在1000000美元的设备上接受10000美元的免赔额，确保该资产的免赔额只是发生全损时更换该资产成本的一小部分。但是，对于多个保单或多个保险对象，免赔额可能高于被保险人愿意处理的保险金额。例如，航空公司可能会选择不投保其拥有的、不受融资限制且剩余经济寿命短的旧飞机的发动机或机体价值。在发生事故时，驾驶大型全新窄体喷气式飞机可能会成为一场金融灾难。关键是要在整个保险结构中充分考虑免赔额的情况下评估所有风险事件发生的可能性。

损失概率与风险程度

非常重要的一点是，保险并不是简单地从一个对象中消除风险。例如，驾驶有汽车保险的汽车并不能直接降低撞车的概率，而是在发生车祸的情况下，保险公司对保险标的，即车辆和/或驾驶员提供全部或部分赔偿。汽车保单提供商使用司机年龄和车辆型号等变量来确定付出索赔的可能性，但它们永远无法确切知道损坏的程度或哪些客户会遭遇事故。从很多方面来说，保险就是去量化损失发生的概率。

损失的概率表示为百分比，表明事件发生的可能性，例如，假设 1000 架飞机在特定机场遭受损坏，但服务经理预计这些飞机中的 20 架实际上会受损。因此，我们可以说损失的概率是 2%（1000 架飞机中的 20 架）。这样的估计可以基于机场的安全跟踪记录、历史天气模式等许多因素的组合。此外，了解损失概率与风险程度之间的差异也是非常重要的。损失概率是发生损失事件的百分比（50 架飞机中的 1 架），而风险程度取决于估计损失概率的变量的波动。事件越不稳定和不确定越大，相关风险程度越高。

许多保险公司发现为大多数情况下都可能发生的风险提供财务保险是没有用的。我们可以考虑汽车事故中的人身伤害保险，如果 100 名司机中有 99 名卷入事故，保险公司将很难继续营业。因此，风险事件的损失概率和风险程度是保费的两个主要决定因素。

自我保险

自我保险也可以成为风险融资的工具，公司可以专门留出一个自己的账户用来预防特点事件带来的损失，这与风险预防不同。这种方法被称为自我保险，这是因为风险没有被从一个实体转移到另一个实体。自我保险本质上意味着承担风险。如果预计的潜在损失低于购买和维护保单的成本，公司通常就会这样做。企业可以为任何类型的活动进行自我保险。这样做肯定会对现金流产生积极影响，但通常只在风险事件发生的概率很小时才会这样做。

将预计的最大损失设定在特定水平可以使公司更好地规划其运营，投资和融资活动。此外，支付相对较少保费的同时也为公司带来更大的确定性。

选择策略

风险经理的任务是选择一个最佳方式来将损失降到最低，许多人认为公司应该同时实施风险控制和风险融资。例如，一个司机可能安装防盗报警系统并且只在安全的地方停车，从而防止他的车被偷。此外，如果预防措施不能阻止小偷，他可能会选择一份涵盖盗窃的保险单。这些都是风险控制的方法。在商业世界中，风险经理根据事件的发生频率和严重程度来决定适当的方法（见图 5.1）。

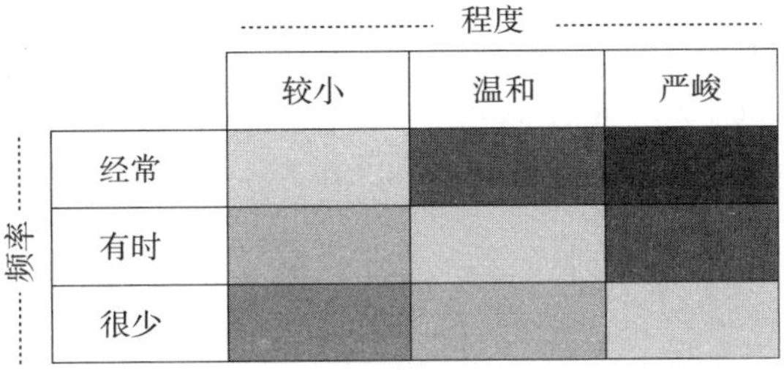

图 5.1　样本风险矩阵

在现实世界中，上面的矩阵会更复杂，但主要思想是将每个控制活动分配到一个类别中。对于严重程度较低的事件，经理可能会实施积极的维持和预防技术。简单地支付这些风险控制的成本通常比维持保险更便宜。由于风险不能转移到保险公司，一般应尽可能避免高频率、高损害程度的事件。正如我们之前提到的，大量小额索赔可能会给提供商带来巨额费用。

一般来说，风险转移最适合于低频率和高严重程度的事件。飞机机身保险是一个典型的例子。本章的剩余部分专注于保险，因为它适用于航空业。

航空保险

保险公司的经营原则是让许多客户去分担损失，这样每个客户实际支付的金额就很少。但是，在一个客户群体小得多的行业中，这是如何实现的呢？上述情况和覆盖范围较窄的保费，正是航空保险与常规保险市场的不同之处。最重要的是，一家航空公司发生风险导致的损失是相当大的，这就是为什么风险通常分散在几个不同的保险供应商之间，这些供应商为航空公司、机场、制造商、出租人和其他利益相关者提供保险。目前，基于风险的程度，飞机保险有许多不同的类别。

背景

纵观历史，不同的社会发展了不同的分配和分担风险的方法，但共同的观点是通过相互债务责任来提供集体援助。例如，罗马学院发展成为由工匠组成的行业协会，它们既是担保人又是保险公司。这些组织在发生事故、疾病或死亡时向成员及其家属提供物质援助。我们可以看到，损失的负担和援助的数额落在一群人而不是一个人身上。值得注意的是，保险发展成为一种保护机制，而不简单是个人财富的增长。我们甚至在最初的犹太教《塔木德》法典中看到了这一点，比如，如果骑手的驴死了，其他骑手就会给他另一头驴而不是钱。

个人保险的概念实际上可以追溯到帝国时代，当时商人开始用多艘船运输货物，其目的是防止一艘船碰巧沉没时的全损（沃恩，1997）。随着海商法的发展，商人开始支付额外的费用在同一艘船上装运货物。然后，这些"溢价"用于补偿货物被丢失或损坏的客户。14世纪，海洋保险提供商开始提供单独的合同，并根据预估的货物附带的风险计算保费。这标志着一个关键的转折点——保险从投资中分离出来了。

17世纪末，伦敦已经成为保险业的中心，这在很大程度上归功于伦敦劳埃德保险公司。劳埃德最初是一家咖啡馆和非正式的新闻中心，后来开始为商家提供保险解决方案，并迅速成长为全球航运保险的领导者。如今，该公司已不再是一家保险公司，而是发展成为一个专门从事保险业务的市场。它由全球50多家公司和200多家经纪人组成。[①] 劳埃德还于1911年制定了第一份航空保险政策。第二次世界大战后，航空业急速增长，商业航班数量急剧增加，客机也开始被大规模生产。这自然促进了保险业的增长。目前，伦敦仍然是最大的航空保险商业中心。

公约概述

在第四章中，我们了解到各种航空公约如何帮助塑造了当今航空业的运作方式。尽管我们已经详细讨论了这些事件，但这里还是有必要重申它们与责任有关的一些主要结果。

请记住，1929年生效的《华沙公约》是第一次真正尝试从赔偿责任的角度解决飞机具有可移动的本质的问题。具体而言，该协议第3章规定，承

---

① www.lloyds.com/lloyds/about - us.

运人应对与乘客安全有关的任何损害承担责任，无须乘客证明承运人的过失或疏忽。同样，为了保护运营商免受巨大的财务损失，旅客索赔的货币上限被限制在 125000 瑞士法郎（约 8300 美元）。[①] 该条约还要求承运人对货物和乘客行李在运输过程中受到的任何损坏负责，最高可达 20 美元/公斤。关于赔偿责任限额的讨论一直持续到 1955 年，当时《海牙议定书》将限额提高到 250000 法郎（约 16600 美元）。[②] 最后，在 1961 年的《瓜达拉哈拉补充公约》将华沙规则扩大到代码共享航班之后，1971 年的《危地马拉城议定书》又为每位乘客规定了 10 万份特别提款权（SDR）的不可打破的责任限额。

1999 年，《蒙特利尔公约》基本上更新了这些赔偿责任限额，并根据通货膨胀进行了调整。该数额最初定为 10 万特别提款权，但需要每 5 年审查一次。[③] 截至 2016 年，乘客受伤和死亡的赔偿金定为 113100 特别提款权（约 160000 美元）。此外，现在的责任是基于占有而非疏忽。因此，承运人对旅客行李的毁坏、丢失或延误负有高达 19 特别提款权（SDR）/公斤的严格责任，除非发货人已作出在目的地交货的特别利益声明并支付了此费用。截至 2016 年 6 月，《蒙特利尔公约》共有 120 个缔约方，该公约要求所有承运人持有经批准的保险单。

不出意料，伴随着航空技术的进步以及历史上的重大行业事件发生，保险业也在不断发展进步（见图 5.2）。

除了机体保险和责任保险之外，其他类型的航空保险计划也逐步发展了起来，如机组人员保险、机场运营者责任保险和飞机制造商保险。目前，航空业务不断变化，世界各地的利益相关者继续面临与兼并、合并等经济因素相关的新挑战。最重要的是，航空公司继续订购新的、更贵的、更节能的飞机。虽然事故率略有波动，但对乘客健康、安全以及财产损失的赔偿金额正在稳步增加。

[①]　《统一国际航空运输若干规则公约》，1929 年 10 月 12 日，第 22 条，统计 1.
[②]　美国交通部，《蒙特利尔公约规定的责任限额的通货膨胀调整》，74 FR 59017，2009.11.16.
[③]　《蒙特利尔公约》，1999 年，第 22 条，统计 2.

1908	1911	1929	1950s	1960s	1970	1976	1985	1999	2001	2013
盗窃保险	螺旋桨飞机的责任险	华沙对责任险的限制	1.喷气式飞机的机体覆盖物 2.喷气机的责任险	警告风险掩护	1.机体和大型喷气机（B-737）的责任险 2.美国再保险	超音速喷气保险（协和）	损失惨重	蒙特利尔更新责任限额	1."9.11"战争险保险的变更 2.保费上涨	保费在历史最低点

图 5.2　航空保险时间表

保险相关方

在航空业，保险市场很像房地产市场。有正在寻找产品的买方、正在提供产品的卖方以及连接买方和卖方的中间人（见图5.3）。在进入具体的保险类型之前，有必要熟悉每个参与方的角色。这些术语将在本章中经常出现。

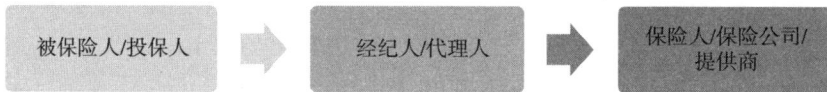

被保险人/投保人 → 经纪人/代理人 → 保险人/保险公司/提供商

图 5.3　保险方

被保险人

被保险人是指就某一物品或业务购买保险的客户或一方。在航空领域，飞机是最常见的投保对象。被保险人也被称为投保人或被保险人。这可能是一家航空公司、出租人、服务提供商（SP）、包机公司、私人或商用飞机所有者或其他行业利益相关者。服务提供商包括机库管理员、燃油供应者、机场和零件供应商等。

在成为投保人之前，购买飞机的个人或公司被称为"潜在被保险人"，意思是该实体目前需要或将需要某种形式的保险来保护新获得的资产。

经纪人

潜在被保险人首先联系保险经纪人或代理人，经纪人会提出一些具体的问题，以更好地了解买方的需求。这个角色是某种顾问，由买方雇用。代理人想要知道公司的名称、飞机类型、飞机在哪里飞行、飞机的用途、飞行员的历史和信息、安全记录以及买方正在寻找的保险类型。经纪人随后将利用这些信息创建一个营销计划，并提交给承销商。一个常见的误解是认为保险单和保费是由经纪人出具和决定的。其实相反，经纪人只是一个中间人，其目标是从承销商那里获得回报，并对买方提供优惠的报价。代理佣金通常写在保单里。

保险人

保险的卖方称为承保人、承保公司、保险人或保险提供者。保险人可以是企业，也可以是个人，主要是专门从事某一特定类别的保险，例如航空、汽车、责任或财产保险。此外，大多数保险人在保险公司工作并独立于保险公司，但就本章而言，我们可互换地使用"保险公司"和"保险人"这两个术语。

保险人的工作是决定是否承担潜在风险，如果是，以什么样的比例承担风险。通过承保或出售保险，保险公司同意接受相应的风险。由于航空风险在数量上相对较少，承销商应每天监控市场。尽管有大量的经纪人和代理人，但只有少数几家承保公司，而且每一家公司都专门处理特定类型的风险，本章将对此进行讨论。

保险类型

如今，承保人为航空业的不同利益相关者提供了广泛的保险选择。一些公司为低机体价值和低责任限额的飞机提供保单，而另一些公司为高价值和高责任限额的飞机提供保单。同样，一些公司只专注于直升机，而另一些公司则专注于发动机。其中一些保险选项是标准的，而另一些则不太常见，必须具体协商。

但是，每个飞机保险单都包含一项条款，该条款描述了飞机的用途（使用目的）以及飞行员要求的条款（飞行员保证）。这可以防止投保人提出与飞机主要功能无关的损害索赔，同时确保飞行员得到适当的培训并记录必要的飞行小时数。未遵守任何一项条款，将使承保无效。请注意，成为被批准的飞行员和被保险的飞行员是两个不同的概念。例如，作为独立承包商工作的飞行员可能拥有驾驶飞机的所有必要资格，但他/她可能没有被保险，因为这种飞行员被排除在外。

保险公司总是可以修改并修正合同。对于高价值飞机来说尤其如此。与其他形式的保险不同，航空保险高度个性化，没有标准。这在很大程度上是由于飞机数量有限，这阻碍了航空保险公司像大多数其他保险公司一样应用大数法则。尽管大多数保险公司使用公开的费率，但保费因公司而异。最重要的是飞行的高操作风险，乘坐商务飞机的乘客面临的风险比他们参与许多其他活动时大得多。

我们将在本章的后面部分回到合同和保险费的结构，那时我们将讨论即使对同一飞机类型，保费报价也可能有巨大差异。但是首先，我们将对第四章保险类型简要总结进行拓展。在下面的部分中，我们将讨论如何在当今市场中这些保险类型是如何被应用的。

机身保险

飞机的机身源于海洋术语"船身"，即船舶的水密体。机身保险是指对飞机本身的直接物理损伤，包括所有飞机部件在地面或飞行中发生的物理损伤。在讨论机体保险范围之前，需理解几个关键术语的含义：

• 飞行中：从飞机开始实际起飞到飞机完成着陆滚转之间的时间段。对于旋翼机，飞行开始于转子开始移动，结束于转子停止旋转。

• 动态中：飞机在自身发动机或动力的驱动下运动的时间。对于旋翼机，这是转子旋转时的任何时间。

• 滑行：飞机在地面上靠自己的动力运动，不包括后推或牵引。

机身保险旨在保护与飞机有经济利益关系的实体，包括所有者、运营商和其他可能使用飞机机身保险单来支付费用或取得补偿的各方。机身保险类似于车辆上的碰撞保险，但有几个关键区别。首先，飞机比汽车对损害更敏感，汽车在没有窗户或保险杠的情况下仍然可以运行，而遭受轻微损害的飞机则被禁止在商业服务中运行，除非这种损害在一定的"允许范围"之内。其次，飞机的价值要高得多。最后，由于价值较高，折旧对飞机更为重要，尤其是考虑到行业的公平性。

通常，有两类主要的机身保险。一类是包含地面和飞行的一切险，其是最广泛的保护形式，无论飞机的受损是否发生在飞行中，都能被提供保险。飞机的所有损坏均在商定的价值或规定的价值基础上赔偿，赔偿金额取决于免赔额。另一类是不包括动态状态的一切险，这类保险适用于飞机在地面上且不在自身动力下移动时的物理损伤。这包括飞机被推入机库或被拖拉机拖拽时的损失或损坏，但不包括飞机滑行时发生的损坏。飞机滑行时的损失将由一种单独的保单类型承保，即非飞行状态的一切险。

保险价值

保险价值是保险人在发生保险事故时同意支付的最高保险金额。通常，这代表飞机的购买价格（适用于新购入的飞机）或当前市场价值（适用于使用中的飞机）。保险价值必须代表飞机的实际现金价值，因为保险的基本原则不是盈利或为被低估的飞机支付高保费。在保险的每个续保周期，都要重新评估保险价值。

免赔额

当涉及机体保险时，有两种主要类型的免赔额。第一种是直接免赔额即为投保人负责支付的固定金额或损失百分比，其余的损失由保险公司承担。这是商业风险和普通风险保险领域的常见做法。第二种类型叫作免赔率。与直接免赔额不同，免赔率代表保险人对全部损失承担责任的起点。这通常表示为保险价值的百分比。例如，假设飞机的保险价值为100000美元，附带10%的免赔率。如果保费不足10000美元，投保人将负责支付整笔赔偿，而如果索赔金额超过10000美元，保险人将负责支付整笔赔偿。

免责条款

大多数飞机机身保单也有一些有限的免责条款。这些也可以列在保险合同的"未投保项目"项下。以下是一些最常见的免责条款：

1. 因冰冻、变质、机械或结构故障造成的磨损、撕裂、损坏或损失不包括在内，除非该损失是本保险单承保的其他物理损坏的直接结果。虽然保险公司不会为冻裂的机翼支付赔偿金，但保险公司将按照保单的规定，为因事故导致的机翼开裂提供保险。最后，磨损免责是要防止驾驶人员对随着时间的推移而磨损的部件提出索赔。

2. 轮胎——保险公司没有义务承担轮胎费用，除非损失是由保单中所述的故意破坏，盗窃或对飞机造成的物理损坏造成的。

3. 征用——如果被保险飞机的另一方拥有收回飞机的合法权利，则不适用于该飞机的承保范围。

4. 战争或没收——飞机机身保险不包括任何战争、入侵、劫持、叛乱或任何政府逮捕而对飞机造成的任何损害或损失。

5. 折旧或使用损失——经营者不能提出折旧索赔。

6. 其他免责条款——有的保单规定了额外的免责条款，免除了保险人对飞机损坏或损失的责任。对航空器的任何变更均应经承保公司批准并在保险单中载明。否则，合同将不包括投保飞机。

全损

机身全部损失被认定为飞机全损，但保险公司可以为机身和发动机支付商定好的赔偿，以换取对所有设备的救助权。如果发生全损，无论飞机当前的市场价值如何，保险人将支付约定价值或保险价值。在通用航空中，保险价值是很常见的，要求货主实际证明损失。商定价值不需要损失证明，这是商业航空的普遍做法。

商定价值有两种类型：实际现金价值基础和价值基础。实际现金价值为新飞机的重置成本减去累计折旧。这一价值很难估计，因为折旧政策各不相同，为了使还款价值最大化，折旧可能被低估。如果保险合同以价值为基础估计商定的价值，保险人将核对该飞机目前的市场价值，并为被保险人支付相同的金额。如果修复损失的费用相当于约定价值的75%，可以宣告飞机为全损，保险人应按照全损发生的情形赔付。

部分损失

在部分损失的情况下，首要问题是修理。修理工作可以由投保人完成，也可以转移给第三方。如果投保人进行维修，那么所有材料费用、雇员工资和任何必要的运输费用的总和将被用来估算赔偿额。但是，管理者工资不能超过劳动成本的50%。如果由第三方进行维修，则供应商支付所有费用，包括运输费用。换句话说，保险公司只需支付修理厂寄来的账单。同样，飞机机体保险中所述的任何免赔额都由投保人承担。请注意，在这两种情况下的赔偿都不会考虑折旧。

通常，部分损失的修复成本会相当高，因为旧飞机的零件价格与新飞机是相同的。因此，保险合同将规定部分损失的赔偿总额不能超过为全损的赔偿金额。保险政策还规定，当需要运输时，必须是最便宜的方式，无论它涉及移动受损的飞机还是维修所要使用的备件和材料。受损的飞机必须被运送到最实用的维修厂，材料应该从最近的来源获得。运输费用包括将飞机从事故地点运送到维修厂的费用，以及将飞机送回事故地点或被保险人机场的费用，以较近或较便宜者为准。

独立零件和替代品

机体保险不自动承保由于被保险飞机因维护或修理而被迫停止飞行时使用的另一架飞机在替代服务期间所产生的损失或损坏。但是，如果投保人在启用临时使用飞机的 30 天内报告，则可在保单中涵盖。同样，临时脱离飞机的备用发动机和零件也不会自动覆盖。在这种情况下，所有者或经营者应购买补充机体保险或确保将这一条款写入初始保单。它们还可以购买扩展保险，自动将这些部分的任何价值变化考虑在内。

评估条款

如果被保险人和保险人未能就损失金额达成一致，双方应根据对方的书面要求各自选择公正的评估师。有些公司要求选择评估师的过程必须在规定的时间内完成。一旦评估师被选中，评估师将选择一个公正的裁判，其职责就是让两个评估师就一项价值达成一致。然后，评估师估计有关损失的一部分或几部分。如果双方不能达成一致意见，裁判将与其中一名评估师通过书面评估正式确定该价值。保险人和被保险人各自承担自己的评估师的费用，然后分担评估和裁判的费用。

责任保险

航空业使运营商和乘客暴露在飞行固有的风险中。飞机事故会对所有者、经营者、乘客、维护设施和机场造成重大影响。如果没有保险，对损害赔偿的索赔将简单地移交给法院，由法院决定谁负责赔偿损失。这就是《华沙公约》和《蒙特利尔公约》的组织者如此关注安全责任的原因。

责任险包括对乘客的人身伤害，以及飞机运行对公众（第三方）人员或财产造成的任何损害。它还保护那些对飞机有经济利益的人。但是，这种类型保险的承保范围是有限的，并且仅限于由一次单一事故引起的索赔。因此，航空公司或运营商可能要处理由特定事件造成的额外损失。市场上提供的责任保险种类很多，但最常见的有以下三种：

1. 乘客人身伤害责任，指在保险合同约定的保险事故中，对被保险人因人身伤害、疾病、精神损害或者死亡所遭受的损害而承担的赔偿责任。乘客被定义为在飞机中飞行、乘坐或登机的任何人，或者任何在飞行或试图飞行后从飞机上离开的人。责任限额按每人和每一事故列示。

2. 非乘客人身伤害责任，指在保险合同约定的保险事故中，对乘客以外的被保险人因人身伤害、疾病、精神损害或者死亡所承担的赔偿责任。

同样，责任限额按照每个人和每个事故分开列示。

3. 财产损失责任包括因使用飞机而造成的任何第三方的财产损失。这类保险的承保范围上限被设定为每次事故的最大损失值。在许多情况下，承保范围是以事件为基础的。这意味着，只要原因或事故发生在保险期内，投保人就不会对持续的损害承担责任。在这种情况下，索赔何时提出并不重要。

《蒙特利尔条约》规定航空公司承担责任，因为飞机事故可能给小型和大型航空公司带来财务灾难。限额因国家而异。例如，在美国，任何航空公司都必须"投保飞机事故责任保险涵盖受到人身伤害或者死亡的飞机乘客，每名乘客的最低限额为 300000 美元，每起事故涉及的每架飞机的总限额为 300000 美元乘以飞机上安装的乘客座椅数量的 75%"。①

航空公司通常会购买额外的保险责任。许多大型航空公司的总责任限额高达 10 亿美元，在某些情况下，仅仅是为了避免法庭上进一步的诉讼费用而支付的额外费用。例如，在 2009 年美国航空公司 1549 航班坠毁在哈德孙河之后，该航空公司向每位乘客提供 5000 美元，以满足他们的紧急需求。②这一赔偿是法律责任限额之外的。

投保人可以在合同中为每种责任保险增加单独的限额。但是，在确定

① 联邦法规，第十四章第二章（A）（205.5）。
② 《纽约时报》2009 年 6 月 11 日，"A.I.G. 拒绝接受哈德逊喷气式挖沟的索赔"。

任何附加限额时，飞机的操作区域非常重要。例如，如果飞机正往返于枢纽机场，由于交通量较大，发生事故概率也就也大。一般来说，大多数额外的保险责任都是以事件基础的。

合并的单一限制保单（CSL 保单）

合并的单一限制保单（CSL 保单）向被保险方每次的索赔请求支付一定金额的保险金，且设定上限金额。这与分割限额（SL）保单不同，后者对于索赔的每个组成部分都会设定最大索赔金额。例如，CSL 协议为单一事件支付高达 100000 美元的索赔额，而 SL 协议会为受单一事件影响的每个人的人身伤害支付最高 20000 美元的索赔额，这样单一事件总计支付高达 100000 美元。根据 CSL 保险单，一个人可以申请 10 万美元的人身伤害赔偿，但根据 SL 保单，只有 2 万美元。因此，只有当五个不同的人提出了最大索赔申请的情况下，SL 保险单才会支付最高保险金额。在航空业，大多数保险公司使用 CSL 保单，为航空公司和运营商在处理重大损失时提供更大的灵活性。

免责条款

正如我们在机体保险中看到的那样，大多数责任险都有一个或多个免责条款，如下所示：

- 投保人拥有、租赁或照顾的财产；
- 故意损坏或伤害，除非其目的是防止劫持或安全威胁；
- 任何其他雇员协议所涵盖的任何索赔，例如失业或伤残福利；
- 噪声或污染物造成的人身伤害或财产损失；
- 战争、劫持和其他危险造成的人身伤害或财产损失。

上述事件只是一些例子，可能不包括在某些保险合同中。每种情况都是不同的。例如，在为一架喷洒农药的飞机投保时，保险公司可能会在一个化学品排除条款中说明，操作者应对使用该化学品造成的任何人身伤害负责。为避免法律纠纷，双方应在保险合同中提及所有相关信息。

非自有飞机和附加装置

当定期航班因维修或保养而停止使用时，营运人可能需要保护临时被用来替代原有飞机的另一架飞机。并非所有保单都自动包含这种保护条款，同时，这种保护可能会也可能不会影响保费。对于非自有飞机，责任保护非常类似于飞机机体保护，对于飞行中、地面或两者都有单独的保险。非自有飞机责任保险通常需要单独的保单或附加条款。这不仅对于租赁机队的航空公司来说是显而易见的，对于其他业务场景来说也是至关重要的。想象一个员工，他使用公司的公务飞机出差，一个飞行员在借来的飞机上接受经常性的培训，或者一个公司从一家包机公司租了一架飞机来进行大宗运输。在承保非自有飞机责任保险时，飞机类型和最大座位数量通常是两个主要考虑因素。

就像保险公司对待免责条款一样，如果有必要，运营商总是可以协商额外的保险范围。例如，机库保管人的责任险可能包括对投保人控制的非自有飞机和投保场所的财产损失。被保险飞机上携带的货物、商品和其他财产也可以由补充的货物责任险承保。人身伤害责任保险可以包括投保人免受因经营受保护飞机而造成的错误逮捕或诽谤所带来的损失。例如，即使乘客因提供酒精饮料而受伤，该乘客也应在酒水责任险范围内。

战争险保险和联合危险保险

战争险分为两类，第一类是机体战争险。正如我们从上述免责条款中所看到的，战争险虽在常规的机体保险单中被明确地排除出了保险范围，但在一个单独的市场上以一种单独的合同类型投保。这是"9·11"事件的直接结果。第二类是旅客险和第三方战争险，这两种保险都是传统责任的附加险。美国联邦航空管理局（FAA）对战争险定义如下：

1. 战争、入侵、外敌行为、战争敌对、内战、叛乱、革命、戒严、军事或篡夺权力，或任何篡夺权力的企图。

2. 任何敌对方引爆任何战争武器，包括任何使用原子或核裂变或聚变或其他类似放射性力量或物质的反应的武器。

3. 罢工、暴乱、内乱或劳工骚乱。

4. 一个或多个人出于政治或恐怖主义目的的任何行为所导致的损失或损害，无论这种行为是意外的还是故意的，但赎金或勒索要求除外。

5. 任何恶意行为或蓄意破坏、故意破坏或其他旨在造成损失或损害的行为。

6. 外国政府、外国公共机构或者地方当局的没收、国有化、扣押、拘留、侵占、征用、征用的权利或者使用的命令。

7. 未经被保险人同意，擅自劫持、非法扣押、错误控制航空器或者航空器上的任何人或者其他任何人的航空器或者机组人员的行为。

8. 保险范围内飞机上发生任何武器或爆炸装置的引爆。[①]

与责任险类似，战争险和危险对于每个事件设定有限的赔偿金额。

"9·11" 事件前

在 2001 年 9 月 11 日美国遭受恐怖袭击之前，战争险是机体险和责任险的附加险，保费非常低。事实上，一些保险公司根本不收取保费。这确实只是航班会飞往中美洲、南美洲和中东的第三世界国家的航空公司所关心的问题。在 "9·11" 事件之前的几年里，机体和责任索赔已经超过了保费。此外，大多数现有的战争险保单里包含 7 天的审查条款[②]，在发生战争风险的情况下，允许保险公司重新评估风险，并修改甚至完全取消保险。这正是恐怖袭击后发生的事情，它极大地改变了保险市场。

"9·11" 事件后

"9·11" 是一个史无前例的事件。这一事件的损失不仅超过了以往所有人为和自然灾害的损失，而且保险公司也面临类似事件继续发生的可能性。从保险的角度来看，这些影响是无法量化的。这种风险的潜在风险并不是根据实际风险来估计的，因为这种事件非常罕见。以前收取的战争险保费不足以支付保范围内的损失金额，估计的索赔额接近 400 亿美元（Freitas，2006 年）。结果，2001 年 9 月 17 日保险公司取消了所有商业战争险，撤销了所有报价（Gassen，2012）。虽然机体和责任保险保持不变，但战争险这个市场基本上成了保险公司的空白。

在航空公司收到修改后的承保范围的提议之前，发出取消承保的通知是毫无意义的。该计划为在 12 个月内发生的所有第三方人身伤害和财产损害索赔提供最高 5000 万美元的全额保险。在与航空公司和经纪人讨论后，保险公司还增加了每位乘客 1.25 美元的额外保费。这主要是为了恢复投资

---

① www. faa. gov.

② 1951 年前 48 小时通知。

者的信心并确保未来产能的可用性（Gassen，2012）。

为了应对商业市场赔付比例的飙升，美国国会通过了 2001 年《航空运输安全和系统稳定法案》，以补偿航空公司在"9·11"事件中遭受的损失。该法案为符合条件的申请人分配了 100 亿美元（总计）的联邦支持信贷。[①]美国联邦航空局发布的战争险计划在"9·11"事件之前就已经存在，但是这些计划是在有限的基础上实施的，并不适应于恐怖主义。[②] 到 2002 年，保险公司已经降低了每名乘客的费用，提高了第三方限额，并将 5000 万美元扩大到机场和公共卫生部门。然而，战争险的成本仍然很高，许多航空公司无法通过私人市场获得战争险，这就促使国会通过了 2002 年《恐怖主义风险保险法》。这扩大了联邦航空局的现有计划，并在航空公司自颁布之日起所承担的损失和伤害的限额内，为飞机机身、乘客和机组人员的损失或伤害提供保险，并收取与该政策规定的第三方伤亡保险费用相当的额外保险费[③]。此外，该法案要求所有保险公司向每位投保人提供购买恐怖主义保险的机会。

现状

最近一次由联邦政府支持的保险计划在 2014 年到期。从那时起，该领域的业务开始重新回到私营部门。这主要是由容量和交通量增加所导致的，市场竞争恢复，也迫使供应商降低费率。如今，航空公司可以为机体和乘客购买全额责任险，对机场和服务供应商提供的第三方责任险的限额已由 5000 万美元增加到 10 亿美元，对航空公司的限额已增加到 22.5 亿美元[④]。此外，保险公司通常会提供额外的补充保险，每名乘客的费用是谈判的焦点，经常会低至 0.70 美元。机场和服务供应商是这些补充保险的主要客户，因为补充保险可以保护它们免受这种风险的影响。第三方战争险最常见的限额是 1.5 亿美元或 2.5 亿美元（Gassen，2012）。

附加保险

对于航空公司来说，飞机只有在空中才能赚钱，而运营上的干扰会对

---

① 《航空运输安全和系统稳定法》，pl 107 - 42，第 1 篇，101（a）。

② 通过与运输部签订的赔偿协议发布。

③ 2002 年《国土安全法》，第 12 篇，第 1202 节。

④ 空客 A380 的推出促使航空公司的第三方限额从 20 亿美元提高到 22.5 亿美元。

公司的利润产生重大影响。这对通用航空也是如此。表 5.2 列出了市场上可用的一些附加保险选项，其中一些已经讨论过或将在本章稍后讨论。这里的 SP 是指航空服务提供商的保险单。

表 5.2　　　　　　　　　　　　　　　附加保险范围

航班中断	渡轮航班	搜救
航空财产与汽车	货物法律责任	政治风险
产品/运营责任（OEM）	地理限制	加油商的责任（SP）
环境损害责任	留地停飞责任	人身伤害延期
化学责任	未到期保费	航空公司的责任（SP）
入侵者费用	发动机租赁费	职工薪酬
医疗及相关费用	个人物品和行李袋	经营场所责任
间接损害	机体和备件免赔额	附带损害赔偿

注：OEM，原始设备制造商；SP，服务提供商。

保险公司根据业务的性质提供附加服务，正如我们从"9·11"事件中了解到的那样，保费通常会因事件的发生而增加。例如，2014 年马来西亚航空公司 370 航班从吉隆坡飞往北京途中失踪后，搜索和救援覆盖范围成为全球性问题。如果一架飞机在起飞后 60 天内未报告且无法定位，根据典型的机体保险条款，这将被视为损失。通常情况下，搜救程序由飞机注册地的政府管理和执行，但部分费用可能转移给航空公司。如果有保险，航空公司可以将其转移给保险公司。

出租人保险

虽然航空公司承担飞机的运营风险，但出租人和所有者也有权获得与损失事件相关的保险收益。此外，还有专门为金融家设计的保险选择。第一类是财务或有事项，例如经营者无力偿付债务、因注销或不续期而引起的承保缺口，以及经营者未能将新利息通知出资人。第二类是政治风险/收回保险，它保护出租人免受政府在飞机登记国采取行动或不采取行动的影响。这包括国家未能注销飞机、无法获得出口证书、没收、征用或无法实际收回飞机或获取飞机记录。它还包括税收风险、货币不可兑换性、贸易问题、没收和政府拒绝注销（Gerber，2012）。给飞机投保比为私人车辆投保要复杂得多。恐怖主义改变了计算保费的方式，未来的事件极有可能引发政府和商业部门的进一步变化。对于私营保险公司来说，战争风险使多样化变得更加重要，一个健康的投资组合包括跨越不同地理范围的航空公司、出租人和服务提供商。

测量损失

我们已经指出的，在损失情况下有两个主要风险：飞机损失和第三方责任。在飞机损失的情况下，飞机所有者、保险公司和运营商可以对不同类型的损害采取不同的处理方式。

直接的物理伤害

对飞机或其部件的直接物理损坏通常包含在机体保单中，如果是由第三方造成的，保险公司可直接向第三方追偿费用。直接有形损害按修理总费用计量，如果是全损，则按损失发生时飞机的市场价值或折旧价值计量。所有价值都在保险单中列明。

使用损失

使用损失确实是一种经济损失，特别是对于只有飞机在空中时才能获得收入的航空公司而言。维修需要时间，而这段时间对运营商来说是一个机会成本。这种类型的损害如果是由于飞机被错误使用所导致的，则通常被称为间接损害。损失金额等于飞机停飞期间的收入。

价值缩水

事件发生后的飞机价值损失评价是最主观的判断之一，因此也是最常见的争议焦点。它不被视为损坏，因此不在机体保险覆盖范围内。问题在于，未来的买家会在两种相同的机型中选择哪架飞机：一架从未发生过事故，另一架曾发生过事故，但已完全修好。如果进行了重大的结构维修，买方可能会要求折扣，这会降低飞机的价值。量化该价值是评估师的工作，但在特定飞机类型的需求量较低的时候，这一工作就变得特别困难。平均损失值通常在市场价值的 10% ~ 15%。

责任损失

责任损失是指第三方财产损失、人身伤害（品格或名誉损害）。身体伤害可以是医疗费用的总和，但当涉及疼痛、创伤和人身伤害时，就缺少标准的测量方法。损失额通常由法庭裁判，并涉及损害的严重程度、治疗频率、对职业的影响等。其他责任损失的例子包括错误和过失以及与雇员相关的事件，例如挪用公款。

意外损失

意外损害是指保险事故所造成的其他合理经济损失，如因重新安置成员而发生的差旅费。它不包括律师费，除非另有协议约定。意外伤害的承保范围通常作为附加保险或单独购买（见表 5.2），并取决于被保险人的信用记录。

保险合同

保险单因保险公司而异，保单主要取决于保险公司对市场和投保人风险状况的看法。在本节中，我们将概述航空保险合同的结构，并了解供应商在计算保费时使用哪些变量。

合同组成部分

保险协议是两个或多个实体之间的合同，旨在建立、修改或终止这些当事人之间的法律关系。每份合同必须包含：

- 文件标题；
- 保险公司名称和地址；
- 被保险人名称和地址；
- 保险标的说明；
- 保险金额；
- 保险事件清单；
- 保费金额及支付条件；
- 合同条款，包括免责条款；
- 变更和终止令；
- 在签字人未履行或履行合同不当的情况下，签署人的权利和责任；
- 参与各方约定的其他条件；
- 各方签字。

保险单规定了每个签署人的权利和义务。虽然不同类型的风险以不同的方式书写，但每份保险合同都将包括声明、保险协议、定义、免责条款和条件。

合同订立

保险合同的订立有两种基本手段：申请和临时契约。当潜在投保人申请保险时，该申请被视为向承保公司发出要约。例如，机身保险申请书没有标准的表格，但应包含以下信息：

- 申请人的姓名和业务；
- 所有有关该飞机的资料（证书、设备本身）；
- 详细的飞行员信息；
- 关于留置权人的资料（如有）；
- 安全记录和事故历史；
- 需要的保单范围和期望的保额。

如有必要，承保人也可以要求申请人提供额外资料。在某些情况下，提供商可能会在处理申请时就开始提供保险。这被叫作过渡性保险。这是一种临时合同，在保险单正式签发之前有效。

在合同生效之前，必须满足几个条件。第一，保险公司和投保人必须对保险合同达成一致。这通常涉及谈判。投保人首先提出书面或口头报价，保险公司要么接受，要么拒绝，要么提出另一种方案来讨价还价；或者也可以由保险公司来提供最初始报价。第二，所有保险合同都必须有法律依据。这涉及价值交换，意味着报价（申请）必须包括初始保险费的支付。第三，合同的目的必须合法。法律上的目的可以是在发生事故的情况下收回飞机的价值，但重要的是双方要就这一目的达成协议。例如，被保险的货运飞机如果被发现运送毒品或违禁品，将不受保障。第四，能力。保单必须由有执照的保险公司出具，投保人必须心智健全且达到法定年龄（因国家而异）。第五，合同的结构必须遵守其订立国的法律和规章。在合同被接受并相应签署之前，保险是无效的。

影响保费的因素

为什么保险公司对同一投保对象的保险费率不同？如前所述，保险定价是一个复杂的过程。作为申请人，向保险代理人提供有关飞机及其运行的每一项信息，包括所有证书和记录都是至关重要的。即使一个小细节被省略，也会对保费产生很大的影响。一般来说，保险公司通常用几个因素来计算保险费。

使用目的

每一份飞机保险单都有一个名为"使用目的"的部分，描述飞机的飞行目的、飞行对象和飞行地点。"使用目的"部分很重要，因为如果发生损失时，飞机的飞行目的不是合同规定的，保险公司可以简单地拒绝赔偿。随着技术和社会的进步，使用目的部分变得更加复杂，但主要的操作差异是商业用途与非商业用途。

商业性

商业用途是指运营商试图从飞行中获利。例如包机客运、货物运输、观光、作物除尘、航空摄影、电影制作、消防巡逻、租赁、旗帜牵引、指导，当然还有航空客运。根据联邦航空条例（FAR）的规定，联邦航空局为每架商业航班分配一个部件号。此外，每个部分都有关于飞机设备和适航性、维护、飞行员操作（仪表与目视）、记录保存、机组人员培训和安全程序的具体规则。表5.3提供了FAR名称的摘要。例如，包机公司通常在FAR第135部分下运作。该名称适用于能够运载1~30名乘客的涡轮喷气式飞机、涡轮风扇式飞机和涡轮螺旋桨飞机。其他要求包括驾驶员必须至少专门使用一架飞机，机长必须记录一定的飞行小时数。①

航空公司通常根据FAR第121部分或第135部分的证书运营，该证书允许它们收费运送乘客。商业航空公司的承保范围是用一种特殊的保单形式书写，包括我们已经讨论过的独特风险敞口。同样，由于商用飞机的高价值、座位容量和使用频率，第121和第135部分的保险风险通常分布在多个保险商之间。航空公司的保费通常基于平均座位数，而这通常在年底根据实际飞行的乘客英里数进行调整。根据调整情况，保险公司将向航空公司收取额外的保险费，或者向航空公司支付退款。

---

① 联邦法规，第十四篇，第一章（g）。

与联邦航空局类似，世界各地的监管机构都为商业航空运输业务制定了规章制度。例如，欧洲航空安全局（European Aviation Safety Agency）在其第 965/2012 号委员会条例（欧盟）中规定了商业航空运输操作的详细规则。

非商业性

非商业性意味着运营商无意从航班服务中获利。这可以用于商业、娱乐或工业援助。如果一个航班不属于商业类别，那么在默认情况下，它是非商业的。通用航空占非商业性飞行业务的很大一部分，但区分飞机的不同用途仍然非常重要。例如，许多私人飞机所有者将他们的飞机用于商务和娱乐。如果是这样，应在合同中明确说明。工业援助是指为运送员工和客人而运行的商务航班。这并不包括包租或向乘客收取费用的任何其他业务。工业援助确实意味着飞机由专门为此目的雇用的专业飞行员驾驶。

表 5.3　　适用于飞机运营商的主要联邦航空法规（FAR）

联邦法规第 14 篇	描述
23 部分	适航标准：普通类飞机
25 部分	适航机体价值标准：运输类飞机
26 部分	运输类飞机的持续适航性和安全改进
27 部分	适航标准：普通旋翼机
29 部分	适航标准：运输类旋翼机
33 部分	适航标准：飞机发动机
35 部分	适航标准：螺旋桨
39 部分	适航指令
43 部分	维护、预防性维护、重建和改造
45 部分	识别和注册标记
47 部分	飞机登记
61 部分	认证：飞行员、飞行教员和地面教员
67 部分	医疗标准和认证
91 部分	一般驾驶和飞行规则
119 部分	认证：航空公司和商业运营商
121 部分	操作要求：国内、旗帜和补充操作

续表

联邦法规第 14 篇	描述
125 部分	认证和运营：座位容量为 20 人或以上或最大有效载荷容量为 6000 磅或以上的飞机，以及管理飞机上人员的规则
129 部分	运营：外国航空母舰和美国注册飞机的外国运营商从事共同运输
135 部分	运营要求：通勤和按需运营以及飞机上人员的管理规则
136 部分	商业航空旅游和国家公园航空旅游管理
137 部分	农业飞机作业
141 部分	试点学校
198 部分	航空保险
205 部分	飞机事故责任保险认证
298 部分	航空的士和通勤航空母舰运营的豁免

资料来源：联邦法规第 14 篇、联邦航空管理局。

归根结底，飞机的使用方式有很多种，而且操作风险越大，保险费就越高。在某些情况下，承保人将完全拒绝承保，因为拟议的使用目的太危险了。承保人可能不熟悉特定业务的真实风险，在这种情况下，保费可能很高。这就是为什么沟通和更新信息在合同形成过程中如此重要。

机体价值

承保人根据飞机的价值或航空公司的平均机队价值估算机体费率。令人惊讶的是，高价值飞机伴随着较低的机体费率，而低价值飞机伴随着较高的机体费率。为什么会这样？这里的基本假设是，维修价格较低的飞机的成本可能与维修价格较高的机型一样高。例如，在 20 世纪 80 年代，阴极射线管（CRT）被引入驾驶舱显示器，并在 2005 年左右制造的许多机身中被应用。当液晶显示器取代 CRT 时，这项技术就过时了。因此，由于缺少部件，现在更换 CRT 的成本相对较高。另外，原始设备制造商（OEMs）已经大量生产窄体喷气机的新生产线。至少在未来几年内，这些飞机的零部件供应量将保持相对较高的水平。

值得一提的是，技术不仅会影响保费，还会影响保额。如果你还记得我们讨论过的战争险，2005 年 A380 喷气式客机的推出促使了第三方责任限额全面增加。

飞行员资格

在航空业的早期，飞行员被认为风险很低，但是技术的发展已经扩大了专业人员和非专业人员之间的差距。尤其是全球定位系统的引进对该行业产生了重大影响。现代驾驶舱减少了飞行员的工作量，电传操纵技术在恶劣天气下控制着飞机。虽然飞行员的工资通常随着飞行时数的增加而增加，但承保人更关心这些飞行时数来自哪种机型。为了说明这一点，让我们比较一下两位不同飞行员的经验。假设 A 飞行员累计飞行 3000 小时，其中 2000 小时在 A319 飞机上。而 B 飞行员累积了 6000 个飞行小时，但直到最近才开始驾驶 A319。与飞行员 A 驾驶的 A319 相比，这家航空公司可能会为飞行员 B 驾驶的 A319 支付更高的保险费。在保险方面，专业经验更多的是衡量能力而非总时间。

经验与训练是相辅相成的。事实上，统计数据显示，更好的飞行员培训与更好的安全记录密切相关。新一代飞机的高科技改造比旧型号复杂得多。保险公司甚至可以要求额外的培训（通常每年一次），以进一步降低人为因素风险的暴露。

最后，飞行员的年龄也会影响保险费。目前人类的预期寿命甚至比 20 世纪 50 年代要高得多。活到 85 岁以上并不少见，因此，我们看到越来越多的人会推迟退休时间。事实上，在 2009 年，联邦航空局正式将飞行员的强制退休年龄从 60 岁提高到 65 岁。经济效应是，高级飞行员的维持成本更高，而年轻飞行员的工资水平则要低得多。保险效应是，随着年龄较大的飞行员通过年度体检的可能性越来越小，他们的风险也越来越高。

地理区域

在世界上的某些地方，航空业的风险比其他地方更大。无论是自然威胁还是国家引发的威胁都是如此。在第四章中，我们讨论了许多与管辖权相关的风险，这些风险都与融资者相关。保险公司通常对在战区或欠发达地区，如非洲，运营的资产收取更高的保费。腐败和恐怖主义不仅对进出的交通构成威胁，也对途经这些城市或国家的航空公司构成独特的威胁。这也是为什么我们看到专门为出租人设计的政治风险政策。最终，每个国家都有不同的价格，在航空基础设施良好的国家，航空公司通常会获得较低的报价。

保险公司还考虑自然地理因素，如风暴、海啸、极端温度或高海拔。高度暴露于这些因素通常会导致更高的保费。每种类型的飞机都有自己的跑道和能见度极限，最小的预测是基于机场在海平面上，跑道温度恒定在59 ℉。因此，海拔或温度的任何增加都会增加这些最小值。例如，海拔升高1000英尺或温度升高15 ℉可以使跑道长度的最小值增加10%。因此，在新英格兰凉爽的沿海地区驾驶飞机与飞往海拔7343英尺的墨西哥城国际机场完全不同。我们将在第七章讨论信用分析时用不同的例子重新讨论这个话题。

安全记录

航空公司的安全记录在确定承保公司收取的风险溢价方面起着至关重要的作用。保险记录越好，风险就越低，这意味着投保人将支付更低的保费。安全的关键因素之一是维护历史记录。如果飞机错过了预定的维护活动，这可能会导致严重的灾难，不仅是在资产价值方面，也是在乘客安全方面。另一个因素是技术，技术的进步使飞行更安全，因此对保险公司来说更有利可图。想想美国对伊朗的制裁，它禁止美国产品的跨境转移。由于无法获得新的飞机型号，伊朗航空公司被迫驾驶旧得多的飞机。因此，该国是世界上航空安全记录最差的国家之一。同样，保险公司在尼泊尔也看到了一连串的损失，这推高了保险费。

请注意，更换保险商并不能保证较低的风险溢价，因为新的保险商将在提供新报价之前核实所有文件和安全记录。此外，保险费不仅附加在特定类型的飞机和飞行员身上，还附加在公司的信用档案上。因此，航空公司经营业务的方式也会影响其支付的保险费用（见第七章）。

市场

自2010年以来，航空客运量同比增长，平均增长率为6.2%（波音，2016）。相比之下，承销商的数量增长速度要慢得多，所以当新的承销商真正进入市场时，影响会很大。这就是2006年7月发生的事情。两家新公司增加的产能立即影响了现有供应商的更新周期。一年后，买家开始看到保费下降。当市场下跌时，保费也会下降。像这样的突然变化会导致整个行业亏损。一些供应商坚持到底，而另一些则永远离开市场。想要获取更大市场份额的唯一方法是降低保费，因为运营商主要根据价格选择供应商。

所以，问题是为什么机体投保人不取消现有合同，以较低的价格签署新的合同？根据通用行业协议，没有正当理由，任何保险人不得取消或改写保险。例如，一些航空公司追逐那些为高级飞行员提供较低保费的保险公司，但是更换供应商和建立新关系的成本可能超过保费的直接降低。此外，每年寻找新的供应商可能会适得其反，尤其是因为承销商只对那些认真考虑更换供应商的投保者的询价感兴趣。如果市场稳定，最好只向一两家承销商询价。这使航空公司可以确认费率是稳定的，并不应该更换保险公司。

再保险

既然我们已经讨论了保险类型、保单结构和保费，我们将通过重新审视风险分担的概念并讨论市场的最后一个子集——再保险来结束本章。再保险本质上是为保险公司提供的保险。换言之，再保险是供应商保护自身免受广泛损失并更好地处理业务波动的一种方式。它还释放了保险公司承担更多或更大风险的能力。

在再保险合同中，保险人 A（再保险分出人）将其部分风险转移或分给再保险接受人 B（再保险人）。再保险人 B 从保险人 A 处获得保费。再保险是一项庞大的全球业务，因为它提供了另一种方式来分散风险并进入全球资本市场。事实上，在美国，几乎一半的财产再保险保单保费是由非美国公司承保的。[①]

再保险分为两大类：临时再保险和条约再保险。在临时合同中，再保险人承担特定的、个人的，通常是高价值的风险。在条约再保险中，再保险人承担一部分风险，这些风险与割让人在广泛类别（汽车）内发行的所有保单相关。此外，再保险保费和损失的分配有两种主要方式：比例和非

---

① 美国再保险协会（RAA），www.reinsurance.org/landing.

比例。

比例再保险

在比例再保险协议中，再保险分出人和再保险分保人按比例分担保费和任何损失。这可以通过两种方式来实现。在配额分担协议中，再保险分出人转让每个保单的固定比例；而在超额协议中，再保险分出人会设定一个确切的保留限额。例如，如果保留限额设置为 50000 美元，则保险分出人将承担最高达 50000 美元的风险，对剩余的部分进行再保险。超额再保险协议可以由多个再保险人来承保不同的方面。

比例再保险更像是小保险公司而不是大公司的一种工具，因为它允许小保险公司在特定的专业领域扩大业务。这确实削减了它们的保费。因此，比例再保险通常只在保险公司怀疑自己处理损失的能力时使用。例如，支线飞机和某些窄体飞机可以由一家保险商承保，但责任限额几乎总是在几家公司之间进行再保险。同样，宽体飞机（如波音 777 或空客 380）的机身价值需要由多个保险公司分担风险。

非比例再保险

在非比例协议中，分保人为损失设定保留限额，再保险人只有在损失超过该数额时才予以赔付。这是超额损失法。例如，如果分出人愿意接受高达 200 万美元的损失，如果损失有可能超过 200 万美元，它可以购买固定数额的再保险。超额损失协议是根据单一风险、单次事故的发生情况或总损失而制定的。然而，事件保险合同在 "9·11" 事件后在航空业消失了，今天航空保险的保额很难少于 3 亿美元。另一种方法是止损，即再保险接受人同意承保固定金额的损失。保险事件在年度损失负担超过约定的可扣除额时确定。这种免赔额被定义为保费收入的固定金额或确定部分。最终，止损安排使保险分担任免受年度损失波动。

非比例再保险允许再保险分出人保护一定等级的风险。它不出售部分风险投资组合，也不分享溢价。与比例再保险协议一样，非比例再保险可能涉及不同保险层次的多个保险分担主体。

值得一提的是，再保险公司可以自己购买保险。这种类型的风险转移有时被称为 "转差"。这种合同可以根据公司的风险状况和业务采取多种形式。同样，一些风险可以通过非传统方法进行再保险，如巨灾债券或私人融资安排。最终，再保险是另一种分担风险和最小化财务损失的方法。

结论

正如我们在本章和其他章节中所了解到的，航空业是高度资本密集型行业。飞机价值从数百万美元到数亿美元不等，一笔损失就可能使一项业务破产。这就是为什么飞机所有者和运营者购买航空保险，以保护其经济利益。市场上有多种类型的保险选择，但通用的概念是用保险费来交换风险，以弥补事故造成的损害或损失。保险费的数额取决于多种因素。尽管如此，保险单就像任何其他法律合同一样，任何条件上的违反都可能导致投保人被拒绝索赔。

一些保险公司只愿意同时为涡轮螺旋桨飞机和涡轮风扇飞机承保，而另一些公司更愿意只为喷气式飞机承保。就像在租赁业务中一样，很少有保险公司只经营一种机型。类似地，如果运营商在为一架普通的飞机融资时遇到困难，他或她可能会面临更高的保险费率。观察市场并跟踪趋势对于获得低保费至关重要。如今，保险费率很低，仅北美保险供应商提供的服务就起码是需求的200%。毫无疑问，这是一个买方市场，承销商正在争夺自己的位置。事实上，2015 年全球航空公司的保费略高于 11 亿美元，是10 年来的最低水平之一。但是，正如我们从"9·11"事件中看到的，市场压力会产生巨大而突然的影响，我们将继续看到保险业随着飞机技术、交通流量增加和未来事件的发展而发展。

案例分析

ABC 航空公司是东欧的一家小型包机航空公司。该航空公司运营 12 架庞巴迪 CRJ 100 飞机（50 个座位）和一架波音 737 – 500 飞机（从另一家航空公司租赁）。ABC 航空公司提供欧洲和中东几个城市之间的短程定期客运服务，以及到地中海几个岛屿的非定期包机服务。

1月10日，ABC航空公司的一架CRJ飞机起飞时偏离跑道，滑出跑道，进入跑道以东约250码的私人货运设施。这次事故导致一人死亡，大多数幸存的乘客都受了轻伤或重伤。调查人员在地面上发现了车轮痕迹，但目击者称飞机曾短暂升空。在事故发生地记录到了每小时31海里的（31kts）侧风。经过调查证实，一个轮子卡住了，导致起落架失灵。

飞机机身和起落架遭受了无法修复的损坏。飞机坠毁前的当前市场价值估计为11500000美元，货物设施损坏估计为2000000美元。最后，13名乘客提出了人身伤害索赔，每人赔偿1万美元。唯一的死亡者提出了总计为450000美元的合并索赔要求。

事故发生时，CRJ已经投保了综合险。通过BWC Jet Services提供的地面和飞行机体保险单，其保险价值为12000000美元，免赔额为1000000美元。在事故发生时，CRJ投保的综合险，包括磨损、轮胎更换、战争或没收。该航空公司还对分割限额保单（SLs）乘客人身伤害责任险进行了最低投保，财产损失限额为1000000美元。该保险由同一保险公司承保。ABC航空公司的管辖权要求对人身伤害承担与美国相同的责任限额。

1. 计算ABC航空公司可以从BWC Jet Services公司获得的总金额。

2. 根据合并限额责任政策，ABC航空公司将获得多少金额的赔偿？

3. 根据不在机体保单中的一切险，ABC航空公司将获得多少金额的赔偿？

4. 假设发现坠机是由飞行员失误造成的。结果会改变吗？如果是，怎么做？

5. 参考最初的场景，如果BWC发现机长在飞行当天早上没有通过年度体检，结果会如何变化？

6. ABC航空公司会从非所有权责任附加条款中受益吗？为什么或者为什么不？

7. 解释BWC作为ABC航空公司唯一的保险提供商面临的风险。BWC应该购买再保险政策吗？请解释说明。

参考文献

Boeing. *Current market outlook: 2017–2036.* (2016). From <https://www.boeing.com/commercial/market/commercial-market-outlook/> Retrieved December 12, 2017.

Culp, C. L. (2001). *The risk management process.* New York: John Wiley & Sons Inc.

Freitas, P. J. (2006). Aviation war risk insurance and its impact on US passenger aviation. *Journal of Transport Literature*, 7(2).

Gassen, D. (2012). *A guide to aviation insurance.* International Union of Aerospace Insurers. From <https://www.oecd.org/daf/fin/insurance/4.DavidGasson-background.pdf> Retrieved December 1, 2017.

Gerber, D. N. (2012). Chapter 7 aircraft finance. In I. Shrank, & A. G. Gough (Eds.), Equipment leasing-leveraged leasing (5th ed.). Practicing Law Institute.

Vaughan, E. J. (1997). *Risk management.* New York: John Wiley & Sons.

Willett, A. H. (1951). *The economic theory of risk and insurance.* Homewood, IL: Richard D. Erwin Inc.

第六章
飞机融资——债务、股票及资本市场

章节大纲

航空公司和租赁公司如何为机队融资

航空公司和租赁公司的司库、首席财务官和总裁致力于寻找最具吸引力的、最便宜的长期资金来源，以帮助发展业务。他们目标是所得到的经风险调节后的融资成本相对于其他资金来源而言，更具有吸引力。资本市场无疑是一个理想的地方，因为在资本市场中，能通过各种不同途径获得资金。司库可以使用不同的杠杆、途径和机会来筹集资金。但是，往往最低的融资成本，并不总是利率最低。这是因为，公司不能为了获得最便宜的资金来源而忽略其他因素。融资手段的多元化是一个重要考虑因素。富有远见的司库、首席财务官会与各种市场和资金提供者保持良好的合作关系。因此，当市场资金价格变得越来越昂贵，甚至可能发生像 2008 年一样的极端情况时，司库和首席财务官也能凭借经验运用多种融资形式在市场上获得融资。

飞机租赁是航空公司的一种机队融资形式，如第一章所述，这种形式在航空公司中越来越受欢迎。一般而言，航空公司和租赁公司可以通过以下传统渠道为购买飞机筹集资金：

- 留存收益
- 商业银行
- 债务市场
- 股票市场
- 制造商融资
- 出口信贷机构（ECA）融资

随着最近二三十年机队融资在资本市场快速发展的新演变，出现了如飞机资产证券化、私人和公共债务的循环信贷使用、双边和银团贷款、企业循环信贷、定期贷款等融资形式。每年都有新的和复杂的飞机融资工具被机构投资者和金融技术行业开发出来，而且金融创新方兴未艾，仍然在日新月异地向前发展。

啄食顺序理论

一般认为"啄食顺序理论"第一次出现在 1984 年《财经杂志》迈尔斯（S. C. Myers）的文章《资本结构困境》（Myers，1984；Lovell，2017a，b，c）中。"啄食顺序理论"的基本思想是信息不对称（在公司管理者和投资者之间），公司管理者在做融资决策时必须考虑税务、财务压力和代理成本等。迈尔斯博士在该论文中对"啄食顺序理论"进行了严谨的模型分析和充分的论述。该理论实际影响在于公司选择资金来源时所遵循的先后顺序：内部融资（如留存收益）；债务融资；股权融资。存在这种先后顺序的主要原因是投资者很难确定投资标的的公允价值。因此，企业管理者会首先选择使用内部融资而不是外部融资作为资金来源。但是，当内部融资不能满足需求，而不得不使用外部融资时，发行债务一般会安排在股权融资之前。这是因为投资者认为债权比股权更安全。啄食顺序理论认为企业应首先发行最安全的证券，债券也应该按照安全等级的不同，由高至低依次发行。例如，由于可转债比纯债券风险大，因此应该先发行纯债券后再发行可转债。关于机队融资，有担保债［例如，将在本章后面讨论的增强型设备信托凭证（EETC）］比高级无担保债更安全，高级无担保债比夹层融资更安全（本章稍后将对此进行讨论）。因此，根据啄食顺序理论，航空公司应该按照先发行担保债券，再发行无担保债券，最后使用夹层结构的顺序进行融资。然而，在现实生活中，企业通常先发行无担保债券，再发有担保债券，使资产具有更大的灵活性。虽然对投资者来说使用风险更低的担保债券可以降低融资成本，但它同时也增加了这些飞机的运营限制和未来所有权转移的潜在隐性成本。本章以下部分将讨论机队融资的各种资金来源，但未按照啄食理论的顺序来展开。

股权融资

与其他商业企业一样，当航空公司和租赁公司预测在不超过债资比的情况下，债务融资无法满足未来对现金的需求时，就需要发行新股权来满足资金需求。通常通过普通股或优先股进行股权融资。与其他行业的项目融资或固定资产筹集相比较，航空公司和租赁公司的股权融资并没有特别之处，其融资结构非常类似。

股权融资可以通过私募（向私人投资者发行股权）或在美国证券交易所登记，公开发行并在公开股票交易所进行交易。公开发行可以是首次公开募股（IPO）或再融资，投资银行通过承销的方式协助股权发行。出于信息披露和控制权的原因，航空公司和租赁公司一般会选择股权自持，只向商业银行和保险公司等金融机构和个人投资者出售很少一部分股权。近期，有一些航空公司出于加强联盟内合作关系的目的，不公开地转让了小部分股权给其他航空公司。例如，卡塔尔航空分别转让给 IAG（英国航空公司和伊比利亚航空公司的母公司）20% 股权，LATAM 10% 股权以及国泰航空 10% 股权。本章我们重点关注航空公司和商用飞机出租人特有的资产融资，因此不对股权融资进行展开讨论。

飞机租赁公司的典型股权投资者是养老基金、私募股权公司以及寻求比债务市场更高收益的中国和日本的大型银行。从历史上看，私募股权公司一直在投资快速增长的初创出租人，大约 5 年通过出售或 IPO 退出。表

6.1 列出了一些私募股权公司和它们投资的飞机租赁公司。

表 6.1 私募股权投资的飞机出租人

私募股权公司	所投资飞机出租人
橡树（Oaktree）	Elix 飞机资本（Elix Aviation Capital）
	杰克逊广场航空（Jackson Square Aviation）
CVC 资本合伙（CVC Capital Partners）	阿瓦隆（Avolon）
堡垒（Fortress）	爱卡索（Aircastle）
傲奈克斯（Onex）	Fly 租赁（Fly Leasing）
	BBAM 租赁（BBAM）
中桥（Centerbridge）	无畏航空租赁（Intrepid）
橡山资本（Oakhill）	阿瓦隆（Avolon）
殷拓（EQT）	北欧飞机资本（Nordic Aviation Capital）
纳皮尔（Napier）	飞机租赁公司（Air Lease Corporation）
凯雷集团（Carlyle Group）	地表航空租赁（Landmark Aviation）
水木（Waterwood）	亚太航空租赁（Asia Pacific Aviation Leasing）

资料来源：Ishka Research（Lovell，2017c）。

养老基金和其他机构投资者通常会购买并持有飞机租赁公司的少数股权，以寻求稳定的现金流。它们通过合资企业或特殊目的公司（SPV）为经验丰富的出租管理团队提供资金。这类投资者通常不追求过高回报，而是寻求安全稳定的现金流。表 6.2 列出了一些养老基金和机构投资者对飞机出租人的投资情况。

表 6.2 养老基金及机构投资者投资的飞机出租人

养老基金及机构投资者	出租人
安大略省教师退休金计划（Ontario Teachers' Pension Plan）	通用航空（GE Aviation） 爱卡索（Aircastle）
	哈瓦斯（AWAS）
加拿大退休金计划投资委员会（Canada Pension Plan PSP Investments）	天空租赁（Sky Leasing）
太平洋投资 GIC（Pacific Life Investments GIC）	阿瓦隆飞机资本集团（Aviation Capital Group Avolon）
科威特投资银行（Kuwait Finance House）	航空租赁与金融公司（ALAFCO）

资料来源：Ishka Research（Lovell，2017c）。

中国和日本的一些银行以及大型企业集团喜欢投资具有良好业绩和规模大的成熟租赁公司。例如，杰克逊广场航空（Jackson Square Aviation）被三菱商事株式会社（Mitsubishi Corporation）收购，日本开发银行（Development Bank of Japan）投资 TES 航空公司，海航集团入驻阿瓦隆集团（Avolon），以及 SMBC 入驻苏格兰皇家银行飞机资本（RBS Aviation Capital）。

债务融资

债务融资是航空公司和出租人最容易获得的融资方式之一。债务融资可以满足几乎所有的财务需求，例如营运资金、飞机购买和公司收购。债务融资也是租赁公司和飞机制造商融资方案的重要组成部分。

无担保债务是航空公司资本结构中最高级别的债务，因为如果发生违约，高级债权人将在其他初级债权人获得偿付之前先获得偿付。由于较其他债权人有优先权，高级债务的成本与其他形式的融资相比要低得多。

商业银行一直是航空公司和出租人最重要的债务融资来源之一，而且未来肯定会继续下去，因为通过多年的合作，银行已经深刻理解了商业航空的复杂性以及飞机作为资产的价值。除了在透支和信贷额度方面提供短期融资解决方案外，银行在中期公司贷款和杠杆租赁购买飞机方面发挥着不可或缺的作用。银行贷款通常是浮动利率债务，在整个贷款期限内贷款利率在伦敦银行同业拆借利率（LIBOR）的基础上以加减基点的方式上下浮动，一个基点是万分之一。例如，当前 6 个月 LIBOR 是 4%，如果利率是在 6 个月 LIBOR 基础上上浮 50 个基点，那么结果就是 4.5%。

典型的银行融资是为单架飞机或一组飞机提供 5~12 年的抵押贷款，贷款可以在贷款期限内摊销偿还或期末一次性还清。

债券市场可以为航空公司和出租人提供另一种形式的债务融资。债券市场可以满足各种期限、最快流动性和吸纳大量债券的交易需求。通常情况下，债券的发行期限为长期（25~30 年）。债券的利率通常是固定的，并以半年或年度息票的形式支付。对于典型的债券，本金（也称面值）不需要在到期前偿还。然而，根据发行人信用风险，债券契约可能包括偿债基金条款，该条款将要求航空公司或出租人在债券存续期内累积资金，以便能够在债券到期时全额偿还债权人。偿债基金条款可能包括根据特定安排（例如每年5%）退还预定一定比例债券的要求，以确保公司有足够的资金可用于在到期时偿还剩余的本金。许多契约可能与债券的发行相关，例如限制额外债务和特别股息等。通过将这些协议纳入债券契约，债券投资者可以保护自己的利益，确保发债公司所支付的利息（由投资者收取）与投资风险相对应。

银行信贷市场往往是关系驱动型的。银行向航空公司或租赁公司贷款，通常需要花相当多的时间来了解该航空公司或租赁公司的业务，这意味着要与它们建立深度的关系，除了发展贷款业务之外还要发展其他业务，如套期保值、现金管理、投资银行或其他业务。而在资本市场中，最终购买航空公司或租赁公司债券的资金经理、保险公司或其他金融机构可能会从研究角度跟踪它们，但可能不一定会建立其他多重业务关系。

银行和债券市场之间的另一个区别是，在大多数情况下，银行会将这些贷款持有到期，这是银行试图与客户保持关系的一部分。然而在债券市场中，债券是为了交易而产生的，因此需要具有评级，而银行贷款通常没有。评级是由第三方评级机构，如标准普尔、穆迪以及其他评级机构作出的，债券交易员可根据评级结果作出购买或出售债券的决策。有时候银行也的确会出售或转让一部分贷款，但这种情况发生的频率远低于资本市场。

此外，由于受流动性、契约、长期关系（银行）与交易（债券）以及贷方获取资本的难易程度等因素影响，债券市场的交易规模通常远远大于银行。借款人可以在资本市场上进行比银行市场更大规模的交易。有时候一些银行也会联合起来组成银团，使用银团贷款或大型信贷工具来满足借款人的资金需求。但是，通常如果一家航空公司需要在未来3年内为100架飞机进行融资，一般会选择发行几笔大额债券。这些债券可以是有担保的也可以是无担保的，单笔金额在4亿美元到10亿美元之间。在银行市场中通常看不到如此大规模的融资。

与股权融资类似，航空和飞机租赁行业的无担保债务融资并没有特别之处。当然，为了适当评估风险，债券投资者需要了解航空和飞机租赁行业，以及债券发行人在该行业中的地位。航空公司和出租人发行的公司债券都有其信用支持。由于大多数航空公司的信用评级通常低于其他行业的公司，因此对于新航空公司来说，一般无法获得债券融资或成本过高。航空公司债券融资的唯一可行方式通常是使用它们最大的资产——飞机作为抵押品，发行增强型设备信托凭证。正如我们稍后将讨论的，增强型设备信托凭证结构可以通过超额抵押和多元化来加强，从而降低投资者的风险，减少借贷成本。

当航空公司或租赁公司决定如何为其主要收入来源——飞机进行融资时，会涉及很多因素。第一个关键因素是，航空公司或飞机出租人当前流动性，想用多少资本金购买飞机？第二个关键因素是如何获得各种债务。与银行的关系如何？银行如何看待它们？它们可以获得什么类型的债务融资？它们进入资本市场的渠道是什么？根据公司所在的国家/地区，航空公司或出租人可能拥有广泛的或有限的进入资本市场的渠道。第三个关键因素是航空公司和租赁公司对融资灵活性的期望和要求。例如，航空公司只是寻求长达 12 年的融资而不会考虑出售飞机，然后按约定偿还债务即可。同样，租赁公司也可以长期投资飞机，或者将其作为资产购买，然后根据该飞机类型的市场发展情况在 2～3 年内进行交易。因此，根据这些因素，无论是航空公司还是租赁公司都会选择能够提供一定灵活性的融资。例如，银行融资比债券融资灵活，银行融资以浮动利率为主，因为通常银行是浮动利率贷方。如果航空公司或租赁公司希望有提前还款选择权的话，那么它们更有可能在银行市场上融资。如果提前还款不是特别重要的话，那么债券市场可能是更好的选择。

航空公司或租赁公司从银行或资本市场筹集资金，往往取决于该公司在其生命周期中的位置。通常，相对较新的航空公司或租赁公司具有非常大的融资需求。它们融资首选通常是银行市场。一旦它们在银行市场变得游刃有余并且银行市场对它们更加宽松的时候，它们下一步自然而然就会进入普通有担保的债券市场，如增强型设备信托凭证或飞机资产支持证券（ABS），然后再下一步就是无担保融资。随着公司的发展和成熟，融资方式会从普通型抵押融资发展到有担保或无担保的交易。

另一个需要考虑的因素是航空公司或租赁公司希望以有追索权的方式借款还是无追索权的方式借款。这对租赁公司来说尤为重要。一些租赁公司对融资进行了担保，而其他公司只有抵押品本身。在债券和银行市场中，贷款人既可以依据公司义务或有抵押品公司承诺支付而提供贷款。或者，它们可以只看抵押品本身贷款而不追索借款人。无追索权融资在特定飞机上具有安全性，但它无法追溯到该飞机的所有者，即公司。债权人的债权仅限于债权人借出的特定资产。

担保融资与无担保融资有什么区别呢？担保融资是有资产作为担保的融资。对于航空公司和飞机租赁公司而言，该资产通常是飞机。然而，当航空公司已经成功地获得了从不动产到航线、降落位、备件和发动机的其他资产担保。无担保融资的定义是没有任何资产担保的融资，但是可以向公司追索，发行公司保证当融资到期时负有偿还的义务。除了是否有资产担保之外，担保融资和无担保融资之间的最大的差别是能否分期还款。在大多数情况下，担保债务可以分期还款，这取决于它是从银行还是资本市场借款。银行市场通常采用更激进的分期还款计划，希望借款人在贷款期内偿还更多的贷款，而担保债券通常较少有分期还款方案。由于无担保借款没有附加资产，所以也不用分期还款。不同风险偏好的投资者会参与不同类型的融资。一般而言，无担保融资比担保融资的价格更高，因为它没有为债权人提供担保，因此被认为风险会更大。

融资期限和分期还款具有非常直接的关系。通常，融资期限越长，贷款期内分期还款的金额越多，期末借款人的贷款余额会越少。例如，对于1亿美元的10年期贷款，按照等额本金的还款方式，借款人需要在10年内每年偿还1000万美元的本金，贷款到期时本金归零。如果此笔贷款分期还款方案不变，但期限变成5年，那么贷款到期时就需要一次性偿还5000万美元。借款人要么为了避免大额支出的压力选择再融资，要么直接偿还贷款。如果借款人需要在5年内完全偿还1亿美元的贷款，那么显然它每年需要偿还2000万美元本金而不是1000万美元。还款期限越长，贷款本金被分摊的越多，借款人最终的还款额越小。

从基本关系的角度和这种关系实际意义来看，投资者或银行贷款人须对抵押品（飞机）类型有自己的观点。它们对于某一类型的飞机越放心，就越有可能提供更长期的贷款，并且对飞机残值具有更好的风险承受能力，这将直接影响融资期末还款额。例如，如果新的波音737-800获得了10年期的很好的信贷支持，那么银行很有可能不会介意企业在贷款末期偿还高额的剩余本金（例如40%）。如果企业信用额度较弱，或者飞机类型不受银行或债券投资者的青睐，则贷款人可能要求企业在相同的年限内执行更加苛刻的分期还款计划，并且贷款到期时的剩余本金将变得更少。

就目前的债务市场而言，从2013年到2017年，大多数出租人的借贷成本大幅下降。对于大多数公司而言，平均借贷成本取决于其最高级无担保债券的定价。许多大型出租人已经降低了它们的投资组合风险并提高了它们的信用评级，从而使它们的债券定价更具有竞争力。从结果来看，出租人推升了无担保债务的纪录，使之成为主要的融资来源。反过来，这种无担保债务改善了出租人的信用评级指标，因为无抵押借款使它们的主要资产——飞机不受限制。因此，在信用评级较高的情况下，假设资本市场没有重大宏观事件出现，出租人将能够筹集更多无担保融资。

双边贷款与银团贷款

当借款人只与一个贷款人交易时，贷款人向借款人提供的贷款被称为双边贷款。例如，当航空公司或出租人使用银行贷款为飞机融资，那么这就是双边贷款。双边贷款可以是担保贷款或无担保贷款。银团贷款也可以是担保贷款或者无担保贷款，它会涉及多个贷款人和一个借款人。银团贷款一般融资规模比较大，通常会由一家银行充当牵头管理行，负责融资安排，相应的借款人会支付一定银团安排费。此外，银团贷款通常较为复杂，如果是国际交易往往会涉及不同货币。联合融资类似于银团贷款，会涉及一个借款人和几个贷款人。但是，通常联合融资中没有管理人角色，仅仅就是几家拥有相同份额的银行组织并共同监督一个借款人，它并不像银团贷款那么复杂，一般在融资金额很大或风险较高一家银行无法处理时的时候出现。由于需要向银团贷款管理行支付额外费用，所以银团贷款通常比双边贷款或联合贷款融资成本更高一些。

德国凭证贷款

据 Ishka Global，德国凭证贷款（CSD）在欧洲的航空金融市场上很受欢迎，并且在国际上也越来越受到关注（Lovell，2017a）。德国凭证贷款是德国的一种私募贷款，具有文本简洁、发行成本低和投资者基础多元化的特点（Lovell，2017b）。它是一种将双边贷款合同集合在一起的多方协议，比债券或银团贷款更简洁。典型的德国凭证贷款融资期限在 3~10 年，可为不同的投资者提供不同的期限。

出租人企业循环信贷

企业循环信贷涉及出租人，该出租人借入资金或通过组成银团贷款或其他方式融资，建立飞机资产包，然后利用资产包发行飞机资产支持证券。这是一种短期融资，有点类似于分销商或制造商的应收账款融资。它可以表述为用飞机做抵押而授予循环信用额度。当承租人将使用企业循环信贷购买的飞机发行 ABS 或再融资时，企业循环信贷将被偿还。企业循环信贷作为融资工具对于次级投资等级的小型出租人来讲更重要，因为其没有投资级大型出租人获得资金的渠道。这些小型出租人通常依靠企业循环信贷来建立飞机资产包。企业循环信贷为出租人提供了较大的灵活性，例如，用作抵押品的飞机可以用类似价值的飞机替换。典型的仓储融资规模在3 亿~7 亿美元，多用于窄体飞机的投资组合。

过桥贷款

过桥贷款是一种短期贷款，是出租人在获得银行或资本市场的长期融资之前使用的一种贷款，因此被称为"过桥"。过桥贷款有点类似于企业循环信贷，所不同的是它不允许替换被抵押的飞机。过桥贷款为出租人提供了一种低成本的短期（最长 1 年）融资解决方案，通常几乎可以立即获得。例如，2016 年 6 月，土耳其航空公司使用渣打银行提供的过桥贷款购买了两架 B737 – 800 和一架 B777 – 300ER。商业资金由 Credit Agricole CIB 提供。

过桥贷款用于等待美国进出口银行对商业融资的担保（Segal，2016）。

评级机构的职能

航空公司或飞机出租人的财务状况越优良，其可以获得的债务市场范围就越广泛，并且可以谈判到更好的融资条件。资产负债表和财务状况较好的大型航空公司通常可以提高无担保债务的份额，而新的或小型航空公司则不得不依赖基于资产支持的融资。公司的借贷能力反映在它们的信用评级中。信用评级由专业信用评级机构评定，评级机构主要负责评估航空公司和租赁公司，以及它们发行的债券或结构性融资工具的相对信用风险。公司的信用评级越高意味着投资者风险越低，那么相应的借贷成本也就越低。目前，市场上有三大信用评级机构，即穆迪、标准普尔和惠誉。这三家公司均位于美国，控制着全球大约87%的非政府安全评级业务（SEC，2017）。而克罗尔债券评级公司（KBRA）一直活跃于商业航空债务领域，为飞机ABS和出租人提供评级。从2016年开始，KBRA对每笔商用飞机ABS交易都进行了评级。

图6.1显示了截至2016年12月31日，未偿付的非政府证券评级的细分情况。

除了美国的信用评级机构外，市场上还有一些较小的评级机构，主要服务于非美国市场。例如，中国联合信用评级有限公司和中国诚信信用评级集团，日本信用评级公司，ICRA有限公司（印度），环球信用评级集团（香港）等。

虽然投资者和贷款人都有一套自己的内部信用分析和评价工具，但是它们在做决策时也会部分参考专业信用评级机构的评级结果。良好的信用评级能为航空公司或出租人扩张贷款人，更好地为机队融资。图6.1列出了三大评级机构的评级，以及选定的航空公司和出租人评级。很多飞机出租人是大型金融或工业企业的下属公司，因此，评级机构一般不会将其与母公司分开评级。例如，波音资本是波音的一个部门，而GECAS是通用电气的一个部门。如表6.3所示，2017年机队规模排名前50家最大出租人中，

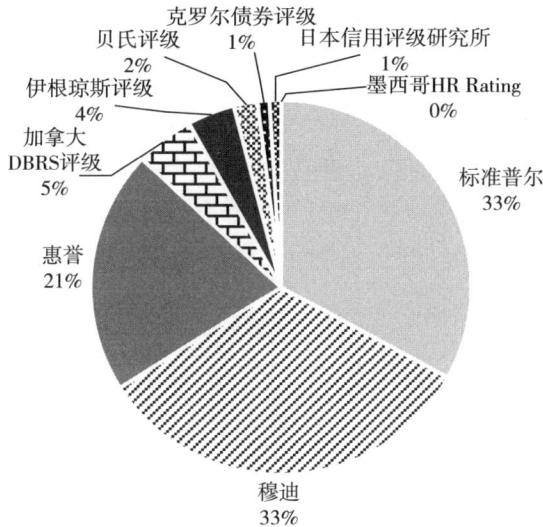

资料来源：证券交易委员会报告，2017 年 12 月。

图 6.1　截至 2016 年 12 月 31 日未偿付的非政府证券评级的细分情况

穆迪仅为 9 家出租人做了独立的信用评级。总体而言，出租人的信用评级优于航空公司。

表 6.3　　　　　　部分航空公司和出租人的评级（2018 年 4 月）

评级等级		标普	惠誉	穆迪	航空公司 穆迪评级	出租人 穆迪评级
投资级	最高级	AAA	AAA	Aaa		
	较高级	AA 1	AA 1	Aa1		
		AA	AA	Aa2		
		AA –	AA –	Aa3		
	高级	A 1	A1	A1		工银租赁 建信租赁
		A	A	A2		
		A –	A –	A3	西南航空	
	良好级	BBB 1	BBB 1	Baa1	易捷航空； 捷蓝航空	交银租赁； 招银租赁

续表

评级等级		标普	惠誉	穆迪	航空公司 穆迪评级	出租人 穆迪评级
投机级	投机级	BBB	BBB	Baa2	新西兰航空； 澳洲航空公司； 西捷航空	
		BBB –	BBB –	Baa3	英国航空；达美航空； 拉塔姆航空； 威兹航空	荷兰爱尔开普航空 租赁公司
		BB 1	BB 1	Ba1	美国航空	爱卡索有限公司； 巴西航空工业公司； 荷兰金融私人有限 公司；
		BB	BB	Ba2	美国大陆航空	阿瓦隆
		BB –	BB –	Ba3	加拿大航空； 阿根廷航空； 巴西蔚蓝航空	澳洲商用飞机租赁 公司
	非常投机级	B1	B 1	B1	夏威夷航空； 北欧航空	
		B	B	B2	维珍澳大利亚	
		B –	B –	B3		
	风险高	CCC 1	CCC 1	Caa1		
		CCC	CCC	Caa2		
		CCC –	CCC –	Caa3		
		CC	CC	Ca		
		C	C			
	违约	SD	DDD	C		
		D	DD			
			D			

夹层融资

夹层融资是一种混合形式的融资，具有债务和股权的双重特征。在公司的资本结构中,夹层处于高级债务和股权之间。在违约的情况下,夹层投资者有权在高级债务持有人受偿后,将夹层投资转换为股权。夹层比高级债务成本高,但比股权融资成本低一些。寻求通过夹层融资筹集资金的公司,通常需要有不错的业绩记录、良好的声誉和正现金流,以支持利息支出。对借款人来说,夹层融资的好处之一是利息可以抵税(与普通债务相同);第二个好处是,如果借款人无法支付预定的利息,则利息的部分或全部可以延期支付(而传统债务融资不可以)。此外,如果公司的价值成长性足够好,夹层融资很容易被调整为利率较低的高级债务。相应地,夹层融资的缺点也显而易见,一是融资成本高于高级债务的融资成本;二是由于所有权被稀释,使公司股东牺牲了控制权和积极进取的动力。夹层融资类似于可转换债,除债务工具外,还包括权益工具,如权证。夹层融资中最常见的组成部分是附属票据和优先股。

通常,夹层融资的偿还方式包括现金利息、非现金利息(PIK)和股权部分:

- 现金利息:根据未偿本金余额,定期支付的现金利息。一般是基于 LIBOR 的固定或浮动利率。

- PIK 利息:非现金利息是一种定期付款方式,其中利息不是以现金支付,而是在融资到期时与本金一起支付。例如,如果一笔 1000 万美元的债券,PIK 利率是 8%,那么到期时,该债券价值为 1080 万美元。

- 股权部分:夹层融资以股票认股权证的形式,拥有与之相关的权益工具。这些认股权证允许夹层投资者以约定(通常是名义价格)的价格购买股票。

一笔典型的夹层融资交易可能采用如下结构:100000000 美元的高级债务,10% 的现金利息、6% 的 PIK 利息和占公司所有权 3% 的权证。

出口信贷机构

出口信贷机构(ECAs)是提供政府支持贷款、担保、信用增级和保险的公共机构,主要目标是鼓励和促进本国的商品和服务出口。通常情况下,出口信贷支持用于对飞机的需求很高但是信用环境较弱的新兴市场，商业银行一般不愿意在没有出口信贷机构提供信用和政治风险增信的情况下放贷。大多数工业化国家都至少有一个出口信贷机构、组织形式通常是政府的官方或准官方部门。例如，美国进出口银行主要提供贸易融资解决方案，帮助美国商品和服务出口。同样，英国出口融资机构、法国出口保险机构、加拿大出口发展局、巴西担保机构和其他国家的类似机构，也都是为了支持本国的商品和服务出口而设立的。波音资本公司称，2009—2012年国际金融危机期间波音交付的约 30% 的飞机都由美国进出口银行提供融资（波音资本，2018）。当资本市场变得更健康，有多种融资方案可供选择时，出口信贷机构融资就会减少。2017 年和 2018 年，ECA 融资量处于历史低位，如果资本市场不出现重大流动性问题的话，预计仍然将保持低水平。

虽然各国出口信贷机构提供的融资种类和形式各不相同，市场上通常会有几种主要形式的融资方式，以减轻外国买家的信用风险，例如，美国进出口银行一般有以下形式的融资产品：

- 直接向买家发放贷款。
- 违约责任保证担保。
- 出口信用保险。保护出口商免受外国买家的违约风险，这种保险使出口商更容易获得银行融资。
- 流动资金保证担保。对商业银行向出口商提供的外国应收款担保项下的流动资金贷款提供的保证担保。

以下是出口信贷机构提供的零期权费，固定利率期权的例子：

- 无期权费的利率期权：出口信贷机构可提供无期权费的利率期权。例如，航空公司会收到出口信贷机构提供的固定利率，融资金额最高不超过购机价格的 85% 的融资要约。期权要约有效期为 90 天。航空公司必须在90 天内决定是否接受此要约。该期权适用于最多能提前 3 年交机的情况。如果航空公司选择不行使此期权，则要约失效，航空公司可能将会收到另外一个要约。如果航空公司选择行使此期权，则有义务按此利率获得飞机融资。但是，如果在飞机交付时航空公司能够获得价格更低的融资来源，那么它有权放弃该权利。这种期权的优点是航空公司可以提前锁定低利率融资，以规避在飞机交付时更高的利率。但是如果市场利率下降，航空公司不必执行较高利率。

●　保险：这是一种基于 ECA 保险项下的商业银行浮动利率贷款。凭借 ECA 最高 85% 的担保，航空公司通常可以获得 6 个月 LIBOR 加 40～60 个基点的低成本融资。

尽管出口信贷机构只支持自己国内的制造商，但有人担心其中可能会有一些不合理的优惠条款，将给经济较强国家的制造商带来特别的优势。为解决这些问题，经济合作与发展组织（OECD）于 1986 年制定了民用航空部门出口信贷规则。其中，大型飞机协议（LASU）作为更广泛协议的一部分，成为各国官方支持出口信贷业务的指引。经合组织的使命是"推动改善世界经济与社会民生的政策"（OECD，2018）。截至 2018 年 5 月，该组织有 35 个成员，包括美国、加拿大、法国、英国、德国和其他经济发达国家。LASU 后来被 ASU 取代，除了大型商用飞机还包括区域涡轮螺旋桨飞机和支线飞机，以及直升机和商用飞机等小型飞机。第一个 ASU 于 2007 年生效，新的 ASU 于 2011 年签署。ASU 管理所有经合组织国家和巴西（目前不是经合组织成员国）制造飞机的出口融资规则。ASU 建立了最优惠的条款，可由出口信贷机构扩展到购买飞机的合格方。签署于 2011 年的新 ASU 在 2 年过渡期后于 2013 年全面生效，它解决了美国和欧盟航空公司作为"母国航空公司"禁止使用 ECA 融资的担忧。"母国法则"禁止 ECA 向位于法国、德国、西班牙、英国和美国的航空公司购买空客和波音飞机提供援助。"母国航空公司"担忧的问题是，全球一些利润丰厚的航空公司已经将出口信贷机构用作可靠且相对便宜的融资来源，这可能会给它们带来不公平。

总之，ASU 已经成为指导机队融资规则的有效工具。2011 年 ASU 的附录Ⅲ和 2007 年 ASU 的附录 IV，规定了适用于出口信贷机构官方融资支持民用航空器的最低利率。表 6.4 列出了 ASU 规定的 2018 年 4 月 15 日至 6 月 14 日利率。

表 6.4　　　　　出口信贷机构支持民用飞机官方融资最低利率

币种	飞机协议	支付期限（年）	2018 年 5 月 15 日至 6 月 14 日利率	2018 年 4 月 15 日至 5 月 14 日利率
日元	ASU 2007	≤12	1.14	1.13
		≤10	0.90	0.89
		>10≤15	0.94	0.93
	ASU 2011	≤9	1.10	1.09
		>9≤12	1.14	1.13
		>12≤15	1.21	1.20
英镑	ASU 2007	≤12	2.49	2.48
		≤10	2.11	2.09
		>10≤15	2.29	2.48
	ASU 2011	≤9	2.31	2.29
		>9≤12	2.49	2.48
		>12≤15	2.64	2.64
美元	ASU 2007	≤12	4.02	3.97
		≤10	3.70	3.63
		>10≤15	3.82	3.77
	ASU 2011	≤9	3.90	3.83
		>9≤12	4.02	3.97
		>12≤15	4.05	4.02
欧元	ASU 2007	≤12	1.47	1.48
		≤10	0.95	0.96
		>10≤15	1.27	1.28
	ASU 2011	≤9	1.15	1.16
		>9≤12	1.47	1.48
		>12≤15	1.72	1.73

资料来源：www.oecd.org。

航空金融保险联盟

航空金融保险联盟（AFIC）由保险经纪公司 Marsh 和波音资本推出，针对美国进出口银行的融资提供私人融资替代方案。AFIC 提供的 AFIC 非付款保险（ANPI）是由一组支持飞机抵押融资的保险公司提供的产品，并为承保人提供更多对交易结构的控制，从而提供比传统的非付款信用保险产品更好的保护。由于承保 AFIC 交易的保险小组不属于政府部门，因此 AFIC 的飞机融资利率高于进出口银行的融资利率。但是，作为一个私人组织，AFIC 不受 ASU 的约束，也不需要遵循 ASU 规定的最低风险费用，因此可以提供具有成本效益的市场化融资。此外，鉴于监管机构将 AFIC 项下贷款视为低风险交易，所以使用 ANPI 可能会减轻商业银行的资本监管要求。

关税和贸易总协定/世界贸易组织

关税与贸易总协定（GATT）由 23 个国家于 1947 年在日内瓦签署。它包括一整套旨在废除配额和减少各国关税的贸易协定，主要是通过减少或消除贸易壁垒来促进国际贸易。它涵盖了每个缔约国特定关税减让计划，代表了每个国家同意适用于其他国家的关税税率。关贸总协定于 1994 年被世界贸易组织（WTO）取代。

世界贸易组织（WTO）成立于 1995 年，是关贸总协定的继承者，最初的关贸总协定文件在世贸组织框架下仍然有效。世贸组织现在是联合国发起的一个包含关贸总协定的体制框架，负责管理国际贸易，确保两国之间的贸易按照世贸组织贸易协定确定的规则进行。它同时还是解决国际贸易争端的平台。例如，WTO 参与解决巴西航空工业公司（Embraer）与加拿大庞巴迪公司（Bombardier）及其政府之间关于政府为购买飞机提供补贴的争议。两国互相指责对方违反 WTO 贸易协定的补贴与反补贴协议（ASCM）。巴西出口融资机构 PROEX 通过直接融资或利息平均支付的方式，向巴西出口商提供出口信贷。加拿大认为，在 1998—1999 年，PROEX 对巴西航空工业公司销往国外的飞机提供补贴违反了 ASCM。世贸组织专家组同意这一立场，并授权加拿大对巴西进口产品进行高达 14 亿美元的报复。巴西对此决定提出质疑，称其融资计划类似于加拿大政府向西北航空公司购买庞巴迪生产的飞机提供 12 亿美元贷款的保证担保。2003 年及以后，加拿大和巴西之间发生了几起类似的争端。最近的一起案例发生在 2018 年 1 月，波音公司诉称其业务受到了损害，因为庞巴迪公司接受政府非法补贴，并以非常低的价格向达美航空公司出售 C 系列飞机。

增级设备信托凭证

增级设备信托凭证（EETC）是投资级别的公司债券，航空公司用它来融资购买新飞机。EETC 本质上是用所购飞机做抵押的有追索债务工具。如果发生违约，如在清算抵押品后仍存在亏空，EETC 可对航空公司提出索赔。与传统的设备信托凭证和转手信托凭证相比，EETC 具有相当大的结构增强功能。EETC 由破产隔离的特殊目的公司（SPV）发行。这些 SPV 拥有相应的设备票据，这些票据由被抵押的飞机的融资支持。通常，EETC 的信用评级高于航空公司本身。

EETC 的主要特点有以下几个：

- 破产隔离；
- 第 1110 条保障；
- 流动性工具的使用；
- 分级发行；
- 交叉违约；
- 抵押本质和多样化。

破产隔离结构

由于 EETC 是由破产隔离 SPV 发行的，这些 SPV 通常位于强调和保护投资者权利的税收友好地区，因此它们几乎不受发行航空公司破产的影响。在大多数情况下，EETC 由高价值的现代飞机提供支持，这些飞机是该航空公司核心机队的重要组成部分。这意味着即使在破产重组的情况下，航空公司也能够主张该 EETC 下的飞机，并继续向 EETC 持有人支付所有款项。这样航空公司能防止 EETC 下的飞机被扣押，EETC 票据持有人也不受影响。例如，21 世纪初，在达美航空和西北航空公司破产期间，航空公司仍然保留了流动性用于支付 EETC 和 EETC 投资者，并且相应的飞机在破产过程中未受影响。

第 1110 条保障

为了保护 EETC 债权人的利益，美国破产法第 1110 条规定将飞机和飞机设备置于标准破产法之外。因此，在扣押资产之前，EETC 持有人可以在违约 60 天后占用飞机,而不是按照第 11 章程序规定必须等待 210 天。该规则为 EETC 持有人在处理违约的早期提供了重要的谈判杠杆,并帮助它们避免其他担保贷方可能经历的漫长的僵局。

流动性工具的使用

EETC 还配备了流动性工具,可在违约时为 EETC 定期支付长达 18 个月的费用。流动性工具通常由评级较高的银行提供资金,旨在为 EETC 持有人提供足够长的时间,以便它们收回飞机和追讨债务,同时保持利息正常支付。

分层

分层是 EETC 的另一个重要特征,它允许 EETC 按照不同杠杆和等级水平发行。典型的 EETC 结构有三种不同贷款价值比率(Loan – to – Value,LTV)的层级:

- A 层 45% LTV;
- B 层 65% LTV;
- C 层 80% LTV。

EETC 结构中最高级别的债券是 A 层,其次是 B 和 C 层。在违约的情况下,A 层持有人有权代表整个信托作出决策。同时,A 层持有人在现金流量方面享受最高级别,将获得优先偿付。只有在 A 层持有人被全额偿付后 B 层持有人才能获得偿付。C 级持有人排在最后,只有前面两层持有人被全额偿付后才能获得偿付的。这称为交叉从属,是 EETC 特有的增强。这样能够在发生违约时更快地偿还高级持有人的债务。评级机构会区分 EETC 结构中不同等级类别,将 A 层评为投资级,B 层评为 BB 级。高等级的 EETC 通常是超额抵押的,即使在市场条件恶化,飞机价值显著降低的条件下也能从强大的资产覆盖中受益。

交叉违约

交叉违约是 2007 年之后新引入 EETC 的另一个典型特征。这一增强手段规定航空公司在破产期间必须对 EETC 池中的所有飞机进行全部付款,否则将失去 EETC 池中的所有飞机。这种增强手段是为了保护投资者免受航空公司的选择性违约。例如，如果 EETC 池中有多种类型的飞机，航空公司不能在一种类型的飞机债务上违约而为另一种类型的飞机债务继续支付利息。当 EETC 池中的一架飞机处于不可挽救的违约状态时，那么按照交叉违约条款，池中所有飞机都将处于违约状态。这允许债券持有人根据需要扣押 EETC 池中的任何或所有飞机。

抵押本质和多样化

通常情况下，EETC 由该航空公司机队中最现代化的飞机提供支持。这很重要，因为在违约的情况下，航空公司将选择主张机队中较新的飞机。此外，从投资者的角度来看，新型飞机更容易进行转卖和变现。此外，EETC 通常由飞机资产池支持，一个资产池中会有三四种不同类型的飞机。由于不同的飞机类型折旧率不同，这就使抵押资产具有多样性。最后，正如我们上面已经提到的，EETC 通常是超额抵押的，因此为投资者提供了额外的保护。

由于 EETC 息票和 10 年期美国国债之间的差价较小，EETC 融资持续受到美国客运航空公司的欢迎。美国联合航空公司在 2018 年发行了价值 9.35 亿美元的 EETC，为 16 架飞机提供资金。加拿大航空公司、美国航空公司和 Spirit 公司于 2017 年进入 EETC 市场，A 级票据的平均票面利率为 3.56%，B 级票据的平均票面利率为 4.03%。然而，随着利率的攀升，航空公司可能会开始考虑其他融资来源，EETC 的发行额呈现逐年下降趋势。彭博社报道，2015 年 EETC 的总发行额为 57.32 亿美元，2016 年为 54.1 亿美元，2017 年为 31.4 亿美元。

非美国航空公司对 EETC 的热情较低，因为在美国以外发行 EETC 无法得到美国破产法第 1110 条规定的债权人保护。虽然《开普敦公约》提供了一种等效的债权人保护方法，但与 EETC 相比，这种保护的稳健性尚未得到检验。尽管如此，随着投资者对《开普敦公约》越来越认可，非美国航空公司也进入 EETC 市场，特别是存在类似于"第 1110 条"的债权人保护的国家。比如，英国航空公司在 2013 年和 2018 年发行了 EETC。加拿大航空公司于 2018 年 2 月发行了以加元计价 EETC。挪威航空公司于 2016 年发行了价值约 3.5 亿美元的 EETC 用于购买 10 架新型 B737-800 飞机。

例 6.1　2014 年美国联合航空公司系列 1 EETC（美国联合航空公司，2014）

2014 年初，联合航空公司发行了价值 9.49 亿美元的 EETC，用于购买 25 架飞机：

- 13 架新型波音 737 - 924ER 飞机计划于 2014 年 6 月至 2015 年 3 月间交付；
- 2 架新型波音 787 - 8 飞机计划于 2014 年 5 月至 10 月间交付；
- 1 架新型波音 787 - 9 飞机计划于 2014 年 9 月至 2015 年 3 月间交付；
- 9 架新的巴西航空工业公司 ERJ 175 LR 飞机计划于 2014 年 3 月至 2015 年间交付。

摩根士丹利和瑞信银行是 EETC 的主要账簿管理人。法国东方汇理银行，通过其纽约分行提供流动性工具。EETC 分为两层级：A 级价值 7.366 亿美元，利率为 4%；B 级价值 2.128 亿美元，利率为 4.75%。A 级和 B 级最初分别为 44.9% 和 29% 的过度抵押。表 6.5 列出了 EETC 的结构摘要。

表 6.5　　　　　　　　　　美联航 2014 年 EETC 结构概要

	A 级	B 级
面值（美元）	36647000	212812000
预计评级	A -/A	BB +/BB +
初始贷款比率	55.1%	71%
利率	固定、半年，按 30/360 天计	
初始平均年限	8.8	5.9
通常分红日期	4 月 11 日和 10 月 11 日	
预计本金分配窗口（年）	1.5 ~ 12.0	1.5 ~ 8.0
预计最后分红日期	2026 - 04 - 11	2022 - 04 - 11
到期日	2027 - 10 - 11	2023 - 10 - 11
S1110 保障	适用	
流动性工具	按半年利率支付 3 次利息	
受托人	筹集的资金将与保管人一起托管，并在飞机获得融资时不时撤回购买的设备票据	

主要结构要素

• 买断权：在美国联合航空公司破产时，B 类持有者有权购买所有（但不少于全部）当时未偿还的 A 类以及应计和未付利息。

• 交叉违约：适用，从第 1 天开始。

• 交叉抵押：适用，从第 1 天开始。

• 抵押品：美国联合航空运营机队中战略性的核心飞机类型，预计所有这些都将在 2014 年或 2015 年交付。此笔交易募集到的资金，预计将为联合航空 22 架符合条件的波音 737 – 924ER 飞机中的 13 架，2 架波音787 – 8 飞机，4 架符合条件的波音 787 – 9 飞机中 1 架以及 21 架符合条件的巴西航空工业公司 ERJ 175 LR 飞机中的 9 架飞机提供融资。

抵押品信息

抵押品池受益于多样化的三种战略性核心飞机类型：51%窄体，30%宽体和19%支线飞机。所有的飞机都是新的。美联航已经从三家评估公司（AISI，BK 和 mba）获得了基础桌面估值。总计飞机估值约为 13.62 亿美元。图6.2 显示了截至 2014 年 3 月，EETC 与飞机价值的比较，使用了飞机三次基准价值的平均值和中位数的较低值。

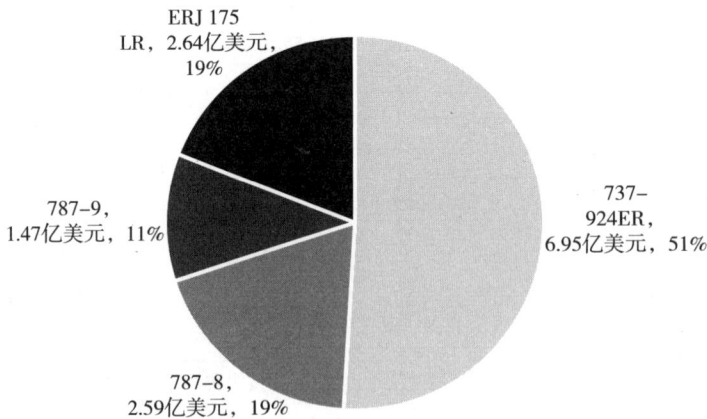

图 6.2   UAL 2014 –1 EETC 混合抵押

交易结构

证书是由专门为每个层级创建的破产隔离信托所发行的。出售证书的收益最初以托管方式存放，托管资金的利息将于 2014 年 10 月 11 日开始计息，每半年于 4 月 11 日和 10 月 11 日支付一次。信托使用托管资金购买设备票据。设备票据由美国联合航空公司发行，并由计划于 2014 年 3 月至 2015 年交付的 16 架新波音飞机和 9 架新的巴西航空工业公司飞机担保。设备票据的付款通过每个信托机构转给证书持有人。

按以下顺序进行分配：

- 第一，向 A 类证书持有人支付 A 类证书的利息；
- 第二，向 B 类证书持有人按照优先 B 池的余额支付利息；
- 第三，向 A 类证书持有人按照 A 类证书池余额支付；
- 第四，向 B 类证书的持有人支付以前未根据上述第二条款支付的，按照 B 类证书的池余额的利息；
- 第五，向 B 类证书持有人按照 B 类证书的资产池余额支付。

流动性设施：为每类债务持有人提供流动性设施，并提供最多三个半年期的利息支付。

交叉抵押：信托中持有的设备票据将被交叉抵押。这意味着对飞机采取补救措施的任何收益将用于弥补随后根据其他飞机发出的设备票据应付的不足。在没有任何此类短缺的情况下，相关贷款受托人作为额外抵押品将持有此类其他设备票据的超额收益。

交叉违约：契约中存在交叉违约条款。这意味着，如果针对一架飞机发出的设备票据违约并且可以对此类飞机行使补救措施，则就剩余飞机发出的设备票据也将违约，并且可以对所有飞机行使补救措施。

第 1110 条保护：美联航的外部法律顾问向受托人提供其意见，即美国破产法第 1110 条也适用于设备票据。

飞机资产抵押证券

飞机 ABS 是飞机租赁者用于为机队筹集资金的安全工具。在许多方面，飞机资产抵押证券与 EETC 非常相似，但这两种证券之间存在明显差异。与 EETC 类似，飞机资产抵押证券由破产隔离 SPV 发行。飞机资产抵押证券同样具有流动性工具、交叉从属、分层和过度抵押的特点。不同之处在于飞机资产抵押证券由租赁公司而非航空公司发行，而且抵押品是经营租赁给世界各地的不同航空公司的飞机。飞机资产抵押证券持有人主要通过资产抵押证券池中飞机的应收租赁款项支付。

飞机 ABS 的风险与 EETC 的不同之处如下：

- 多元化风险
- 重新租赁风险
- 飞机估值风险

分散风险

在飞机 ABS 中经营租赁的飞机因地理位置、出租人和飞机类型而多样化。然而，并非所有类型的多样化都可能降低风险。例如，航空公司用作 EETC 抵押品的飞机通常是航空公司的机队中最新的和最好的（核心）的飞机。因此，当飞机 ABS 池与旧的和流动性较差的飞机多样化时，这种多样化可能无法改善抵押品，也不会降低投资者承担的风险。因此，必须在其他方面分散风险，为投资者提供保障。因此，通过将不同地理区域运营的多个承租人入池，将降低投资者的风险。因为多个承租人违约的可能性非常小。此外，在其中一个承租人违约的情况下，其飞机可以再次营销和再租赁。相反，当 EETC 处于违约状态时，所有飞机都被扣押并出售。因此，设计妥当的飞机 ABS 将为投资者提供更低的风险，因为信用更分散。

再租赁风险

经营租赁的飞机通常需要每 5 ~ 7 年再次营销并再次出租。因此，飞机

ABS 面临再出租风险。所以，要仔细评估 ABS 服务商的经验和能力，以确保投资者能够确保资产在初始租赁后继续产生必要的收入。EETC 不会承担这样的风险，因为它们通常在证券的整个生命周期内完全摊销公司义务。然而，EETC 面临发行航空公司的信用风险，并且在发生违约时，由于市场上同时大量供应的飞机，飞机将不得不在可能陷入困境的市场中再次营销和清算。

飞机估值风险

EETC 和飞机 ABS 都受到过度抵押的保护。然而，相关飞机价值的波动会改变 LTV 比率，并可能增加投资者相关风险。飞机 ABS 有年度审查要求，以更新底层飞机的基准值。如果基准值下降超过 5%，高级别债券将会加速摊销通常会以初级别债券为代价，使 LTV 在交易中恢复平衡。EETC 没有这样的年度评估要求。因此，飞机 ABS 更容易受到飞机价值风险的影响。另外，EETC 面临市场价值风险，因为 EETC 下的飞机必须在航空公司违约的情况下出售。通常，EETC 的 LTV 比率低于飞机 ABS。原因是 EETC 在违约的情况下依赖于底层飞机的可实现价值，而飞机 ABS 的价值对出租人租赁飞机产生的现金流更敏感，而不是飞机的清算价值。

虽然飞机 ABS 融资并不像汽车贷款、学生贷款和信用卡 ABS 那样普遍，但交易量每年在上升。2013—2018 年，飞机 ABS 的发行量约为 200 亿美元。但是，飞机 ABS 的二级市场并不像非航空 ABS 一样活跃。其中一个重要原因是飞机 ABS 发行后缺乏透明的飞机组合数据（Ishka Global，2018 年 4 月 9 日《缺乏透明度阻碍了飞机 ABS 二级市场发展》）。没有这类数据，二级市场投资者不了解 ABS 发行后每架飞机的表现，投资积极性不高。与非航空 ABS 相比，飞机 ABS 的二级交易相对较慢的另一个原因是市场规模较小。

最近，几家飞机 ABS 发行人回归市场，为早期发行的再融资。业界预计 2018 年将有更多此类交易（Ishka Global，2018 年 2 月 19 日。更新：发行人考虑更多飞机 ABS 再融资）。再融资交易的动机是改善 ABS 的条款，例如票面利率和处置飞机的灵活性。

例 6.2　阿瓦隆（Avolon Aerospace Leasing Limited）发行 ABS

翡翠航空金融公司（Emerald Aviation Finance Limited）飞机 ABS（EAFL 2013 – 1）（KBRA，2013）

2013 年，阿瓦隆宣布通过翡翠航空金融公司（为此目的创建的 SPV）发行飞机回租 ABS。翡翠航空金融公司发行的债券由最初租赁给 14 个不同国家的 15 家航空公司的 20 架飞机组成。债券分为两级：A 级债券价值 5.46 亿美元，利率为 4.65%；B 级债券价值 9020 万美元，利率为 6.35%。还款计划为 16 年直线分期还款。

翡翠航空金融公司 EAFL 2013 – 1 ABS 的发行得益于充足的增信和流动性以及高效的交易结构，促进了弱现金流或资产表现对高级债券的支付。此交易的一些显著增信特点如下：

- A 级债券超额抵押 34%，而 B 类初级债券超额抵押约 23%。
- 流动性工具最高为交易期内两级债券 9 个月当期应付利息。
- 保持 300 万美元和预计 18 个月运营资金的储备。
- 当偿债覆盖率（DSCR）低于 120% 时，在子储备账户中保持现金准备金。当偿债覆盖率恢复和 DSCR 至少连续 3 个月维持最低回收率之后，子储备账户资金将被释放。否则，这些资金将用于减少未偿还的优先债务。在风险较高的情况下，也快速摊销准备金。

该投资组合中的飞机由三家不同的制造商生产：波音、空客和巴西航空工业公司。交易开始时飞机的平均年龄相对较年轻——3 年。按价值计算，大约 72.9% 的飞机是窄体飞机，其余的是宽体飞机和支线飞机。投资组合中飞机承租人的信用质量是非投资等级，这是航空业证券化的典型特征。投资组合中飞机经营租赁的平均剩余期限为 7.2 年，首次到期时间为 3 年后。

蓝宝石航空金融公司（Sapphire Aviation Finance Limited）I 飞机 ABS（SAPA 2018 – 1）（KBRA，2018）

2018 年，Avolon 通过蓝宝石航空金融公司（为此目的创建的 SPV）宣布发行飞机回租 ABS。蓝宝石航空金融公司发行的票据得到了 41 架飞机的支持，这些飞机最初租赁给全球 30 个航空公司，分布在 19 个不同的国家。

这些票据分三级发行：A 类票据价值 6.33 亿美元，按 4.25% 的利率发行；B 类票据价值 9700 万美元，按 5.926% 的利率发行；C 类债券价值 3838 万美元，按 7.385% 的利率发行。A 类和 B 类票据前 4 年按照 12 年直线摊销，之后的 11 年直线进行摊销。C 类票据按 7 年直线摊销。

与 EAFL 2013 - 1 类似，SAPA 2018 - 1 ABS 发行受益于充足的信贷增强措施和流动性以及动态交易结构，加速了在现金流或资产表现疲弱时对高级部分的支付。此交易的一些显著的信用增强措施如下：

• A 类票据过度抵押 36%，B 类票据过度抵押 24%，C 类票据过度抵押约 20%。

• 流动性工具，A 类和 B 类票据 9 个月利息。最初的流动性措施提供商是法国巴黎银行。

• 维持储备账户在截止日期获得约为 2500 万美元，随后所需额度为 1400 万美元或预计 12 个月期望预计维持费用的较大值。

• DSCR 低于 120% 且高于 115%，称为 DSCR 现金陷阱事件。现金存放在账户中，用于处理 DSCR 现金陷阱事件，或依据股权持有人的多数批准，用于按顺序摊销票据。如果 DSCR 在一个付款日期低于 115%，称为 DSCR 摊销事件，会导致快速摊销。在下一个付款日期，如果 DSCR 高于 115%，交易将不再为快速摊销事件；但是，该交易至少在接下来的两个付款日期仍将在 DSCR 现金陷阱事件中。快速摊销事件与 DSCR 现金陷阱事件之间的区别在于，快速摊销将多余现金按顺序支付 A 系列票据和 B 系列票据，而 DSCR 现金陷阱事件要求将多余现金转移至某一账户并持有至事件结束。

投资组合中的飞机由两家制造商生产：空客（63.2%）和波音（36.8%）。该交易开始时飞机的平均年龄为 12 年。有 38 架中年飞机（6～18 岁），1 架相对较新的飞机（2.1 岁）和 2 架报废飞机（25 岁以上）。大约 61.5% 的窄体机，其余的是宽体机。投资组合中经营租赁飞机的平均剩余期限为 4.4 年，最早的为 1 年后到期，最晚的为 10 年后到期。

表 6.6 列出了 SAPA 2018 - 1 和 EAFL 2013 - 1 结构和抵押品池的摘要。

表6.6   SAPA 2018−1 及 EAFL 2013−1 结构与抵押资产池总结

服务商	SAPA 2018−1 Avolon Aerospace Leasing Limited	EAFL 2013−1 Avolon Aerospace Leasing Limited
抵押品信息		
维修调整后基准价值（美元）	962400401	824022085
飞机数量	41	20
承租人数量	30	15
航空公司数量	19	15
飞机加权平均年龄（年）	12.0	3.2
加权平均租期（年）	4.4	7.2
窄体机	61.5%（33）	72.9%（18）
宽体机	38.5%（8）	20.9%（2）
区域支线飞机	N/A	6.2%（2）
承租人信息		
最大承租人	澳洲航空：12.3%	维珍亚特兰大：12.0%
第二大承租人	斯里兰卡航空：10.3%	美国航空：9.8%
第三大承租人	太阳城航空：7.4%	边疆航空：9.4%
前三大承租人	30.0%	31.2%
区域集中度		
最大国家	澳大利亚：12.3%	美国：19.2%
第二大国家	美国：10.7%	英国：12.0%
第三大国家	巴西：10.5%	俄罗斯：8.9%
前三大国家	33.5%	40.1%
票面价值		
A级（美元）	633000000	546000000
B级（美元）	97000000	90210000
C级（美元）	38380000	N/A
总额（美元）	768380000	636210000
摊销情况（年）		
A级	前4年按12年直线摊销，之后的按11年直线摊销	16
B级	前4年按12年直线摊销，之后的按11年直线摊销	16
C级	7	N/A
初始融资率		
A级（%）	65.8	66.2
B级（%）	75.9	77.1
C级（%）	79.8	N/A

续表

服务商	SAPA 2018－1 Avolon Aerospace Leasing Limited	EAFL 2013－1 Avolon Aerospace Leasing Limited
	保证金	
延续期（月）	最长 12 个月	最长 18 个月
最低值（百万美元）	14	3
	评级	
A 级	A	A
B 级	BBB	BBB
C 级	BB	N/A

资料来源：Kroll Bond Rating Agency。

预付款融资

预付款（PDP）为购买者向制造商支付的，仍在生产中的新飞机的进度款。PDP 意味着大量现金流出，而没有任何正在建造的飞机产生的相应收入。PDP 占飞机价格的 30% 或更多。购买者经常借钱来支付它们的 PDP。通常，利息在整个融资期间支付，而本金应在融资期限结束时支付。PDP 贷款中的抵押品是对飞机购买者在购买协议中的权利。使用 PDP 融资时需要制造商同意，制造商也是协议的一方。制造商的同意文件是制造商同意为购买飞机由贷方提供 PDP 融资的协议。制造商同意文件也规定了在买方违约的情况下，贷方的权利。有关制造商同意文件的谈判通常需要制造商和贷方双方的妥协。虽然制造商寻求实现相当于没有 PDP 融资的双边购买协议，但贷方需要建立有担保资产融资的权利。制造商同意文件的谈判关键要素将在下面的章节中讨论。

购机价格及飞机价值

制造商同意文件最重要的方面是制造商同意的贷方购机价格（如果购买者违约）。购买者最终的购机价格是机密信息，不向贷方披露。通常情况下，购买者的最终价格不包括在向贷方提供的购买协议中（Gee，2009）。因此，贷方初始确定其抵押品价值是在制造商同意下商定的价格。

制造商不在飞机购买协议中使用固定价格。制造商同意文件中的价格参考初始购买协议的执行时间确定。价格包括使用商定的公式的升级价，该公式一直持续到飞机交付。

飞机的购买价格受购买者对配置和规格变化的影响。这些变化可能会增加飞机的价格，但不一定会增加飞机作为抵押品的价值。通常，作为 PDP 融资协议的一部分，购买者必须在飞机成本增加的情况下通知贷方，并通过提前偿还所增加的成本金额的方式来补偿贷方，或增加保证金，或直接向制造商预付增加的成本。

贷款人还必须关注未来的市场状况，因为它可能会影响飞机的市场价值，进而影响其抵押品状况。因为在默认情况下，贷方将对飞机进行再营销或购买，以实现抵押品权利。由于在困难的市场条件下更有可能违约，因此飞机价值可能低于贷方预期。

购买者和贷方还需要决定 PDP 融资的百分比。买方的 PDP 融资是贷方抵押品的重要部分，并且还影响在违约情况下，贷方支付的购机价格。贷款人通常会要求制造商同意，如果贷方必须介入，购买者支付的 PDP 部分可以用于飞机的最终购买价格。通常，购买者的 PDP 部分可以通过两种方式中其中一种支付。这两种方式分别为：买方首先支付其 PDP，然后贷方进入并支付剩余的 PDP；或者购买者和贷方根据商定的百分比共同支付每个 PDP。第一种方法为贷方提供了更多的保护，因为贷款人可以将购买者的 PDP 的全部应用于飞机的最终价格，而不管违约的时间。此外，贷方通常会要求制造商同意 PDP 融资交易中的 PDP 付款，不能用于购买者可能对制造商承担的任何其他义务。

购买权利

对于买方而言，制造商同意的另一个关键因素是确保在买方违约的情况下，贷方有权购买飞机。通常，制造商的同意文件使在买方违约的情况下，贷方有权但无义务在飞机购买协议中更换买方。当贷方打算更换买方时，它会在违约后的 20~30 天内向制造商发出通知。如果制造商未收到此类通知，PDP 融资贷方将面临以下后果：贷方失去其已经融资的 PDP 的权利以及抵押品的权利（强烈的后果）；或贷方丧失抵押品的所有权利，但已经融资的 PDP 可以在制造商再营销和销售飞机后恢复（弱形式后果）。

如果贷方决定购买飞机，贷款人应该考虑这种决定的潜在后果。如果贷方介入并付款交付飞机，则额外付款可能远高于其同意的 PDP 融资额。如果贷方离开，可能会失去全部或大部分抵押品。贷款人在确定是否可以以高于与制造商商定的购机价格卖出后作出决定。如果飞机市场存在上行空间并且贷方决定介入，制造商通常会从贷方购买飞机。如果没有明显的上升空间，贷款人必须在决定介入或离开之前自己进行估值。如果贷方准确预测了飞机的价值并确定买方已支付了大量 PDP，那么证明进入在经济上是可行的。

分配

如果贷款人介入并准备购买飞机，则立即处置抵押品的能力至关重要。贷款人从制造商处分配购买飞机的权利将有助于实现这一目标。转让权的好处是，贷款人不必等到飞机交付，在拥有可再出售的抵押品之前支付所有剩余的款项。通常，制造商的同意限制了转让权，以保护制造商的特定利益。制造商需要受让人有信誉来完成购买，并且贷方无法通过与制造商的营销工作竞争而挑战制造商自己的销售计划。

制造商购买选择权

在购买人破产或贷款人行使购买协议项下的留置权时，制造商购买选择权使制造商有权利（但没有义务）介入进而继承贷款人各项权利。它使制造商有权阻止贷方承担购买者购买飞机的权利，然后与制造商竞争市场。

《巴塞尔协议Ⅲ》 观点

《巴塞尔协议Ⅲ》是由巴塞尔银行监管委员会制定的一整套改革措施，旨在加强银行业的管理，监督和风险管理。这些措施旨在提高银行业吸收金融和经济压力，风险管理和治理所带来的冲击的能力。《巴塞尔协议Ⅲ》旨在应对 2008 年经济崩溃事件，旨在加强个人层面的银行，以防止全系统的冲击。银行将在 2019 年至 2023 年之间实施新规定，《巴塞尔协议Ⅲ》将在以下四个关键领域影响银行：

- 核心资本比率
- 杠杆比率
- 资金结构
- 流动性覆盖率

《巴塞尔协议Ⅲ》的一个重大变化是航空贷款包含在与航运，房地产和项目融资相同的专业贷款中。由于两个具体原因，这可能会影响飞机融资协议并增加成本。《巴塞尔协议Ⅲ》的杠杆比率未考虑与特定贷款相关的风险。资本要求是标准化的，必须根据贷款金额预留，不论所涉及的信贷风险如何。《巴塞尔协议Ⅱ》杠杆比率允许较低的资本要求，因为飞机贷款被认为是低风险的优质资产。《巴塞尔协议Ⅲ》将导致资本要求的增加，从而增加飞机贷款的成本。其次，由于新的流动性覆盖率要求，飞机贷款的长期性质可能使它们更加昂贵。

参考文献

Boeing Capital. (2018). Current aircraft financing market outlook 2018. Boeing Capital Corporation. Retrieved from: <http://www.boeing.com/company/key-orgs/boeing-capital/current-aircraft-financing-market.page>.

Gee, C. A. (2009). Aircraft pre-delivery payment financing transactions. *The Journal of Structured Finance*, *15*(3), 11−21.

KBRA. (2013). Emerald aviation finance limited, series 2013−1 ABS New issue report. Kroll Bond Rating Agency.

KBRA. (2018). *Sapphire aviation finance I limited sapphire aviation finance I (US) LLC ABS new issue report*. Kroll Bond Rating Agency.

Lovell, C. (2017a, November 20). Aviation Schuldschein gathers momentum. Ishka Insights by Ishka Global. Retrieved from: <https://www.ishkaglobal.com/News/Article/5715/Aviation-Schuldschein-gathers-momentum>.

Lovell, C. (2017b, April 26). Investor's guide: What is Schuldschein? Ishka Insights by Ishka Global. Retrieved from: <https://www.ishkaglobal.com/News/Article/5607/Investors-guide-What-is-Schuldschein>.

Lovell, C. (2017c, March 8). Snapshot: Aviation equity investors. Ishka Insights by Ishka Global. Retrieved from: <https://www.ishkaglobal.com/News/Article/5588/Snapshot-Aviation-Equity-Investors>.

Myers, S. C. (1984). The capital structure puzzle. *Journal of Finance*, *39*(3), 575−592.

OECD. (2018). About the OECD. The Organization for Economic Co-operation and Development. Retrieved from: <http://www.oecd.org/about/>.

SEC. (2017). *Annual report on nationally recognized statistical rating organizations*. The U.S. Securities and Exchange Commission.

Segal, S. (2016, June 13). Turkish gets bridge loans for expected Ex−Im-guarantees. Flight Global. Retrieved from: <https://dashboard.flightglobal.com/app/#/articles/426300?context = newssearch>.

United Airlines. (2014). *2014-1 EETC investment presentation*. Securities and Exchange Commission. Retrieved from: <https://www.sec.gov/Archives/edgar/data/319687/000119312514111469/d696366dfwp.htm>.

第七章
航空公司信用分析

章节大纲

    座位满员是每一家航空公司追求的目标，但由于市场竞争非常激烈，各种变动因素非常多，航空公司往往很难达到满载状态。飞机出租人必须分别思考以下问题：航空公司的历史运营情况、航空公司所处国家（地区）的司法特点、业务风险与收益的平衡、存在问题的资产类型，以及航空公司的信用水平。只有出租人充分考虑了上述所有问题，才能合理确定租赁期限以及决定是否要开展这笔租赁业务。飞机作为一项可移动、高价值、可在全球不同国家运营的资产，它的安全对于出租人来说最为重要。一旦承租人出现违约，取回飞机的过程将是非常困难的，出租人不得不因为法律诉讼、飞机维修以及飞机的再营销而付出大量成本。因此，出租人在考虑任何潜在租约时，最关键的就是评判航空公司在当前以及未来整个租期内是否具备运营能力。租赁业务的风险可以看作是资产风险与取回风险的总和，而取回风险又等同于航空公司的信用风险。评价信用风险最基本的方法是看航空公司对债权人的履约记录，但是这样的评判往往是不全面的。

在这一章里，我们将讨论如何通过财务表现与运营表现来综合评价航空公司的信用风险。也就是说，航空公司的运营风险与财务风险都是决定其信用水平的因素。基本上，如果航空公司的信用风险较高，出租人就希望可以通过高回报率作为其承担较高风险的补偿。类似地，长租期要求的租金率相对较低，而短租期要求的租金率更高。我们在接下来的第九章也将会看到，出租人亦会根据航空公司的信用情况来决定维修储备金的收取方式，信用风险较高的航空公司会被要求以现金支付维修储备金。

租赁公司通常会依靠专业的评级机构，如穆迪、标准普尔和惠誉所发布的评级结果。各家机构都会利用自己的模型得出评级结果，这些评级被用来分析承租人的信用风险。评级的目的是通过对每一个单独的评价指标打分，从而得出一个综合评判结果。我们可以利用某一些指标，就目标航空公司与其他同类型、同区域的航空公司进行比较。但是，大多数航空公司并没有公开上市，也没有在公开市场上发行过债券，因此很可能并没有获得过这三家机构的评级。

首先，我们将对航空公司的信用分析、风险评价、评级以及运营模型进行介绍。其次，我们将介绍定量指标，包括航空公司的收入结构、成本结构以及整体财务状况。请注意，无论是对于当前数据还是历史数据，财务指标都是最有价值的。最后，本章将会讨论如何把这些财务数字与航空公司的运营区域、市场战略以及股权结构结合起来进行分析。

信用分析介绍

信用可以被看作是借贷的同义词。如果主体 A 向主体 B 借了钱或其他资源，并准备在此后一段时间内偿还，那么我们就说主体 A 处于负债状态。与此相对应，我们可以说主体 B 出借了信用，并要求额外的补偿（利息）作为回报。这种借贷关系就是公司、客户、投资者、政府机构以及各类外资主体之间交易的基本形式。不难理解，这些交易大部分是由银行促成的，因为现代银行业背后最基本的假设就是信用。

借款通常有两种形式。一种是有抵押担保的借款，即借款的同时会提供某种资产作为抵押，抵押借款通常是为了购入大型的、高价值资产，例如购买住宅或飞机，并以购入物作为抵押。如果借款人违约，债权人便可获得对应资产的所有权。另一种是无抵押担保的借款，不需要抵押物，风险也就更高。信用卡和学生贷款是这类借款的典型代表，债权人通常会对这类借款要求更高的利息，以作为高风险的补偿。

商业周期

信用是现代交易发展的推动力，因为它可以帮助公司和个人很快获得资产和产品。信用可以促进更多的消费，从而让更多的钱投入经济，反过来可以促进社会整体收入的升级，提高 GDP 水平，推动创新，提高生产效率。当然，这是一个循环过程（见图 7.1）。随着投资所产生的价值不断升高，投资背后的融资信用风险会相应降低。这样一来，银行就有动力去降低利率，公司和个人购买商品的意愿会增强，并希望借到更多的钱。但是这样的增长达到峰值之后，通常会紧接着一段时间的收缩，收缩期间内利率会升高，资金会收紧，人们不愿意购买产品，也不愿意再去借钱。

不同行业受经济周期的影响程度是不同的。周期性行业与经济环境相关性高且行业固定成本高，因此这些行业对于商业周期更敏感；经济上升期行业利润上升，经济收缩期行业利润则下降。航空运输、汽车制造以及

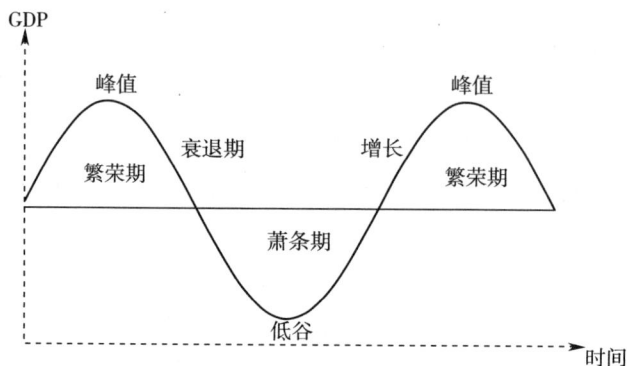

图 7.1　商业周期

非必需性产品（或服务）的制造商（提供商）都属于周期性行业。相反，抗周期行业与经济环境相关性低，行业固定成本低。因此，这些行业对商业周期不那么敏感。抗周期行业包括能源公司、制药公司、食品供应商以及其他必需品行业。也就是说，即便是在经济衰退期，人们对抗周期行业提供的产品或服务仍有需求。

在经济低谷期，高价值资产通常会贬值，因为个人和公司还款难度会升高，也就是说，那些出借了信用的主体会面临更高的风险。为了应对高波动的债券市场，记录过去几年内的违约概率，金融机构开发了评价借款信用风险的工具。

经营风险与财务风险

投资者和放款人的终极目的是就它们出借的金钱或者其他资源获得回报。理想情况下，它们所获得的回报率应该能够补偿它们所承担的风险，因此，信用风险分析的目的就是得出借款人短期或长期借款的违约概率。笼统地说，信用风险分析需要就以下三方面进行评价：

这三方面密不可分。想要充分理解一家公司的现金流和收入，我们需

要了解它的资本回报率以及它能否维持一定的杠杆率。一个完整的风险评价还要考察公司的管理架构、公司战略、市场占有率以及过去和现在的资产流动性。我们的目的并不是简单得出是或者否的结论，而是去评判一个特定借款人、一个特定借款工具的风险水平。大多数公司都会有一定水平的负债，但理想状态下，一家公司应该根据自身特点，也就是其所在行业的本质来确定资本结构。

风险通常分为两类。首先是经营风险，它反映了费用、收入以及现金流的波动。分析这类风险时需要考察公司的经营情况、经营决策以及它如何应对经济周期中的上升期与下降期。经营风险可以用贝塔系数来衡量，它代表了市场需求、产品价格、产品责任、投入成本、公司声誉、行业竞争以及公司运营杠杆（固定成本与可变成本的比值）的不确定性。根本上，这些因素决定了损益表中与业务运营相关的部分，因此一家有着高经营风险的公司更容易给人低利润的预期。另一种经营风险是监管风险或合规风险。想象一家葡萄酒公司、航空公司，或是石油公司，政府政策的变化会在多大程度上对这些公司的盈利造成影响？

其次是财务风险，这类风险来源于融资决策。当我们分析这类风险时，我们要知道公司是如何管理杠杆率的——也就是说它们使用了多少固定成本的融资来购买资产。换一个角度看，这其实是把经营风险从债权人转移给了股东，资本结构中的借款越多，公司需要偿还的利息越多，股东可以获得的分红就越少。很多案例证明，高杠杆率的确意味着公司可能难以偿还借款，但高杠杆率有时也意味着更大的发展动力。例如，航空公司在签订租赁协议之前可以利用杠杆率作为谈判筹码。最终使杠杆率达到平衡的状态。

为了更好地理解财务风险的概念，我们以最简单的住房贷款举例。一所房子价值 200 万美元，如果约翰用现金支付了 200 万美元，那么他没有使用杠杆。另一所房子价值 400 万美元，如果玛利亚支付了 200 万美元的现金，那么她将面临 200 万美元的负债，同时拥有价值 400 万美元的资产。现在我们假设两所房子的价值都上涨了 10%，那么约翰将获得 20 万美元的收益，玛利亚将获得 40 万美元的收益。我们可以看到，当资产价值上涨时，使用杠杆并分期偿还借款是有利的。当然反过来也成立，如果两所房子的价值都下降，出售房子时，玛利亚所遭受的损失也将更大。因此，杠杆会提高股东面临的风险，为了弥补风险，股东会要求更高的回报率。

最终，一家公司能获得多少借款取决于它的现金流。对于资金提供者来说，由经营风险导致的高波动性可能意味着公司没有足够的现金流去覆盖它的经营费用。现金流短缺会限制一家公司持续获得借款的能力。因此，如果一家公司在支付完全部经营费用后已无力偿还贷款，那么它终有一天会破产。公司可以通过作出更好的经营决策来降低经营风险，如果想要降低财务风险，就必须对其资本结构进行调整，同时拓宽融资渠道。

方法论

信用评价通常从财务分析开始。分析师们会利用各种指标去评价公司的经营表现、流动性、现金流以及资本结构。换句话说，就是这家公司是否盈利？它是否有足够的现金偿付债务？它是从什么渠道获得资金购买资产的？这是一个需要花费相当精力去思考的完整判断过程。这个分析过程和股票分析师的分析过程类似，只不过是换了一个角度。股票分析师会关注一家公司的增长潜力，而信贷分析师会关注风险和债务。股票分析与信用分析的过程虽然大体相同，但是两者的目的却不同，因为债务从产生的那天开始，它的价值就是不变的。

传统的信用分析会采取一种主观的、基础的方式，分析师会考察借款人五方面的特征。在行业中，我们通常称作5C：

1. 借款人品质（Character）：企业的经营者是谁，他/她经营的水平如何？资金提供方会考察企业的管理层以及目前的经营战略，同时也考察评估管理层与战略是如何影响公众对企业的看法以及影响企业名誉的。

2. 资本（Capital）：企业的价值是多少？分析师会非常认真地分析企业的资本结构——债券、长期借款以及留存利润和流通中的股份占比分别是多少。

3. 经营能力（Capacity）：现金流情况是一家企业经营能力好坏的重要体现。理想状态下，一家企业应该可以获得足够的现金流去支付费用并且偿还债务。

4. 抵押（Collateral）：这里的问题是一家企业当前的资产价值是多少？资金提供方想要了解所有可以用来偿还债务的资源。

5. 经济环境（Conditions）：在正确的大背景下，分析数据是非常重要的。因此，贷款方需要了解借款的用途，企业所在大行业及子行业的运行规律，以及企业是否适合当前的经济及竞争环境。

上述分析方法非常类似于传统银行的客户管理。但是，这种分析方法不太适用于对大量对象进行分析，因为分析过程会非常耗费金钱和人力，速度也较慢。这也就是机构和银行会最终选择使用定量的分析模型的原因。最早运用计算机的评价模型采取的是单变量方式，首先计算出会计指标，分析师再利用这些指标作为基准去分析其他公司。定量分析模型发展到今天，已经变得越来越节省人力成本，同时从统计学上来看也更为先进，但这些模型的问题在于其很难去评价一些影响企业发展的定性因素。

信用评级及评级机构

当使用上述较为传统的评价方式时，分析师通常会依靠其主观判断，而不是一些数值或是模型。评级公司（CRAs）是以评级的形式为投资者提供风险评估服务的公司。这些评级是基于公开的财务数据、借款人提供的信息或者其他非公开信息得出的。借款人（债券发行人）可以是一家公司、金融机构或者市政机构。需要注意的是，评级和对客户进行信用评分不一样，评级是由专门的咨询机构开展的评估活动，且已经超出了本章讨论的范围。

评级机构为各类主体提供评级，同时也为特定的债务工具提供评级，例如公司债券、政府债券、市政债券、抵押债券以及其他债务工具。但是评级机构并不为股票提供评级。评级结果一般会按照字母和数字的顺序列示，如表7.1所示。一些评级机构也会使用符号（－或＋）去进一步区分高评级和低评级。

表7.1 主要信用评级

标准普尔	穆迪	惠誉	等级		风险水平
AAA	Aaa	AAA	投资级别	最优	最低
AA +	Aa1	AA +		高	非常低
AA	Aa2	AA			
AA –	Aa3	AA –			
A +	A1	A +		中上等	低
A	A2	A			
A –	A3	A –			
BBB +	Baa1	BBB +		中下等	中等
BBB	Baa2	BBB			
BBB –	Baa3	BBB –			
BB +	Ba1	BB +	非投资级别	投机	较高
BB	Ba2	BB			
BB –	Ba3	BB –			
B +	B1	B +		高度投机	高
B	B2	B			
B –	B3	B –			
CCC +	Caa1	CCC +		实质性风险	非常高
CCC	Caa2	CCC			
CCC –	Caa3	CCC –			
CC	Ca	CC		接近违约	
C		C			
SD	C	DDD		违约	
D		DD			
		D			

资料来源：由作者使用评级机构评级量表编制。

在美国，证券交易委员会会密切监督评级行业的行为活动，合格的评级公司可以注册成为经国家认可的统计评级机构（Nationally Recognized Statistical Rating Organizations，NRSRO）。截至 2015 年 12 月，共有 10 家注册评级机构：

- 标准普尔全球评级公司（S&P Global Ratings）
- 穆迪投资者服务公司（Moody's Investors Service，Inc.）
- 惠誉评级公司（Fitch Ratings，Inc.）
- A. M. 最佳评级服务公司（A. M. Best Rating Services，Inc.）
- DBRS 公司（DBRS，Inc.）
- 伊根琼斯评级公司（Egan – Jones Ratings Company）
- 墨西哥人力资源评级公司（HR Ratings de M'exico, S. A. de C. V.）
- 日本信用评级机构（Japan Credit Rating Agency，Ltd.）
- Kroll 债券评级机构（Kroll Bond Rating Agency，Inc.）
- 晨星信用评级公司（Morningstar Credit Ratings，LLC）

这些评级机构中的大多数都有资格对全部的主体及债务工具进行评级。事实上，这个行业的集中度非常高，市场主要被标普、穆迪以及惠誉三个公司瓜分。这三大评级机构共同占据了非政府机构公开发行债券市场大约 87.6% 的份额（SEC，2016）。

总体来看，信用评级的方法论还存在争议，这些评级机构近年来也面临很多的批评，尤其实是在 2008 年国际金融危机爆发的时候。在这一时期广泛存在着对纯粹定量模型的批判，因为这些模型预测抵押担保证券可能遭受的损失很小。当然，我们最终看到这些证券实际承担了非常巨大的损失。因此，很多评级行业的领导者开始强调分析企业特征的重要性，而不仅仅是关注现金和资产。

对信用分析最基本的要求，就是这些分析可以帮助投资者和提供融资的机构最小化风险，作出更明智的决策。技术可以成为很有利的工具，但正如标普前董事爱德华·齐墨（Edward Zimmer）所说的那样，评级是一门艺术，而不是一门科学（Ganguin & Bilardello，2004，ix）。当我们评价航空公司的时候，这句话变得尤为正确。并不仅仅因为这个行业受到很严格的监管，也因为这些商业航空公司杠杆率很高。因此，飞机出租人可以通过透彻分析每一个潜在租赁伙伴来降低自己面对的不确定性。

航空公司信用分析

就评级而言，商用航空运输业是一个非常有趣的领域。事实上，有些分析甚至给航空公司打上了无法得出评级的标签。正如我们在第四章中提到的那样，任何一家航空公司财务和运营方面的问题，通常都是一个七位数的问题。最重要的是，我们面对的是会飞往世界各地的高价值资产。即便如此，飞机的价值可能非常不稳定，飞机本身是出租人的主要担保。

飞机融资方主要关注的是运营管辖权、资产价值、风险与回报以及航空公司的信用水平。由于高昂的固定成本、极为不稳定的燃油价格与波动的市场需求，各评级机构对大多数航空公司的评级结果都是投机级别。当涉及租赁的时候，航空公司的信用状况就显得尤为重要，因为并不是所有航空公司都可以获得无担保的融资支持。现金流、流动性以及偿债能力依旧是体现航空公司信用状况最重要的因素，但一些具有行业特点的因素也很重要，这些因素包括地理位置、监管水平、竞争能力等。很明显，高杠杆率本身并不能说明全部问题，因为高杠杆率可能代表成功，也可能意味着瞬间的失败。因此，这里还有一些更为重要的问题值得考虑：

- 航空公司是如何管理自己的杠杆的？
- 财务指标为什么会发生变化，航空公司对此采取了什么措施？
- 航空公司的商业模型是什么，航线结构是什么？
- 竞争格局如何？
- 运营环境的政治波动、地理波动如何？
- 政府对航空公司的支持程度如何？

如前所述，航空公司从事的是全球性的业务，因此需要一个全面的分析。如果一定要找一个可以适用于所有航空公司的分析要素，那么人们通常会分析公司的历史运营情况。最起码，我们应该分析最近 3 年的运营情况，没有出租人会将信用分析仅局限于 1 年的数据。对于新成立的航空公司来说，可以分析与其类似的竞争对手，并应深入分析运营结构和表现。

我们进行分析的最终目标，是要预测航空公司偿还债务的能力和意愿，从而判断如果航空公司违约的话，出租人将要承受多大的损失。本章后面的部分，我们将关注航空公司信用分析，尤其是在租赁业务下的信用分析。当我们要讨论如何利用上述评级方法的时候，一定要从这个行业的本质出发去思考。因此，下面将要提到的分析过程，大部分都来源于在飞机租赁领域拥有丰富全球业务经验的专家们的实践。首先，我们要了解行业风险以及当前航空业的商业模型。其次，我们才会转到对收入、成本以及财务风险的定量分析。最后，我们还将讨论出租人在评价业务风险时会关注的定性因素。最终的分析结果还应该与其他同类型公司以及公司自身的历史表现比较，密切关注发展趋势、变化情况以及那些表现异常的指标。

行业风险

航空业的运营具备周期特征。此外，航空业也是高风险的资本密集型行业。如前所述，对航空出行的需求是与经济周期和 GDP 增长同步变化的，当失业率高的时候，需求就一定很低，反之亦然。需求可以说每天、每周、每季度都在波动。另外一个很重要的特征是，航空公司都是以固定成本为主。无论飞机是满员起飞还是有 100 个空座位，对于航空公司来说，成本几乎是一样的。此外，航空公司还必须应对油价的变动和严格的政府监管。天空的逐步开放确实降低了行业的壁垒，但同时也导致行业面临着系统性的供给过剩以及激烈的竞争。

商业航空运输业也非常容易受到外部冲击的影响。一个很好的例证是，在"9·11"期间，全球大部分航空公司都被降为投机级。十六年之后，达美航空（Delta Airlines）在削减了 60% 的债务负担后，成为了美国第一家恢复信用评级的公司。自然灾害是另外一个外部因素。2010 年，欧洲空域因为冰岛 Eyjafijallajökull 火山爆发而关闭了几天，导致整个行业蒙受了约 17 亿美元的收入损失①。飓风、海啸，甚至是传染性疾病（H1N1，SARS，Zika）都会减少市场对航空运输业的需求。

这些对于出租人来说意味着什么？本质上，这是一个投机级别的市场，

---

① 国际航空运输协会（IATA）（2010）。

但它也并非一片暗淡。在过去十年中，全球每一个地区可以提供的运力，用可用座位里程（available seat miles，ASMs）来衡量，都在快速增长，并且总体来讲，航空公司可以比较好地根据需求去调节运力，以保证在旺季和淡季都能维持一个较高的客座率（load factors，LFs）。商业航空运输业可以是一个盈利行业，但投资者必须首先理解这个行业的运行逻辑，然后再去分析单一航空公司的运营风险。

通常来讲，低风险行业的公司更容易得到较高的信用评级。尽管如此，行业风险并不会自动决定最低或最高公司评级。正如我们将在本章后面看到的那样，出租人的决定在很大程度上也取决于航空公司的财务战略。

航空公司商业模型

在开始研究数据之前，让我们先来介绍航空公司所采取的两种主要商业模型。需要注意的是，我们这章要研究的是以提供货运服务为主的航空公司，而不是货运航空公司（例如 UPS，FedEx），但是我们在分析航空公司收入来源的时候也会考虑货运带来的收入。特定的商业模式是出租人的主要关注点，因为并非所有航空公司都在相同的收入或成本结构下运营；商业模式的根本区别在于公司如何划分旅客所在的市场区间。

全服务航空公司

在 1978 年美国放松管制之前，航空公司基本上以相同的价格提供相同的服务。今天的航空公司，会有很多不同的航线、飞机机型、目的地，会提供多种服务。全服务航空公司也通常被称作是行业的主流参与者、网络航线运营者或是传统模式的航空公司，这些航空公司在早期甚至目前都是政府控股的，或者政府持有股份。我们将会在之后的章节讨论股权结构问题。全服务航空公司包括：

- 美国航空，美国
- 英国航空，英国
- 汉莎航空，德国
- 加拿大航空，加拿大
- 阿联酋航空，阿拉伯联合酋长国

- 新加坡航空，新加坡
- 大韩航空，韩国
- 澳洲航空，澳大利亚
- 土耳其航空，土耳其

对于大多数主流航空公司来说，一个关键的战略是收入管理，通过收入管理，公司可以按照价格敏感度对旅客进行区分。例如，公务旅客对于票价的敏感度没有因休闲目的出行的旅客高。因此，全服务航空公司通常会提供多种价格的舱位，不同舱位对应的客舱服务不同（也就是商务舱、头等舱、经济舱），机场服务也不同。此外，大多数主流航空公司会同时提供境内和境外运输服务，它们的航线网络是中心辐射状的且较为复杂，一般会和其他航空公司有代码共享或结成联盟，它们的机队既有支线飞机也有长途客机。

低成本航空公司

与此相对应，低成本航空公司（LCCs）的客户群体大部分都是价格敏感型客户，因此它们会提供简单的价格结构和设施。这种"简单"的商业模式可以说是宽松管制的产物（欧洲的自由化），航空公司可以自由选择它们的定价以及航线。全服务航空通常会提供"捆绑"式服务，但很多低成本航空公司只收取基本的提供运载服务的费用，它们通常也会在客舱布局更多的座位。低成本航空公司在美国以外的市场快速增长，并且在欧洲和东南亚尤为成功。这些值得一提的低成本航空公司包括：

- 西南航空，美国
- 瑞安航空，爱尔兰
- 易捷航空，英国
- 印地高航空，印度
- 精神航空，美国
- 亚洲航空，马来西亚
- 边疆航空，美国
- 宿务太平洋航空，菲律宾
- 狮航，印度尼西亚

大多数低成本航空公司主要提供点到点的境内运营服务，从信用评价的角度来看，这一点非常值得关注，因为这意味着航空公司所需的机型种类较少、运营的航线更短。本章后面的部分，我们会讨论航线战略对于一家航空公司的成本结构和竞争战略来说有多么重要。

大多数航空公司都可以被归为这两种商业模型之一，但是我们也看到许多低成本航空公司试图重新将自己定义为"超低成本航空"。另外，出租人也可能会与货运航空公司、包机公司或者支线航空公司合作。支线航空公司一般不会自己独立运营，它们可能是独立的公司，也可能是其他航空公司的子公司，但很多时候它们都会与更大的航空公司合作运营短途航线。例如，英国城市航空是一家独立的英国低成本航空公司，英国航空独资控股。但是，这种多元化运营的战略很少能取得成功，在欧洲和美国我们已经看到很多失败案例。

每一种商业模式都需要有自己的细分市场战略和成本战略，但是最终，这些都依赖于航空公司是否能够有效地去管理商业和财务风险。

定量因素

"数字"可以说是航空公司信用分析中最重要的组成部分，由于财务报表是定量分析的基础，拥有基本的会计知识很有必要。在这部分，我们将讨论收入结构、成本结构，以及如何使用财务指标去衡量航空公司的盈利能力、流动性、现金流情况和财务杠杆。进一步地，我们会介绍几个有行业特色的指标来帮助出租人衡量航空公司的运营表现。

收入结构

商业运输航空公司最主要的收入来源有三个：旅客运输、货物运输以及配套服务。由于旅客运输是航空公司的核心业务，在分析收入的时候会特别关注。

旅客运输

如前所述，大多数航空公司希望通过定价策略以及细分市场策略去实现利润最大化，但出租人如果想要全面理解航空公司的收入，还必须理解几个关键的指标。首先，可用座位英里数/可用座位公里数是衡量航空公司运力的通用指标。它的计算方法是航空公司可以出售的全部座位数乘以飞行距离。例如，一家航空公司有 200 个座位（已售出或未售出），从纽约到芝加哥的航线飞行距离是 700 英里，那么 ASMs 就是 140000。

类似地，客运里程收入（revenue passenger miles，RPMs）/客运公里收入是衡量需求，即实际旅客运输量的指标。换句话说，它反映的是已经出售给旅客的可用座位数。所以，同样是一架有 200 个座位的飞机，如果只有 150 个旅客，飞行 700 英里的距离，RPMs 就是 105000。RPMs 的计算方法是实际的旅客数量乘以飞行里程。我们之所以使用英里，是因为它更适合我们所分析的指标——旅客数量×英里数。通常来说，不断增长的RPM 对于资金提供方来说是一个可喜的指标，因为它表明有更多的旅客购买机票。

客座率（LF）是另外一个衡量运力的指标，它是一个比例指标。航空公司会衡量每一架航班以及公司整体的客座率。LF 的计算方法是用 RPMs除以 ASMs。站在出租人的角度，高客座率是有利的，它代表航空公司成功出售了它的"存货"。另外，能够持续获得高客座率的公司通常会获得更高的信用评级。美国航空公司的历史平均客座率在 70% ~ 85%。

就单位收入而言，我们会使用旅客收入单位可用座位英里（PRASM）指标，计算方法是用航空公司的总收入除以总的 ASMs。这个指标的单位一般是每英里多少美分（cents per mile）。另外，旅客回报率是衡量航空公司价格水平的基本指标，它代表了航空公司每英里的平均价格。它的计算方法是用总的 RPMs 除以总旅客数。美国航空的这一指标平均在 10% ~ 20%，略高于非美国航空公司[1]。同 PRASM 一样，旅客回报率对衡量不同时期的变化率很有用，但是却不太适用于在不同价位的舱位间、航班间、市场间或是航空公司间进行比较。例如，拥有高比例商务旅客的长途航班的旅客回报率，通常会比拥有高比例价格敏感型旅客的短距离航班高，因为后者的旅客支付的价格更低。然而，评级机构通常会把旅客回报率作为衡量收入的指标，高旅客回报率的航空公司一般会获得更高的评级。

---

① 标准普尔（2010）。

当我们分析收入的时候，一般规则是从整体上评估每项措施。客票销售收入根本上会由价格和运力使用率两个因素决定，运力使用率是通过客座率来衡量的。但是，当票价折扣很高的时候，即便卖出所有的座位也通常不会盈利。问题的关键是航空公司如何管理它的旅客回报率。

非旅客运输

就旅客收入而言，分析师更愿意看到有更多的对价格没那么敏感的商务旅客，而不是以休闲为目的的价格敏感型旅客。但是，更多的低成本航空公司进入导致票价的差异逐步缩小，辅助产品的销售对于收入来说变得越来越重要。低成本航空公司通过出售机上饮品，收取行李托运费、上机行李费、机上娱乐费甚至是挑选座位的费用来获得大量非客票收入，这些收入被称为辅助收入。同样，全服务航空公司获得额外收入的途径可能包括优先登机、高级座位、机场休息室、会员费等；大多数的主流航空公司会与不同的酒店、租车公司以及保险公司签署交叉销售协议。另一个占比很小但是变得越来越重要的利润来源是航空货运。这里的货运指的不是旅客的行李。还有一些航空公司甚至选择通过为其他航空公司提供维护、修理和大修（MRO）服务来获得收入。

评级机构倾向于认为，货运收入较其他收入来讲更容易受到经济周期的影响。尽管如此，收入多样性还是通常被视为一个积极信号，会导致租赁费率和信用评级方面的差异。例如，行李费用的利润率非常高。

我们可以通过计算 RASM 来比较不同航空公司。RASM 是用航空公司的总收入除以其总 ASM。虽然类似于 PRASM，但 RASM 提供了更清晰的整体盈利情况，因为它囊括了所有的收入来源。信贷分析师通常会将航空公司的整体增长与其所服务的各个市场的交通增长量进行对比。换句话说，如果航空公司更注重维持利润而不是经常进入新市场，往往会被认为在财务上更稳定。虽然，收入多元化（货运、酒店费用、维护收入、辅助收入等）通常会被认为是一个正向的因素，但是我们的重点仍旧应该放在航空公司是否能够有效地从它的主营业务，即运送旅客中，获得利润。

成本结构

分析完收入之后，我们可以开始分析航空公司的成本结构，这里的成本结构更像是一个管理概念而不是会计概念。成本结构包括固定和可变成本的绝对金额和所占比例。在一般的衡量中,我们可以计算每单位 ASM 的成本(CASM),计算方法是用运营费用除以总的 ASM。CASM 以每单位 ASM 多少美分来表示,CASM 通常不包括燃油成本(排除燃油费用的 CASM)或与运输相关的费用(排除运输费用的 CASM)。使用这些指标来评估航空公司的成本策略是有意义的,因为它们仅仅考虑了可由航空公司控制的运营费用。与运输相关的费用包括保险费用、机场建设费、维护维修设施费用、机上餐食成本以及其他与辅助或附带服务收入相关的其他费用。

> 成本的有效性对于一家航空公司竞争和生存的能力都非常重要。但是,这并不意味着每一家航空公司都应该去追求成为成本最低的航空公司。相反,重要的是以最有效的方式实现了成本与提供给客户的服务标准的对等。——国际航空运输学会(International Air Transport Association,IATA)(2016)

但是,当我们需要比较不同航空公司成本结构的时候,CASM 并不是最好的方式。一个原因是,随着航班飞行长度的增加,CASM 通常会减少,因此长途航空公司的 CASM 往往低于短途航空公司。另一个原因,低成本航空公司的总体成本往往低于全服务航空公司或是收入更多样化的航空公司。

尽管如此,对于大多数航空公司来说,燃油、人工和购机是最大的费用支出。因此,我们可以通过分别考虑这三个成本的来源以获得对于航空公司成本结构更清晰的认识,即机队规划、人工效率和燃油价格对冲。

机队规划

虽然飞机制造高度集中于两大制造商,航空公司还是有很多方式去规划机队结构。由于很少有航空公司真的会披露特定维护费用的相关信息,我们可以使用平均机队年龄这一指标来衡量航空公司的运营效率。毫无疑问,更年轻的机队更优,因为从短期看来,更新型的发动机会更省油,并且会花费更少的维护成本。另外,制造商包修协议也可以帮助航空公司降低维护成本。航空公司也可能为了调整或者改进其战略去升级机队,在这种情况下，新的机队可能更适合公司所希望建立的商业模式和所希望针对的消费者群体。那些机队较老的航空公司最终可能会因为在短期内无法面对高额的资本支出而失去融资方面的灵活性。当考虑是否可以为航空公司提供融资的时候，人们通常认为拥有 3 年或更低平均机龄的航空公司是好的客户，拥有 15 年或更高平均机龄的航空公司可能很难获得贷款。但请记住一点，旧飞机的残值远低于升级到新型号的成本。因此，出租人必须评估航空公司如何平衡其债务与运营效率。

飞机大小也是一个因素，但这必须和航线结构结合起来看。例如，低成本航空公司一般只运营境内航线或是短途航线，因此使用窄体机，但是国际性航空公司一般会同时拥有宽体飞机和窄体飞机。机队结构较为单一的最主要好处是航空公司所需的维护运营会更简单，这会很大程度上降低航空公司培训、存货以及人力成本。这也是西南航空公司维持其投资级评级的所采取的手段之一。另外，拥有多样化机队的大型航空公司能够更好地将新机型集成到它们的航线网络系统中，并使用短途和长途航线扩展其网络。对于大多数国际型航空公司而言，这通常会获得更高的 RASM。但是这也可能导致更高的 CASM。因此，另一个关键因素是航空公司如何获得资金来组建机队的。当我们进行财务比率分析时会对这一点更有感触。

值得注意的是，一些评级机构会更重视机队规划。例如，穆迪将机队规划的因子权重设定为 9%，并且会给予拥有多种机型的新机队最高评级。

飞机拥有成本

飞机拥有成本也占据了航空公司总支出的很大一部分，通常高达 20%。飞机拥有成本涉及经营性科目，例如租赁，以及非经营性科目，例如折旧和利息。值得注意的是，通过租赁获得飞机而非自行购买大部分飞机的航空公司通常拥有更高 CASM，同时也要支付更多利息。这就是为什么签署了更长租期租赁协议的航空公司的租赁调整后债务往往更高。

虽然航空公司一般会把租金计入营业费用，分析师和出租人却更倾向于将租金归为资本支出。事实上，正如我们在第三章所讨论的，最新的国际会计准则要求航空公司将绝大部分经营租赁列入资产负债表，而不再是损益表。这对于信用风险分析师来说是一个好消息，因为这使航空公司的实际负债变得更透明。这也有利于将租赁为主的航空公司和通过借贷购入飞机的航空公司放在一起进行对比。

在此基础之上，出租人必须考虑这种新的会计处理如何影响承租人的财务报表。例如，达美航空 2016 年的经营租赁费用约为 130 亿美元①。如果把这个数字转移到资产负债表中，将会对我们接下来要讨论的一些财务指标产生巨大影响。

航空公司已经可以成功地获得使用其他资产作为抵押担保的借款，例如房地产、航线、备件和发动机。回顾我们对信贷的介绍，无抵押贷款将比担保贷款的成本更高，因为它没有为债权人提供额外的保障。另一个关键区别是摊销政策。在大多数情况下，担保债务会涉及某种方式的摊销，具体方式取决于具体的领域。银行借款通常比有担保的债券采取更激进的摊销方式，无担保借款不用摊销。从航空公司的角度来看，无担保借款更灵活，因为它无须摊销且没有和其他资产捆绑。从操作角度来看，无抵押的飞机更方便随意移动或处置。尽管如此，最为谨慎的策略应该是合理搭配无担保和担保债务，因为正如我们将在后面的部分讨论的那样，它说明了航空公司有能力从不同的渠道获得资金。

人工效率

另一个差异化的成本因素是公司人力的使用效率，对于许多航空公司而言，人力成本约占所有运营费用的三分之一。在大多数情况下，人力成本都是固定成本，至少在短期内如此。这主要是由于员工组织化是这个行业的趋势，北美许多航空公司的员工都是航空公司飞行员协会、国际机械师和航空航天工人协会或飞行服务员协会的成员。这些工会组织通常会决定公司员工的福利、薪酬规模、工作灵活性、工作规则以及在某些情况下的机队组合和机场合同。工会也造成了罢工和运营停工的威胁。

商业航空公司通常在薪酬和福利方面偏向老员工，当两家公司试图合并时，这可能成为一个主要障碍。从信用风险角度来看，经验丰富的员工通常导致较高的人力成本。另外，严监管环境下的航空公司更容易低效

---

① 达美航空，2016 年度财务报告。

运营。

衡量人工效率的一种方法是将全职员工与创造收入的乘客数量进行对比。具体来说，

$$\frac{收入乘客英里数（PRM）}{全职员工人数（FTE）}$$

理想状态下，这个比值应该大于 4.5，如果低于 2 就会被认为较差[①]。但是，值得注意的是，FTE 指的是航空公司的全体员工，而 RPM 仅指客运收入。这意味着在评估具有大型货运部门或大比例辅助收入的航空公司时，这个相对成本指标不太合理。另外，许多低成本航空公司运营短途航线，这会导致它们需要更多的地面服务人员。因此，在评估低成本航空公司人工效率时，比较合理的是在旅客回报等其他类似指标较高的情况下使用这个比率。

公司所在的司法辖区是另一个影响因素。虽然每个航空公司的劳动效率各不相同，但出租人应该始终关注航空公司会受到哪些劳动法的约束。

油价对冲

燃油成本是所有商业航空公司的另一个主要费用类别，并且鉴于原油价格的历史性波动，燃油成本也是航空公司成本结构的关键组成部分。20世纪 90 年代，燃油成本占航空公司整体运营成本的比例大约在 20%。今天，这个数字通常是 30% 或更高。所有航空公司都受到基本相同的油价影响，但它们可以通过油价对冲来管理这些价格的波动性。这正是评级机构如此关注燃油战略的原因。

可以回忆一下你之前学习的财务课程，对冲是一种通过购买一项投资产品以减少或抵消另一项投资产品的损失或风险的策略。例如，股票交易者可以购买价外看跌期权，以防止他/她已经拥有的股票之潜在价格下跌。同样地，购买汽车保险的人实质上是对冲他们自己发生交通事故的风险。航空公司也采用相同的思路来应对油价波动，即通过购买基于特定石油产品价格的金融衍生产品（期权、掉期和期货）来对冲。目前，由于航油缺

---

① 穆迪投资者服务（2009）。

少大量金融衍生产品，我们通常选择原油衍生品作为替代（特纳和林姆，2015）①。航空公司知道它们不能总是将油价上涨的成本转嫁到旅客所购买的机票上，作为替代方案，油价对冲允许航空公司在未来某一时点以指定价格买入或卖出指定数量的燃油，从而保护自己免受油价上涨的影响。这同时还有助于公司更有效地管理预算。

> 我们通过对冲计划来降低油价变动对财务的影响，对燃油价格风险进行积极管理。在对冲计划中，我们会使用不同类型的衍生品合约和标的物，并且经常根据我们的财务目标测试这些合约和标的物的经济效益。我们密切监控对冲投资组合，并根据市场情况不断调整投资组合，进而在对冲合约到期前去锁定这些合约的收益或损失。——达美航空，2015年度财务报告。

油价对冲合约的签订要基于对未来油价的预判，大多数航空公司只会对一部分燃油需求进行对冲，一般最多为 12 个月的需求。因此，信用风险分析中的常见做法是考察对下一年度燃油需求的对冲比例，这一比例通常可以在公司的年报（10－K）中找到。较高的对冲比例会导致较高的评级。同样地，长期套期保值被认为是比短期套期保值更好的策略。例如，西南航空公司历来维持较高的油价对冲比例，这一策略在公司盈利方面发挥了重要作用。事实上，在 2008 年国际金融危机被迫大幅降低对冲比例之前，西南航空已将其对冲期限提高至 3 年，并且锁定的燃油价格远远低于市场价格（刘和琼斯，2016）。

航空公司会持续调整油价对冲策略，但并不是所有的对冲都会有效。当对冲策略出了问题，出租人将会面临风险。虽然对冲合约可以保障航空公司在未来燃油上涨时不受损失，但高比例的对冲也会导致航空公司在燃油价格下跌时损害公司的利润。例如，达美航空公司 2015 年的燃油对冲损失达 20 亿美元②。尽管如此，较高的对冲比例仍是一个积极的信号，因为

---

① 根据 2010 年《多德—弗兰克华尔街改革与消费者保护法案》，大部分的场外衍生品必须在交易所交易。

② 达美航空，2015 年财务报告。

它表明如果发生油价上涨，该公司的出租人可以更好应对价格上涨。然而更重要的是，航空公司有效监控风险并相应地调整其油价对冲计划。

有一些航空公司会拒绝对冲，因为它们对锁定损失毫无兴趣，它们根本不想承担损失。这些航空公司中的大多数都在曾经某个时点因为对冲而承担了高额损失。另外，虽然西南航空在国际金融危机期间仍旧保持盈利，但许多债权人认为以获得收入为目的的油价对冲会带来不必要的财务风险。一般而言，为了锁定成本的油价对冲是一种更为保守的策略，因此从借贷的角度来看更有利。航空公司也可以选择对客票征收燃油附加费。然而与对冲不同，这在收益表中很少披露，因此很难进行评估。

总体而言，航空公司管理其成本的方式是出租人的主要考量因素。同样，历史表现是很关键的，例如我们可以考察一家航空公司在经济衰退期或油价价格上涨时是否很好地管理了成本。从信用评级角度来看，能否成功地管理成本是区分航空公司好坏的主要因素。

财务状况

无论是从传统分析角度，还是从模型分析角度，财务指标都是信用分析的基础。但是，请记住，财务分析不仅仅是插入数字。我们来看一下2001年瑞士航空公司的著名案例。瑞士航空是一家享有盛誉的国际航空公司，它也是瑞士、欧洲乃至整个行业的象征。事实上，由于其长期保持了稳定的盈利，它甚至被看作是"飞行银行"。但是，这家航空公司在20世纪90年代到2001年间采取了激进的收购战略。这导致其面临了严重的现金流问题，并且最终在"9·11"事件对整个行业造成重创之后，不得不停止了大量的全球业务。瑞士航空无法支付巨额债务，未能获得更多的融资，进而没能承受住这次冲击，最终破产倒闭。

瑞士航空的倒闭说明了数字有时候并不可信。因此，进行指标分析的关键是不断询问"为什么"和"如何"。具体来说，为什么某一个比率从某一年到下一年会发生变化？指标的变化趋势和模式揭示了很多信息，所以我们总是至少分析3年的数据。这是通过分析数字得到正确结论的唯一方法。在这个部分，我们首先使用损益表中的信息来衡量盈利能力。然后我们再来分析股权、杠杆、现金流、流动性和资金。

盈利能力

在考察航空公司盈利能力的时候，出租人密切关注航空公司的损益表。但这比资产负债表指标更重要吗？如果不把这两者结合起来看，这个问题的答案并不明确。简单地说，从现金为主的角度来看损益表会更重要，因为现金来自盈利和亏损。但是，如果损益表与资产负债表不一致，那说明损益表存在问题。例如，假设一家航空公司每年赚 2 亿美元，净资产为 3 亿美元。那么利润去哪里了？是否存在什么东西没有被纳入资产负债表？如果有一家航空公司净资产有 10 亿美元，每年可以赚取 100 万美元的利润，那说明什么？听起来像是航空公司在衰落，但如果没有考虑背景，也无法把这两个数字放在一起比较。对于低成本航空公司或者一家处在复苏期的传统航空来说，没有强大的资产作支撑却可以获得大笔现金流也是有可能的，但是再次强调，这个背后一定有原因。

如果你回忆之前在会计中学过的，营业利润（息税前利润，EBIT）等于营业收入减去成本。因此，确定盈利能力的简单方法是计算航空公司的营业利润率，也就是扣除掉营业成本之后的营业收入占总收入的比例。

$$营业利润率 = \frac{营业利润}{总收入}$$

使用 EBIT 计算的运营利润率是衡量航空公司能否维持其商业模型，并对其利润再投资的基本指标。由于航空公司的盈利很不稳定，对于航空公司来说的高运营利润率（超过 15%）放到大多数其他行业中同等评级公司中看，只能是中位数水平。因此，将会计上的成本加回来，例如折旧和摊销 [息税折旧及摊销前利润（EBITDA）]，投资者可以更好地了解该航空公司的盈利能力。虽在美国公认会计准则下（GAAP），EBITDA 并不是一个被普遍接受的概念，但它仍旧是衡量大多数工业企业盈利能力的典型指标。显然，公司希望获得高 EBITDA 利润率，这对于航空公司来说尤为关键，因为对于拥有大量自购比例机队的航空公司来说，飞机资产的大量折旧很可能会掩盖其利润。换句话说，航空公司的营业利润可能非常高，但是税后净利润却非常低。

由于可以反映"航空公司的成本战略"与"从乘客和非乘客获得收入的能力"这两者之间的关系，EBITDA 利润率也被用来衡量成本效率。

例如，它提供了一种更好的方法来比较一家大型盈利网络航空公司和一家规模较小的低成本航空公司。航空公司的 EBITDA 利润率越高，其财务状况越稳定。对于大多数美国航空公司来说，2008 年的利润率降至 10% 以下，但是现在我们看到利润率已经稳定在 20%，这个数字对于运输行业来说是比较高的。如果这个比率低于 5%，就说明这家公司的信用风险较高。在所有行业中，EBITDA 利润率超过 40% 的公司通常会获得最高评级，如果低于 10% 将会被认为是非常差的公司。但请记住，EBITDA 忽略了资本成本。

另外一个适用于航空公司的更为复杂的指标是息税折旧摊销租金前利润（EBITDAR）。这个指标也不是 GAAP 认可的指标，但是大家认为这个指标比 EBITDA 更为准确，因为它减去了航空公司为租赁的飞机所支付的租金。EBITDAR 有时被当作是运营现金流，可以较为容易地通过航空公司的损益表得出。假设歌飞航空公司实现了 50 亿美元的客票收入，同时有 40 亿美元的运营费用，其中 5 亿美元是经营租赁租金，2 亿美元是向机场租机库的租金。全年的折旧费用是 3 亿美元，全年的营业利润是 10 亿美元。现在让我们来计算歌飞航空的 EBITDAR。首先，我们知道 EBIT 为 10 亿美元，然后我们把折旧费用（3 亿美元）和租金（5 亿美元 + 2 亿美元）加回来，就得到了 EBITDAR 为 20 亿美元。因此，如果总收入是 70 亿美元，那么 EBITDAR 利润率就是 28%。因为我们把租赁的租金加了回来，故这个指标如果高于 25% 我们就认为是处在较高水平，如果低于 10% 就认为是处在较低水平。

$$EBITDAR\ 利润率 = \frac{息税折旧摊销租金前利润}{航空公司总收入}$$

EBITDAR 可以被用来比较不同的航空公司，因为在这个指标中，每家航空公司特有因素或特有成本带来的影响被降到最低。进一步，由于航空公司在采取何种融资方式组建机队方面存在较大的个体差异（租赁或购买），EBITDAR 利润率是一种更为准确比较利润、衡量长期财务健康与否的指标。EBITDAR 在交通行业被普遍运用，一些业内人士也认为 EBITDAR 是衡量航空公司的基本指标。[①]

现金流

信用分析师和出租人在分析航空公司的现金流时，会关注现金流能否偿还债务并维持运营。因为旅客都是提前购买机票的，航空公司不需要付出特别多运营成本就可以获得大量现金流。此外，传统航空公司的资产负债表在资产与负债端都比较简单，资产与负债的差距通常也不大。同时，航空公司的固定成本很高，并且会借入大量资金去购买高价值的飞机，这会导致高负债或高租金。因此，现金流就是一个全面衡量可持续性的关键指标。具体来说，来源于运营的现金流反映了航空公司可以不利用外部融资去投资、偿还债务、分红的能力。请记住，现金和会计利润是不一样的。

固定费用偿付比率反映了债务与经营现金流的关系。具体来说，我们可以利用损益表计算 EBITDA 利息偿付比率：

$$EBITDA\ 利息偿付比率 = \frac{息税折旧摊销前利润}{利息支出}$$

这个指标很直观地告诉我们航空公司是否获得了足够的收入去偿还利息。如果比值等于 1，说明航空公司具备最起码的偿付能力，但还是会引发质疑。通常来说，评级机构会给予这个比率是 4 或者更高的航空公司 A 级别的评级，任何比率低于 1 的航空公司会被评为投机级别。如果想要获得 AAA 级的信用评级，EBITDA 利息偿付比率至少要达到 6。类似地，出租人会计算 EBITDAR 利息偿付比率，计算时分母要加入租金支出。

另外一个偿付比率是现金债务比率。同利息偿付比率类似，这个指标可以告诉出租人航空公司是否从运营中获得了足够的现金流去偿还现有债务。

$$现金流债务比率 = \frac{经营活动现金流}{总债务}$$

还有一种衡量净债务而不是总债务的方式。这个指标通常被称为留存现金流（RCF），衡量的是一段时间内现金流入和流出的差异。RCF 是航空公司偿还完债务、支付完费用后剩余的现金。这个指标是帮助我们深入了

---

① Kroll 债券评级机构（KBRA，2016）。

解公司未来预算，衡量公司在接下来的时间内能够将多少现金再投入运营的好方法。

由于现金并非只用来偿还给债权人，偿债能力的延伸就显得很重要了。回想一下瑞士航空公司的案例以及本章开头讨论的一些行业风险。无论是飓风、恐怖袭击还是流行病，现金流都是一个可以衡量航空公司是否能够应对外部冲击的公平指标。

偿付比率的问题之一是没有考虑债务期限。例如，现金流债务比率中没有用来衡量债券到期日的因素。如果债券即将到期，那么意味着该航空公司即便拥有很高的现金流债务比率，还是可能无法偿还债务。这恰恰是2008—2009年国际金融危机期间显现的问题，当时许多航空公司面临着无法偿还债务的风险。

资产结构和杠杆

回想一下本章开头我们对杠杆的讨论。我们已经强调了航空业固有的波动水平以及大多数航空公司都具有高杠杆率的事实。衡量这种杠杆的方法之一是计算债务占收入的百分比，这可以衡量公司债务负担的大小，也可以衡量航空公司的规模。在评估美国航空公司时，特别是那些最近刚刚破产的航空公司，出租人通常会考虑这一指标。

另外一种衡量杠杆率的方式是计算航空公司的资产负债率：

$$资产负债率 = \frac{总债务（短期债务 + 长期债务）}{总资产（负债 + 所有者权益）}$$

仅仅通过查看负债总额，我们无法全面评估公司的资本结构。因此，资产负债率是用来衡量债务占总资产的比例。在所有条件相同的情况下，航空公司的杠杆率越高，风险就越高。换句话说，如果行业或航空公司本身的业绩出现周期性波动，则较高比例的债务会使航空公司更易有倒闭的风险。这也就是为什么低杠杆航空公司或租赁更多飞机的航空公司具有更大的灵活性，因为它们的资产负债表上没有大量的债务。从出租人的角度来看，潜在承租人的理想资产负债比率应该低于30%。

与其他行业的公司相比，大多数航空公司的平均资产负债率相对较高。然而，鉴于这个行业存在很大波动性，该比率可能会产生误导。假设一家欧洲航空公司在伦敦希思罗机场这样的高容量机场拥有多个高价值的机位。

资产通常以历史价值入账，在经济衰退时期，当乘飞机旅行的人数减少时，资产的股权价值会受到侵蚀。

另一个相关的杠杆率指标是债务对 EBITDA 的比率，这一比率可以告诉出租人其他条件都保持不变的情况下，航空公司需要用多少年去还清它的债务。因此，这个比率如果很低（1 或者更低）则非常理想，如果高于 4 或者 5 就会受到质疑。对于航空公司来说，我们会使用债务对 EBITDAR 这一比率。

$$债务/EBITDAR = \frac{债务}{EBITDAR}$$

用这个指标来衡量航空公司会更加准确，因为它把飞机经营租赁费用加了回来。让我们来回忆之前歌飞航空的例子。我们同样假设 EBITDAR 是 20 亿美元，并且假设资产负债表上的债务是 60 亿美元，我们可以计算出债务/EBITDAR 是 3.0。这个数值如果放在轻资产行业，例如软件行业或者数据处理行业，会被认为较高，但是放在重资产行业则较为合理，例如采矿业和交通运输业。现在，假设在未来的 3 年里，歌飞航空计划偿还其 50% 的债务，并且将 EBITDAR 提高到 30 亿美元，则会把这一比率降低到更为喜人的 1.0。

评价一家航空公司的杠杆率不能仅仅去看它的债务，也要同步看它现有飞机租赁协议的到期日。包括飞机租赁在内的大多数租赁都被划分为经营租赁。因此，评级机构在计算上述指标时经常使用调整后的债务额，计算调整后的债务额需要将未来全部应付租金的贴现值加入资产负债表中。通常，出租人会根据租金率或承租人的增量借款利率去确定贴现率[①]。另一种更为简单的替代方法是用航空公司的总年度租金支出乘以一个系数。根据行业的不同，这个系数可能在 4× ~10× 之间，但对于航空公司的飞机租金来说，分析师所采用系数通常会在 6× ~8×。本质上讲，这种方法旨在模拟资产购买，从而考虑飞机的整个寿命，而不是简单地考虑其租金的现

---

① 国际财务报告准则/ FASB 会议 2011 年 3 月 21 日议程文件 11H / FASB 备忘录 152，"确定租赁折现率"。

值[①]。像很多指标一样，调整后的债务/EBITDAR 不能独立使用，应该和其他指标配合使用。

最后，鉴于在第三章中详述的 IFRS 近期变动，在正确的背景下评估 EBITDA 非常重要。事实上，在航空公司中，分析师预计债务中值增幅为 47%，EBITDA 中值增幅为 33%（PWC，2016）。由于这些公司将被要求将其经营租赁的租金资本化，因此信用分析师在评估杠杆时不太会使用调整后的债务。

流动性

对出租人来说，重要定量指标通常包括流动性和一些短期因素指标。对于高风险航空公司来说更是如此。回想一下在"9·11"恐怖袭击后，以及 2003 年 SARS 在亚洲爆发后，客流量发生的急剧下降。

理想情况下，即便是投资级别的航空公司也希望可以拥有相当数量的现金，以免受灾难性天气、罢工、流行性疾病以及其他可能降低需求或导致飞机停飞的行业风险因素的影响。因此，飞机出租人会非常关注近期的现金状况，并不仅仅是评价航空公司支撑其日常运营的能力，同时也是评估其抵御风险的能力，以及评估航空公司的资产在市场出售的速度。幸运的是，这个行业本身就需要旅客先付钱，这也就使航空公司可以获得相对较高的现金量。

流动比率是衡量流动性的基本方法。计算方式是用流动性资产（现金、可交易证券、股票、应收账款）除以流动性负债（短期债券、透支额、提前销售的作为，应付账款），流动比率等于 1 被认为是可以持续运营的，如果比率低于 1，就意味着公司的流动性负债已经超过了流动性资产。例如，如果歌飞航空的流动资产资产为 20 亿美元，流动性负债为 25 亿美元，它的流动性比率就是 0.8。换句话说，这家公司的营运资本是负的（2.0 减去 2.5），这可能意味着它难以负担短期债务。

一个可以传递更多信息量的流动性指标是非限制性现金占收入的比例。这个指标可以说明航空公司的规模。非限制性现金是航空公司流动性资金

---

① 穆迪投资者服务（2010）。

的一部分，它没有与任何商业用途捆绑，流动性资金还包括现金、现金等价物以及短期投资。美国航空公司这一指标通常在 10%～30%，20% 是可以被接受的最低比例，这相当于公司手头有 2.4 个月的流动资金。另一个可替代的指标是用现金和现金等价物的总和除以全部的未调整债务。对于这个比率，如果数值高于 200% 就可以获得一个非常高的评级，如果低于 25% 就会显得糟糕。

$$\frac{\text{非限制性现金}}{\text{总收入}}$$

出租人可能还想考量航空公司未实现收入账户的预订曲线和同比变化（考虑到季节性问题，需要使用相同的季度来计算）。众所周知，航空公司通过提供大幅折扣来保持流动性，这通常导致它们在燃油成本增加时无法再调整其客票价格。想象一下，感恩节后的第二天美国零售业会发生什么，黑色星期五只会将本该发生在圣诞节期间的销售额提前。同样，由于用来管理收入的库存较少，航空公司在进入淡季时手头的现金将减少。

最后，是评级机构和出租人不太常用的运营费用比率。鉴于航空公司容易亏损的属性以及维持高收益率的持续压力，考察收入占运营成本比例可以将这些成本纳入考虑范围。

$$\text{运营费用比率} = \frac{\text{总营业费用}}{\text{总营业收入}}$$

显然，航空公司希望降低运营成本，通过考虑运营费用比率的变化，我们可以将成本变化与收益率变化联系起来。例如，欧洲航空公司往往未能足够快地削减成本以弥补乘客收益率的下降。

资金和灵活性

如前所述，航空公司面临着巨大的维持流动性以及维持必要短期现金的压力。对于一家为了存活而挣扎的航空公司来说，这需要多种多样的内部资金策略，例如出售飞机或者其他设施、转租飞机（在本身的租期之内）、减少资本性支出或者出售或有资产（如航线或者机位）。但是，这样做可能会抑制未来发展。

航空公司的财务灵活性和内部筹集资金的能力通常用其无抵押资产的程度来衡量。无抵押资产指的是任何有形的、未被抵押的、可以用来出售的资产，例如飞机、设施、零备件等。回顾我们之前对信贷的讨论，担保债务需要资产来支持，具有大量担保债务的公司通常在未来融资方面会失去一定灵活性。因此，无抵押资产比例衡量的是与任何债权人的债权无关的或在任何留置权上未被列为抵押品的资产比例。该比率的计算方法是用有担保债务总额除以有形资产总额。理想情况下，这个数字应该尽可能趋近零。

$$无抵押资产比例 = \frac{总担保债务}{有形资产}$$

在外部融资方面，债务成本是体现商业航空公司财务灵活性的主要指标。遗憾的是，高资本需求和股票价格的极端波动使航空公司很难依靠股权来融资。美国航空公司可以快速进入资本市场并发行更多增级设备信托凭证（EETC），我们也开始看到世界其他地区的公司也在发行更多的 EETC。虽然很少有航空公司能够以低利率获得无抵押贷款，但大多数航空公司仍旧依赖银行借款。特别是亚洲航空公司正在迅速利用银行资金为数百架新交付的飞机提供资金。但是，它们倾向于提高短期债务的比例，并不断滚动借债，因为这意味着它们的 EBITDAR 可能会非常低。

政府也可能会提供外部支持。对于美国航空公司来说，这意味着可以根据联邦破产法第 1110 条进行重组。包括日本航空和全日空在内的其他航空公司，也会获得政府提供的或者出口信贷机构的资金支持。拥有获取资金的途径是一个积极信号，能否拥有这些途径与我们在下一节讨论的定性因素部分密切相关。

定性因素

虽然运营和财务指标可以提供很有价值的数据参考，但是数据永远不能说明全部。在这一部分，我们会讨论航空公司信用风险分析中涉及的定性因素，例如区域因素、竞争策略、企业声誉、服务质量以及管理水平。同样，这是一个整体性过程，定性因素基本上提供了我们在上面看到的数字背后的背景。更具体地说，出租人通过考察定性因素来解释定量因素的变化。变化的主要趋势是什么？是什么导致了 EBITDA 利润率增加？如果不知道这些数字来自何处，就无法正确评估财务报表。

最终，两个主要问题是"为什么"以及"如何"。为什么数字会改变，航空公司将如何应对？出租人可以选择一家年收入2亿美元的公司，也可以选择一家年收入为1亿美元的公司。哪家航空公司更好？如果没有更多信息，你无法知道答案。这家低收入的航空公司最近可能将与竞争对手合并，或者决定在利润丰厚的市场推出20条新航线。再或者，也许它实际上正在亏损。同样，你可能会发现，高收益的航空公司实际上是在3年前实现了双倍的利润，从而表明它的利润其实正在稳步下滑。虽然银行和评级分析中往往非常注重数字，但出租人正在逐步将更多的注意力转向定性因素。在本节中，我们将要了解到定性因素与实际数字一样重要。

运营区域

正如我们从监管章节中了解到的那样，出租人必须注意航空公司的登记状态及其主要运营地的司法管辖问题。民用航空的本质使新的航空公司通常面临很高的进入壁垒，这在很大程度上是由前面提到的行业风险所决定的。此外，发展中国家的航空公司普遍长期面临航空交通管制和枢纽机场基础设施薄弱的问题。总的来说，我们需要同时考虑自然因素和国家诱导性因素。

政治波动

一些航空公司面临着由于政治不稳定带来的巨大风险。该风险在美国和欧洲不太常见，与战争地区或欠发达地区的航空公司更为相关，例如非洲和东南亚等地。腐败和恐怖主义不仅为入境和出境交通带来了风险，也为需要通过这些城市或国家的航空公司带来了风险。此外，正如我们从"9·11"事件对全球影响中看到的那样，负面影响并不总是直接显现。

政府影响

在信用风险方面，政府的干预可以带来积极的影响，也可以带来消极的影响，特别是最近国家监管政策以及空域开放的情况发生了变化。一方面，监管可能会给国内和国外航空公司带来沉重的税负。此外，如果一个国家向外国航空公司提供不受限制的航空权，可能会造成严重的产能过剩，并大大降低本国航空公司的盈利能力。另一方面，主权支持的表现可以是破产保护措施、国家补贴或仅提供完全自由竞争的市场。在那些对外国航空公司设置了较多航空权限限制的州，减少竞争对手所带来的好处可能是当地航空公司的主要优势。

监管也与安全密切相关。虽然航空业在世界大部分地区基本上都是私有化运营，但发达国家的政府机构仍然在维护严格的安全标准方面发挥着重要作用，至少在本国国内是如此。根据波音公司的数据，在 2015 年全球发生的 28 起商用喷气式飞机事故中，涉及美国航空公司的只有 3 起，其余绝大部分事故集中在印度尼西亚，印度，非洲和中东地区[①]。

外汇风险

世界上大多数航空公司都以美元支付燃油费用、租赁飞机的租金以及偿还债务。因此，货币贬值可以增加其用当地货币支付的成本，缩减航空公司的净利润。如果航空公司没有足够的美元收入来支付其购买新飞机的资本支出，那么影响可能是巨大的。例如，俄罗斯卢布的价值在 2013 年至 2015 年间下降了 50%。同样，欧元兑美元的汇率也出现了和其他货币一样的贬值情况。虽然 5% 或 6% 可能听起来并不是一个很大的幅度，但请记住，飞机的价格也会上涨相同的幅度。因此，对于一架价格超过 3 亿美元的 A380 来说，如果通过融资的方式来购买，5% 的价格上涨意味着要多付出 1500 万美元成本以及额外的融资利息。最终我们发现，外汇风险并不是一种单一成本，而是可能对多种因素造成影响，从而给航空公司带来巨大的财务负担。

地理威胁

在我们的分析中考虑冬季风暴、火山或海啸等自然威胁也很有必要。例如，由于长期大风和能见度有限，飞行员经常将尼泊尔的 Tenzing Hillary 机场作为世界上最危险的着陆带之一，出租人可能会想要调查那些飞往这个机场的航空公司的坠机记录。

发展阶段

我们已经强调了历史分析的重要性。同样，航空公司的发展阶段可以为最近的盈利能力变化和航空公司的未来前景提供很多信息。它可以生成

---

① 波音全球运营商用喷气式飞机事故统计摘要，1959—2015 年。

公司的历史时间表。什么时候开始运营？谁是最初的创始人？对于初创航空公司来说，可能有必要对类似市场中的类似航空公司进行额外评估。

合并是另一个需要考虑的因素，特别是在与欧洲、美国的航空公司打交道的时候。2008 年达美航空公司和西北航空公司的合并引发了一波航空业的整合，这实际上增强了美国航空市场的整体竞争力。合并可以带来更好的成本效率，因为这使航空公司可以整合重复的航线、扩展航线网络、更好地利用飞机并实现更高的客座率。评估最近进行了合并的航空公司可以发现，推进合并战略的过程中有几个关键因素需要仔细考量：

- 航线网络的拓展而不是网络的重叠；
- 工会组织之间的合作；
- 用于合并机队、系统以及其他设备的财务资源；
- 对所有潜在整合成本的可靠预测。

一般而言，出租人应谨慎对待新的航空公司，尤其是那些试图过快增长或积极进入饱和市场的航空公司，因为这种激进的策略经常导致最终的失败。换句话说，稳定且适度的增长策略风险要小得多。

竞争策略

要获得评级机构的投资级评级，除了强大的财务状况外，航空公司还必须表现出稳固的竞争地位。例如，标准普尔看好那些专注于有吸引力的市场并且在某区域或全球进行多元化运营的航空公司[1]。同样地，一家可以保持竞争优势的承租人发生租约违约的概率更小。让我们讨论几个对航空公司竞争战略产生影响的因素。

地理多元化

大多数航空公司都会发布详细的网络地图，列出它们所服务的国家和城市。理想情况下，航空公司应运营多元化网络，在每一个市场的收入占比不超过 20%。为什么这么说？因为多元化既可以带来财务缓冲，也是一种增长战略。回想一下早先的情况，即美国东北海岸的冬季风暴。如果国内航空公司专门在该地区运营，那么很有可能在一年中由于天气原因导致

---

① 标准普尔（2010）。

其全部网络瘫痪。大多数全服务航空公司或载旗航空公司都同时在国内和世界范围内运营，因此一个地区的问题不一定会影响网络中其他部分的航班。事实上，海湾地区的航空公司因为几乎完全专注于国际航线而取得了巨大的成功，它们的地理位置使它们可以轻松进入世界上几乎所有主要市场。

区域多样化可能是一种同样有效的战略，特别是对于低成本航空公司而言。例如，西南航空公司仅在北美和中美洲开展业务，绝大部分航线都在美国境内。同样地，阿拉斯加航空公司一直在以西北为中心的市场实现盈利。两家航空公司均保持投资级评级（截至本文撰写时）。

航线结构

第二个竞争因素是航空公司如何构建其网络。世界上大多数航空公司都使用传统的中心辐射型网络，每条网络覆盖一个或多个枢纽城市。通过利用中转站点，以某基地为基础的航空公司可以提高网络利用率，增加客座率，每天多次飞行相同的路线，并将业务运营集中在一个中心位置上。上述模式的主要缺点和风险是，如果中心位置的天气出现问题，会将不利影响辐射到整个航线网络。

中心战略的一个常见替代方案是点对点服务，这是低成本航空公司中的一种流行策略，例如美国的西南航空和欧洲的瑞安航空。通过消除枢纽城市，这些航空公司可以提供更短的航班时间，更容易避免丢失乘客行李的问题。不利的方面是较低的航班频率以及乘客能够选择的点对点城市较少。

那么问题是航空公司如何有效地采用其选择的航线战略，以及公司在为了选择合适的战略从而实现利益最大化方面做了什么努力？这两种航线结构都可以获得成功，出租人希望看到的是航空公司能够运营通往主要市场或具有高增长潜力的市场的路线，这样的路线更容易盈利。除了航线网络的选择之外，表现优异的航空公司通常可以提供方便的出发/到达时间，并且保持日常航班的高飞行频率。

乘客组合

如前所述，商务旅客通常愿意为优质服务支付更高的票价。因此，拥有高比例的商务旅客被认为是一个积极指标。这一特征在那些飞往主要商业市场的航空公司身上体现得更为明显，它们同时会为这些乘客提供餐饮产品。相反，低成本航空公司倾向于将其成本优势集中在吸引那些对价格敏感的、以休闲为出行目的的旅客身上。但是值得注意的是，商务出行带来的利润往往比休闲旅行带来的利润更不稳定。

市场地位

仅仅考察航空公司的飞行方式和地点是不够的，同样重要的是航空公司在这些市场中的相对地位。衡量市场份额的一种方法是每个机场的乘客数量。我们还可以查看航空公司主要航线上的航班份额以及每个航段产生的收入金额。另一个考虑因素是主要机场，特别是欧洲机场的机位数量。例如，英国航空公司在伦敦希思罗机场设有大量航班。希思罗机场只有两条跑道，机位数量上的优势使航空公司能够根据其需要重新分配短途和长途航线。换句话说，机位数量是体现航空公司市场支配地位和其增长、扩张能力的指标。

在具有高门槛的高流量市场中拥有大量份额是非常有利的，主要是因为获得进出主要城市的航权往往代表着可以拥有更高比例的商务出行旅客。在许多情况下，具有主导权的航空公司是旅客出行的默认首选。亚特兰大的达美航空公司和阿姆斯特丹斯希普霍尔的荷兰皇家航空就是这种情况。商务旅行者是常飞旅客计划的主要用户。但是，即便是具有主导权的航空公司也要保护它们的市场份额。这意味着这些航空公司也要保持有吸引力的时间表、高飞行频率、优质的地面和空中服务。对于低成本航空公司而言，是否有价格上的话语权往往是衡量其竞争力的主要指标。

对于支线航空公司而言，分析则略有不同。天西航空和共和国航空等区域性航空公司采取了不同的商业模式，因此也面临着一系列独特的风险。它们最终的竞争战略是能够以最低报价成为主要航空公司的运营合作伙伴。

合作伙伴

代码共享、联盟和开放天空协议可以帮助航空公司实现多样化运营，并且为乘客提供更多目的地选择。因此，另一个积极因素是航空公司是全球联盟的成员（见表 7.2）。如果没有，评级机构通常希望至少看到航空公司与一家或多家航空公司有某些级别的代码共享。

表 7.2   2017 年全球航空联盟

星空联盟		寰宇一家	天合联盟	
亚德里亚航空	埃塞俄比亚航空	柏林航空	俄罗斯航空	大韩航空
爱琴航空	长荣航空	美国航空	墨西哥航空	中东航空
加拿大航空	波兰航空	英国航空	阿根廷航空	沙特航空
中国国际航空	汉莎航空	国泰航空	欧罗巴航空	罗马尼亚航空
印度航空	斯堪的纳维亚航空	芬兰航空	法国航空	越南航空
新西兰航空	深圳航空	西班牙航空	意大利航空	厦门航空
全日空	新加坡航空	日本航空	中华航空	
韩亚航空	南非航空	拉塔姆航空	东方航空	
奥地利航空	瑞士航空	卡塔尔航空	南方航空	
阿维安卡航空	葡萄牙航空	马来西亚航空	达美航空	
布鲁塞尔航空	泰国航空	澳洲航空	印尼鹰航	
科帕航空	土耳其航空	斯里兰卡航空	肯尼亚航空	
克罗地亚航空	美国联合航空	皇家约旦航空	荷兰皇家航空	
埃及航空		S7 航空		

资料来源：联盟网站。

商誉和服务质量

一家航空公司的声誉很大程度上说明了它的收入潜力，主要是因为它能够吸引更多的商务出行旅客。一般来说，商务旅客往往更关心机上服务质量、简化的登机流程、机场休息室以及常飞旅客奖励，而追求价格最优的旅客主要对出行成本感兴趣。优质的服务在评级中通常被看作是积极的因素。就灵活性和信用评价而言，优质的奖励计划实际上可以成为航空公司一个很大的优势。事实上，一些航空公司使用常飞旅客计划作为另一种资金来源，这些航空公司可以向信用卡公司等第三方实体出售里程，或者建立一个独立的奖励计划。加拿大航空公司的 Aero plan 就是一个很好的例子，Aero plan 是一项全球奖励计划，运营这项计划的公司在 2005 年单独公开上市。

运营表现是服务质量的另一个衡量标准。这包括飞机延误、取消和错误处理行李的数量，所有这些都是会影响整体成本结构的可变因素。一些人会争辩客户对低成本航空公司的容错率更高，因为人们对这些航空公司的预期相对较低。这也许在某种程度上是对的，但是一家经常延误的低成本航空公司还是会在面对一个提供同等票价却能保持航班准点对手公司时，轻易流失掉大量旅客。

航空公司的声誉往往与其历史表现相关，并且可以说明数字背后的故事。致力于为客户提供服务的航空公司通常会获得旅客忠诚度，从而获得更高的信用评级。另一个问题是，航空公司对于其所在的区域乃至整个国家的交通运输来说有多重要？可以在当地和全国发挥重要作用是一个积极的信号，因为这意味着一定程度的消费者忠诚度、行业尊重和长期可持续性。这也可能使其得到国家或地方政府的隐形支持。例如，如果一个岛国的经济依赖于旅游业，那么即使当地航空公司遇到经济困难，维持频繁和可靠的航空服务也符合该国的最佳利益。

股权

一些航空公司作为上市公司运营，而其他航空公司则是私营公司。在美国之外，我们仍然看到许多载旗航空公司完全归国家所有，这在非洲和中东的航空公司中尤为常见。然而，更常见的是介于两者之间，即公、私共同所有的公司。例如，肯尼亚航空公司于1996年私有化，虽然政府仍是主要股东，但该公司三分之二以上的股份由公司或个人所有者持有[1]。汉莎航空在1994年之前是一家国家所有的载旗航空公司，截至2017年4月，该航空公司最大的单一投资者仅持有其股票的9.95%，超过一半的股份由机构投资者持有，而私人持有比例约占45.5%[2]。

国家控股航空的好处是这些航空公司经常会获得大量的政府支持，这些支持可能包括偿付能力措施、财政补贴或针对新进入者的市场保护。例如，大多数美国传统航空公司使用第11章破产条款重组其机队并与工会重新谈判。对于国有独资的载旗航空公司，我们可以假设政府是不允

---

① 肯尼亚航空公司2016年年度报告和财务报表。
② 汉莎航空2016年年报。

许这些航空公司倒闭的。然而，今天情况并非如此。最近的一个例子是被允许破产的马来西亚航空公司，但它立即进行了资本重组并成为一家新的航空公司。债权人和出租人遭受了重大损失，无法获得资金赔偿，只能以较低的租金率将飞机转移到新的航空公司，或者面临将飞机按照现状收回而无法获得任何补偿的问题。意大利航空也是如此。因此，在作出"不倒闭"这样的假设时，出租人还是应该在租赁协议中明确写出所有权维护条款。

值得注意的是，如果这种支持导致了过度控制，政府投入的资金或持有的股权也会对信用评级产生负面影响。国家所有通常意味着公司决策是由政治而不是企业的需求驱动。出租人还必须了解特定国家或政策的细微差别。例如，欧盟航空公司遵循"一次且仅一次"原则，如果在过去 10 年间已经获得了政府的援助，那就不能再重复获得援助。这是为了避免把公共资金浪费在那些明显已无法在市场上进行有效竞争的公司。

以匈牙利载旗航空公司 Malev 为例，欧盟委员会实际上抽回了先前提供的资金。该航空公司在 2007 年至 2010 年期间获得了政府援助，但是并没有提出可行的重组计划。由于无力负担恢复运营的支出，Malev 最终停止运营。

融资方应该坚持调查国家对行业的监管程度，这对于私营和公开上市的航空公司也适用。长荣航空、大韩航空和韩亚航空都是亚洲的上市公司，但它们可以自由流通的股份实际上很少，因为它们仍然由它们的创始人或所有者主导。理想情况下，出租人应寻找在强有力的政府下运营的航空公司，因为这样的国家更可能有完善的安全措施，这些国家的航空公司也更容易开展租赁和融资活动。对于私营航空公司而言，股东应该更多地关注利润而不是分工。对于上市公司而言，目标应该是获得一个高市值。

管理

最后一个定性因素涉及航空公司的组织结构和管理方法。公司如何对待员工？高层级和低层级的离职率是多少？一家不断更换其领导团队的航空公司可能会更容易遇到内部问题。回忆前面讲到的所有权，许多载旗航空公司由退休政客或退休军官经营，业务经验有限。海湾航空公司取得如此成功的主要原因之一是它们虽然为政府所有，管理却很专业。

另一个问题是管理团队把公司的自由现金流用在何处。如前所述，这对信用状况有很大影响。对于上市公司而言，能够对股东作出承诺通常是一个好迹象。但是，如果航空公司通过借债来支付股息或回购股票，这可能会对其信用评级产生负面影响。对于私营公司而言，问题通常在于股东和管理层的目标不同。理想情况下，管理团队应该把降低债务和提升信用质量作为明确目标。出租人可以通过评估实现进度来确定航空公司是否成功达到目标。

信用打分卡

既然我们已经涵盖了航空公司信用评级的主要组成部分，那么下一步就是创建一个加权计分卡。同样，每个评级机构和出租人会使用不同的方法论和加权方案。例如，穆迪公司给航空公司的成本结构分配31%的权重，每个子因素的百分比（燃油、劳动力）又有不同[①]。在大多数机构的方法中，财务比率通常约占总评级得分50%的权重，但是租赁行业可能会使用更主观的方案。

无论具体的加权方案如何，每个策略都会回到本章开头讨论的两种不同类型的风险。因此，一种常见的方法是在商业因素或财务因素下编制最终结果，如表7.3和表7.4所示。评分等级列提供了每种情况的总体描述（或者取值区间），并将结果分为高、中等、低。评级机构会将这些评级分类用字母的方式展现，例如BBB级、BB级和B级。请记住，我们主要进行行业内评估，相对于许多其他行业而言，航空公司的风险是很大的，我们很难看到A级别的航空公司。最后，表7.5是一个打分卡的示例。根据出租人所选择的加权策略，每一个因子都会被赋予一个权重，最终将每一个因子的分数加权计算出总评分。

---

① 穆迪投资者服务（2009）。

表 7.3 商业因素汇总

因素	高	中等	低
收入结构	高质量、分散化的收入来源，RPM、LF 和利润率	一定的收入分散化；平均水平的 RPM、LF 和利润率	收入来源仅为客票收入；收入 RPM、LF（＜70%）和利润率低
成本结构	高燃油效率的机队，平均机龄＜3 年；机型单一，运营效率高；RPM/FTE＞4.5；强大的员工关系/配合的工会；合理的油价对冲策略，对冲比例 90%～100%，对冲未来 12 个月	平均机龄在 3～15 年；机型多样，利用效率平均；2＜RPM/FTE＜4.5；员工关系尚可，罢工工会带来一定阻碍；尚可的对冲策略，对冲比例 10%～90%，对冲未来 12 个月	平均机龄＞15 年；机型多样，但利用效率低；RPM/FTE＜2；员工关系糟糕/工会对公司造成较大阻碍；尚可的对冲策略，对冲比例小于 10%，对冲未来 12 个月
运营区域	温和的气候，少有极端天气或自然灾害；政治稳定；强大的、可以提供支持的政府；坚挺的货币；优异的安全记录	存在恶劣的地形，并且/或者可能遇到极端天气/灾害；存在一些政治波动；政府可以提供某些支持；存在一定汇率风险；安全记录尚可	地形恶劣并且/或者有很高的概率遇到极端天气/自然灾害；政治波动大、战争地区、腐败或者有恐怖主义；没有政府支持/支持很弱；货币脆弱；安全记录堪忧
竞争策略	国内航线和国际航线配比合理，单一地区收入占比不超过 20%；在主要或者高增长市场份额高；有高比例的商务旅客；航班频率高，时刻好；在主要的/高速发展的机场有大量的停机位置；联盟成员，有相当比例的代码共享	运营一些国际航线，但有一到两个主要运营区域；在主要或者高增长市场有一定份额；商务旅客尚可；航班频率中等，有一些不错的时刻；在主要的/高速发展的机场有足够的停机位置；一定的代码共享，可能是联盟成员	只在境内运营；未投入到这些市场；不以吸引商务旅客为目标；有限的或一周一次的航班，时刻较差；在主要的/高速发展的机场增长有限；未加入联盟，很少的代码共享

续表

因素	高	中等	低
商誉/服务	品牌价值高，受认可程度高，服务质量高； 完善的、受欢迎的常飞旅客计划	品牌认可度中等，更关注成本而不是服务； 提供一些形式的对旅客的奖励	专注于成本控制，服务质量较差； 较差的/没有奖励计划
所有权管理	所在国家出租人和融资方活跃； 政府不干涉管理； 专注于盈利（私营公司）； 专注于提高市值（上市公司）	所在国家有一定数量的出租人和融资方，但是通常要求政府担保； 政府对管理有一定干涉； 部分专注于盈利（私营公司）； 市值尚可（上市公司）	所在国家不存在租赁或者融资活动； 政府对运营干预很强； 只关心分红； 市值非常小（上市公司）
资金/灵活性	无限制地获得担保借款、EETC 和/或 ECA	可以获得一些担保借款、EETC 和/或 ECA	无法获得担保借款、EETC 和/或 ECA

注：RPM，收入旅客英里数；LF，客座率；FTE，全职员工人数；EETC，增强型设备信托凭证；ECA，出口信贷支持。

表 7.4　　　　　　　　　　财务因素汇总

因素	高	中等	低于中等	低
EBITDAR 利润率	>25%	10%~25%	0%~10%	<0%
EBITDAR/利息	>6X	4~6X	1~3X	<1X
现金流/负债	>30%	20%~30%	10%~20%	<10%
负债/资本	<30%	30%~50%	50%~75%	>75%
负债/EBITDAR	<2X	2~4X	4~6X	>6X
非限制性现金/收入	很好的辅助性收入	一定的辅助性收入	低的辅助性收入	无/几乎没有辅助性收入
可抵押资产的比例	0%/大部分飞机自己所有	<10%	<30%	>30%/没有自己所有的飞机

注：EBITDAR，息税、折旧和摊销、租金前利润。

表 7.5 信用打分卡示例

因素	分数	权重	加权得分
商业因素			
收入结构			
成本结构			
运营地区			
竞争策略			
商誉和服务			
所有权管理			
资金和灵活性			
财务因素			
EBITDAR 利润率			
EBITDAR/利息			
现金流/负债			
负债/资本			
负债/EBITDAR			
非限制性现金/收入			
可抵押资产的比例			

结论

正如我们在本章中所学到的，完整的信用分析意味着将复杂的航空公司业务模式分解为单个部分。只有这样，出租人才能对每个潜在航空公司设置合适的租赁条款和准备金率。我们首先考察了成本结构、收入结构和主要财务比率，之后分析了航空公司运营区域、战略地位等定性因素。分析的主要目标是确定最准确的业务和财务风险程度。虽然评级机构提供了良好的基础，但我们不能仅仅依靠评级。幸运的是，航空公司信用分析中使用的大多数基本数据都可以通过公司文件和年度报表轻松获取，大多数航空公司的航线网络和运营范围也是非常公开的。此外，出租人可以通过政府机构访问运营统计数据，例如美国运输部和欧盟委员会。

本章的主要内容是，分析数字必须结合一定的背景才有意义。仅仅看比率并不能分析出积极的网络扩张是否是个好主意，或者航空公司重新关注客户服务是否会提高近期利润。通过把计算出的比率放入一定背景进行考虑，我们可以得到相关航空公司的具体变化程度、变化趋势和行为背后的原因。

附录7A　案例分析：阿拉斯加航空公司遭降级

阿拉斯加航空公司成立于1932年，目前作为阿拉斯加航空集团公司的一部分运营。区域服务由地平线航空来实际提供，但所有航班均以阿拉斯加航空公司的品牌销售和营销。由于其与美国"最后边境"的历史联系，该公司及其员工仍然积极参与太平洋西北地区社群组织。该航空公司拥有往返阿拉斯加、俄勒冈和华盛顿的大量航线，它同时也通过西雅图、波特兰、洛杉矶、旧金山和安克雷奇的枢纽在美国各地运营各种中程航班。该航空公司还为加拿大、墨西哥和哥斯达黎加提供国际运输服务。它为旅客提供了完善的常飞旅客计划，但是该航空公司从未成为全球联盟的一部分，不过它与16家国内和国际航空公司代码共享。2016年，阿拉斯加航空公司连续第九年在 J. D. Power and Associates 的客户满意度榜单排名第一。

该航空公司自成立以来，利润相对稳定，是少数几家在"9·11"事件之后未宣布破产的美国航空公司之一。虽然它的服务水平被广泛认为与其他传统航空公司一致，但它的票价和成本策略更像是一家低成本航空公司。该公司运营的机型单一，并将其大部分机场地面服务外包。之所以有这样的战略，是因为该公司高度关注提升服务和员工敬业度，这样的战略也是它获得投资级别评级的关键原因。以下是阿拉斯加航空公司过去3年的主要经营统计数据（见表7A.1至表7A.4）。

2015年12月，阿拉斯加航空公司的主力机队是 B737 飞机，机队平均机龄为9.7年。在这些飞机中，120架为自购，27架为租赁。此外，该公司拥有地平线航空运营的 65 架支线喷气式飞机中的 39 架，平均机龄为 8.9 年。

尽管有良好的记录，该公司也面临着越来越激烈的竞争，特别是它的西雅图中心，这里占其每日航班量的 60% 以上。为了保持足够的规模以在国内市场中竞争，阿拉斯加航空集团公司收购了西海岸的同类航空公司——维珍美国航空公司。该交易于 2016 年 12 月 14 日结束，计划在 2018 年之前将所有业务整合到一个品牌之下。此次合并使阿拉斯加航空公司成为美国第五大航空公司，除了一些无足轻重的批评之外，该合并公告受到了大部分消费者的欢迎。然而，投资者对维珍美国带来的 14 亿美元债务和租赁租金持怀疑态度。分析师还预计本次合并的成本会很高，主要是由于增加了 63 架维珍航空的空客飞机。截至 2016 年底，由于债务风险增加，标准普尔将阿拉斯加航空公司的信用评级下调至 BBB 级。

根据这个信息和本章所述的会计报表，评估截至 2016 年 12 月 31 日的阿拉斯加航空公司的财务状况。

1. 阿拉斯加航空公司的借贷比率如何与行业的平均值比如何？哪些比率发生了变化以及变化如何影响航空公司的前景？

2. 作为出租人，您如何评价公司合并后的商业因素？

3. 您是否同意标准普尔降低该航空公司信用评级的决定？为什么或者为什么不？

表 7A.1 阿拉斯加航空公司运营数据

指标	2016 年	2015 年	2014 年
收入旅客数	34289000	31883000	29278000
RPMs（千英里）	37209000	33578000	30718000
ASMs（千英里）	44135000	39914000	36078000
客座率	84%	84%	85%
燃油量（加仑）	554000000	508000000	469000000
平均 FTEs	14760	13858	12739

注：RPM，收入乘客英里数；ASM，可用座位英里数；FTE，全职员工人数。

资料来源：阿拉斯加航空集团 2016 年度财务报告。

表7A.2　　　　　　阿拉斯加航空公司损益表　　　　单位：百万美元

指标	2016 年	2015 年	2014 年
经营收入			
旅客运输			
主线	4098	3939	3774
支线	908	854	805
总旅客收入	5006	4793	4579
货运收入	108	108	114
其他	817	697	675
总经营收入	5931	5598	5368
经营成本			
工资和福利	1509	1374	1252
燃油成本及对冲损益	831	954	1418
飞机维护	270	253	229
飞机租赁租金	114	105	110
机场费用或其他租金	320	296	279
合同服务费用	247	214	196
销售和行政费用	225	211	199
折旧和摊销	363	320	294
食品和饮品服务	126	113	93
其他	577	460	336
总经营支出	4582	4300	4406
经营利润	1349	1298	962
非经营收入（成本）			
利息收入	27	21	21
利息支出	-55	-42	-48
资本化利息	25	34	20
其他	-1	1	20
税前利润	1345	1312	975
税费	531	464	370
净利润	814	848	605

资料来源：阿拉斯加航空集团2016年度财务报告。

表 7A. 3　　　　　　　**阿拉斯加航空公司资产负债表**　　　　单位：百万美元

总资产	2016 年	2015 年	2014 年
流动资产			
现金及现金等价物	328	73	107
可供交易的证券	1252	1255	1110
应收账款	302	212	259
净存货	47	51	58
预付费用和其他	121	72	105
总流动性资产	2050	1663	1639
财产和设备			
飞机和其他飞行设备	7492	6461	5720
其他财产和设备	1103	955	896
（减去累计折旧）	-2929	-2614	-2317
总财产，厂房和设备	5666	4802	4299
其他资产			
商誉	1934	—	—
无形资产	143	—	—
其他非流动性资产	169	65	126
其他资产总计	2246	65	126
总资产	9962	6530	6064
负债和所有者权益			
流动性负债	92	63	62
应付账款	397	298	276
应付工资	849	669	631
应付航空交通费用	878	661	585
长期借款的短期部分	319	114	117
递延所得税	463	682	633
未实现收入	640	431	374
总流动性负债	3638	2918	2678
长期负债			
长期借款	2645	569	686
退休金和退休后福利	331	270	246

续表

总资产	2016 年	2015 年	2014 年
其他负债	417	362	327
总长期负债	3393	1201	1259
所有者权益			
普通股	1	1	1
资本支付超过票面部分	110	73	296
库存股	−443	−250	−4
累计其他综合亏损	−305	−303	−310
留存收益	3568	2890	2144
总所有者权益	2931	2411	2127
总负债和总所有者权益	9962	6530	6064

资料来源：阿拉斯加航空集团 2016 年度财务报告。

表 7A.4 　　　　　　　**阿拉斯加航空公司现金流量表** 　　　单位：百万美元

指标	2016 年	2015 年	2014 年
经营活动现金流：			
净利润	814	848	605
调整净收入以匹配经营活动提供的净现金：			
折旧和摊销	363	320	294
股票补偿和其他	26	25	6
资产负债变动：			
递延税项拨备的变动	94	56	114
应收账款的上升（下降）	−46	47	−110
航空交通相关费用的上升（下降）	9	38	67
递延收入的上升（下降）	83	57	40
养老金和其他退休福利的变化	23	36	−18
其他	20	157	32
经营活动带来的净现金	1386	1584	1030
投资活动现金流：			
财产和设备的增加：			
飞机和飞机购置保证金	−528	−681	−498

续表

指标	2016 年	2015 年	2014 年
其他飞行设备	−53	−79	−131
其他财产和设备	−97	−71	−65
总的财产和设备增加	−678	−831	−694
收购美国维珍航空，现金净额	−1951	—	—
购买可交易证券	−960	−1327	−949
销售以及到期的可交易证券	962	1175	1092
处置资产的收益	5	53	10
投资活动带来的净现金	−2622	−930	−541
融资活动现金流：			
发行长期债券	2044	—	51
长期借款	−249	−116	−119
普通股回购	−193	−505	−348
现金分红	−136	−102	−68
其他融资活动	25	35	22
融资活动带来的净现金	1491	−688	−462
现金及现金等价物的净增长（下降）	255	−34	27
年初的现金及现金等价物	73	107	80
年末的现金及现金等价物	328	73	107

资料来源：阿拉斯加航空集团 2016 年度财务报告。

参考文献

Ganguin, B., & Bilardello, J. (2004). *Fundamentals of corporate credit analysis. Standard & poor's series.* New York: McGraw Hill.

International Air Transport Association (IATA). *Volcano crisis costs airlines $1.7 billion in revenue—IATA urges measures to mitigate impact.* Press Release. (2010). From <https://iata.org/pressroom> Retrieved February 14, 2017.

International Air Transport Association (IATA). (June 2, 2016). Economic performance of the airline industry. *IATA economics report.*

Liu, C. A., & Jones, K. J. (2016). Integrated risk management on fuel hedging program: A case study on southwest and china eastern airlines. *Academy of Business Research Journal, 2,* 74−85.

Kroll Bond Rating Agency (KBRA). (August 10, 2016). Global passenger airline rating methodology. *Corporates: Aviation rating methodology.*

Moody's Investor Services. (2009). *Rating methodology: Global passenger airlines.* Moody's Global Corporate Finance.

Moody's Investor Services. (December 21, 2010). *Moody's approach to global standard adjustments in the analysis of financial statements for non-financial corporations.* Global Corporate Finance, Rating Implementation Guidance.

PWC. (September 2016). *IFRS 16: The lease standard is changing Are you ready?.* From <https://www.pwc.com/gx/en/services/audit-assurance/assets/ifrs-16-new-leases.pdf> Retrieved December 10, 2016.

Securities and Exchange Commission (SEC). (December, 2016) *Annual report on nationally recognized statistical ratings organizations.*

Standard & Poor's. (October 22, 2010). *Key credit factors: Criteria for the rating the airline industry.* Global Credit Portal Ratings Direct.

Turner, P. A., & Lim, S. H. (2015). Hedging jet fuel price risk: The case of U.S. passenger airlines. *Journal of Air Transport Management, 44−45,* 54−64.

第八章
租赁资产组合管理和风险管理

章节大纲

出租人风险与资产组合管理的重要性

    飞机出租人具有高杠杆、资本密集的特点,这与航空业的高杠杆和资本密集特点相符合。虽然航空租赁公司这个群体历来在财务上的表现优于航空公司,但是租赁公司近年来也面临着较大的租金率压力,特别是在售后回租业务中。根据研究,售后回租的租金率低于 0.6% (毕马威,2018)。低租金率对出租人来说意味着微薄的利润。任何风险或资产组合的管理不善都会破坏利润并威胁出租人的生存。低租金率还需要与低成本的资金、承租人的良好信用状况、适当的租赁条款和退租条款相匹配。为了在竞争激烈的飞机租赁行业取得成功,出租人应该对潜在风险以及如何缓解风险,如何通过资产组合管理来降低风险并追求收益最大化有透彻的了解。

    以合适的价格购买合适的飞机、有效管理飞机以及以合适的价格在合适的时间出售(或处置)飞机对于租赁公司的成功至关重要。任何阶段(购买、管理或处置飞机)的微小失误都可能使租赁交易回归到不可持续的水平。在本章中,我们首先简要概述飞机购置渠道和租赁飞机业务所固有的风险。虽然风险和投资组合管理有重叠的部分，但我们将它们分为两个不同的小部分：了解和降低资产和负债方面的风险，以及通过分散风险来管理出租人的资产组合。我们描述了飞机租赁公司面临的主要风险以及用于降低这些风险的手段。详细讨论了利率风险管理，因为这对于管理资金成本和资产回报之间利差的出租人来说至关重要。本章末尾的两个附录包括一个利率掉期定价的具体例子和一个关于出租人资产组合管理的简短案例分析。

获得飞机资产组合的途径

飞机租赁公司通过三个主要途径来获得资产组合：直接向制造商下新飞机采购订单、与航空公司开展售后回租交易和向航空公司或其他出租人购买二手飞机。航空公司会发出公开招标申请，租赁公司可以通过竞标来获得业务机会，此外，租赁公司也可以建立自己的渠道，通过与航空公司的互动来跟踪租赁机会，并使用行业数据库来跟踪航空公司的机队情况，行业数据库包括 Flight Global，Airline Monitor，OAG 等。图 8.1 描绘了获得飞机资产组合的主要途径。

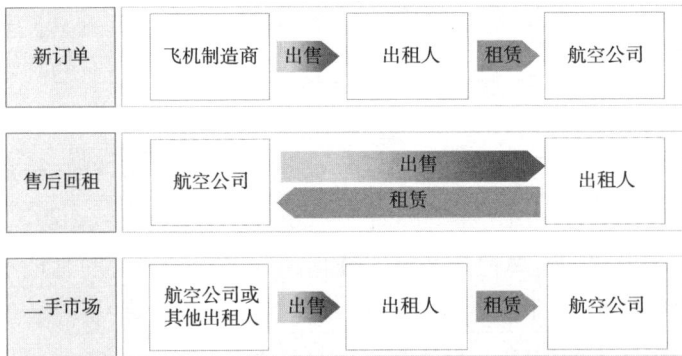

图 8.1 飞机资产组合获取途径

飞机租赁业务的固有风险

飞机租赁业务涉及两个方面：资产端，即飞机、租约以及租赁飞机的承租人；负债端，即出租人用于支持其资产端而承担的债务和付出的权益资本。出租人承担的风险也与这两方有关。在资产端，风险与租约、承租人和飞机资产类型有关，风险来源于法律、政治、货币、个体信用水平、环境和行业风险。在负债端，风险与为获得资产而进行的融资有关，风险来源于公司的资本结构、使用的债务工具类型、杠杆程度和利率风险。资产端可以获得现金的流入，而负债端将涉及现金的流出。租赁端带来的现金流入应该同资金端的现金流出相匹配，这样出租人才可以顺利偿还债务。在金融机构领域，这被称为资产负债管理，资产负债管理是用来解决由于流动性或利率变化导致资产和负债不匹配，进而导致出租人面临风险的问题。如果出租人在资产端承担了风险，可以通过使用衍生工具或制定合理的融资结构来减轻这些风险。例如，如果飞机租金是固定利率，那么对应的融资也应该是固定利率，如果融资是浮动利率，那也应该通过衍生工具来对冲利率风险。在资产端，出租人希望确保它们所投资的飞机未来能够交易出去，并且有很高的概率在最长的时间内创造稳定的现金流。

图 8.2 显示了租赁公司资本回报率的组成部分。每个组成部分都受到不同风险的影响，我们将在下面具体讨论。

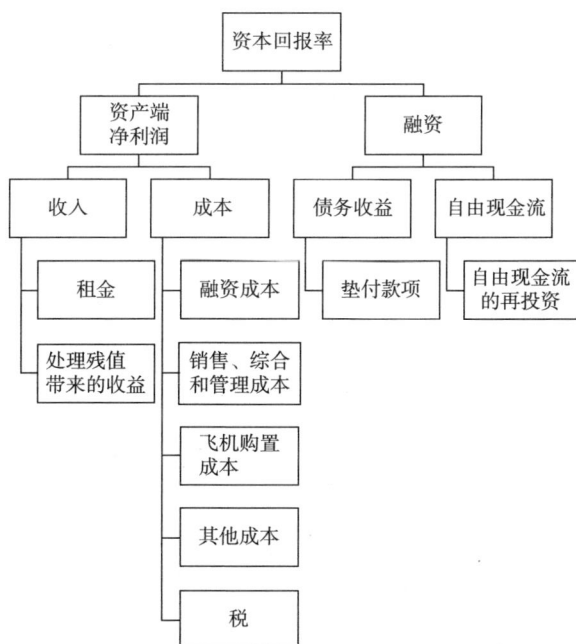

图 8.2　出租人资本回报率的构成

表 8.1 列出了会对资产端、负债端或者两端造成影响的飞机租赁业务风险因素。

表 8.1   飞机租赁风险因素

资产端风险因素

承租人的财务状况	飞机行业的阶段性供给过剩	燃油成本上升
所有的飞机价值及租金率	飞机评估价值的变化	飞机经济寿命有限，并且维护费用会随着机龄增长而增加
承租人违约及飞机取回成本	与其他出租人之间的竞争	潜在的维护问题，飞机维护不当
以有利的条件出售飞机的能力	飞机和发动机制造商不能按期交付	承租人未能解除潜在的飞机留置权
以有利的商务条件将飞机再出租的能力	航空公司破产/租约重组	承租人能购买足额保险
技术过时	承租人没有能够获得必要的执照或飞行许可	恐怖袭击或者对恐怖袭击的恐惧
出租人资产组合中的飞机市场需求降低	承租人拥有提前终止租约的权利	影响航空业的自然灾害
流行病或对此类疾病的恐惧	承租人没能满足飞机登记的要求	网络攻击
承租人由于地理位置所承受的重大区域政治和经济风险	不同地区法律及监管政策的影响	燃油价格显著上升

负债端风险因素

可接受条款下的资金可获得性	利率的不利变动	出租人信用评级下降

同时影响资产端和负债端的风险因素

基本的经济和金融环境	重要人员的流失	复杂的涉及多国的交易
《多德—弗兰克华尔街改革与消费者保护法》的规定	欧盟信用风险保留	新的租赁会计准则
	新的欧盟信用评级机构法规	

理解和管理资产端风险

一笔满足经济性要求的交易应该符合以下条件：出租人可以按照合理的价格购买飞机，出租人融资和管理成本不高，出租人能够获得合理的租金，并且可以通过卖出或处置飞机获得现金流入。对于不同的出租人而言，选择飞机的方法是不同的，这取决于它们所在的细分市场和采取的商业模式。出租人通常考虑三个基本标准来判断是否要投入资产：用户基础、生产运营的规模和融资便利性。

如果某个机型具有广大的用户基础，出租人就有了很多潜在客户，即便承租人不再租用飞机，出租人也可以找到新的承租人。这类机型会让出租人不论飞机目前是否已有承租人，都更有信心获得持续的现金流。

如果某个机型正在被大规模的生产和运营，那么意味着这个机型的很多部件也都在被生产，这类飞机在市场上很普遍，也就更容易预测它的租金率和残值。尽管飞机租赁是一种周期性业务，并且受全球经济周期的影响，但投资大批量生产并具有广泛用户基础的飞机可以减轻周期性对租赁现金流和飞机残值的影响。

飞机融资和交易的便利性与上面讨论的两个标准有关。大规模的生产运营和广泛的用户群使飞机更容易获得融资和被交易。反过来，飞机的融资和交易便利性降低了该飞机在时间和金钱方面转换承租人的成本。如果出租人投资了一架飞机，这架飞机无论从时间还是金钱上来说转换承租人的成本都很低，并且有广泛的用户基础，那么出租人就可以应对其在资产端的风险。最符合上述条件的飞机是单通道飞机，特别是波音737和空中客车A320系列飞机。有几种宽体飞机也适合，它们拥有庞大的用户群，被大规模的生产和运营，并且有相对较低的转换成本（对于宽体机来说），但它们仍然无法在流动性方面与窄体飞机相提并论。宽体和专用飞机的风险情况不同，需要专业知识来管理。我们将在本章后半部分详细讨论。

基本的经济和金融环境

不断恶化的全球或区域经济状况会对承租人的业务产生不利影响，从而影响它们履行其财务义务的能力。如果经济放缓伴随着高油价，承租人违约的风险会更高。当承租人违约或重新协商其租赁条款时，出租人的现金流和经营业绩都会受到影响。直接或间接影响飞机租赁的一般性的经济和金融因素包括：

- 全球经济增长和地区经济实力
- 通货膨胀
- 利率波动
- 投资者和消费者信心
- 失业率水平
- 燃油价格波动
- 资本市场波动
- 承租人融资的可获得性和成本
- 客运和货运需求
- 航空公司的重组和合并

竞争

飞机租赁是一个竞争激烈的行业，租赁和飞机交易市场上活跃着超过50个重要参与者，有近300名出租人拥有一架或多架飞机。租赁公司在从航空公司、飞机制造商、金融机构、飞机经纪人和其他飞机租赁公司购买新飞机时面临竞争。它们还会在租赁端与其他租赁公司竞争，竞争内容包括租金率、交付日期、租赁条款、声誉、管理技能、飞机状态、规格、配置以及是否可以提供某种特定类型的飞机。最后，它们在购买和销售二手飞机时也会竞争，竞争内容包括飞机可用性、价格、飞机租赁条款以及承租人的信誉。

有限数量的飞机与发动机制造商

大型商用喷气机的供应由两家机身制造商（波音和空客公司）和三家发动机制造商（通用电气、罗尔斯—罗伊斯和普惠公司）主导。如此少的供应商是租赁公司的风险来源。出租人只能依赖于这些制造商保持财务稳定并依靠它们来生产飞机。飞机或者发动机的延迟交付或无法交付会导致出租人无法对承租人履约。当制造商出现了严重延迟时，出租人可能拥有终止购买协议的权利，但是这仍然会影响出租人与客户的关系，同时影响出租人的收入和利润。无法获得飞机和发动机及其他部件，导致无法向承租人以合理的租金率出租飞机，会降低出租人持有资产的增长率，或者使其资产缩水。飞机、发动机和部件制造商不能提供良好的客户服务是另一个潜在风险来源。制造商的声誉受损，导致对特定制造商产品的需求减少，将会降低市场对这类飞机和发动机的需求，如果出租人的机队中有这类飞机，就意味着出租人只能获得较低的市场租金率和飞机出售价格。

制造商的大幅折扣会导致出租人竞争力降低，进而导致市场租金率和飞机出售价格下降，并可能影响出租人在其投资组合中排除或出售部分飞机的能力。

有限的飞机经济寿命

飞机租赁公司的资产是长寿命资产，具有较长的开发和制造周期。飞机可能会因为各种原因而过时，例如飞机经济性和功能性过时、航空公司偏好的变化以及政府法规。市场对这些类型和型号飞机的需求会减少甚至消失，导致其生命周期变短。飞机过时也会对租金率产生负面影响，会导致飞机减值，或者增加折旧费用。随着机龄的增长，飞机会贬值，而且可以带来的收入和现金流通常会降低。机龄更长的飞机需要更昂贵的维护费用，更费油，而且会因为新的关于适航性的监管规定的要求不得不进行改装。老旧飞机较高的运营成本可能提高承租人的违约率，承租人可能会要求重新协商租赁条款，这也会影响出租人重新租赁这些飞机的能力。此外，一些国家限制或禁止进口超过一定机龄的飞机，导致这些飞机潜在的租赁市场缩小。

违约和飞机取回成本

如果承租人发生违约，出租人将面临与取回飞机相关的巨大成本，要为将飞机租赁给不同的承租人做好准备，并且要开展再营销和再租赁。以下是承租人违约时产生的主要成本和出租人需要考虑的主要因素：

- 诉讼费用和其他法律成本，或政府方面的费用（特别是如果承租人正在审理程序中或破产程序中），这些成本可能是非常巨大的。

- 在上述违约时间内，承租人可能会忽视必要的飞机维护和保养。即使有维修储备金和保证金，出租人也可能需要承担大量的维护、翻新或维修费用。

- 在大多数情况下，出租人无法立即重新出租飞机，在营销期间出租人就要承担飞机储存、维护及保险费用。

- 为了取回飞机，出租人可能需要解除飞机留置权、偿还税费、其他政府相关费用（有时甚至是承租人因运营其他飞机而产生的留置权），以及承租人欠付先前服务或维修设施的款项，特别是在这些款项会影响飞机或发动机是否会被服务商、维修商扣押的情况下，偿还欠款就显得尤为重要。

- 如果承租人全部或部分由第三世界或腐败国家的政府相关机构拥有，那么在该承租人所在国取回飞机的成本可能会更高，而且取回难度也会更大。此外，注销飞机登记可能也是一个问题。

由于违约而导致的租约终止可能会导致出租人在飞机停场和在营销期间需要对飞机的融资进行提前还款。

承租人难以解除飞机留置权

在正常运营期间，承租人可能产生飞机留置权，以确保支付机场费、税费、关税、空中航行费、着陆费和其他费用。飞机的维护厂商也可能拥有留置权。如果承租人未能支付费用而解除飞机留置权，则留置权可能附属于出租人的飞机，并且在某些司法管辖区，留置权的所有人可能有权扣留或出售该飞机。在这种情况下，出租人就必须支付由于飞机留置权导致的索赔费用，以便可以收回飞机。

作为风险管理技术的保证金和维修储备金

在租赁期内，承租人负责飞机所有的维护工作，除非出租人同意分担一部分维护费用。除了满足监管要求之外，如果承租人未能满足租约中关于飞机状态的要求，也可能对飞机的价值产生不利影响，甚至可能会降低带租约出售飞机时的资产价值。为了确保飞机的价值得以维持，大多数出租人会每年检查它们的飞机，包括记录飞机维护、使用和其他情况的文件，如果出租人认为有必要，还会提高检查频率。维护不当将降低飞机的市场价值，导致租赁或出售飞机的收入减少。

保证金和维修储备金是抵补承租人信用风险的方法，它们可以确保承租人能够履行当下的租赁义务。租赁的两个最重要的义务是支付租金和维修储备金。保证金可以抵补租金的损失，从而允许出租人有时间取回飞机并将其重新投入有收入的租赁中。第九章将深入讨论维修储备金，维修储备金是承租人根据飞机及其发动机的实际使用情况而向出租人支付的费用，维修储备金是租金的补充。维修储备金由出租人持有，它的作用是确保出租人有足够的资金用于支付高昂的维护费用，例如发动机和起落架的大修。租约终止后，如果承租人没有违约并且已经履行了租约规定的义务，则出租人会将保证金退还给承租人。同样，假设没有违约事件，维修储备金所涵盖的维修成本在承租人完成维修后从出租人持有的维修储备金中偿还。

法律和政治风险

飞机租赁是一个全球性的行业，当出租人在一个国家，它们的承租人在另一个国家，并且为这笔交易提供资金的银行或投资者位于第三国时，出租人经常需要构建跨境交易。这种国际属性意味着对于出租人来说，理解各国的司法风险和政治风险对业务发展至关重要。法律风险来自承租人会在不同国家和地区运营飞机，这些国家和地区的法律法规是不同的，投资者的保护程度是不同的，以及潜在的禁运、制裁和限制因素也是不同的。例如，2014 年 7 月，欧盟对俄罗斯个人和实体实施制裁，俄罗斯低成本航空公司 Dobrolet 也受到了制裁。为了应对制裁，Dobrolet 的出租人 SMBC 航空资本不得不终止与 Dobrolet B737 – 800 飞机的租赁协议。制裁实施后不久，Dobrolet 就停止了运营。SMBC 航空资本不得不将这些意外退租的飞机重新营销、重新出租。

与法律风险类似，当出租人和承租人在不同国家时，政治风险也会增加。政治风险来自航空公司所在国家政治和经济的不稳定性。此外，战争冲突和腐败也增加了出租人的政治风险。

货币风险

承租人的货币风险比出租人更为明显。但是，如果货币风险增加了承租人破产的可能性，那么这一风险也会转移给出租人。出租人通过匹配成本、收入和融资资金的货币来管理货币风险。传统上，这种货币是美元。有时，特定国家的资金成本较低，出租人可以通过构建跨境租赁交易、借入美元以外货币的借款来利用低成本资金。在这种情况下，出租人将通过货币掉期、期货或远期合约、货币期权等来对冲货币风险敞口。如果一个承租人所在国家货币贬值且承租人仅在本国运营，那么它所面临的货币风险将是最高的。由于这类承租人的租赁租金和燃油费用都以美元支付，但收入却是当地货币，货币汇率的下降将对其财务产生不利影响。最近，巴西雷亚尔、俄罗斯卢布和阿根廷比索的价值显著下降，给这些国家的航空公司带来了巨大的压力。如果运营国际航线的航空公司可以尽可能地匹配其收入和支出的货币，那么它们便有更多的机会进行天然的对冲。例如，美国国际航空公司的大部分开支以美元计算，但大部分收入都是以欧元、英镑和其他外币收取的。通过以当地货币来支付餐饮和飞机维护费用，它们进行了自然的对冲——至少收入和支出的一部分是来自于同种货币。利用金融衍生工具或对冲合约可以减少任何额外的货币风险敞口。

不可预见的行业风险

航空运输业对任何可能严重影响全球商业航空旅行需求的意外冲击都非常敏感。出租人和航空公司所面临的来自这些冲击的风险很大，唯一可以降低影响的方法就是快速反应和管理此类事件。航空公司应对的方法包括重新部署运力、停运老旧飞机、调整时刻等。出租人会密切监控它们的承租人，以便及早发现问题，这样它们就可以降低承租人违约的潜在成本。我们可以举出很多影响航空运输业的意外事件：疾病爆发和流行病（例如，

2003 年的禽流感，2013 年和 2015 年的 SARS 和 MERS①，2014 年和 2016 年的埃博拉病毒和寨卡病毒），自然灾害（例如，2010 年冰岛 Eyjafjallajokull 火山爆发），恐怖行为（例如，2001 年 9 月在纽约市的恐怖袭击）。以美国的航空公司为例，在 2001 年 9 月的袭击事件后仅仅三个半月内，这些航空公司就损失了 50 亿美元（Guzhva，2008）。

理解和管理利率风险

虽然大多数租赁的结构是固定利率交易，但其中一些也会使用浮动利率。与此同时，出租人的大部分融资都是浮动利率。理想情况下，出租人更倾向于用浮动利率租金去匹配浮动利率融资，这样可以将利差控制在可预期的范围内。最顶级的出租人并不在意租金是固定利率还是浮动利率，因为在一天结束时它们只关心利差。为了成功运营飞机租赁业务，出租人应该善于管理利差，善于通过购买飞机的看跌期权来管理飞机承租人的信用风险，为利率风险和信用风险制定合理的价格。如果利率上升，浮动利率租赁的承租人可能会要求在剩余期限内将租金重新约定为固定利率或要求延长租约。如果出租人可以将融资中的成本损失和/或任何未来套期保值的成本转嫁出去，那么出租人对利率的变动无所谓，因为它所获得的利差已经由掉期曲线确定了。但是，在利率上升的环境中，需要承担的风险存在差异。如果短期利率飙升，承租人按期支付更高租金的可能性就会下降。因此，利率风险和信用风险是相互作用的。尽管如此，出租人最关心的还是不管利率如何变化，资产端与负债端之间的利差是稳定不变的。

另一个重要的考虑因素是资产和负债两端的期限。固定租金现金流的久期取决于每期的现金流量、现金流入流出的时间、租赁到期日和出租人的贴现率。由于不同的租赁业务具有不同的现金流和到期日，因此不同业务的久期也是不同的。在融资端，出租人的负债具有不同的久期。久期免疫是管理利率风险的常用手段。出租人将确保它们的负债久期与资产久期

---

① 原书此处有误，应为"2003 年的 SARS，2013 年的禽流感和 2015 年的 MERS"。——译者注

相匹配。飞机资产会随着时间推移而贬值，这也会影响租赁业务的久期特征。出租人想要做的是确保资产的现金流量特征，即租赁带来的现金流，被负债的现金流量特征抵消。出租人所持有的飞机可能收取浮动利率租金或固定利率租金，它们的久期会在整个租期内交错。出租人的利率敞口来自出租人借入资金的利率与出租资产给承租人带来的租金率之间的利差。如果出租人以浮动利率借款并使用这些资金为具有不同到期日的固定租金率的飞机资产融资，则必须平衡资产端和负债端的久期，努力将久期之间的不匹配最小化。通常情况下，出租人希望久期的差异在一年以内。

管理资产和负债还有其他一些因素需要考虑。出租人可能将资产管理得很好，融资端也拥有与资产匹配的现金流，因此利率的变化不会改变出租人的利差。但是，我们还需要考虑再融资风险。如果一个出租人依靠多借入短期资金去保证一个较小的利差，那么它所面临的风险就是当负债到期的时候它就必须去借入新的资金，但是这时候的利率可能已经升高了。

另一个考虑因素是利率对冲再平衡。今天，出租人的利率风险可能会被完全对冲，但每过一天出租人的资产端和负债端都可能变得不匹配。恰当的风险管理是不断重新平衡对冲头寸，以确保资产和负债的久期匹配。

再来看一下期权的问题。实际上，每个承租人都有一个看跌期权——将该飞机退还给出租人的权利，即便这个权利没有写在租赁合同中。因为承租人可以违约，这就创造了一个看跌期权。因此，即使出租人将资产和负债匹配得很好，承租人违约会导致资产端和负债端再次不匹配。租赁中存在两个基本的期权：一是每个承租人都拥有的违约看跌期权；二是出租人有出售该资产的选择权。从利率风险的角度来看，出租人的出售看跌期权与承租人的违约看跌期权相同。如果出租人出售了该资产，则无法再获得这架飞机带来的租赁现金流。在出租人用另一架飞机取代它之前，资产端与负债端就是不匹配的。但是，有几种方法可以管理负债端，从而使出租人在资产端更具有灵活性。第一种方法是将卖出期权再买回来。例如，出租人可以使用可取消的掉期。之所以说出租人正在回购期权，是因为它可以随时取消掉期，以票面金额偿还债务，并摆脱资产与负债的不匹配。但是，这个方法的成本很高。第二种方法是使用利率封顶（Caps）而不是使用利率掉期。利率封顶将降低利率上升带来的风险，如果利率下降出租人也不会承担损失。这种方法的问题同样是成本太高。第三种方法是认识到出租人的资产中总会出现一定比例的违约，一些飞机将被出售，并对投资组合的一部分进行对冲，以保持灵活性，并保持久期之间有轻微的正偏差。这种方法的成本并不高，但如果市场向不利的方向发展，该方法就会产生隐性成本。不断重新调平组合是这种方法的关键。

通常，对于租赁给承租人的新飞机，由于飞机还在建造中，租赁协议都会设定利率调整机制。在飞机正式交付之前，租约中会约定一个基础的租金率，同时约定一个根据长期掉期利率进行调整的调整系数。这种调整机制为出租人和承租人提供了保护。如果利率上升，那么租金率就会上升。如果利率下降，那么租金率就会下降。利差是保持不变的。

利差举例

例如，对于价格约为5000万美元的窄体飞机来说，利率变化1%意味着需要支付的利息将变动约48000美元。如果这架飞机对应租约的租金是40万美元，那么想要使资产端与负债端的利差保持稳定，1%的利率变动同样应带来租金同等金额的变化，即出租人可以获得35万美元的租金收入。假设通常长期利率在4%~5%，而当前的利率是1.5%，即利率变化超过3%。如果出租人的租金收入减少140000~150000美元，那么出租人资产端与负债端的利息差异会再次回到平衡状态，因为利率下降导致融资成本下降了。如果出租人没有对冲利率风险，那么这种利率变化可以提高其盈利能力，因为租金收入与所需支付利息的差额将上涨140000~150000美元。但是，如果利率反向变动，出租人就可能会倒闭。利率对冲有助于管理利率风险并管理利差，使无论利率如何变化利差都能保持一致。

对冲利率风险

如上所述，出租人会面临利率风险，因为它们主要使用浮动利率的借款为固定租金的租约提供融资。有几种金融工具可以帮助对冲利率风险：利率封顶（Caps）、利率封底（Floors）和利率两头封（Collars），利率互换。

利率封顶（Caps）、利率封底（Floors）和利率两头封（Collars）

利率封顶是一种为租赁公司提供浮动利率债务利息上限的协议。利率封顶要求向银行支付保险费用类型的额外费用，类似于货币期权买方所支付的保费。利率封顶为买方提供的是行使利率上限的权利，但没有义务。只有当一种常用的基准利率 LIBOR（伦敦银行间同业拆借利率）高于利率封顶的执行利率时，借款人才会行使权利。利率封顶协议中会设定名义本金，名义本金金额用于计算出租人将向银行支付的保费，同时也用来计算如果 LIBOR 超过执行利率，银行需要向出租人支付的款项。

例如，表 8.2 列出了有或没有利率封顶的借款人的成本，它们具有以下特征：

- 需要支付给银行的费率为名义本金的 1%，应按照约定天数在每个借款期提前支付给银行。
- 利率封顶的执行利率为 2.75%。
- 浮动利率为 LIBOR + 2.5%，2.5% 为利率加点数。

借款人向银行支付 1% 的费用，当 LIBOR 加上利率加点数率低于执行利率时，实际提高了利率 1%。但是，当 LIBOR 加上利率加点数高于执行利率时，借款人就可以节省利息支出，因为借款人借款成本的上限就是 6.25%。

表 8.2　利率封顶值举例　单位:%

LIBOR	加点数	没有利率封顶的总成本	利率封顶的执行利率	利率封顶购买者的费用	考虑利率封顶的总成本	是否使用利率封顶	使用利率封顶带来的成本节约
0.50	2.50	3.00	2.75	1.00	4.00	否	-1.00
1.00	2.50	3.50	2.75	1.00	4.50	否	-1.00
2.00	2.50	4.50	2.75	1.00	5.50	否	-1.00
3.00	2.50	5.50	2.75	1.00	6.25	是	-0.75
4.00	2.50	6.50	2.75	1.00	6.25	是	0.25
5.00	2.50	7.50	2.75	1.00	6.25	是	1.25

利率封底为购买这种衍生品的人提供了最低利率，如果利率低于封底值，银行将对购买者提供补偿。例如，如果出租人收到的租金是浮动利率（不是很常见，但在技术上是可行的），出租人担心租金收入会因为利率下

降而同步下降。出租人可以与银行签署利率封底协议，当利率下降至执行
利率的时候，出租人就可以依据协议中约定的名义本金来获得相应补偿。

对于利率封顶和封底来说，协议的条款包括：

- 参考利率；
- 执行利率（封顶利率或封底利率），用来设定最高值或最低值；
- 协议的期限；
- 结算的频率；
- 名义本金。

例如，利率封顶的参考利率为 3 个月 LIBOR，执行利率为 6%，协议为 4
年，结算频率为按月，名义本金为 2000 万美元。根据该协议，在未来 4 年的
每个月，如果 3 个月 LIBOR 超过了 6%，那么银行将需要在结算日向出租人支
付一定金额，支付金额等于名义本金乘以 3 个月 LIBOR 与 6% 的差额，再除以
12 计算出的金额。如果结算日的 3 个月 LIBOR 为 8%，那么银行将向出租人
支付 2000 万美元乘以 2%（8% −6%）再除以 12，即 33333.33 美元。

表 8.3 列出了利率封顶和封底的付款示例。假设 4 年期利率封顶的执行
利率为 7%，4 年期封底的执行利率为 5%。两者的名义本金均为 1 亿美元。
结算频率为每月，参考利率为 3 个月 LIBOR。假设未来 12 个月的 3 个月 LI-
BOR 如表 8.3 所示。每个月的收益计算如下：

利率封顶的支付金额 =（LIBOR −7%）×100 万美元/12

利率封底的支付金额 =（5% −LIBOR）×100 万美元/12

表 8.3 **利率封顶和封底支付金额举例**

期数	3 个月 LIBOR（%）	封顶支付金额（美元）	封底支付金额（美元）
1	6.7	0	0
2	7	0	0
3	7.5	41666	0
4	8	83333	0
5	8.6	133333	0
6	6	0	0

续表

期数	3 个月 LIBOR（%）	封顶支付金额（美元）	封底支付金额（美元）
7	5.5	0	0
8	5	0	0
9	4.4	0	50000
10	4	0	83333
11	3.9	0	91666
12	3.8	0	100000

将利率封底和封顶相结合就得到了利率两头封。当出租人买入一个利率封顶、卖出一个利率封底，那么就创建了一个利率两头封。卖出利率封底获得的收入可以降低购买封顶的成本。由于利率封顶设定了借款人在参考利率上升时必须支付的最高利率，利率封底设定了借款人在利率下降时可以享受的最低利率，利率两头封则设定了参考利率变动时借款人所需要支付的利率范围（在利率封顶与封底之间）。利率两头封的实际费用是购买利率上限所付费用与出售利率下限所收取费用之差。例如，对于表8.3中的利率两头封，如果LIBOR超过7%，则出租人会收到银行的付款；如果LIBOR低于5%，则出租人需要向银行付款。因此，出租人的借贷成本控制在5%~7%。出租人的实际利率还应根据利率两头封的净费用进行调整。

利率互换

利率互换是一种合约双方之间根据指定的名义本金额交换特定期间利息的合约。名义本金额的利息支付是通过将特定利率乘以名义本金额计算得出的。利息金额是唯一进行交换的部分，名义本金在这里仅为参考值。传统互换有一方（固定利率付款人）有义务以固定利率定期付款，以换取对方（浮动利率付款人）同意根据参考浮动利率定期付款。利率掉期中浮动利率的参考利率是各种货币市场工具的利率：美国国债、伦敦银行间同业拆借利率、商业票据、银行承兑汇票、存款证、联邦基金利率和最优惠利率。但是，LIBOR利率仍旧是最常用的参考费率。

例如，如果出租人以LIBOR加2.5%的利率借款来购买飞机并希望对冲利率风险，则出租人可以以当前市场利率与银行签订利率互换协议，互换利率为 2.75%。图 8.3 展示了这个利率互换的举例。

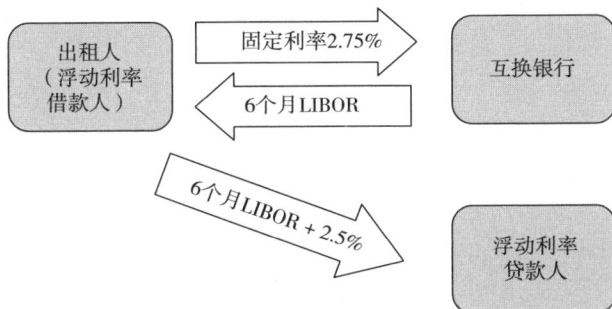

图 8.3　利率互换举例

如表 8.4 所示，无论 LIBOR 利率如何变化，出租人都能有效将借款利率固定在 5.25%。如果 LIBOR 利率低于 2.75%，那么出租人在不采用利率互换的情况下所付出的成本会更低。但是，如果 LIBOR 上升，出租人在没有利率互换的情况下借款利率也会随之上升，这会减损甚至消除出租人负债端和租赁端之间的利差。

表 8.4 　　　　　　　　　　　利率互换举例　　　　　　　　　　单位:%

LIBOR	加点数	无互换时的总成本	互换固定利率	出租人支付给互换银行的利率	互换银行支付给出租人的利率	使用互换时的总成本	使用互换给借款人带来的成本节约
0.50	2.50	3.00	2.75	2.25	0	5.25	−2.25
1.00	2.50	3.50	2.75	1.75	0	5.25	−1.75
2.00	2.50	4.50	2.75	0.75	0	5.25	−0.75
3.00	2.50	5.50	2.75	0	0.25	5.25	0.25
4.00	2.50	6.50	2.75	0	1.25	5.25	1.25
5.00	2.50	7.50	2.75	0	2.25	5.25	2.25

利率互换举例

假设，出租人 XYZ 于 12 月 15 日向 ABC 银行借入 5 年期贷款，借款金额为 5000 万美元，同时约定 XYZ 将在每月 15 日以 LIBOR 加 25 个基点的利率支付月利息。在第 5 年借款到期时，XYZ 将一次性偿还本金。XYZ 认为该笔借款利率不错，但同时也担心利率会上升。XYZ 收取固定的租赁租金，因此它更希望使用固定利率贷款。XYZ 找到银行 DEF，并想与其签署利率互换协议，XYZ 将支付固定利率及接受 LIBOR 利率，利率互换的支付日与贷款的还款日相同。DEF 对这个利率互换进行了定价，并确定将固定利率设定为 6.2%。固定利率对应的利息金额将按照一年为 365 天，一个月为 30 天计算；浮动利率对应的利息金额将按照一年为 360 天，一个月为 30 天计算。当前 LIBOR 为 5.9%。因此，第一笔 XYZ 应该支付给 DEF 的固定利息为 5000 万美元 × 0.062 × 30/365 = 254795 美元。第一笔 DEF 应该支付给 XYZ 的浮动利息为 5000 万美元 × 0.059 × 30/360 = 245833 美元。结算后，XYZ 需支付给 DEF 8962 美元。如果下个月 LIBOR 上升至 6.7%，XYZ 应支付的固定利率仍旧是 254795 美元，但是 DEF 应该支付给 XYZ 的浮动利息变为 279167 美元。结算后，DEF 需支付给 XYZ 24372 美元。

提问：确定在一个单纯的利率互换协议下的支付金额，名义本金为 7000 万美元。利率互换的购买者每半年支付 7% 固定利率，利率互换的提供者每半年基于 Euribor（欧洲银行间欧元同业拆借利率）支付浮动利率，在最后一个计算期，Euribor 为 6.25%。浮动利息的计算基于一年为 360 天，半年为 180 天。固定利息的计算基于一年为 365 天，半年为 180 天。双方的付款轧差取净值，请确定结算后应该由哪一方向对方支付，支付金额是多少。

应该指出的是，即使存在利率风险对冲，如果衍生金融工具与出租人的负债不相关，利率风险仍将存在。此外，还应考虑交易对手的信用风险。例如，如果向出租人出售了利率封顶产品的金融机构破产了，那么这个利率封顶自然无法保护出租人免受利率风险。

资产组合管理

当投资者试图在管理（最小化）风险的同时最大化其回报时，租赁投资组合的管理与其他投资组合管理都不同。资产组合投资风险一般可以通过投资安全的资产、资产分散化以及对冲来缓解。在飞机租赁业务中，与其他投资领域一样，安全的投资不会产生高回报，为了提高回报，出租人就必须接受更高的风险。多元化和对冲比降低回报更能降低风险，因此，它们通常被投资组合经理所采用。从出租人的角度来看，安全的资产应该更容易获得融资，并且在一个活跃、流动性高的市场中从一个承租人转移到另一个承租人的成本更低。出租给具有良好信誉的航空公司的新一代窄体飞机（B737 或 A320）就是符合上述条件的资产。这类飞机的租金率会比较低，导致出租人的回报率较低，但很安全。

承租人多元化

大多数出租人通过承租人的多样化来管理它们的风险。虽然信用分析很重要，但多样化同样重要。这是因为通过对财务报表的分析并不能了解全部风险，并且还可能误判承租人的信用风险。例如，当一个出租人拥有 300 架飞机和 100 个客户时，平均每个客户有 3 架飞机，如果一个客户出现问题，只有 3 架飞机会受到影响。但是，如果出租人对某一个航空公司的集中度很高，即便它是世界上最安全的航空公司，也存在破产的可能，一旦破产，出租人的大部分资产都会受到影响。将资产集中在较少几个客户也有一些优势：更好的客户关系，租约的发起和监控能产生规模效应，更低的飞机转换成本等。然而，资产组合的集中程度会放大对客户信用风险分析和监控的重要性。

例如，瑞士航空公司是 20 世纪 90 年代初期首屈一指的航空公司。没有人想到它会在 2001 年破产。另一个例子是柏林航空公司在 2017 年 8 月破产，2017 年 10 月停止运营。柏林航空的大部分飞机都转移给了汉莎航空和易捷航空。即便这样，截至 2017 年 12 月，柏林航空原来租赁的 54 架飞机仍然需要被重新营销（Lovell，2017）。这 54 架飞机的大多数出租人都只持有 1~4 架飞机，GECAS 需要安置 14 架 A320-200 飞机，而 AerCap 需要寻找 10 架 A330-200 飞机的住所（Lovell，2017）。虽然这对世界上最大的两家出租人来说并不是很高的集中度（2017 年 GECAS 和 AerCap 分别拥有 1324 架和 1076 架飞机），但重新安排这些飞机仍然需要大量的成本和努力。

资产类型多元化

除了实现承租人的多元化外，出租人还可以在飞机类型上实现多样化。如上所述，现代窄体飞机是最具流动性和安全性的投资，但是宽体飞机通常意味着信用风险更低的航空公司、更长的租约和更高的投资回报。为了使投资的每一美元都获得更高的利润，宽体飞机的租赁交易需要更合理的结构设计。宽体飞机既具有优势又具有额外的风险。其中一个风险是，在市场低迷时，它们不像窄体飞机那样容易被重新部署。在许多情况下，这些飞机是航空公司的旗舰飞机，而阿联酋航空的旗舰飞机与达美航空的旗舰飞机截然不同，尽管它们都是世界级航空公司，并且都提供优质的客户服务。当出租人需要重新部署这些飞机时，它们需要花费大量的金钱把原来的座椅、原承租人的内饰拆掉，更换客舱颜色，升级机上娱乐系统，移动厨房的位置。当出租人在其持有飞机期间的某个时刻需要付出如此大的重新部署成本时，出租人的投资价值会遭受非常大的破坏。在宽体飞机转移给新承租人的过程中，出租人需要找到愿意与出租人合作去改变飞机配置的航空公司。宽体飞机第二租期的承租人通常是那些追求低成本、希望在飞机上增加更多座位的航空公司，它们并不一定要使飞机实现每一个标准化的功能。要求宽体飞机标准化比要求窄体飞机标准化更具挑战性。

持有宽体飞机对出租人来说风险更大，但是运营宽体的航空公司一般信誉更好。那些运营长途航线、运营宽体飞机的航空公司通常是优质的客户，并且当这些飞机有更长期的、稳定的租约时，出租人通常会拥有多种融资选择（例如出口信贷融资、银行、保险公司）。

虽然窄体飞机在出租人的资产组合中占据主导地位，但平均来说一家普通租赁公司约有20%的资产是宽体飞机。例如，如果出租人希望将其投资组合从90亿美元或250架飞机增加至180亿美元。这个价值180亿美元的新资产组合可以包含500架窄体飞机或350架窄体飞机与宽体飞机。因此，在某些时候，出租人希望通过增加资产组合中的宽体飞机数量来实现一定的规模目标。如果出租人与客户建立了长期的合作关系，客户对不在出租人现有机队中的特定机型提出了需求，那么对于出租人来说就有两种选择，要么冒着失去客户的风险不去回应客户需求，要么在自己的机队中增加这类型的飞机。随着资产组合的增长，出租人会逐步将宽体机加入它们的窄体机机队。当然，也存在一些细分市场的玩家，它们只出租宽体机或者只出租支线飞机。

并非所有宽体飞机被市场接受的程度都是一样的。目前的航线网络和交通发展程度似乎有利于双引擎宽体飞机（Narkhede，2016）。这给 A380 带来了挑战，因为没有多少航空公司可以在这个网络中运营 A380。此外，由于飞机重新配置的成本非常高，因此 A380 缺少二手市场。运营 A380 的航空公司将 A380 作为旗舰飞机，因此这些飞机一般具有非常定制化的配置。低成本的航空公司买不起价值在 1.5 亿~2 亿美元的飞机，而且它们也没有长途航线来运营这些飞机。鉴于需求方面的现实问题，空客公司将 A380 的生产数量从 2014 年的每年约 30 架减少到 2018 年的 12 架（Narkhede，2016）。将 A380 进行二次出租的高难度可能导致二次出租的租金很低，或者出售二手 A380 的价格远低于预测的飞机残值，进而导致出租人和投资者收益的降低。

出租人资产类型战略

市场上拥有许多策略和规模各异的租赁公司。如上所述，大型租赁公司通常同时持有窄体飞机和宽体飞机，有些甚至还持有区域喷气式飞机和涡轮螺旋桨飞机。它们通过广泛营销的策略去迎合世界各地的航空公司。许多大型航空公司与较小的航空公司有联系，大型出租人可以通过提供多种解决方案为它们创造价值。但是，并非每个租赁公司都能做到这一点。一些出租人专注于新飞机，而另一些则可能专注于中年飞机。

一般来讲，规模较小的租赁公司专注于窄体飞机出于以下几点考虑，飞机易于移动、市场对小飞机有持续的需求以及将这些飞机从一个航空公司转移到另一个航空公司的时候需要付出的改装成本低。其他租赁公司可能会关注那些它们认为自己具有竞争力的领域。对于小型出租人而言，很难与使用相同商业模式的资本成本非常低的大型租赁公司竞争。因此，一些较小的出租人采用的策略是关注大型竞争者不重视的细分市场。最终，如果在同一市场竞争，资本成本最低的公司将会击败成本更高的公司。对于规模较小的出租人而言，必须找到合适的市场定位和竞争优势，这个优势一定不会是资本成本。

错开租约到期日

另一种使出租人投资组合多样化的方法是采用不同的租期，这使出租人可以获得时间方面的多样化。将租赁期限错开有利有弊。这会与你错开多少时间有关。显然，出租人不希望同时让大量飞机退租。当所有这些飞机同时退租时，市场可能会出现下滑。出租人需要努力将飞机出租，这可能需要以较低的租金率为代价。

飞机出租人在周期性商业环境中运营。与其他投资组合一样，美元成本平均投资法有助于看清经济周期和不可预测的市场。出租人希望在能够获得最高租金率的情况下将飞机重新出租给顶级的航空公司，但是很难预测在租约结束时的市场状况。即使出租人对未来市场有着完美的远见，但由于承租人违约，它们也可能被迫取回飞机。有些飞机将在市场处于底部时被出租人取回，通过平均市场高点和市场低点的租金率，美元成本平均法将帮助出租人获得可接受的收益。由于租赁期限交错，出租人平均来看可以平稳度过市场周期，获得较好的表现。

另外，有时候出租人希望让几架飞机几乎同时退租，特别是如果这些飞机是姊妹机。例如，如果出租人将 10 架飞机租给某个特定的航空公司，所有租约都在明年到期（每月到期一架），那么出租人就具有了营销优势。出租人可以提供 10 架相同的飞机，这些飞机具有相同的飞行记录，并且有同样的定制化配置，并且出租人可以每月提供一架这样的飞机。这样的报价对大型航空公司具有吸引力。这里的另一个优点是规模效应，同时重新交付，再营销和再租赁几架飞机将降低每架飞机的交易成本。

租赁期限错开的另一个原因是飞机退租会增加出租人的风险，并且在租约结束时需要偿还融资中约定在期末一次性偿还的本金部分。如果金融市场和租赁市场陷入困境，将很难重新安置这些飞机并对它们再融资以偿还之前的融资。错开租赁期限也将分散再融资的风险。

选择租赁条款

另一个重要的考虑因素是租赁期限。一般而言，出租人更倾向于长租期，因为长租期意味着更长的可预测现金流和更少的转租成本。但是，出租人也会考虑市场状况。例如，如果市场非常差，出租人就不愿意签署一个低租金率的 10 年租约。在这种情况下出租人更愿意选择一个短租期。相反，航空公司会希望有一个长租期。

此外，对于窄体飞机，出租人可以承担相对较短的租期，因为它们可以将该飞机转移到其他几家航空公司，并进行例如重新喷漆等微小的改动。对于宽体飞机，改装成本非常高，出租人需要长租期来摊销它们放入该飞机的特定配置。为宽体飞机上提供融资的银行也希望看到一份信誉良好的长期租约。宽体飞机往往比窄体飞机具有更长的租期。

最后，使租赁期限与飞机大修时间匹配非常重要。一架刚刚进行完机身大修或发动机性能恢复的飞机更容易再营销出去。同时，这样也降低了出租人在交付飞机之后又发现飞机需要进行重大维修的风险，在那种情况下，出租人必须承担维修责任。

残值管理

飞机残值是投资者整体回报的关键组成部分。如果残值低于预期，交易的净现值和投资者的回报将会降低。虽然租金现金流可以被预测（假设承租人信誉良好且违约概率低），但飞机残值具有可变性和不确定性。

有多种市场方面的、经济方面的以及飞机/技术的因素会影响残值。市场因素包括市场流动性、生产运营和经济周期、飞机储备以及二手市场的发展程度。市场流动性对于飞机残值的影响最大。市场流动性取决于飞机订单数量和市场渗透程度。订单反映了飞机确认订单（积压和交付）的数量并显示其市场份额，而市场渗透率则来自使用飞机的客户数量和地理分布。显然，市场流动性越大，保有飞机的价值就越高，其残值就越高。例如，B737 和 A320 飞机的市场流动性非常高，拥有大量的确认订单和全球数百家运营商。根据 Flight Global 的数据，目前有 6277 架 B737NG 和 7208 架

A319/320/321 飞机正在服役（Flight Global，2018）。同时还总共积压着11549 架飞机（Flight Global，2018）。

此外，产品生命周期较长的飞机比较短产品生命周期的飞机具有更高的保有价值。B737 和 A320 系列飞机拥有近 30 年的生产运行历史，因此它们有更高的残值。飞机在整个产品周期中所处的位置也会影响其保有价值。例如，更早被生产出来的飞机可能会经历价值波动，因为它们往往更重、载重量更低、操作成本更高。制造商通常会为这种飞机提供更具竞争力的价格。在生命周期中间生产的飞机（稳定生产期）解决了生产中的问题，并且它们的价值趋于在更稳定和更可预测的基础上下波动。在生命周期后期生产的飞机通常会经历更快的价值下降速度，因为它们需要与性能更好和运营成本更低的新型技术飞机竞争。制造商通常会对后期生产的飞机提供大量折扣。

飞机的生产率也可以为残值的预测提供额外的信息。虽然高生产率表明市场对飞机的需求很高，导致产能增长和更好的市场渗透，但它也可能引发飞机供过于求从而影响租金和飞机价值。此外，封存的飞机数量通常可以作为飞机价值下降的指标。但是，飞机封存的原因很重要。如果由于经济或功能过时而封存飞机，对残值的影响将是巨大且永久的；如果由于业务的周期性而封存飞机，残值不会受到太大影响。

一架飞机从第一租期退出后有几个潜在的市场：租赁给二线或三线航空公司，出售给另一个出租人或经营者，由客机改装成货机，出售发动机和其他有价值的部件。活跃的二手市场显然有助于飞机维持其价值。

影响飞机残值的经济因素是通货膨胀和燃油价格。对于相同的"实际"残值，较高的通货膨胀意味着按照当前（当代）货币计算有较高的残值。"实际"值表示以实际（非通胀）货币计量的价值。例如，如果一架飞机在2010 年以 4000 万美元的价格购买，预计到 2030 年的残值将为 1200 万美元。但是，如果 20 年的平均通货膨胀率为 3%，那么 1200 万美元的残值在 2030年的"实际"价值将是 2167 万美元。如果同期的通货膨胀率平均为 4%，那么 2030 年的残值将是 2629 万美元。燃油价格也增加了飞机残值预测的复杂性。如果燃油价格在一段持续的时间内保持低水平，对老旧飞机的需求将会持续，从而提高其残值。相反，如果燃油价格高，对老旧飞机的需求将会下降，运营商就会转向更新、更高效的飞机。

最后是飞机或技术方面的因素，例如可选功能以及属于某一系列的飞机，会影响残值。简单来说，对于飞机价值而言，"通用是好的，但独特是坏的"。标准配置飞机更容易被处置，因此它们具有更高的转售价值。但是一些可选功能，例如发动机和推力、起飞重量、小翼和机组休息区域，通常有助于飞机保持价值。例如，较高的最大起飞重量增强了飞机的实用性和可销售性，从而提高了它们的残值。此外，如果飞机同属于一个系列（例如，A319/320/321 或 B737 – 700/800/900）也有助于飞机保有价值，因为航空公司需要付出的零件、设备以及培训成本更低。

图 8.4 通过展示 A320 – 200 和 A330 – 300 飞机的市场估值占新飞机价值的百分比说明了不同飞机的保有价值。飞机当前和预计市场价值采用的是 2018 年 1 月 ISTAT 认证评估公司 Collateral Verifications 有限责任公司出版的涡轮飞机指南《价值—租金率—维护成本》中的数据。虽然经济因素对于两架飞机的残值影响是类似的，市场和飞机/技术因素使 A320 – 200 残值

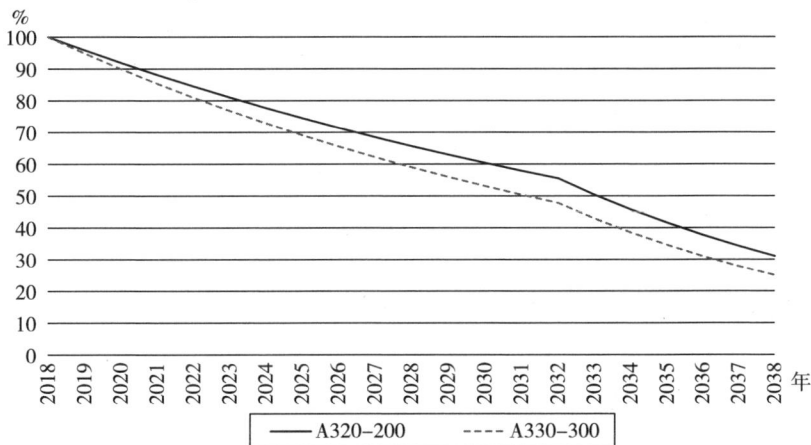

资料来源：编者使用 Collateral Verifications 有限责任公司出版的涡轮飞机指南《价值—租金率—维护成本》中的数据编制。

图 8.4　2017 年生产的 A320 – 200 和 A330 – 300
飞机的预计市场价值（2018 年飞机价值的百分比）

高于 A330－300 残值（相对而言）。根据 Collateral Verifications 有限责任公司的预测，A320－200 在 2038 年的残值将是其原始价值的 31％，而 A330－300 则为 25％。

应急计划

应急计划是风险管理的一部分。当你有时间去仔细思考怎么做的时候，准备工作会变得简单——一个不利事件的发生或者飞机延迟交付都会带来巨大成本。对于出租人而言，应对突发事件的计划始于拥有良好的平台。在竞争激烈的航空业中，总会有航空公司违约。航空公司依靠出售机票来生存，与此同时，它们又必须去应对很多可能会影响机票收入的事件，而这些事件通常是无法预测的，例如，竞争对手的战略变化、机票打折、监管、进入新市场、新的竞争对手出现、燃油价格飙升、恐怖主义、地震、火山等。出租人可能无法预测这些事件，但基于这类事件可能会发生的假设，出租人应该相应地准备和管理它们的投资组合。

为了做好应急准备，出租人应该了解以下事项：

- 关于其客户的一切。
- 所有产品的当前和未来市场。
- 如果飞机不可预见地被取回，哪里可以存放飞机。
- 如果某些承租人破产或清算，飞机的维修记录是否完整。
- 飞机是否处在合适的维护状态和配置状态。
- 飞机是否可以容易、有效地转给他人。
- 是否与维护厂商关系良好。
- 是否有合适的团队来处理技术问题。
- 如何处理飞机取回和注销登记。
- 是否与各个司法管辖区的当地律师事务所保持良好的关系。

应急计划应该嵌入交易的各个环节。

飞机到期转租管理

从当前承租人到下一个承租人的有效过渡对保持资产的完整性和价值，

良好的客户关系以及出租人的投资回报率（ROI）至关重要。如果出租人没有既定程序，并且最初在租赁合同中协商退租条件的各方不再为出租人或航空公司工作时，那么就没有人能够在租期结束时对租约中含糊不清的条款作出解释。

在租约谈判期间，应该保留一套清晰、适当且可执行的退租条件和时间表。在重新交付之前的几个月内，应该监控飞机的状态是否与租约中约定的一致，并评估承租人按时接收飞机的能力。出租人和承租人都应准确估计飞机交付项目的规模，从而为其所需要耗费的资源做好准备。

较好的做法是在重新交付日期前 8 个月与承租人会面，讨论工作范围、成本分配和各方责任。

精心准备的工作范围将使出租人能够评估可能需要的主要部件变更，订购所需的改装套件，安排飞机停放、保险以及租赁期间隙期间的短期或长期停放与维护事宜。

出租人需要尽可能拉长飞机提供服务的时间以获得收益，同时也要平衡飞机不能够按照约定时间退回所带来的经济后果。

结论

正如我们在本章中所讨论的那样，飞机出租人面临着企业资产和负债方面的众多风险。只有深入了解风险，了解降低风险的方法和管理资产组合的技术才能确保出租人的成功和可持续性经营。飞机租赁是一项资本高度密集型的业务，通常涉及很高的财务杠杆，这就放大了正收益和负收益。飞机出租人每天都面临数百项有关飞机融资、采购、管理和处置决策。即使是其中一个决策的小错误也可能破坏租赁交易的收益并对出租人的生存构成威胁。设计合理的风险和资产组合管理策略可以减少由于错误制定了应急计划或是错误开展了风险管理所带来的不利后果，同时也使出租人的资产可以在承租人、资产类型和租赁期限方面实现多样化。

参考文献

Flight Global. (2018, May 17). *Fleets*. Retrieved from Snapshots: Orders, deliveries, and fleet <https://dash-board.flightglobal.com/app/#/reports/search/>.

Guzhva, V. S. (2008). Applying intervention analysis to financial performance data: The case of US airlines and September 11th. *Journal of Economics and Finance*, 32, 243−259.

KPMG. (2018, January 19). *The aviation industry leaders report 2018: Navigating the cycle*. Retrieved from KPMG Insights <https://home.kpmg.com/ie/en/home/insights/2018/01/lessors.html>.

Lovell, C. (2017, December 5). *What next for airberlin's leased fleet?* Retrieved from Ishka Insights by Ishka Global <https://www.ishkaglobal.com/News/Article/5724/What-next-for-airberlins-leased-fleet>.

Narkhede, S. (2016, September 5). *The Airbus A380 is here to stay despite current challenges*. Retrieved from Ishka Insights by Ishka Global <https://www.ishkaglobal.com/News/Article/5503/The-Airbus-A380-is-here-to-stay-despite-current-challenges>.

附录 A 利率互换的定价

利率互换定价需要找到一个固定利率，使按照固定利率支付的现值等于按照浮动利率支付的现值。因此，在刚刚进入一个利率互换协议的时候，利率互换的市场价值为零。

例如，考虑一个一年期的利率互换，分别在第 90 天、第 180 天、第 270 天和第 360 天进行季度付款。参考利率为 90 天 LIBOR。年化的 LIBOR 即期利率分别为 0.0345、0.0358、0.0370 和 0.0375。

贴现因子计算如下：

$$PVF(90) = \frac{1}{1 + 0.0345 \frac{90}{360}} = 0.9914$$

$$PVF(180) = \frac{1}{1 + 0.0358 \frac{180}{360}} = 0.9824$$

$$PVF(270) = \frac{1}{1 + 0.0370 \frac{270}{360}} = 0.9730$$

$$PVF(360) = \frac{1}{1 + 0.0375 \frac{360}{360}} = 0.9639$$

固定利率计算如下：

$$FP = \frac{1 - 0.9639}{0.9914 + 0.9824 + 0.9730 + 0.9639} = 0.0092$$

也就是每 1 美元名义本金的季度固定利息为 0.0092，年度固定利息为 0.0092 × 360/90 = 0.0368 或者 3.68%。

假设过了 60 天，LIBOR 发生了变化，30 天、130 天、210 天、300 天时候的年化即期利率分别为 0.0425、0.0432、0.0437 和 0.0444。

新的贴现因子是

$$PVF(30) = \frac{1}{1 + 0.0425\left(\frac{30}{360}\right)} = 0.9965$$

$$PVF(120) = \frac{1}{1 + 0.0432\left(\frac{120}{360}\right)} = 0.9858$$

$$PVF(210) = \frac{1}{1 + 0.0437\left(\frac{210}{360}\right)} = 0.9751$$

$$PVF(300) = \frac{1}{1 + 0.0444\left(\frac{300}{360}\right)} = 0.9643$$

从支付固定利率，接受浮动利率的一方来看，利率互换的价值是

剩余固定应付利息以及假设的名义本金的现值 = 0.0092 × (0.9965 + 0.9858 + 0.9751 + 0.9643) + 1.0 × (0.9643) = 1.0004。

浮动部分的现值：在第 0 天，90 天 LIBOR 是 3.45%，第一期的浮动利率是 0.0345 × (90/360) = 0.0086。我们知道第 90 天剩余的浮动利息以及假设的名义本金的市场价值是 1.0。我们应该将利息和假设名义本金向前贴现 30 天，也就是 (1.0 + 0.0086) × 0.9965 = 1.0051。

利率互换的价值是 1.0051 - 1.0004 = 0.0047，每一单位名义本金。假设名义本金为 3000 万美元，那么利率互换的市场价值就是 141000 美元。

附录 B　案例分析

您刚刚晋升为全球飞机租赁公司（GAL）的首席投资官，该公司是一

家小型新兴公司，旨在发现中年飞机租赁领域的市场机会。作为您职责的一部分，您必须从风险和资产组合管理的角度持续评估资产组合。您不仅需要关注当前资产组合的状态，还需要注意未来资产收购带来的影响。鉴于公司规模小，刚刚步入正轨，并且依赖商业银行获得借款，您的任务显得尤为重要。GAL 的销售主管刚刚提供了一个机会，可以从一个出租人手中购买 25 架飞机，这个出租人希望通过出售来降低老旧飞机对它们资产组合的影响。此次购买的数量几乎是 GAL 已拥有机队规模的两倍。从表面上看，由于与公司的战略相符，因此该组合主要由中老龄飞机组成的事实并不成问题。表 8.5 是 GAL 当前资产组合的概览，表 8.6 是您所在公司的销售主管提议公司购买的飞机组合。您所在公司的首席执行官要求您从风险和组合管理的角度审查新的资产组合，并对您的调查结果进行分析。

在分析中考虑以下要点：

• 从飞机机型、租约到期日以及客户地理位置分布的角度讨论此次收购对现有资产组合的影响。

• 提供您对公司资产投资组合固有风险的评估。尝试解决所有可能的风险问题（例如，机队组成、客户信用状况等）。

• 从风险和资产组合管理的角度就 GAL 是否应着手收购该资产组合提供建议。

• 无论您的建议如何，如果首席执行官不同意购买投资组合，请就 GAL 如何重新平衡其现有资产组合以降低风险提供建议。

表 8.5 GAL 现有资产

出厂日期	机型	承租人	国家	租约到期日	保证金	维修储备金
2001 年	A319 – 100	精神航空	美国	3 月 22 日	现金	现金
2006 年	A319 – 100	天空航空	智利	5 月 19 日	现金	现金
2002 年	A321 – 200	韩亚航空	韩国	4 月 21 日	信用证	信用证
2007 年	A319 – 100	易捷航空	英国	7 月 19 日	无	无
2005 年	A320 – 200	印地高航空	印度	6 月 21 日	信用证	信用证
1999 年	B737 – 800	大韩航空	韩国	11 月 20 日	无	无
2007 年	A330 – 200	俄罗斯航空	俄罗斯	12 月 19 日	信用证	信用证

续表

出厂日期	机型	承租人	国家	租约到期日	保证金	维修储备金
2011 年	A320－200	利比亚航空	西班牙	3 月 23 日	无	无
2002 年	B737－700	戈尔航空	巴西	10 月 22 日	现金	现金
1998 年	B737－800	济州航空	韩国	5 月 20 日	现金	现金
2008 年	B737－800	旅行服务	捷克	5 月 22 日	现金	现金
2000 年	B737－800	西南航空	美国	9 月 25 日	无	无
2005 年	B737－700	捷特航空	印度	10 月 19 日	现金	现金
2000 年	A330－300	爱尔兰航空	爱尔兰	4 月 19 日	现金	信用证
2005 年	A321－200	沃拉瑞斯航空	墨西哥	8 月 21 日	现金	现金
2005 年	A321－200	沃拉瑞斯航空	墨西哥	9 月 21 日	现金	现金
2002 年	B737－700	美国联合航空	美国	4 月 23 日	无	无
2000 年	B737－800	途易航空	英国	4 月 20 日	现金	信用证
2001 年	B767－300ER	加拿大航空	加拿大	12 月 21 日	现金	信用证
2006 年	A330－200	WOW 航空	冰岛	4 月 24 日	现金	现金
2008 年	A320－200	维斯塔拉航空	印度	12 月 19 日	现金	现金
2008 年	A330－200	欧罗巴航空	西班牙	12 月 20 日	现金	现金
2006 年	B737－700	墨西哥航空	墨西哥	5 月 20 日	信用证	信用证
2005 年	A320－200	加拿大航空	加拿大	10 月 20 日	现金	信用证
2006 年	A319－100	印度航空	印度	6 月 21 日	信用证	信用证
2012 年	A320－100	澳洲航空	澳大利亚	11 月 24 日	无	无
2009 年	A321－200	Interjet 航空	墨西哥	1 月 19 日	现金	现金
2003 年	B737－700	西南航空	美国	3 月 20 日	无	无
2010 年	B737－800	维珍澳大利亚	澳大利亚	12 月 22 日	信用证	信用证

表 8.6　　　　　　　　　　GAL 计划购买资产

出厂日期	机型	承租人	国家	租约到期日	保证金	维修储备金
2010 年	A320－200	澳洲航空	澳大利亚	2 月 24 日	无	无
2012 年	A319－100	精神航空	美国	12 月 24 日	现金	现金
2002 年	A321－200	韩亚航空	韩国	3 月 20 日	信用证	信用证
2003 年	A319－100	阿维安卡航空	哥伦比亚	5 月 20 日	现金	现金
2004 年	A321－200	印地高航空	印度	2 月 21 日	信用证	信用证

续表

出厂日期	机型	承租人	国家	租约到期日	保证金	维修储备金
2004 年	A320 – 200	韩亚航空	韩国	5 月 20 日	现金	信用证
2015 年	A320 – 200	红翼航空	俄罗斯	9 月 21 日	现金	信用证
2013 年	A320 – 200	伏林航空	西班牙	1 月 25 日	信用证	信用证
2002 年	B737 – 700	戈尔航空	巴西	8 月 21 日	现金	现金
2002 年	B737 – 800	济州航空	韩国	6 月 22 日	现金	现金
2004 年	B737 – 800	前进航空	波兰	5 月 22 日	现金	现金
2004 年	B737 – 800	太阳城航空	美国	5 月 24 日	现金	现金
2005 年	B737 – 700	捷特航空	印度	3 月 20 日	现金	现金
2006 年	B737 – 800	荷兰皇家航空	荷兰	5 月 20 日	信用证	无
2001 年	A320 – 200	越洋航空	加拿大	12 月 21 日	信用证	现金
2005 年	A330 – 300	伊夫洛浦航空	西班牙	4 月 23 日	现金	现金
1998 年	A320 – 200	星球航空	立陶宛	10 月 19 日	信用证	信用证
2008 年	A320 – 200	欧罗巴航空	西班牙	5 月 20 日	现金	现金
2014 年	B777 – 300ER	阿联酋航空	阿联酋	1 月 26 日	信用证	信用证
2005 年	A319 – 100	保加利亚航空	保加利亚	10 月 21 日	现金	现金
2005 年	A319 – 100	印度航空	印度	3 月 20 日	信用证	信用证
2007 年	A320 – 200	澳洲航空	澳大利亚	3 月 21 日	信用证	无
2006 年	A320 – 200	Interjet	墨西哥	6 月 22 日	现金	现金
2001 年	B737 – 700	太阳城航空	美国	6 月 19 日	现金	现金
1999 年	B737 – 800	易斯达航空	韩国	6 月 21 日	现金	现金

第九章
维修储备金收取和管理

章节大纲

新飞机订单

飞机的技术生命周期始于向飞机制造商订购飞机，订购后出租人需考虑多种因素，首要因素是飞机构型。按惯例，出租人应在飞机制造商要求的截止日期前提供构型清单。制造商提前获知构型需求，能使飞机交付航空公司时的改装成本最小化。

若在截止日期前无法获得承租人的飞机构型，出租人可指示飞机制造商按基本构型生产，日后再安排改装。但因为航空公司很少租赁基本构型飞机，且后期改装往往比生产时改装更贵，故这一做法成本高昂。因此，订购飞机后出租人需立即开始营销机位，并在飞机制造商的飞机构型截止日期之前完成。

出租人另一选择是同已有飞机订单的航空公司进行售后回租交易，将飞机返租给航空公司时无改装成本，故此类交易成本较低。

飞机购买前期/交付前期

买卖或租赁飞机前，各方应对飞机进行详细全面的技术分析。对于新飞机，出租人和承租人均应派代表现场监督生产过程，并同制造商一起解决问题。对于二手飞机，买方或承租人应对飞机和记录进行全面技术检查，保证飞机状态与买卖协议或租赁协议中约定的交付条件一致。在绝大多数交易中，退租条件均以交付条件为基础（买卖协议样本请见附录9D）。

技术分析包括对机身物理损坏、腐蚀、裂缝或结构性维修的详细检查，对全部系统运行状态的检查，对发动机内部进行孔探，以及对完成适航指令在内的相关技术文件进行全面检查。上述检查是为了确认飞机状态与买卖或租赁协议的交付条件一致，而不是为了满足航空监管机构要求，通常上述检查的工作内容远多于航空监管机构要求的适航检查工作内容。

若发现有不利于飞机安全的情况，飞机制造商所在国及飞机注册所在国的航空监管机构会向飞机所有人和运营人发布适航指令（ADs）。根据不同检测结果，上述适航指令可能要求对飞机进行必要的检查、改装或维修。

服务通告（SB）是由制造商发布的产品改进通知。通常服务通告不是必须遵照执行的，除非租赁协议中约定了遵守执行服务通告的义务。紧急服务通告是制造商发布的安全性而非改进通知。紧急服务通告发布后通常会导致相应适航指令的发布，适航指令往往把执行该紧急服务通告作为符合该适航指令的方法。

交付条件

交付条件是指飞机待交付时的物理和技术状态，也是交付前检查的重要内容。交付前检查是一项重要的安全步骤，期间制造商可能给予一定价格折扣或维修承诺。一旦交付条件满足或各方另行协商同意，交付前检查报告定稿，飞机便可准备交付。从这一时点开始，承租人将承担飞机维修义务。以下部分将对维修方案批准、储备金及合理跟踪飞机系统状态进行讨论。

飞机维修

飞机维修是受严格监管的。美国联邦航空管理局与美国航空业共同为新飞机的最低维修计划标准制定指导意见，并写入美国联邦航空管理局咨询通告（AC）121-22C（FAA，2012）。各航空公司以上述指导意见为基础，根据自身情况制定各自维修方案，并提交美国联邦航空管理局批准。

现有维修方案来源于维修指导组3（MSG-3），维修指导组3由美国航空公司组织（A4A）（前身为航空运输协会）等行业协会以及为特定系统、结构或发动机制定标准协议的专家组成。经维修审查委员会（MRB）批准后，所有指导意见将汇总到行业指导委员会。行业指导委员会由航空公司代表、监管机构和原始设备制造商（OEM）/型号证持有人组成。最终美国联邦航空管理局以MRB报告（MRBR）的形式最终批准上述指导意见。这样就形成了最低维修要求，也成为航空公司制定各自维修方案的基础。

在航空公司层面，以飞机主要部件为基础将维修分为五类：

- 机身
- 发动机
- 发动机寿命限制件（LLPs）
- 辅助动力装置（APU）
- 起落架

了解如何预测维修事件对于理解维修储备金如何计算非常重要。两个重要指标是飞机利用率和利用率指标。利用率是指飞机或部件在一定时间段内运行的时间，每个部件的利用率不同。利用率可通过不同指标进行量化，如飞行时间（FHs）、飞行循环（FCs）、发动机飞行小时、APU（辅助动力装置）小时和日历月。这些量化方法就是利用率指标。

飞行小时指某段时间内，飞机起飞离地至降落触地累计飞行小时数。一次飞行循环包括一次起飞和一次降落。

发动机部件的利用率指标包括发动机飞行小时和发动机飞行循环，如果飞机运行的航段很短，发动机飞行循环数会超过发动机飞行小时，发动机起飞时损耗较大，导致发动机维修间隔数增加。

同理，航空公司使用APU小时记录APU维修利用率。大部分商用飞机的APU仅在飞机在地面时用于启动发动机、提供电力、空调和液压压力。换句话说，它们不在飞行中使用。APU小时是APU运行小时数。

飞机维修方案（MPD）

每一部件或飞机的所有维修事件形成维修计划。维修方案（MPD）是记录上述维修计划的文件，包括计划维修事件的全部 MRBR 最低标准及附加要求。比如，B737 – 800 飞机的某一维修计划约定 C 检间隔为 20 个月。这意味着不管飞机是否投入运营，航空公司每 20 个月必须对飞机完成一次 C 检。其他部件也有类似强制维修间隔。

维修储备金

航空公司为实现现金流最大化，希望在发生维修时才支付维修费用。但出租人需要一种机制保证承租人能够承担昂贵的维修费用。承租人向出租人按月后付相应维修储备金，其中机身结构大修和起落架返修的维修储备金以日历月为计算依据，发动机的维修储备金以飞行小时为计算依据，发动机寿限件的维修储备金以飞行循环为计算依据，APU 的维修储备金以 APU 小时为计算依据。出租人收取的维修储备金通常高达数百万美元，且对出租人具有多重意义。当承租人完成一次维修储备金适用的维修事件，出租人会将该维修事件收取的维修储备金返还给承租人，以保证承租人能够支付相应维修费用。维修储备金也可在承租人违约或期末退租时对飞机已消耗的价值部分提供保障。上述概念是理解飞机租赁风险和收益的关键。维修储备金通常是租约谈判时最有争议的话题（Ackert，2011a）。

维修储备金 = 为使用时间支付的费用

或

维修储备金 = 全寿命维修价值 – 剩余维修价值

出租人根据自有机队的飞机维修经验和维修方案约定的维修间隔（飞行小时、飞行循环、APU 小时和日历时间）提出维修储备金费率。

所有维修储备金在租约结束时由出租人保留，但如果出租人已按租约要求完成维修事件，出租人将向承租人返还相关维修储备金。维修储备金可与出租人其他资金混同使用，但应独立核算且承租人无违约时才可返还。

即便两个部件同属一架飞机，承租人都无法用其中某一部件的维修储备金支付另一部件的维修费用。若某一维修事件的费用超过相应维修储备金余额，如果飞机尚在租期中，则由承租人承担额外费用；如果飞机已退租，则由出租人承担额外费用。

为何收取维修储备金？

一份典型的租约会约定承租人按制造商维修方案维持飞机适航并承担相应维修费用。但如果航空公司违约，导致出租人不得不在飞机即将进行大修前强制取回飞机时会发生什么呢？储备金可保护出租人避免上述大额资金敞口，使飞机能在出售或再租前完成相应维修工作。

总的来说，维修储备金帮助出租人减少了向信用资质较低或国家政权不稳定的航空公司出租飞机的风险。不仅如此，出租人能够通过这一约定了解航空公司维修工作范围和质量，从而对飞机如何进行基本维修保持一定控制权。

哪些部件收取？

维修储备金通常适用五个主要维修事件：机身重大结构检查（大型返厂维修"HMV"）、辅助动力装置恢复、起落架大修、发动机性能恢复（PR）和发动机寿限件更换（如果是涡桨飞机，则是螺旋桨）。

机身大型返厂维修（结构检查）

机身是飞机最大的部件。根据飞机类型不同，第一次大型返厂维修在飞机运营6年或8年进行，第二次在飞机运营12年进行。

辅助动力装置恢复

APU是为发动机启动提供气源和在发动机未启动时提供电力、液压压力和空调的部件。它是一个小型喷气发动机，尽管不提供推力，但和发动机的主要部件相同。APU恢复包括对压气机、燃烧室和动力室（涡轮）进行恢复。

起落架大修

起落架由安装在机身上的各个起落架完整支柱组件组成，包括主起落架、前起落架的内外气缸。起落架大修指根据制造商维修手册中的大修或恢复工作流程对起落架进行全面维修或全面恢复至"大修后运行时间为零"状态。

发动机性能恢复

这项维修事件主要为了恢复发动机性能水平。发动机是飞机最重要和最昂贵的部件。运行时，发动机核心因高温、疲劳和腐蚀而恶化，排气温度（EGT）随发动机工作时间增加而提高。过高的排气温度增加翼面损耗，使翼面产生微小裂痕，导致性能降低。原始设备制造商规定发动机安全工作时排气温度不能超过最高温度，若发动机无法在最高排气温度内达到最大起飞推力，则该发动机被认为排气温度受限。飞机只能减少载重或燃油，降低起飞所需推力才能起飞，但这会导致飞机为了加油进行额外技术停留。发动机性能恢复是指按照发动机制造商维护手册和推荐流程（若是 GE 和 CFM 发动机，则按照维修工作计划指南），维修范围包括但不限于对发动机高压压气机、高压涡轮和燃烧室进行完整恢复或大修的返厂维修。

发动机寿命限制部件更换

FAA 咨询通告 33.70 - 1 对发动机寿命限制部件的定义是"若发生重大失效会危害发动机的发动机转子和主要静态结构部件"。通常寿限件包括旋转式压缩机、涡轮轮毂、轴杆和圆盘。一旦使用寿命结束，该寿限件应立即更换且不能再次使用。通常根据租约，发动机寿命限制部件的维修储备金仅用于补偿承租人购买部件的费用，不包含部件安装的工时费。

以下将对各项维修事件和维修储备金率进行详细讨论。

收取方式

如上所述，维修储备金是一项需经过多次谈判的租约条款。即使一家信用资质较好的航空公司经谈判无须定期向出租人支付维修储备金，租期结束时出租人仍会要求航空公司对本应收取维修储备金的部件按照使用时间进行补偿。总的来说，多数租约采用如下三种收取方式之一。

1. 延期支付

这是最常见的收取方式，由承租人每月末向出租人支付维修储备金。

维修储备金均基于飞机利用率计算，且在租约中有详细约定。

2. 期末补偿

期末补偿方式一般适用于信用资质较好的航空公司。这一收取方式中，承租人租期内不再支付维修储备金，飞机维修状态检查和补偿均在租期末进行。若飞机维修状态较交付条件更差（按照租约约定），承租人需向出租人支付期末补偿。反之，若飞机维修状态优于交付条件，出租人可能需向承租人补偿。期末财务补偿有两种方式：

镜像进出：单向调整是指退租时，若据某次维修事件的剩余时间低于交付时状态，承租人向出租人支付期末补偿。双向调整中，若退租时飞机维修状态优于交付时，出租人需向承租人支付补偿。

零时全寿：这种调整方式要求承租人对上次大修或出厂交付（若尚未进行大修）以来的全部使用时间进行补偿。

3. 信用证

金融机构出具信用证（LOC）以保证付款。在维修储备金收取过程中，信用证是一项由银行背书的承诺，保证承租人将按租赁协议约定条件退回飞机。信用证开立金额一般每半年或每年根据承租人已使用的维修价值和已完成的维修工作进行调整。样本信用证请见附录9A。

维修储备金的经济意义和费率机制

出租人常通过计算预测费率或基准费率来决定收取多少维修储备金。出租人维修储备金返还记录是上述数据的主要来源，因为返还记录能反映维修事件的实际成本。出租人的返还记录越多，越容易计算特定维修事件的基准费率，也越能反映特定航空公司的真实维修费用。比如，发动机性能恢复的返还申请需要承租人提供大量维修数据，包括发动机移除原因、性能恢复成本、飞行航段、每飞行小时成本。出租人也可使用行业期刊数据对不同航空公司的多种飞机、发动机进行分析，这些期刊数据能够帮助出租人设立行业标准的维修费用和维修间隔。著名的出版物包括《飞机贸易》、国际航空局的《维修成本月刊》和《飞机技术工程和维修》。

原始设备制造商是数据的第三个来源。飞机和发动机制造商发布的很多产品和维修费用手册可用于计算维修储备金。比如波音公司每年提供包含部分发动机、机身、APU 和起落架部件的直接维修成本（DMC）计算方式的指导手册。此外，维修费用也是行业会议的主要话题，制造商可能在会议中披露还没有发布的数据。

收集到足够数据后，出租人可将预测费率以实际费用为基准进行调整。这样能保证不同飞机和部件的费率参数有一致性。每架飞机或每个部件的费率都不同，并常常根据发动机年龄、航段长度、运营环境不同进行调整。表 9.1 展示了五大维修目录的费率公示。

表 9.1   费率机制

适用	通用公式	特定公式
发动机 LLP 更换	固定成本 固定间隔	固定目录成本 循环限制
机身 HMV	可变成本 固定间隔	HSI 成本 固定间隔月
起落架返修	—	返修成本 返修间隔
发动机 PR	可变成本 可变间隔	PR 成本 MTBR
APU PR	—	PR 成本 MTBR

注：LLP，寿命限制部件；HMV，大型返厂维修（结构检查）；PR，性能恢复；APU，辅助动力装置；MTBR，平均拆换间隔时间。

资料来源：Ackert S，飞机维修储备金收取和管理基础，飞机监测，2012。

有些部件维修成本波动较大。如老旧设备的 HMV 成本很难预测，PR 成本也很难量化。若使用目录费用，不确定性就很小。LLP 成本和寿命限制由发动机厂商确定，可较好预测费率。相反，应注意到最后两个部件费率计算公式中，分子与分母都有波动性。PR 成本具有不确定性，计算费率时须进一步分析。

对于已生产多年的飞机（如 A320、A330、B737），计算费率时通常采用发动机或 APU 拆换的历史费用和间隔数据。对于新一代飞机（如 B787、

A350），由原始设备制造商们提供维修费用预测值。尽管预测值不如历史数据可靠，但在收集到合适数据之前仍采用预测值计算费率。对新一代飞机计算费率的另一种方式，是将新一代飞机与其替代的现有飞机进行比较。如预计 B787 和 A330 或 B767 降落重量类似，那么 B787 的起落架大修费用应和 A330 或 B767 的起落架大修费用接近。这些假设能够帮助计算 B787 的起落架大修储备金率。

计算 787 和 A350 的机身大型返厂费率的最大挑战是这些机身都由复合材料构成，没有历史数据和合适参照物存在。这种情况下，费率计算主要依据原始制造商发布的指南。租约中通常约定此类飞机的费率会在取得维修费用数据后进行调整。

以下分别讨论五大维修事件。

机身大型返厂维修（结构检查）

机身维修储备金费率通常根据维修方案确定。总的来说，大型返厂维修结构检查根据机型不同，每 6～12 年计划进行一次。一次大型返厂维修需要飞机平均停场几周。检查第一步包括剥离外部喷漆和移除大型外部面板。这样可对机身内部进行区域和结构检查。机身计划维修任务主要分为三大类（Ackert，2012）：

系统和动力装置检查——检查气动装置、飞行控制、液压动力和电子系统等的运行和功能情况。

区域检查——评估系统和结构附件的总体状态。对配线、管路、装配、气动函道和液压管进行目视检查。

结构检查——目视检查是否有结构损伤，如腐蚀、疲劳裂缝和压力腐蚀。在不破坏部件的情况下采用非破坏性测试方式检测内部缺陷。

正如费率公式表所示，HMV 费用基于几个关键因素，其中包括飞机年龄。运营时间越长，检查要求越复杂，费用越高。具体来说，后期大型机身检查对非常规维修要求更多，包括常规检查以外的维修和附加工作。非常规维修通过非常规比例衡量，该比例也被称为缺陷比例：

非常规工作人工小时/常规工作人工小时

非常规比例衡量了为修复常规缺陷所增加的时间。如飞机一次大型返厂维修需要 6000 常规人工小时以及 3000 非常规人工小时，则非常规比例为50%。随着飞机年龄增加，非常规比例也可能超过 100%。图 9.1 展示了大型返厂维修的三个阶段以及非常规维修比例。

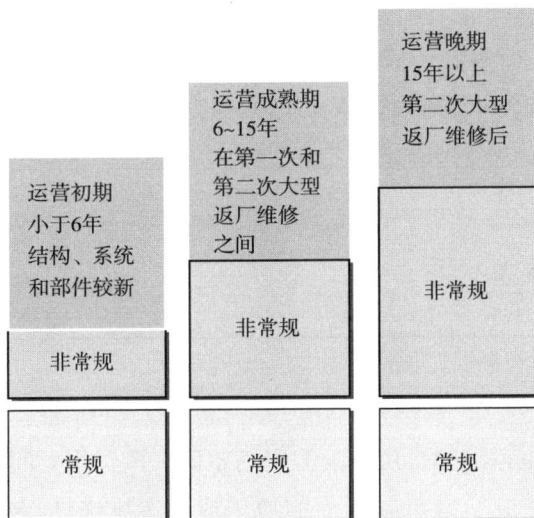

资料来源：Ackert S，飞机维修储备金收取和管理基础，飞机监测，2012。

图 9.1　对不同寿命飞机的常规和非常规维修工作

额外费用因素

即使是相对较新的飞机，机身维修费用也可能因运营中较高的飞行循环而上升。

作业范围是另一因素。大多数情况下，作业范围分为以下两种类型。类型 A，除租约约定排除的以外，作业范围指对系统检查、结构检查和区域检查的材料费用及常规、非常规人工费用进行返还。类型 B，作业范围是指对结构检查和区域检查的材料费用及常规、非常规人工费用进行返还。类型 A 包含了检查电子系统和动力装置，范围更广。表 9.2 展示了不同飞机型号的大型返厂维修费用样本。

表 9.2　　　　　　　大型返厂维修结构检查费率样本

飞机	检查	阶段	间隔（月）	2010 年费用（美元）	费率（美元/月）
A320 – 200	4C/6Y HMV	运营初期	72	75 万 ~ 85 万	10400 ~ 11800
A320 – 200	8C/12Y HMV	运营初期	144	85 万 ~ 90 万	5500 ~ 5900
A330 – 300	4C/6Y HMV	运营初期	72	140 万 ~ 160 万	19500 ~ 22200
A330 – 300	8C/12Y HMV	运营初期	144	150 万 ~ 170 万	10400 ~ 11800
B737 – 800	C6 – C8 等效	运营初期	120/144	130 万 ~ 150 万	9000 ~ 12500
B747 – 400	C4/D 检	运营晚期	72	400 万 ~ 450 万	55500 ~ 62500
B757 – 200	S4C	运营晚期	72	150 万 ~ 170 万	22200 ~ 23600
B767 – 300ER	S4C	运营晚期	72	200 万 ~ 230 万	27800 ~ 31900
B777 – 300ER	C4/HMV	运营初期	96	250 万 ~ 280 万	26000 ~ 29100
E190	C4/HMV	运营初期	96	47.5 万 ~ 57.5 万	4900 ~ 5900
CRJ – 700	HMV	运营初期	96	42.5 万 ~ 52.5 万	4400 ~ 5400

注：HMV，大型返厂维修（结构检查）。

资料来源：Ackert S，飞机维修储备金收取和管理基础，飞机监测，2012。

储备金费率也可能因日历间隔因素而不同。两种主要间隔结构如下：

类型 A：基于原始设备制造商的通用或样本维修计划方案确定日历间隔。比如，通用计划：A320/A330 家族；6 年或 8 年间隔；

样本计划：737NG 家族；8 年间隔。

类型 B：根据个性化维修方案中主要区域和结构检查的规律确定时间间隔。比如，737NG 家族：8 年、10 年、12 年间隔；747 – 8：8 年间隔。

适用维修储备金	不适用维修储备金
• MPD 常规任务相关小时和非常规工作小时	• SB、AD 和服务通知相关人力成本
• 常规和非常规工作材料成本	• 航空特有维修工作
• 标准客舱返修	• 服务商特有维修工作
• 对按时间计算部件进行返修	• 当地监管要求维修工作
	• 客舱改造
	• 意外损伤维修
	• 包装/运费

注：MPD，维修方案；SB，服务公告；AD，适航指令。

起落架大修

飞机起落架由前起落架和两组或四组主起落架组件构成。每个起落架组件包括支柱组件（内部、外部气缸）、前支架和用于放下和收回起落架的液压传动装置。根据飞机型号，起落架大修通常每 8～12 年进行一次，但准确间隔时间是基于检查或修复腐蚀的需要确定的。这是一项耗时很长的维修事件。因此，大部分维修工厂会借出备用起落架或建议将现有起落架纳入交换池。根据交换协议约定，起落架大修完成后便成为交换池的一部分，提供给维修工厂的未来客户。维修费用中也包含出借或替换费用。根据 Ackert（2012），起落架维修主要费用因素包括：

- 数量和复杂性；
- 需完成的改装数量；
- 运营环境和维修惯例；
- 市场渗透率［支持该起落架的维护、维修和翻修（MRO）工厂数量］；
- 交换费用。

大修计划是根据最短的性能间隔决定的，可能是日历时间或飞行循环。举个例子，假设起落架大修间隔是 10 年或 20000 飞行循环，如果飞机每年运行 1800 循环，起落架大修会在 10 年后进行。如果飞机每年运行超过 2000 循环，大修将在完成 20000 循环后进行。一旦限制条件确定，可以用全部预计费用除以确定的时间间隔，得出维修储备金率（见表 9.3）。

表 9.3 A320 起落架费率样本

运营人	年度使用 （飞行小时/飞行循环）	循环限制 （月）	日历时间 限制（月）	返修限制 （月）	费率 （美元/月）
A	3500FH/1500 FC	160	120	120	3500
B	3000FH/3000 FC	80	120	80	5250

注：大修间隔，120 个月或 20000 飞行循环。大修费用，420000 美元。

资料来源：Ackert S，飞机维修储备金收取和管理基础，飞机监测，2012。

发动机性能恢复

发动机核心衰减是性能降低的主要原因。这通常是由于高温损伤、腐蚀和疲劳造成。随着发动机使用，排气温度增加，导致翼面产生裂纹。在性能恢复中，需要拆解核心组件，并根据发动机制造商维修手册和推荐程序（对 GE 和 CCFM 发动机来说是工作计划方案）至少对高压压气机、高压涡轮和燃烧部分完成完整修复或全部大修。

发动机性能恢复的目标是将发动机恢复到可以不受限制不需返厂地运行一段预设时间的状态。主要费用因素包括发动机使用目标、上次大修后累计使用时间和运行因素。

发动机使用目标

根据客户需求，发动机返厂性能恢复有两种方式（Albert，2011b）：

- 寿限件利用最大化（没有更换寿限件，造成更少返厂维修成本但更高直接维修成本）；
- 返厂维修次数最小化（更换寿限件，造成更高返厂维修成本但更低直接维修成本）。

举个例子，假设航空公司每年飞行 3000 小时，每次航班 2 个小时，比较性能恢复直接维修成本和返厂直接维修成本。

选择1——无LLP更换	选择2——有LLP更换
使用目标：7000FC	使用目标：10000FC
预期TOW：14000FH	预期TOW：20000FH
恢复费用：1650000美元	恢复费用：1800000美元
恢复DMC：117.85美元/FH	恢复DMC：90美元/FH
LLP费用：0美元	LLP费用：1000000美元
全部返厂维修成本：1650000美元	全部返厂维修成本：2800000美元
每FH返厂维修成本：117.85美元	每FH返厂维修成本：140美元
注：TOW，在翼时间；FH，飞行小时；DMC，直接维修成本；LLP，寿命限制部件；FC，飞行循环。	

选择 2 使返厂次数最小化，直接维修成本更低但返厂维修成本更高。

发动机年龄

发动机年龄越高，衰减越快。因此老旧发动机通常维修成本更高、飞行小时更低、需要频繁返厂维修（见图9.2）

运营因素

1. 发动机推力级别：大幅增加推力导致排气温度升高，发动机运行时间缩短，意味着发动机比平时更早返厂维修。

对于高推力级别的发动机，排气温度限制值较低，意味着发动机将更快达到温度限制，如 8000 飞行循环。相反，一台低推力级别发动机的排气温度限制值较高，在返厂维修前至少可维持 10000 飞行循环（见图9.3）。

2. 飞行时长：执行短途航班的飞机比长途航班飞机累计发生飞行循环更快。更短的航段导致发动机在大部分飞行时间中使用起飞和下降推力设置，加快性能衰减和增加直接维修费用（美元/飞行小时）（见图9.4 和图9.5）

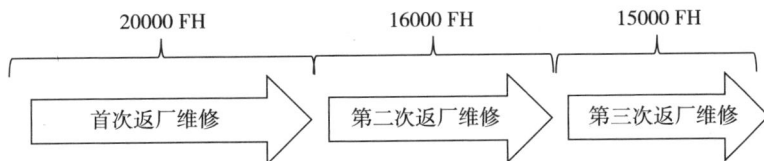

图 9.2　发动机年龄和在翼时间

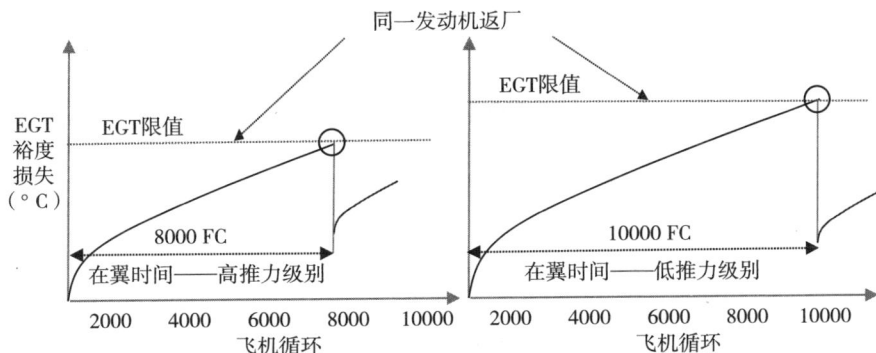

图 9.3　推力级别对排气温度（EGT）限制的影响

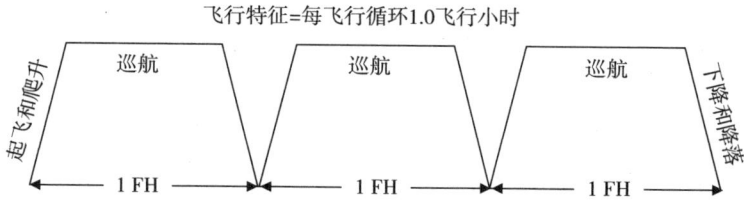

飞行特征=每飞行循环1.0飞行小时

图9.4 更短飞行航段 [更高直接维修成本（DMC）（美元/飞行小时）]

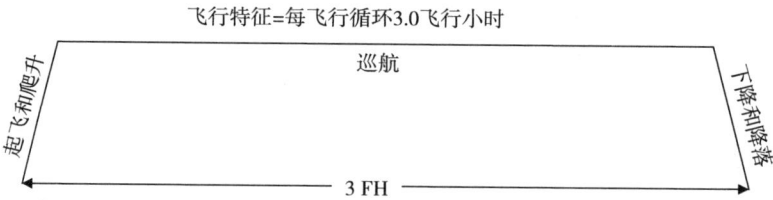

飞行特征=每飞行循环3.0飞行小时

图9.5 更长飞行航段 [更低 DMC（美元/飞行小时）]

3. 降低发动机推力：降低推力使发动机起飞和爬升推力减少至最大功率以下。发动机通常设置为某一特定起飞推力级别，减推越多意味着使用更少推力，降低排气温度，减缓衰减，降低维修成本（见图9.6）。

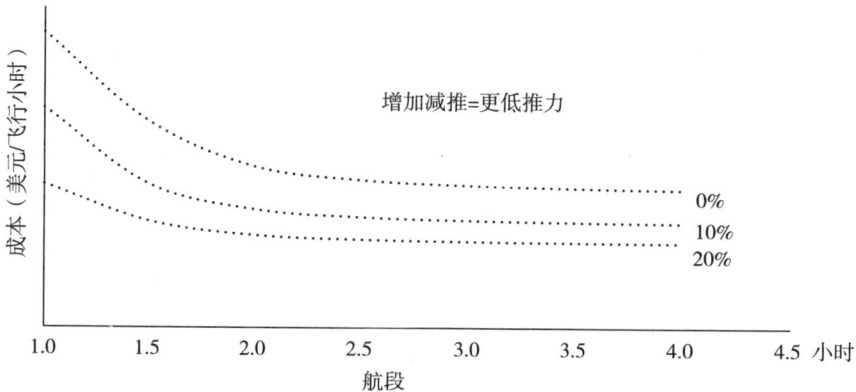

图9.6 增加发动机减推导致 DMC（美元/飞行小时）降低

4. 环境：维修储备金可以减少运营环境带来的风险。运营风险包括自然危害，如沙、尘、过热、污染和其他腐蚀性因素。这些因素增加发动机叶片疲劳并加速衰减。

$$温度因素 = 1.00$$
$$热/干因素 = 1.10$$
$$腐蚀因素 = 1.2$$

氧化也会损害发动机寿命，出租人通常会根据运营区域调整储备金率。

另一项计算发动机储备金费率的重要因素是损耗指数（见图9.7），损耗指数是基于航段和减推水平得出的，用于相应调整基础储备金率以匹配某一发动机的运营情况。

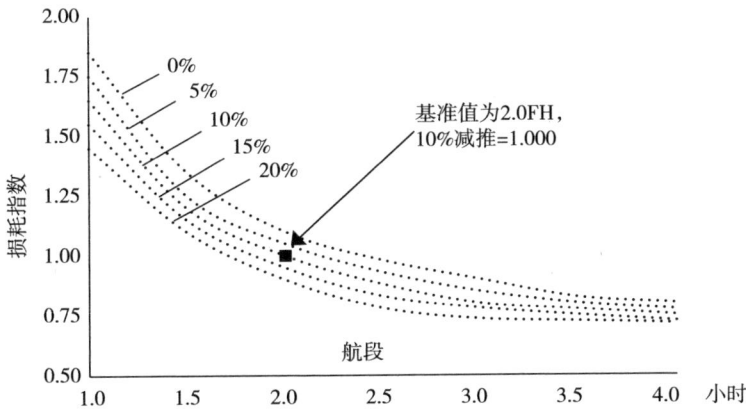

FL	0%	5%	10%	15%	20%
1.0	1.850	1.750	1.650	1.550	1.450
1.5	1.350	1.250	1.200	1.150	1.100
2.0	1.100	1.050	1.000	0.950	0.900
2.5	0.980	0.930	0.880	0.830	0.780
3.0	0.900	0.850	0.800	0.780	0.735
3.5	0.825	0.800	0.775	0.750	0.725
4.0	0.800	0.775	0.750	0.725	0.715

FL	0%	5%	10%	15%	20%
1.0	148.00	140.00	132.00	124.00	116.00
1.5	108.00	100.00	96.00	92.00	88.00
2.0	88.00	84.00	80.00	76.00	68.00
2.5	78.40	74.40	70.40	66.40	62.40
3.0	72.00	68.00	64.00	62.00	58.80
3.5	66.00	64.00	62.00	60.00	58.00
4.0	64.00	62.00	60.00	58.00	57.20

图9.7　损耗指数

基础维修储备金率假设为80美元/飞行小时，基础运营指数为2.0 FH，10%减推，运营环境温和。考虑假设一架飞机运营指数为3.5 FH，5%减推，环境为干/热。表格中损耗指数为 0.800. 因为运营环境为干/热，环境因素为 1.10。全部加总调整因素为 0.88（0.800×1.10）。因此，针对这架飞机调整后的维修储备金率为 70.4 美元/飞行小时（0.88×80）。

发动机寿命限制件更换

发动机内的旋转压气机、涡轮毂、轴和盘均有特定运行寿命，寿命结束后这些部件需要更换且不得再次使用。我们之前提到，OEM 对寿限件寿命制定为 15000~30000 飞行循环，其中部分寿限件的寿命明显较低。实际上，有些运营远程航线的发动机甚至没有达到飞行循环限制，因此不需要更换寿限件。

为避免后期发动机因部分寿限件寿命较低而需再次返厂，这部分寿限件尽管寿命尚未用尽，依然会进行更换。出租人使用残余因子衡量上述因素：宽体机发动机残余因子是 10%，窄体机残余因子是 5%。残余寿命指某一发动机所有寿限件中的最低寿命。比如，如果对窄体机发动机的寿限件采用 10% 的残余因子（假设认证寿命为 20000 飞行循环），那么寿限件的寿命缩减为 18000 飞行循环（20000 的 90%）。

发动机寿限件替换的主要费用驱动因素是 OEM 部件价格通胀，通常为每年 4%~6%（Ackert，2012）。静态寿限件是第二大驱动因素。尽管这些部件不是关键部件，一旦失效也会对飞机造成损害。

举个例子，如果一项寿限件成本为 180000 美元，飞行循环限制为 30000。实际储备金率为每飞行循环 6 美元（180000 美元/30000）。如果寿限件有 10% 的残余因子，储备金率计算如下：

$$储备金率 = \frac{费用（美元）}{90\% \times 飞行循环限制}$$

$$储备金率 = \frac{180000 美元}{90\% \times 30000} = 每飞行循环 6.67 美元$$

辅助动力装置恢复

APU 有三个主要部件构成：供气压气机、动力装置和变速箱。APU 发动机的模块化构造是为了方便维修。回顾之前计算费率时提到的 MTBR，即平均拆卸间隔时间。计算维修储备金时，这是衡量 APU 可靠性最重要的参数。MTBR 代表了不同维修情况之间的平均时间——计划外返厂、计划内返厂、外部异物检查以及无损伤发现（Ackert，2012）。MTBR 随着 APU 制造商和型号不同，通常在 5000 ~ 7000APU 小时。

APU 维修费用驱动因素和发动机性能恢复费用驱动因素十分类似。APU 的运行环境对 MTBR 和费用有较大影响。高循环运营导致返厂间隔缩小，返厂费用降低，低循环运营则导致 APU 长时间不返厂，硬件衰减加快，返厂费用提高。与发动机类似，材料费用占 APU 恢复总费用的 70% ~ 80%，人工费用仅占 20% ~ 30%（Ackert，2012）。

如果发动机的 MTBR 是 6500APU 小时，APU 恢复的全部费用为 260000 美元，储备金费率则是每 APU 小时 40 美元（260000 美元/6500）。飞机部件状态报告参见附录 9B。

维修储备金合同约定

租约中包含大量法律和技术术语，大多和维修储备金直接相关。语言模糊经常导致理解偏差，因此出租人应对每一术语进行准确定义。以下定义是从 Ackert（2012）储备金收取和管理报告中摘录的。以 A320 - 200 飞机和 CFM56 - 5B4 发动机为例：

"4C/6 年检"指中型机身结构检查、腐蚀防护和控制方案、区域检查（以及相应维修作业），包括 C 检及维修方案中所有间隔为 6 年的作业，同时完成有飞行小时或飞行循环限制的附加结构检查和区域检查，以及其他应完成的低级别检查。

"8C/12 年检"指大型机身结构检查和区域检查（以及相应维修作业），包括 C 检及维修方案中所有间隔为 12 年的作业，同时完成有飞行小时或飞行循环限制的附加结构检查和区域检查，以及其他应完成的低级别检查。

"发动机性能恢复"指根据发动机制造商（CFM 国际或 CFM）工作计划指南，包括但不限于对高压压气机（HPC），燃烧室和高压涡轮（HPT）

完成性能层面维修作业，对叶片/加压器、低压涡轮（LPT）和变速箱完成需要的性能层面维修作业。

"发动机寿命限制件"指发动机制造商在维修手册中约定的或由 FAA、EASA、航空监管机构通过适航指令约定的（可能规定某项寿命限制件在制造商维修手册规定时间之前返厂维修），在发动机制造商认证寿命用尽或之前需要强制替换的部件。

"APU 性能恢复"指根据制造商的现有性能恢复和全部进气道大修标准对 APU 的动力部分、负载叶轮和变速箱组件进行拆解和维修。

"起落架大修"指根据制造商维修手册对起落架组件进行大修，将上述起落架修复至"大修后使用时间为零"状态。

储备金上涨

维修储备金逐步上涨也叫维修储备金通胀。与通货膨胀不同，逐步上涨指某类产品、某类经济类别的价格或成本变化。这也是由具体行业的惯例造成的。影响维修成本的主要经济因素包括人工和材料维修及材料更换。因此维修成本可以分为两部分：人工和材料。

对较新的飞机，一次大型返厂维修的人工成本占比为 65%～75%，材料成本占比 25%～35%。近 5 年，航空产业的人工成本上涨幅度每年为 2.5%～3.5%，材料成本上升幅度每年为 5%～7%。因此可以推断，大型返厂维修成本上涨幅度慢于发动机性能恢复、APU 恢复和起落架大修等这类耗材较多维修事件。如果考虑每项维修事件的上涨幅度，情况更为复杂。出租人通常愿意简化计算过程，为所有维修事件制定统一上涨幅度。

为了衡量和预测成本变化，出租人通常会考虑相关的主要经济指数，这些经济指数包括：

• 飞机制造业工资的用工成本指数（ECI）。ECI 反映了用工成本变化。工人的工资和相关福利占航空产业飞机制造成本的 60%。图 9.8 记录了 2009—2016 年飞机制造产业的 ECI 走势。

• 工业用品的制造商价格指数（PPI）。PPI 反映了制造商和批发商在不同生产阶段为产品支付价格变化。图 9.9 记录了 2009—2016 年 PPI 走势。

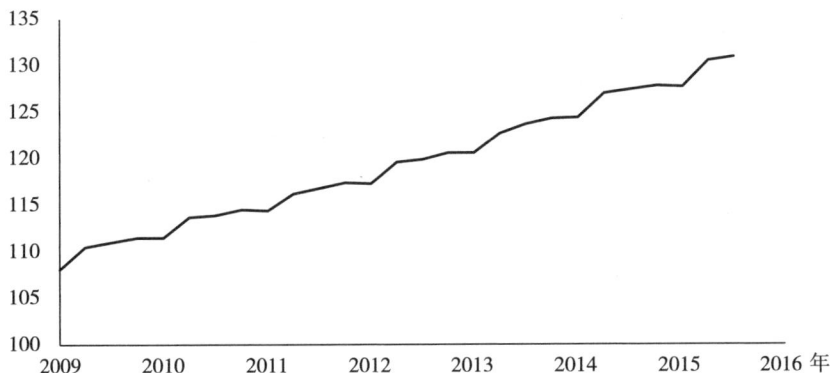

图 9.8 用工成本指数（ECI）

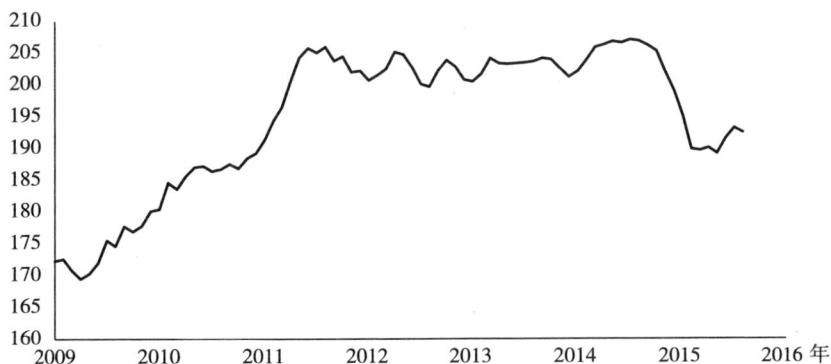

图 9.9 制造商价格指数（PPI）

通常合理假设人工占比为 70%，材料占比为 30%，得出每年平均3% ~ 4%的整体上涨幅度，这一比例和大部分租约约定一致（尽管维修储备金费率和上涨幅度通常是租约谈判中的重点内容）。整体上涨幅度并不适用发动机寿限件，寿限件按照制造商发布的上浮幅度浮动。

敞口分析

维修储备金管理的有效性可以通过多个指标衡量和分析，其中最常用的是维修储备金覆盖率和维修储备金敞口。某种程度上，收取维修储备金的主要目的是保护出租人避免遭受高额维修敞口的风险。

理想状态下，出租人希望"不插手"，而由承租人承担包括期末维修条件在内的全部维修费用（Ackert，2012）。维修储备金覆盖率是衡量维修储备金覆盖实际维修成本的比例。举个例子，如果一架波音737－800飞机维修储备金覆盖率为93.8%。这意味着出租人仅有93.8%的维修费用支出是有保障的。换句话说，承租人每消耗1美元维修费用，向出租人交93.8%的维修储备金。

维修储备金包括以下四种形式：

- 现金储备
- 信用证
- 维修服务安排
- 退租补偿

如果承租人提供信用证以替代现金储备金，因信用证流通性高，故被认为等同于现金。退租补偿尽管发生在租期末，依然被认为是维修储备金的一种形式。

维修储备金敞口是指承租人消耗的飞机使用价值减去缴纳的维修储备金价值。它与维修储备覆盖计算方式相反，反映了因承租人无法支付全部费用而需由出租人承担的维修成本。

维修储备金覆盖率和敞口的主要区别在于前者体现目标，维修储备金实际收取情况，后者体现收取的储备金用完后的额外支出。

出租人也可在第二租期中减少维修储备金敞口。为说服二租承租人同意新的维修储备金率，出租人的谈判技巧非常重要。

预付维修计划

主要航空部件（如飞机发动机）的客户和厂商逐渐认识到仅购买世界一流的产品并不够，而应在客户—厂商关系的售后阶段提供优质、性价比高的维修和支持服务。在服务支持供应链中，这些认识反映在重新设计客户与厂商的合同和内在关系中。最著名的是罗尔斯—罗伊斯提出的小时包修（PBH）计划。自从小时包修计划推出后，其他厂商纷纷模仿。

预付维修计划，（如小时包修计划）降低了发动机返厂大修时间和费用的不确定。预计维修费用按"小时"为基础，以实际产生的飞行小时计算收取。这一方案降低了临时维修需求维修费用的不确定性。为鼓励航空公司加入包修协议，发动机厂商会提供附加优惠，包括提供备用发动机，而无须航空公司自行拥有备发。另外，所有的部件都可持续更换，增加发动机或 APU 寿命。

从出租人角度看，预付维修计划的不利因素在于出租人不再能获得这些部件的维修储备金。承租人直接向服务提供商——通常是制造商付款。那不再支付给出租人的维修储备金该如何使用？租期结束时，包修服务商已对未来维修事件收取费用。同样，服务商在承租人违约而终止包修协议时也对未来维修事件收取费用。尽管尚未进行维修，但服务商大多希望能够保留已收到的费用。因此出租人应与包修服务商签署协议，协商在承租人不再支付储备金义务时，上述费用如何退还或记账给出租人。

从出租人角度看，预付维修计划的有利因素是技术风险完全转移给了制造商。技术风险指因潜在技术进步导致的维修费用增加。此外，包修协议提高了飞机残值，而残值风险通常由出租人承担，这一因素也减少了未持有维修储备金的负面影响。

波音公司发布 787 时，同时发布了一项"金牌保养"计划，通过一份复杂的预付维修协议对飞机（包括机身）几乎所有部件提供维修。波音现在正将"金牌保养"计划扩展至其他新一代飞机上（波音，2012）。这在未来可能终结承租人向出租人支付维修储备金的惯例，从而改变整个飞机租赁行业，也可减少承租人解读租约的差异。

定期技术记录检查

除了收取维修储备金，出租人需要定期对飞机进行尽职调查。这项尽职调查也被称为技术记录检查。

按租约约定，出租人可对所有技术记录文件和主要部件的维修状态进行检查。检查频率为每年或租期中期。出租人通常派代表检查飞机某段时间的文件或记录。定期检查可以保证飞机运营指标，如重量等仍在租约限制标准内，飞机所有部件的使用情况与文件记载一致。这些检查与飞机再租前承租人进行的检查类似。但技术记录检查更注重记录文件和飞机及部件的整体维修情况。

飞机退租

租约约定退租条件是为了便于飞机开始下一段租期。多数情况下，飞机应按照飞行一个正常 C 检时间间隔而无须进行大型返厂维修的标准进行退租。飞机的物理状态通常对租赁双方都有重要意义，可分为四大类（Ackert，2014）：

实物：对机身单元、组件、系统和客舱内饰实物状态进行评估。评估要求包括对认证维修和改装进行目视检查，对发动机和 APU 进行视频孔探。

记录：根据租约和监管要求，检查所有记录——手册、证书、证明、维修和改装记录以及状态报告（AD、SB、机身、发动机、APU，起落架等组件）。

性能：验证飞机可按租约条件运行。例如，出租人可能要求进行发动机动力验证运行或取得趋势监控报告，以及派代表参与试飞以保证各项系统功能完好。

认证：验证飞机符合当地监管——适航证书（CoA）、出口适航批准、补充型号证书和 EASA 表 1/FAA 表 8130 - 3。

本章曾提到交付条件通常和退租条件一致。根据 Ackert（2014），退租因素可以分为两大类：退租准备和退租条件。

退租准备

退还一架租赁的飞机是一项复杂项目，包括退租前会议、飞机记录检查和飞机实地检查。图 9.10 展示了项目典型时间表。

在退租前会议中，出租人应讨论适航性、交付与退租条件差异、高价值部件的现状以及其他可能延误最终交付的因素。最终退租前，租赁双方开始检查所有租赁约定条件。进一步地，出租人应考虑取得包括未来维修时间、最新内饰配置、上次返厂维修历史、发动机磁盘组、趋势监控报告和承租人现有维修方案在内的所有技术文件。

首次会议后，出租人应检查所有文件记录，保证文件准确、完整、合规、易于理解。因为这项工作耗时很长，一般由承租人整理好相关文件并及时提供。

最后一步是现场检查。现场检查通常在计划退租前 1～2 周进行。检查内容包括之前提到的技术要求以及对飞机结构、部件、系统和内饰的全面状态评估。

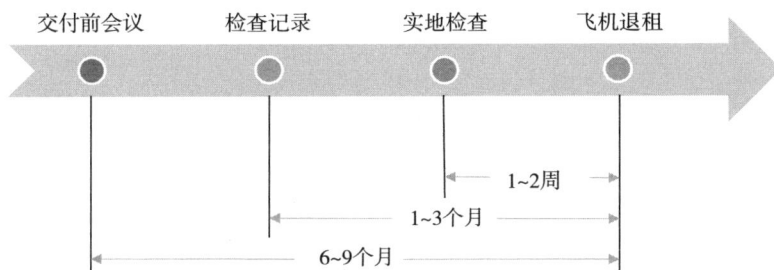

资料来源：Ackert S，飞机维修储备金收取和管理基础，飞机监测，2012。

图 9.10　退租准备时间表

退租条件

因维修对飞机残值非常重要，故制定退租条件是出租人的首要任务。我们在本章讨论过部分条件（如与期初/期末一致、零寿命/全寿命）。主要退租条件包括飞机退回时的状态、适航认证、退租检查和部件寿命以及飞机文件和标准。

飞机退租条件通常应与交付条件一致。部件没有高于正常水平的衰减。一旦退租条件达成，租约即终止，相关监管机构将飞机从承租人运营许可证上移除。如果飞机注册在国外，还需要将飞机解除注册。此外，如果新承租人计划在另一国家运营飞机，出租人应取得出口适航许可。没有这一许可，飞机无法根据新租约重新注册运营。

出租人应保证退租检查已完成，部件寿命与认可的维修方案一致。这包括对每一部件进行详细检查，验证剩余寿命。最后一步是确保所有飞机文件准确并符合要求。任何差异都会使飞机再交付给下一位承租人的过程更加困难。

一旦达成所有条件，飞机将在退还出租人后，再出租给下一位新承租人或出售、拆解。出租人如果希望再次出租或销售这架飞机，则最好在计划退租前很长时间便开始再营销。这能够减少飞机停场时间，最大化全部投资收入。

附录 9A　信用证

_____ 【____】

信用证编号 . _____

受益人：出租人 XXXX 飞机租赁第三有限公司（"受益人"）

_____

致：【】

开证人：运营人 YYYYY 有限公司

金额：【＄_____】

失效日：【_____】

地点：_____

支付：在_____柜台

先生：

应运营人 XYZ 有限公司申请，我行特此向您开立一份不可撤销、无条件可转让备用信用证，金额为＄【_____】（【_____】美元）（票面金额），作为制造商序列号_____飞机的保证金。此信用证通过递交本文附件 A 格式证书（如果不是通过 SWIFT 支付，则由受益人授权代表或由您指定的其他授权代表签署）申请兑付。

应在【_____】（失效日）之前的工作日向我行【在纽约】【银行地

址】（传真号码：【】；确认号码：【】）的信用证部门提交上述申请，如果失效日不是工作日，则在下一个工作日之前。上述申请可通过向_____发送认证 SWIFT，标注清楚致_____。此外，任何证书均可通过信件、快递（如 DHL）或上门递交。

本信用证项下提交的申请金额不超过票面金额。您可以提交多次申请，前提是全部申请总和不超过票面金额。

本信用证支付的所有款项是无条件的以及不可撤销的，由可立即使用的美元全额支付，不经任何抵扣、抵减或留置。

我行保证任何符合本信用证要求的申请均可兑付，并将申请金额对应可用资金支付至您（或根据您指示）的账户。

本信用证可兑付金额在每次申请兑付后自动减少相应金额。

除另行载明外，本信用证应受《跟单信用证统一惯例》（1993 年修订），ICC 出版第 500（UCP）管辖。

本信用证可全部多次转让，但每次转让都应按附件 B（转让证书）出具通知。

本信用证已约定我行承诺的全部内容，不得因本信用证引述任何文件或协议，任何引述本信用证的文件或协议，任何与本信用证相关的文件或协议以及其他不构成本信用证内容的文件或协议，而进行任何修改、修订或改变。

所有银行手续费，包括已告知或正在协商的银行费用，均由开证人承担。

本信用证自即日起生效。

本信用证受益人所有通知应寄往：

银行名称：【_____】

银行地址：【】

联系人：【】

电话：【】

传真：【】

抄送：

【运营人 XYZ 有限公司】

致：【＿＿＿＿】

地址：【＿＿＿＿＿＿＿＿】

电话：【＿＿＿＿】

传真：【＿＿＿＿】

本信用证中：

"工作日"指在除星期六、星期日和法定假日以外纽约、伦敦和【 】等地银行营业的日期。

此致

【 】

签字

姓名

职位

附录 9B　飞机状态报告表

飞机状态报告表

致：出租人 ABC 飞机租赁第三有限公司

从：运营人 XYZ 有限公司

飞机：一架空客＿＿飞机型号＿＿200 飞机制造商序列号＿＿MSN ＿＿

月份：＿＿＿＿

飞机出厂累计运行时间（飞行小时）：	
飞机出厂累计运行循环：	
机身当月飞行小时：	
机身当月循环/降落：	
下次＿＿检剩余时间：	

发动机序列号：		发动机序列号：	
原始位置：		原始位置：	
实际地点：		实际地点：	
出厂累计使用时间：		出厂累计使用时间：	
出厂累计使用循环：		出厂累计使用循环：	
当月运行小时：		当月运行小时：	
当月运行循环：		当月运行循环：	

APU 序列号：	
原始位置：	
实际地点：	
出厂累计运营时间：	
出厂累计运行循环：	
当月 APU 小时：	

当月运行循环				
起落架	上次返修后小时	出厂累计小时	上次返修后循环	出厂累计循环
右主起落架				
中央主起落架				
左主起落架				
前起落架				

备注：如果发动机移除或装在另一架飞机上（根据租约条款）必须在本表内按月说明。

任何工程改装或更改：

_____

_____

任何前一年或自交付以来完成的服务公告或适航指令：

_____

_____

项目	飞行小时 运行小时 循环数 月	×	每飞行小时/ 运行小时/月	=	支付的维修 储备金
机身	飞行小时	×		=	
原始发动机序列号	运行时间	×		=	
原始发动机序列号	运行时间	×	.	=	
全部发动机	运行时间	×		=	
寿限件	循环	×		=	
起落架	运行时间	×		=	
APU	APU 小时	×		=	
总计					

附录 9C　退租证书

退租证书

本退租证书是由出租人 ABC 飞机租赁第三有限公司（出租人）和运营人 XYZ 有限公司（承租人）根据双方于 2018 年【】签订的飞机租赁合同在如下记载的日期出具的。

本退租证书使用的大写词语与租约中定义相同。

1. 接收详情

出租人向承租人确认在【】【】日（伦敦时间）【】时【上午/下午】于【】根据租约接收以下：

（a）机身

空客

____飞机型号____200

注册号：　　　序列号：

（b）发动机

____发动机型号____序列号 1：　　序列号 2：

（c）APU

型号：_____ 序列号：

（d）设备检查清单：见后附租赁双方签署的清单；

（e）手册和技术文件：见后附附件 1 租赁双方签署的清单；

（f）接收地点：

2. 退租燃油

退租时机内燃油：_____公斤（_____加仑）

3. 飞行小时／运行小时／循环

机身和发动机截至当日飞行小时／运行小时／循环如下：

（a）机身

累计小时： 累计降落： 自上次 12 年检

_____飞行小时

_____飞行循环

（b）发动机

位置	序列号	全部运行小时	全部循环	自上次返修	自上次发动机性能恢复
1				____飞行小时____循环	____飞行小时____循环
2				____飞行小时____循环	____飞行小时____循环

（c）APU

部件号／序列号 自上次返修／出厂以来累计 APU 小时

_____ APU 小时

（d）起落架

起落架	序列号	自上次返修运行时间	自出厂运行时间	自上次返修运行循环	自出厂运行循环
右主起落架					
中央主起落架					
左主起落架					
前起落架					

（e）刹车

序列号：

刹车指示销长度

4. 根据租约，租赁双方对飞机的租赁关系至此终止，但不包括承租人在租约下应继续履行的义务。

5. 出组人向承租人确认在上述日期，附件 1 中列明的飞机、手册和技术文件与租约要求一致，除附件 3 列明的差异以外均被认可。接收飞机应以承租人完成修正附件 3 所列事项义务为前提。

出租人和承租人特此由双方授权代表在第一段载明的日期签署本证书。

出租人 ABC 飞机租赁第三有限公司

_____

姓名：

职位：

运营人 XYZ 有限公司

_____

姓名：

职位：

附件 1 手册和技术文件

附件 2 飞机设备清单

附件 3 差异清单

附件 4 发动机寿限件自出厂使用循环清单

附件 5 刹车指示销长度

附录 9D　交付前检查

交付前检查

摘录自一份购机协议

第四部分：交付前检查

购买方应有权在交付日前检查飞机，确保飞机满足交付条件，相关费用由购买方承担。除购机协议第一部分第 14 条约定以外，卖方应在本协议签订 10 天内告知购买方上述检查的时间和地点。检查应包括：

ⅰ 实地检查相关飞机文件

ⅱ实地检查飞机和部件，及

ⅲ除购机协议第一部分第 14 条约定以外：

A. 对（A）发动机低压和高压压气机和（B）发动机涡轮和 APU 进行全面孔探检查，由协议方按照购机协议第一部分第 14 条约定，选择检查服务商并承担相应费用；

B. 根据相应维修手册，完成发动机状态运行；

C. 检查飞机是否存在结构维修，以及维修是否符合制造商结构维修手册或制造商建议；

D. 根据买卖双方约定程序完成试飞（根据购机协议第一部分第 14 条约定，由协议方承担试飞成本，买卖双方约定试飞最长时间、试飞流程和买方机上观察员人数）。

如果检查完成后，买方对飞机满足交付条件不认可，买方应及时书面通知卖方，详细告知不符合交付条件的事项。

附录 9E　小型案例分析

小型案例分析

辛迪加租赁是一家总部位于加利福尼亚洛杉矶的飞机租赁公司。辛迪加拥有包括宽体机和窄体机在内的多样化机队。辛迪加的机队构成更偏向空客飞机，但也拥有多种波音飞机。现机队由 140 架飞机组成，其中 90 架是空客，50 架是波音。与其他发展中租赁公司一样，辛迪加为了流动性投资了更多窄体机。90 架空客飞机中有 65 架是 A320，50 架波音飞机中有 40 架是 B737。

在未来几个月，其中一架出租给 Direct Jet 航空公司的 A320 即将退租。Direct Jet 已租赁该架飞机 6 年，维护非常好，截至目前飞机所有退租条件均满足。辛迪加希望将飞机重新租赁给 Star 航空公司，Star 航空有意向租赁一架 A320，租期为 10 年。Direct Jet 退租的时间点符合 Star 航空公司提出的预计交付日。目前，辛迪加正和 Star 航空公司谈判定稿租约。

辛迪加对 Star 航空公司进行了详细分析，发现这是一家新兴低成本航空公司，信用评级不高，无法免除维修储备金。Star 航空公司同意支付现金维修储备金。因此，辛迪加应向 Star 航空公司提供不同维修时间的储备金率。

作为辛迪加的一名分析师，你负责全面分析数据并为收取维修储备金的五项维修事件提供合理的费率。结合从上一位运营人 Direct Jet 取得的数据以及 Star 航空公司系统的预计运营标准，得出以下信息：

Direct Jet 航空公司在过去 6 年中，平均每年运营飞机 4000FH，APU 平均每年运行 3000APU FH。Star 航空公司预计飞机平均使用率为机身3750FH，APU2800FH。Direct Jet 航空和 Star 航空都认为发动机飞行小时与飞机总体飞行小时一致。且总部位于挪威的 Star 航空公司预计飞较多短途航班，平均每两个飞行循环的飞行时间是 3 小时。以上是可用来预测 Star 航空合理维修储备金费率的平均利用数据。Star 航空已同意支付美元，所有费率应以美元计算。Direct Jet 航空采用基于空客的维修方案，Star 航空同意采用同样维修方案。维修方案中时间间隔如下：

维修设备	维修事件	维修间隔		
		飞行小时	飞行循环	日历月
机身	4C/6Yr SI	18000	12000	72 个月
	8C/12Yr SI	36000	24000	144 个月
起落架	返修	—	20000	120 个月
APU	恢复	6500	—	—
发动机	恢复	25000	—	—

制造商提供发动机 LLP 寿命限制和更换费用，具体如下：

LLP	FC 限制	维修费用/美元
1	25000	150000
2	20000	30000
3	30000	100000
4	27600	120000
5	20000	240000
6	25000	80000
7	30000	180000

辛迪加对所有 LLP 假设有 10% 残余寿命。

为了计算发动机的正确费率，必须对基准费率按损耗指数和环境调整因素调整。

以下是根据不同航段和发动机减推情况计算的损耗指数。从表格中可见假设发动机基准运行情况，但基准费率应根据 Star 航空公司的平均航段进行调整。发动机预计减推 10% 运行。

FL	发动机减推				
	0%	5%	10%	15%	20%
1.0	1.850	1.750	1.650	1.550	1.450
1.5	1.350	1.250	1.200	1.150	1.100
2.0	1.100	1.050	1.000	0.950	0.900
2.5	0.980	0.930	0.880	0.830	0.780
3.0	0.900	0.850	0.800	0.780	0.735
3.5	0.825	0.800	0.775	0.750	0.725
4.0	0.800	0.775	0.750	0.725	0.715

对不同运营地区的环境调整因素如下：

运营地区	环境因素
温和区域	1.00
寒冷区域	1.05
热/干区域	1.10
腐蚀区域	1.20

最后，各项维修事件的预计维修成本如下：

维修设备	维修事件	维修成本/美元
机身	4C/6Yr SI	1550000
	8C/12Yr SI	1700000
起落架	返修	890000
APU	恢复	360000
发动机	恢复	1900000（基准费用）

根据上述数据，为辛迪加租赁提供五项维修事件最准确及合适的费率。

所有维修费率按每年3%上浮。

假设与 Direct Jet 航空第一租期开始于 2011 年 1 月 1 日，与 Star 航空公司的租期开始于 2017 年 1 月 1 日，预估所有主要维修事件的可能日期（之前及之后）。同时对辛迪加从 Star 航空租期内收取的现金流建立模型。

致谢

感谢来自 Jackson Square Aviation 的 Shannon Ackert 为本章内容提供信息和指导。

参考文献

Ackert, S. (2011a). Aircraft Monitor. *The relationship between an aircraft's value and its maintenance status.* Aircraft Monitor.

Ackert, S. (2011b). *Engine maintenance concepts for financiers.* Aircraft Monitor.

Ackert, S. (2012). *Basics of aircraft maintenance reserve development and management.* Aircraft Monitor.

Ackert, S. (2014). *Redelivery considerations in aircraft operating leases.* Aircraft Monitor.

Boeing. (2012). *The advantages of lifecycle solution from the airplane OEM.* Boeing Edge, Integrated Services.

Federal Aviation Administration (FAA). (2012). *Advisory circular 121-22C, subject: Maintenance Review Boards, Maintenance Type Boards, and OEM/TCH Recommended Maintenance Procedures.*

第十章
项目成本建模

章节大纲

简介

目前，全球40%的机队以经营租赁的方式运营，预测这一比例将继续增长（波音，2018）。飞机租赁行业年增长率约为6%，据报道，前50名出租人管理7500架飞机，价值2000亿美元。合并和收购导致了整合，爱尔兰等国家正在成为租赁中心。最近，中国建设银行选择将其日益增长的飞机租赁业务的全球总部设在都柏林，这是近年来第四个直接这样做的公司（Raghavan，2017）。目前的一些顶级租赁公司是GE Capital Aviation Service、AerCap、AirLease、Avolon。根据波音公司的《当前飞机金融市场展望》(2018)，出租人通过进入资本市场购买无担保债务和资产支持证券为其投资组合融资，占资本市场交易量的70%（波音资本公司，2018）。新的资金来源，如飞机金融保险联盟（AFIC）的出现，为飞机金融带来保险资本。由于飞机租赁越来越受欢迎，了解影响租赁交易的变量以及如何为出租人建立现金流模型变得尤为重要。

在第三章中，我们概述了承租人的租赁与购买决策，讨论了一些影响出租人收益计算的重要变量（如租赁付款、折旧和残值），研究了承租人和出租人都可以接受的租赁期。在第九章中，我们讨论了维修储备金（MR）以及它如何影响出租人的收益。在本章中，我们整合并扩展了第三章和第九章中讨论的这些观点，并详细分析驱动出租人回报的因素。本章的重点是出租人，因为第三章已经详细讨论了承租人的租赁与购买决定。

飞机租赁中的项目建模是一个多方面的过程。对于出租人来说，过去几十年不断演变的飞机收购方式导致了两种主要类型的租赁：回租（增量购置）以及二手或订单租赁（出租人已经拥有的飞机或承诺从制造商处购买的飞机）。在这两种租赁结构中，驱动出租人回报的重要因素是不同的。例如，在新的飞机订单交易中，出租人需要考虑来自制造商的飞机的可得性，以及第一租期承租人，第二租期承租人对飞机的定制化需求。对于二手飞机，在出租人现有的投资组合中，出租人必须分析该飞机在租赁时收取的租金、残值和目标回报。另外，在售后租回交易中，租金将是购买价格的函数。如果出租人预先支付高购买价格，那么出租人将寻求通过收取更高的租金来收回这笔钱以获得足够的回报率，反之亦然。

实际上，对出租人来说，租赁产生的现金流是资本预算过程的投入。现金流模型将包括飞机购买价格、租赁付款、利息支付、维修储备金流入和流出、租赁期结束调整、销售收入和租赁期结束时的残值等因素。所有这些因素都会对收益计算产生影响。使用财务模型，利用上述租赁产生的现金流量来确定估计收益，并进行敏感性分析。净现值（NPV）和内部收益率（IRR）工具用于判断租赁是否会增值。出租人通过商业银行借款进入资本市场融资或支付现金购买飞机，只有当租赁的现金流导致期望的投资回报率（IRR）大于飞机融资的资本成本，且项目的净现值为正时，租赁才是有利可图的。因此，了解交易建模中的关键现金流非常重要。在下一节中，我们将详细研究这些现金流变量。

影响出租人现金流的因素

下面我们讨论出租人的重要现金流量以及影响这些现金流的因素。

购买价格

购买价格被认为是飞机当前的市场价值。购买价格通常不对外公布，而且往往很难了解真实的交易价格是多少。除了交易的机密性之外，价格缺乏透明度的一个重要原因是每一笔飞机订单都是独一无二的。例如，一家航空公司订购100架相同类型和配置的飞机，以及同一种类型的飞行员、机修工、教员培训包，其价格将低于每架飞机被定制以满足其每名承租人的具体需求的价格。定制的需求增加了制造商的成本，因此也增加了交付飞机的价格。这是出租人可能比航空公司为购买一架新飞机支付更多费用的主要原因。此外，行业标准将当前市场价值视为飞机半寿命价值。从建模的角度来看，人们应该把当前的市场价值看作出租人应该为飞机支付的价格，并期望在中期获得公平的投资回报。影响购买价格的因素可分为四个重要因素，即飞机决定因素、制造商决定因素、市场决定因素和监管因素。

飞机决定因素

影响飞机价值的重要决定因素是飞机的机龄、飞机构型、飞机运营历史、飞机系列和技术、飞机运行经济性、飞机生产以及飞机区域和客户分布。我们将在下面讨论这些因素。

飞机机龄

虽然旧飞机只要维护得当就可以继续运行，但随着飞机的老化，它的残值往往会下降，随着新技术飞机的出现，残值也会变得不那么稳定。例如，一旦空客推出 A320neo，A320ceo 的价值就会下降，因为 A320neo 采用了新技术。此外，随着飞机老化，未来的维护检查将涉及更多的非常规机体和发动机维护任务，这将增加旧飞机的维护成本，导致更高的成本和更短的使用时间（更低的生产率）。

飞机构型

飞机通常提供可选功能，如发动机和推力选项、操作重量、航空电子设备、小翼（鲨鳍）和内部配置（客舱和买方设备）。在这些因素中，操作重量、发动机和推力选项以及驾驶舱配置对价值影响最大（Ackert，2012b）。例如，具有较高最大认证重量的飞机增加了飞机的效用，制造商通常对较高的设计重量收取额外费用。例如，B737 – 800 具有最大起飞重量（MTOW）选项，范围从 155000 磅到 174000 磅，使其成为一种流行的飞机。对于一架新飞机，较低和较高的 MTOW 备选方案之间的价值差约为 175 万美元。

飞机还提供不同制造商生产的不同推力水平的发动机。例如，A320neo

有两种新一代发动机可供选择（普惠公司的 PW1100G – JM 和 CFM 国际公司的 LEAP – 1A），而 B737 Max 则只有一种发动机选项（CFM 国际公司的 LEAP – 1B）。然而，当涉及发动机选项时，多个制造商之间的分散使再销售变得更加困难。

除了发动机制造商的选择外，即使同一制造商也有不同推力的发动机类型供选择。与标准推力水平的发动机相比，购买具有更高推力水平选项的发动机需要支付额外的费用。例如，配备 CFM56 – 7B26 发动机（额定功率为 26300 lb）的 B737NG 与配备 CFM56 – 7B24（额定功率为 24200 lb）的 B737NG 之间的值差为 140 万 ~ 160 万美元。最后，关于飞机驾驶舱配置，从经验来看，通用性好的飞机驾驶舱更好。这就是航空电子设备和机身制造商如今设计的飞机驾驶舱可以通过软件更改（例如，从公制改为英制）重新配置的原因之一。更通用或适应性更强的驾驶舱将增加飞机的市场价值，因为它能够以较低的成本满足其他航空公司的需求。

飞机运行历史

一架在正常条件下以平均利用率和飞行时长运行的飞机将比另一架在极端气候下运行并以较短的飞行航程频繁运行的飞机具有更好的保值性。

飞机系列和技术

飞机家族对航空公司很有吸引力，因为它们提供了机队规划的灵活性。在 A320 和 B737 系列飞机中有经济和维修保障方面的好处。这些系列的飞机有共同的部件、训练要求等。例如，A320 系列包括 A318、A319、A320 和 A321，都配备了电传飞行控制系统，乘客的座位数量从 A318 的 110 个到 A321neo 的 240 个，都为飞行员提供机队通用性、通用部件和通用培训。这使航空公司在调配飞机的方式和地点上有了更大的灵活性，可以根据季节，甚至每天或每小时的需求来匹配容量。

发动机和机体的技术进一步提高了经济性能，延长了飞机的经济寿命。例如，发动机制造商一直在努力引进齿轮、涡轮、风扇等新技术，并能够提高燃油效率，降低发动机噪声和排放。机身引入了新的轻质复合材料和小翼（鲨鳍），以提高燃油效率和性能。复合材料还更耐疲劳（裂纹）和腐蚀，这减少了维护检查的次数和频率，从而降低了相关的维护成本。

飞机运行经济性

飞机运行经济性将取决于有效载荷特性（可用座位数和载货空间）、航程能力和速度特性。飞机费用的主要影响因素是维护、燃油和所有权成本。如上所述，新的发动机和机身技术提高了燃油效率，降低了维护成本，直接为航空公司的利润作出了贡献。

制造商决定因素

设备制造商的行为也会对飞机价值或价格产生影响。从制造商的角度来看，影响飞机价值的重要因素如下：制造商的定价策略、制造商的倒闭、生产运行决策。我们简要研究这些因素及其对飞机价值的影响。

制造商的价格策略

众所周知，制造商出售飞机时，通常会按标价给予大幅折扣。制造商提供给客户的折扣会影响飞机的价值，因为以较高价格和较低折扣出售的飞机，往往比以大幅折扣出售的飞机能更好地保持其价值。对于不受欢迎的飞机，制造商被迫继续对这些飞机的价格打折。如果高折扣持续存在，那么随着时间的推移，它会对价值，尤其是残值产生负面影响。设备制造商实施的控制也影响价格。例如，罗尔斯—罗伊斯等一些发动机制造商控制维修厂网络，这会减少维修工作的竞争，并限制使用旧零件的能力（在这种情况下，会激励罗尔斯—罗伊斯为发动机大修销售新零件），这反过来会提高使用罗尔斯—罗伊斯发动机的飞机的运营成本。这通常通过购买时的额外折扣或每小时维修协议来抵消。

制造商倒闭

机身和发动机制造商的倒闭将对价值产生负面影响，因为不确定制造商是否会在其生命周期内提供支持，如发布服务公告、产品改进、维护计划文件更新等。

生产运行

仍在生产的飞机往往比停止生产的飞机更能保持其价值和租金率。如果原始设备制造商有一架大批量生产的飞机，飞机残值往往高于行业平均值。例如，波音737是一种非常受欢迎的飞机，因为它从1965年就开始生产了，而且至今仍有多种型号在飞行。

此外，飞机生产运行的阶段也是价值的重要决定因素。例如，与中后期生产运行的飞机相比，早期生产运行的飞机往往更重，毛重和推力更低，直接运行成本更高。相比之下，在生产周期结束时生产的飞机，在与更新的技术飞机竞争时，未来价值往往下降得更快。例如，B787 的价格将高于生产周期最后一段飞机如 A330ceos 的价格。然而，在飞机生产停止后的几年内，飞机的需求和供应可能会发生变化，这可能使这些飞机成为更好的投资。例如，随着销售额下降，波音于 2004 年停止生产 B757。现在大约 14 年后，航空公司认为仍然需要这种类型的飞机，因为它填补了 B737 和 B787 市场中间的重要空白。不幸的是，目前没有很多这样的飞机可用，因此，持有这种飞机的人可以获取较好的出售价格或较高的租金率。因此，虽然在 2004 年投资 B757 可能不是最佳投资，但对于十年后购买 B757 的投资者来说，由于供应减少而且最后一批飞机是最高质量的飞机，这是一项非常有利可图的投资。

飞机供需

制造商的生产水平影响飞机的价格。如果它们的产量超过了目前的需求量，就会造成供应过剩，从而导致价格下降。表 10.1 说明了价格上涨所反映的对新型飞机的需求增加。随着全球航空旅行需求的增加，波音和空客（某些飞机）的订单积压将导致 5 年以上的订单延迟。这将影响这些飞机的供应，从而影响购买价格。

表 10.1　2018 年新飞机平均标价　单位：百万美元

机型	飞机型号	价格	机型	飞机型号	价格
宽体	B787 – 9	281.6	窄体	B737 – 700	85.8
	B777 – 300ER	361.5		B737 – 900ER	108.4
	B747 – 8	402.9		B737 MAX 8	117.1
	A330 – 300	264.2		A319	92.3
	A350 – 900	317.4		A320	101.0
	A380 – 800	445.6		A320neo	110.6

资料来源：波音和空客。

此外，由于制造商在生产中采用了最新的机身和发动机技术，较旧的、效率较低的飞机退役或停止使用，导致这些飞机的当前市场价值下降。例如，大多数第一代 1995 年前的 A320s（配有 CFM56 – 5A 或 V2500 – A1 发动机）都已退役，因为与较新的发动机型号相比，它们的性能存在劣势。另一个例子是 A340 的退役率增加，因为航空公司认为它是低效飞机（A340 有四个引擎，而 B777 和 A330 有两个引擎），并将其替换为 B777 和后来的 A330。这导致空客在 2011 年停止生产 A340。因此，当一架飞机效率低下时，航空公司将取消其服务。需求减少，供应增加，价值往往会下降，从而导致相对较高的退役率和制造商停产。

制造商可靠性和支持

飞机生产是产品战略、工程、大规模制造、支持能力以及融资能力的结合。对于制造商来说，向客户保证它们所购买的飞机是可靠的，并且制造商将持续提供售后服务是非常重要的。近年来有许多新的飞机制造商进入市场，如中国商用飞机公司和俄罗斯制造商 JSC 苏霍伊公司。这些新进入者必须建立自己的信誉，并说服它们的购买者，它们的飞机将拥有与波音、空客、庞巴迪和巴航工业等现有制造商相同的可靠性、售后和融资能力。为了帮助抵消这种担忧，它们可能会被迫至少在建立良好的声誉之前，提供一个有竞争力的价格，或者在飞机卖给客户后，证明它们有必要的基础设施来维护它们的飞机。

最近一个关于制造商售后服务对飞机维护和其他工作的重要性的一个例子是墨西哥低成本航空公司 Interjet 面临的问题，该航空公司购买了苏霍伊超级喷气式飞机 100（SSJ100）。这家航空公司一开始对它的购买非常满意，因为它能够从 JSC 苏霍伊那里以非常优惠的价格获得 SSJ100。然而，交付后不久，Interjet 遇到了发动机维护延误的问题，导致飞机停飞。部分原因是 JSC 苏霍伊在美洲没有一个维护厂商，而可以为 Interjet 其余型号如喷气式飞机 A320 和 A321 提供支持的空客公司则在美洲有多个维护厂。为了解决这个问题，Interjet 不得不采取极端措施，将部分飞机拆解，以维持其余机队的运行。这个例子表明，制造商的可靠性和售后服务是飞机价格的一个决定性因素。回想起来，数以千计被取消的航班所造成的声誉损失以及这些被取消的航班所造成的收入损失，很可能远远超过了飞机购买价格的初始折扣。

市场决定因素

对价值保持有重要影响的市场决定因素可以分为飞机订单、市场渗透、过剩/短缺、二级市场和流动性、经济决定因素和监管。以下各节将进一步讨论这些市场驱动因素。

飞机订单

飞机订单显示了未完成的订单数量的详细信息，细分为交付数量（在服务和存储中）和公司积压订单数量。订单是飞机市场份额的指标，对价值保值有很大影响。订购量大的飞机流动性更强，风险也更低，因为它们更容易购买和融资，也更容易再销售。目前，流动性最强的飞机往往是窄体飞机，如空客的 A320 系列和波音的 737NG 系列。表 10.2 显示了一些受欢迎的窄体和宽体飞机的订购单。查看飞机订单时，不仅要查看订单中积压的数量，还要查看订单的质量，这一点很重要。虽然健康的积压对于确保长期生产很重要，但是过多的积压可能表明存在生产和供应瓶颈的问题。此外，重要的是要分析订单，以确保它们主要来自航空公司，而不是出租人，因为出租人的订单往往更具投机性，而不是基于未来的需求。最后，了解飞机的分布方式和用户群（低成本、网络化和区域性）非常重要。一般来说，更广泛的分布和更广泛的运营商使用将倾向于支持更高的残值。

表 10.2　空客和波音飞机订单和积压（截至 2018 年 4 月 30 日）　单位：架

飞机型号	订单	交货	积压
A320neo	4098	267	3831
A330 – 300	787	741	46
A350 – 900	664	166	498
A380	331	226	115
B737 MAX	4504	120	4384
B777 – X	326	0	326
B787 – 9	753	326	457

资料来源：空客和波音。

市场渗透

市场渗透对飞机的价值保持有重大影响。具有显著市场渗透率的飞机意味着该飞机拥有广泛的客户和区域分布基础。如果多家航空公司在世界不同地区运营该飞机，将比只有少数运营商的情况下流动性更强，剩余收益也更高。目前最具流动性的新一代飞机 A320neo 和 B737 MAX 拥有广泛的客户群，分布在广阔的地理区域。例如，B737 MAX（所有型号）拥有超过4504 架公司订单，分布在 97 个客户中（波音，2018）。另外，从表 10.3 可以看出，A380 没有保持其价值，部分原因是它只有 331 架订单和 13 个客户，其地理分布仅限于欧洲、亚太和中东（空客，2018）。

表 10.3　　　　　　　　不同飞机类型的航空公司　　　　　　　单位：个

飞机型号	运营商数量
B737 - 800	178
B737 MAX 8	54
A320	240
A320neo	68
A330	124
A350	17
A350	13

资料来源：梅森（2017）和空客。

过剩/短缺

库存数量增加可能表明飞机供应过剩，可能导致当前市场价值下降。而飞机短缺意味着强劲的需求，导致当前市场价值的增加。区分飞机的库存堆积是由于技术过时还是经济因素造成的是很重要的（Forsberg，2015）。重要的区别在于，与出于经济原因积压的飞机相比，因技术过时而积压的飞机可能无法恢复使用（Ackert，2012b）。通常在经济衰退或燃油价格上涨期间，较老的飞机比较年轻或较新的飞机更容易被储存起来。即使经济复苏后，这些老式飞机的价值往往也不会恢复（Ackert，2012b）。

二级市场考虑因素

飞机二级市场的流动性也会影响其价值。在二级市场处置老式飞机有不同的选择。第一，这些飞机可以出售或租赁给二/三梯队运营商。第二，如果可行的话，这些飞机可以改装为货机。第三，飞机可以拆解为发动机和其他可用部件（Ackert，2012b）。例如，由于运营商基础有限，B777 和A380 的市场价值会因缺乏二级市场前景而受损。能够经营这种尺寸飞机的航空公司数量非常有限，因此租赁飞机的市场有限。目前也没有客改货来创造替代市场。

经济决定因素

与其他商品一样，飞机受市场因素的影响。如果经济衰退，与经济健康时相比，飞机价格往往会下降。如果利率很高，那么借贷成本会更高，对旧飞机的需求可能更高，因为客户更喜欢老飞机而不是更贵的新飞机。市场供应也将影响价格。可用飞机数量越多，价值和租金率就越低。

石油价格也对飞机价值起着重要影响。随着燃油价格在 2000 年开始上涨，飞机制造商将投资和制造节油飞机作为优先事项。航空公司也开始订购这些节油飞机，如 B787、A350、A320neo 和 B737MAX。2015 年，燃油价格开始迅速下降。当时，航空公司继续使用旧的、燃油效率较低的飞机，而不是购买新型号的飞机。因此，2017 年燃油价格的下降增加了对老式飞机的需求，减少了对新型和更省油飞机的需求，从而影响了这两种飞机的当前市场价值。目前燃油价格再次上涨，这可能会导致对新型燃油效率更高的飞机的需求增加，而对老式燃油效率较低的飞机的需求减少，具体取决于下文进一步讨论的利率影响。飞机融资环境是影响飞机价格的另一个经济决定因素。如果飞机有其他融资来源，那么市场价值会保持得更好。例如，在 2008—2009 年国际金融危机期间，信贷市场冻结，制造商能够利用进出口银行为购买飞机提供资金，这有助于保持飞机价值（Ackert，2012b）。波音最近一直在与保险公司合作，创建 AFIC，以寻找替代资金来源为飞机融资，这将有助于保持未来的飞机价值。

由于飞机价格以美元计价，影响飞机价格的经济决定因素中考虑较少的一个是外国投资者投资飞机，以对冲本国货币价值下降或美元升值的风险。与其他现金或有价证券相比，国内资本流动限制也可能使投资飞机变得更容易。这就是为什么飞机作为投资在某个时期和某些国家成为具有吸引力的工具的原因之一。目前，中国的银行和投资者认为飞机是有吸引力的投资，正是因为这个原因。

监管

影响飞机价格的最后一个因素是与飞机噪声、排放物和飞机寿命相关的法规。在美国，联邦航空管理局（FAA）已经制定了飞机在美国机场着陆的噪声要求。FAA 通过制定标准来控制飞机噪声。该标准要求飞机达到或低于指定的噪声水平。对于民用喷气式飞机，可以分为四个阶段，第一阶段是最大声的，第四阶段是最安静的。目前的法规要求，所有民用喷气式飞机都要满足第三阶段或第四阶段的要求，才能在毗邻的美国境内飞行（FAA，2018）。这些规定迫使航空公司在有限制的国家寻找更安静的飞机，并限制了对噪声大的飞机的选择。今天开发的飞机比 20 世纪 50 年代制造的飞机降低了高达 80% 的噪声输出，这也是 20 世纪 90 年代淘汰老式飞机的原因之一，即使当时是燃油价格非常低的时期。

此外，某些国家（如中国、印度尼西亚和一些中东国家）对飞机实施年龄限制，并禁止进口超过一定年龄（通常在 10～20 年）的飞机，因为这些管辖区认为年龄较大的飞机不安全。这是一个有争议的问题，因为飞机的安全与它的年龄无关，更多的是与它的维护状态有关。但年龄限制确实对价格有影响。最后，政府关于出口信贷机构的政策会影响制造商向外国航空公司销售的能力，并可能间接影响飞机价格。

租金率

上述因素，即飞机决定因素、制造商决定因素、市场决定因素和影响购买价格的法规也会影响租金率。除了这些因素外，还可以考虑六个附加因素，即购买价格、信用风险、当前市场利率和融资组合、租赁期限、政治风险和飞机残值。租金最终将通过租金率系数乘以飞机的购买价格来确定。租赁因素是高度机密的，因为它是出租人感知资产价值的关键。

购买价格

新飞机的购买价格或旧飞机的当前市场价值将严重影响租金率。尤其是在售后回租交易中，航空公司将自己拥有的飞机出售给租赁公司，然后将其租回。如果一家航空公司以更高的价格出售给出租人，那么与航空公司以更低的价格出售相比，出租人将要求更高的租金。这在行业中被称为高—高或低—低。一般来说，市场价值较高的飞机将需要更高的租金率，而随着市场价值的下降，租金率往往会下降。

信用风险

航空公司的信用风险被认为是它们偿还债权人债务的能力。航空公司的信用风险越高，出租人为弥补承租人违约风险而收取的租金就越高。因此，信用较好的航空公司不仅可以通过谈判降低租金，还可以获得其他优惠，如在租赁期内不支付维修储备金，具有更高的保险免赔额等。

当前市场利率和资本结构

利率也会影响需求，从而影响飞机的价值。正如本文前面所讨论的，绝大多数商用飞机都是融资或租赁的。如果当前市场利率更高，租金率将趋向于增加，因为出租人必须支付飞机融资成本。此外，如果出租人的融资更多地来自股票而不是债务，那么租赁利率也会上升，因为股票融资比债务融资更昂贵。

使用过的飞机由于其具有折旧的好处，其价值自然较低。因此，二手飞机贷款的利息支出较低（贷款的本金较低），较高利率对二手飞机的影响较小。这与高利率环境下对二手飞机的需求增加和对新型飞机的需求降低相对应，所有其他因素都是相同的。

然而，人们必须认识到，在竞争激烈的市场中，出租人可能无法随着市场利率的提高或资本成本的增加而提高租金率。近期租赁市场的竞争和新的融资来源一直在压低出租人的内部收益率。哈里斯（2018）的研究表明，对于一架新的窄体飞机（0～5年），无杠杆股本回报率为4%～6%，中龄窄体飞机（8～12年）为5%～8%，寿命末期窄体飞机（15～25年）不到10%。此外，根据哈里斯（2018）的数据，过去12个月中，在特定情况下，平均租金率已降至0.6%以下，尤其是在售后回租业务中。宽体飞机租金率一般比窄体飞机租金率高0.5%～1%，但和窄体飞机一样，在过去12个月里也有所下降（哈里斯，2018）。

租赁期限

一般来说，3～6年的短期租赁比6～15年的长期租赁更昂贵，因为出租人有更长的时间来收回购买价格并为承租人摊销飞机的个性化配置费用。此外，长期租赁结束时的飞机残值对收益计算的影响较小，因为较长期的租赁付款将更好地覆盖出租人的初始投资。

政治风险因素

政治风险在决定租金率方面发挥着重要作用。例如，在某些国家，出租人很难收回它们的飞机。一些国家批准了《开普敦公约》，这使收回飞机更容易，从而减少了出租人面临的政治风险。一般来说，更高的政治风险将导致更高的租金率以及更多的维修储备金。

环境因素

租金率将取决于飞机运行时的环境条件。例如，在中东炎热沙漠或腐蚀性环境（含盐或严重污染的空气）中飞行的飞机比在正常环境中运行的飞机磨损更大。在如此恶劣的条件下飞行会增加维护成本，并降低飞机的残值，因为零件，尤其是发动机，废品率更高。因此，出租人必须对打算在如此恶劣的环境条件下运营的承租人收取更高的租金率，以实现它们对飞机投资的期望回报率。

残值风险

最后，残值风险，即租赁结束时飞机的预期价值，在确定租金率方面起着相当大的作用。出租人将在交易模型中输入预期残值作为期末项目现金流，以确定租赁的净现值，并确定将实现出租人目标回报率的租金率。

维修储备金

我们在第九章详细讨论了维修储备金（MR）。在本章中，我们要从现金流的角度来研究 MR。我们将回顾并简要总结前一章中关于维修储备金的观点，并在本章中考察维修储备金对现金流的影响。

MR 或补充租金主要用于：

- 短期租赁
- 信用等级不高的长期租赁

MR 作为一种减轻信用风险的机制，通常被强加于信用较弱的航空公司。即使能够协商不支付 MR，承租人可能仍然需要以期末补偿或信用证的形式提供担保。

如第九章所述，飞机的典型维护包括发动机性能恢复、发动机寿命有限部件（LLP）、辅助动力装置、起落架大修和机身检查。这些检查是根据日历时间、飞行时间、飞行周期或在某些情况下首先达到的时限来执行的。这些成本可能会因发动机推力输出、发动机减额、工作环境和其他影响发动机磨损的因素而有所不同，反过来，这些成本又基于该类型飞机的行业标准，或者在新机型的情况下，基于制造商的建议。如果要求航空公司向出租人支付 MR，通常每个日历月都有一个固定的费率，或者每个维修储备涵盖事件的飞行小时或循环。MR 通常按月支付，并且有调整机制以计算每年增加的通货膨胀，人工和材料成本通常是每年调整。

　　MR 可表示如下：

$$维修储备金 = 维修 \times 消耗的效用$$
$$维修储备金 = 全寿命维修价值 - 维修 \times 剩余的效用$$

　　MR 可以被认为是可偿还的或不可偿还的。通常，大多数短期发动机租赁将倾向于不可偿还的 MR，当发动机租赁终止或如果发动机需要大修则发动机返回到出租方。在可偿还的 MR 情景中，承租人将向出租人支付 MR，并在飞机维修准备金涵盖的维修执行时，向出租人提出索赔要求。

　　从融资的角度来看，一些贷款人允许将 MR 应用于债务——允许它们摊销贷款本金和利息支付。在维修活动中，出租人要么使用自己的股本支付维修费用，要么如果银行/金融家允许的话，就维修金额重新申请债务，然而，贷方不允许用 MR 来偿还此项债务。

　　MR 现金流是指承租人定期向出租人支付 MR 款项用以支付重大维修事件的费用时，出租人获得的现金流。此外，当承租人发生维护费用，出租人用收取的 MR 偿还承租人这些费用时，就有资金流出。

　　从现金流的角度来看，出租人通常可以采用两种方法中的一种进行 MR 付款。在第一种方法下，出租人可以将维修现金流入确认为收入，并使用现金流出支付维修费用。如果出租人将现金流确认为收入，它们可以将这些资金用于再投资公司的运营，从而获得比保留在 MR 账户中更多的收益。但是，如果承租人违约或没有足够的资金来支付定期维护时，这种方法会增加出租人的风险。

　　出租人也可以选择第二种方法，不将 MR 确认为收入，而将其保留在 MR 账户中。这是一种保守的方法，维修储备金的资金将随时可用，并且不会影响公司的财务状况。然而，这种方法意味着 MR 支付不能被用于其他地方以提高出租人的盈利能力。

维修储备金敞口

如果未收取 MR 或 MR 资金不足，出租人将面临追加风险。此风险的大小是承租人对飞机的消耗与出租人收取的 MR 之间的差额（Ackert，2012a，2017）。表 10.4 显示了 A320 飞机自投入使用后第 4 年发生违约事件后出租人的维护风险；飞机的 MR 敞口风险总额约为 490 万美元，出租人在随后的租赁中承担这笔费用，这将耗尽出租人的现金流。

表 10.4   维修储备金风险   单位：美元

维护事件	全寿命成本	剩余	（A）消耗的维护费用	（B）准备金	（C = B - A）风险敞口
4C/6 年 - HSI	810000	270000	540000	0	（540000）
8C/12 年 - HSI	875520	583680	291840	0	（291840）
起落架大修	435000	261000	174000	0	（174000）
发动机 1 性能恢复	2300000	972160	1327840	0	（1327840）
发动机 2 性能恢复	2300000	972160	1327840	0	（1327840）
发动机 1 LLP 更换	2440000	1894453	545547	0	（545547）
发动机 2 LLP 更换	2440000	1894453	545547	0	（545547）
辅助动力装置性能恢复	250000	55456	194544	0	（194544）
总计	11850520	690362	4947158	0	（4947158）

注：LLP，时寿件；HSI，重型结构检查。

资料来源：Ackert（2017）。

飞机残值

残值对现金流有着巨大的影响，因此是财务模型的重要变量。正如我们上面提到的，残值是租赁的一个非常重要的方面，因为它对计算出的租金率有很大的影响。其他条件不变时，租赁利率将随着残值的增加而降低。一般来说，出租人将在每一租期结束时，通过权衡以下选项，尽量使残值最大化：

- 与现有承租人续租

- 收回飞机并将飞机重新出租给新承租人
- 出售飞机
- 分拆飞机或出售其零件

然而，残值很难预测和建模，是交易建模过程中最具挑战性的变量之一。因此，投资者往往依赖于评估公司，这些评估公司开发复杂的模型来提供对未来价值的看法。

交易成本和保证金

交易成本包括与交易相关的所有现金流。这些费用可以包括法律费用、行政费用和完成交易所需的其他费用。飞机租赁保证金通常相当于 2~3 个月的租金。如果之前的租赁协议得到履行，保证金将在租赁结束时返还。

租赁的生命周期

飞机在其生命周期中通常会经历三个不同的租赁阶段。第一租期一般为 12 年，第二租期为 4~6 年，第三次和最后一次租期为 3~5 年。在第三期租赁结束时，通常出租人会考虑是否将飞机拆解。应该注意的是，违约和其他事件可能导致飞机租赁超过三次。

第一租期

第一租期通常为期 0~12 年，通常与机身大修检查相一致。第一阶段的关键回报驱动因素包括飞机的购买价格、租金、飞机的残值、MR 付款［或租赁结束调整（EOLA）］以及出租人的融资成本。在第一租期结束时，出租人必须决定是再租赁飞机还是出售飞机。

如果租赁转移到不同的承租人，出租人必须考虑所发生的重新配置和转让费用。窄体飞机的重新配置成本一般在 50 万美元左右，但最高可达 100 万~200 万美元。另外，宽体飞机的定制水平更高，通常为 200 万~300 万美元，但有时可高达 1000 万~2000 万美元，而对于 A380 等大型飞机，可高达 2500 万~3000 万美元。为了模拟资产的使用寿命，出租人还假设在窄体运营商之间放弃 2 个月的租金（没有租金的停工期），宽体放弃 3 个月的租金。

最后，出租人必须确保飞机完好无损地被归还，并对飞机进行维修。一般来说，在这段时间内，出租人会考虑是将飞机连同其租约一起出售给另一个出租人，以避免转换的成本和费用，还是保留飞机将其转租给下一承租人。

第二租期

第二租期通常持续 4～6 年。如果以前的承租人违约，出租人可能有额外的风险敞口，即其是否有足够的 MR 来支付维修活动的费用。在生命周期的这个阶段，飞机正在老化，可能还需要更多的非例行维护。如果航空公司没有良好的信用，出租人必须确保其收取了足够的 MR，因此在此阶段关键的回报驱动因素是租赁租金和收取的 MR。在第二租期结束时，客机的一个重要考虑是改装成货机。

第三租期和租赁终止解决方案

第三次和最后一次租赁通常持续 3～5 年。在飞机的这一阶段，关键的驱动力是零件价值或发动机剩余时间。一般来说，随着飞机的老化，发动机比机身更有价值。零件残值通常由发动机上的时间（下次保养事件前的发动机剩余寿命）组成。如果发动机或飞机有剩余的维修寿命，出租人可以使用短期租约，该租约可规定发动机和机身可以重新部署在一起或单独部署。如果没有剩余的维修寿命，残值通常包括机身、发动机、辅助动力装置（APU）、起落架减去拆解成本、报废成本、仓储成本、维修成本和销售成本。销售零件通常需要 12～36 个月的时间。在此期间，出租人还需要考虑飞机贷款的利息成本。

图 10.1 详细说明了租赁飞机的典型寿命。第一租期通常是最长的，最有可能发生在一家稳定的航空公司。出租人将关注租赁到期时飞机的残值，因为该金额很可能是租赁盈利能力的主要驱动力。在第一租期到期时，出租人很可能会将飞机转移到信用质量较低的航空公司或货运运营商，因为

飞机的价值和技术远远低于现在市场所能提供的其他飞机。第二次租赁结束时的残值仍然很重要，但不及第一次租赁时的残值重要，因为预计价值会低得多，而且是在残值曲线的较平部分。一旦飞机机龄达到 15 年以上，它就处于生命的最后阶段。客改货或部分拆卸将最有可能是飞机生命结束的场景。

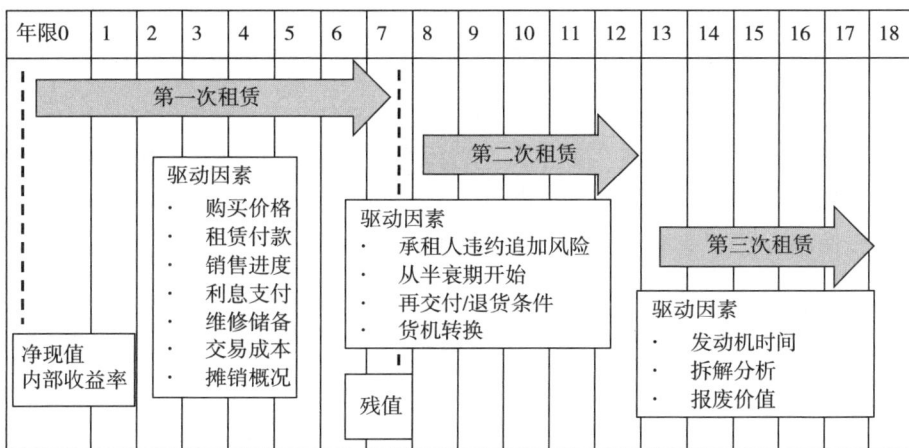

图 10.1 租赁飞机的使用寿命

租赁项目建模

在前一节中，我们讨论了租赁交易中重要的现金流和影响这些现金流的因素。在本节中，我们将讨论几个方案，在这些方案中，出租人必须对租赁产生的现金流进行建模，以便作出经验丰富的决策。必要时，我们用数字例子来说明这些方案，以揭示潜在决策过程中的基本细节。我们讨论以下方案：

- 计算租赁的净现值和内部收益率
- 解决最低租赁付款问题
- 贷款摊销及项目融资
- 销售与再租赁方案

- 附有租约的飞机销售
- 高级建模注意事项

计算租赁的净现值和内部收益率

出租人主要关心的是获得足够的投资回报。为了分析租赁是否产生足够的投资回报，出租人需要计算租赁回报率或租赁净现值，以检查租赁是否盈利。出租人可能还需要知道租赁付款和飞机的残值以帮助它达到目标回报率。

此决策过程中的重要现金流输入是购买价格、租赁租金、MR 流入（从承租人处收取 MR）和流出（当出租人支付承租人发生的维修事件时）、租赁结束调整（如果未收取 MR）和飞机的最终残值。飞机的残值可以视为飞机经济寿命结束时其组成部分（机身和发动机）的总和。

我们用下面一个简单的例子来说明租赁中的基本现金流，以及如何计算租赁的内部收益率和净现值。

净现值和内部收益率计算实例研究

您是 SkyHigh 租赁的高级分析师，正在分析 2005 年 A320 – 200 的租赁交易，为期 5 年（60 个月）。

- 租赁开始日期：2018 年 1 月 5 日；租约到期日：2023 年 1 月 5 日。
- 购买价格：14000000 美元。
- 租金率：0.90%。
- 交易费用：500000 美元。
- MR 在一个单独的账户中，仅在维修事件成本超过储备金（储备金流出）时确认。MR 的余额在租赁结束时确认（第 61 个月）。
- MR 最初假设为每月 130000 美元，此后每年增加 3%。
- 第 22 个月维修事项为 1320000 美元，在第 40 个月有 2500000 美元和 2632823 美元的发动机恢复和 LLP 替换。
- 机身的残值为 2000000 美元，发动机 1 为 3134634 美元，发动机 2 为 4833381 美元，在第 61 个月与 MR 余额一起确认。

- 每年的贴现率为 5%。

为了计算上述交易的净现值和内部收益率，您需要在 Excel 电子表格中设置此问题。月租金是 126000 万美元（14000000 美元×0.90%）。第 0 个月的初始投资成本为 14500000 美元（飞机成本 14000000 美元加上交易成本 500000 美元）。第一个月的 MR 收款为 130000 美元，从每年 1 月 1 日起将增长 3%。第 61 个月的残值为 9968025 美元（包括机身残值 2000000 美元、发动机 1 价值 3134644 美元和发动机 2 价值 4833381 美元）。有两次维护活动，一次是在第 22 个月，费用为 1320000 美元，另一次是在第 40 个月，费用为 5132823 美元（包括发动机维修费用 2500000 美元和 LLP 更换费用 2632823 美元）。

这将产生 7.16% 的内部收益率和 1310033 美元的净现值。由于内部收益率大于 5% 的贴现率，且净现值为正，因此租赁项目对出租人来说是有利可图的。

进行敏感性和情景分析

一旦完成了基本案例分析，就可以针对不同的输入范围（如租金率因素、机身和发动机的残值以及贴现率）对上述模型进行压力测试，并查看对最终输出指标（如 IRR 和 NPV）的影响。

例如，在上面的示例中，可以通过改变以下假设来进行压力测试：

- 租金率在 0.5%~2%，中值为 1.5%。
- 交易成本从 300000~700000 美元不等，中值为 500000 美元。
- 机身的残值从 1000000~3000000 美元不等，中值为 2000000 美元。
- 发动机 1 的残值从 2000000~6000000 美元不等，中值为 4000000 美元。
- 发动机 2 的残值从 3000000~7000000 美元不等，中值为 5000000 美元。
- 贴现率可在 5%~10% 变化，中值为 8%。

财务建模软件可帮助识别影响模型的关键驱动因素。

寻找最低租赁付款

建立了基本案例，计算了净现值和内部收益率，并对模型进行了敏感性分析，也应该理解如何计算出租人可以接受的最低租赁付款额，以便产生一定的回报率或确保租赁是有利可图的。电子表格中的"目标搜寻"和"求解器"等工具可以帮助找到实现特定回报率或实现租赁盈亏平衡点所需的最低租赁付款。我们下面讨论一个例子来说明如何计算租赁的最低租赁付款额。

示例：查找最低租赁付款

SkyHigh 正在与拉丁航空公司（LatinAir）谈判 2005 年 A320 – 200 的售后回租交易。SkyHigh 感兴趣的是收取多少租金，以便有一个盈利的租赁。Skyhigh 在高—高或低—低的交易中，向拉丁航空公司提供了 16000000 美元和 14000000 美元的两种购买价格。租约详情如下：

- 购买价格：14000000 美元或 16000000 美元。
- 交易成本为 500000 美元。
- 租赁开始时的保证金为 200 万美元，租赁期满（第 49 个月）退还保证金。
- 租期：48 个月。
- MR 收款：每月 130000 美元，维修活动需要在第 2 年末（第 24 个月）支付 250 万美元。
- SkyHigh 在收到 MR 时将 MR 视为收入，在维修付款期间将其视为流出。
- 租赁期末（第 49 个月）的残值：4000000 美元。
- 折扣率：每年 6%。

在本例中，需要在电子表格中设置此问题，并通过设置 NPV = 0 和解决最低租赁付款来查找最低租赁付款。需要考虑的一些重要因素如下：

低—低情景的初始投资是购买价格（14000000 美元）、交易成本（500000 美元）、收到的 2000000 美元保证金。这将使你的初始现金流总计达到 12500000 美元。

下一步，鉴于每月 MR 付款的流入，以及第 24 个月的维修事件，该事件要求向承租人支付 2500000 美元。在最后一个月（第 49 个月），出租人必须返还保证金，但飞机的残值为 4000000 美元，所以最后一个月合计产生净现金流 2000000 美元。

可以输入虚构的租赁付款来开始计算，然后设置净现值公式来计算租赁的净现值。之后，设置你的 NPV＝0 并使用"目标搜索"或"求解器"找到最低租赁付款。注意以月贴现率贴现现金流，而不是例子中给你的年利率（换句话说，用 6% 的年利率除以 12 得到月贴现率）。如果模型是正确的，你计算的最低租赁付款将是 178866 美元。

再次尝试该练习，以找到高—高情景的最低租赁付款。在某些情况下，出租人更感兴趣的是知道能达到一定回报率的最低租赁付款额。考虑一下如何设置问题，以便找到能够实现一定回报率的最低租赁付款额。

融资和摊销

出租人会从商业银行或资本市场中寻求融资，以支付飞机的成本。银行通常会根据伦敦银行间同业拆借利率（LIBOR）加上溢价来收取贷款利息，以弥补贷款的额外风险。出租人将通过定期支付贷款利息和本金来偿还债务。这个过程被称为分期偿还贷款。对出租人来说，在租赁结束时，通常会有一笔大额未偿还贷款本金，这种贷款方式被称作大额尾付贷款。

大额尾付金是租赁期结束时出租人尚未偿还的贷款本金。在下面的例子中，我们将展示如何计算贷款的本金和利息，并得出大额尾付金。

示例：分期偿还和找到分期付款最后一笔较大金额的付款

你计划用 75% 的债务为购买一架 17500000 美元的飞机提供资金。

- 租赁期限为 10 年（120 个月）。
- 贷款期限为 15 年（180 个月）。
- 贷款利息为伦敦银行间同业拆借利率 4.0%，加上每年 0.75% 的溢价。
- 计算贷款的付款并显示利息和本金之间的分配。

- 计算在租期结束时（第 121 个月）的大额尾付金。

在这个例子中，出租人融资比例 75%，贷款金额为 13125000 美元。年利率为 4.75%（伦敦银行间同业拆借利率为 4.0%，溢价为 0.75%），月利率为 0.40%。然后，我们可以使用 Excel 中的付款（PMT）功能来计算付款。在这种情况下，年金支付额为 102090 美元。还款第一个月利息金额为 51953 美元，本金金额为 50137 美元。这使第一个月底的未偿贷款余额为 13074863 美元。每年还款金额将保持不变，直到第 180 个月还清贷款，但随着时间的增加，利息和本金之间的比例将改变，因为更多的贷款本金被还清。

在租赁期结束时（第 120 个月），未偿贷款金额或大额尾付金为 5442817 美元。

杠杆回报和无杠杆回报

杠杆是出租人承担的债务金额。在前面的例子中，出租人支付了 4375000 美元（17500000 美元的飞机购买价格的 25%），并通过贷款支付飞机购买价格的其余部分（13125000 美元）。然后出租人将飞机出租并收取租赁付款和 MR。因此可以为出租人计算杠杆和无杠杆回报率。无杠杆回报反映出如果出租人没有用贷款融资而是全部使用自己的资金，出租人将从租金和飞机的最终出售价值中获得的回报。而杠杆回报假设贷款中至少有一部分是债务融资的。出租人的目标是增加投资回报率和借款融资成本之间的差额。

销售与再租赁决策

出租人通常面临这样一种情况，在第一或第二租期结束时，是延长或再租赁飞机，还是在租赁期结束时出售飞机。租赁或出售的决定将取决于出售净现值与再租赁飞机的净现值的比较。下面我们用一个简单的例子来说明决策过程。表 10.5 提供了作出销售或再租赁决定所需的相关信息。我们假设租赁期从现在起 5 个月结束，此时出租人将面临出售或再租赁飞机的决定。可以在电子表格上设置分析，以便通过更改模型中的关键输入进行敏感性和方案分析。

表 10.5 销售与再租赁决策

6 年/12 年大型结构检查	在重新交付时	2500000 美元
发动机 1 性能恢复	3 年	4000000 美元
发动机 2 性能恢复	3 年	4000000 美元
起落架大修	3 年	500000 美元
每月折旧	125000 美元	
每月维修储备金收款	130000 美元	
剩余租期	5 个月	
再租赁期限	4 年/48 个月	
当前租金	230000 美元	
未来再租赁租金	207000 美元	
年贴现率	5%	
半寿命当前市场价值（2018 年）	21000000 美元	
半寿命当前市场价值（2022 年）	13000000 美元	
由于需求增加，2018 年增值收益	3000000 美元	
当前的净投资	15000000 美元	
已收现期维修准备金	8000000 美元	

销售方案

如果出租人决定出售飞机，则需要考虑的重要因素是交易的利润或损失。出租人在租赁开始时已在飞机上投资了 15000000 美元，并且 MR 余额为 8000000 美元。从现在起五个月后，飞机将贬值到 14375000 美元（假设每月折旧为 125000 美元）。如果出租人决定在租赁结束时出售这架飞机，那么预测的当前市场价值（CMV）是 21000000 美元（从实际情况和保守分析来讲，可以假设出租人根据未来的市场条件会得到低于这一价值的收益）。然后，可以将 5 个月的租金收入加上 3000000 美元的分红，以获得飞机销售的最终利润。

再租赁方案

如果出租人决定重新租赁飞机，出租人将在未来 48 个月继续获得 207000 美元的租金收入。在 48 个月结束时，飞机的 CMV 将为 13000000 美元（从实际情况和保守分析来讲，根据未来的市场条件，可以假设出租人得到的收益将低于这一价值）。如果出租人决定重新租赁飞机，那么出租人必须从收取的 MR 中立即向承租人支付 6 年/12 年检的费用 2500000 美元，并且在 3 年时间内，还要偿还 8500000 美元的发动机和起落架维护费用。这架飞机还被假定每月贬值 125000 美元，在 4 年租赁期结束时价值为 8375000 美元。我们可以使用 5% 的折现率（注意将年利率转换为月利率）对上述价值进行折现，以得到再租赁的现值。

比较销售和再租赁方案

销售方案的利润加上租金收入为 15206498 美元，而再租赁方案的利润总额加上租金收入为 14772891 美元。您可以通过在电子表格上设置上述信息来检查这些计算。因此，在这个特殊的例子中，出租人最好卖掉飞机。上述分析中缺少的一个重要影响因素是重新配置和向新承租人转租的相关成本，这些成本通常可能是巨大的。

附带租约的飞机销售

出租人有时可能希望将一架目前租赁给航空公司的飞机出售给另一个出租人，出售的原因可能是为了重新调整它们的投资组合，因为存在过度投资于当前承租人的风险，或者需要在它们的投资组合中从一种类型的飞机过渡到另一种类型的飞机（宽体飞机到窄体飞机）。例如，假设 AerCap 有一架 A320neo 租赁给达美航空公司 7 年。租赁四年后，AerCap 决定出售这架附带租约的飞机。AerCap 可能会要求其他出租人对该飞机提供报价，并选择报价最高的出租人。我们假设有三个出租人对飞机报价。根据各自的目标回报率和残值计算，这些租赁商的报价各不相同，而 AerCap 将从竞争报价中选择最佳报价。然后，AerCap 将签署一份更新合同，将租约转让给新出租人。从达美航空的角度来看，它们的租赁条款或条件不会发生任何变化，除了它们现在要把租金支付给新出租人。

如果租赁给信用评级较低的航空公司，并且 AerCap 正在收取 MR，那么，航空公司可能想要确保能够从新的出租人处及时提取 MR，并遵守此前与 AerCap 协商的退租条件。

表 10.6 概述了上述场景中示例的相关细节以及不同出租人支付的购买

价格的计算。

表 10.6　　　　　　　　　　不同出租人报价的假设和计算

出租人	剩余租赁期限（月）	每月租金（美元）	预期目标回报率（%）	预期残值（美元）	报价（美元）
A	36	350000	5	31000000	38368259
B	36	350000	7	31000000	36478710
C	36	350000	10	34500000	36436952

如表 10.6 所示，即使出租人 A 和 B 有相同的残值假设，较低的预期目标回报率要求意味着出租人 A 可以支付最高的价格。出租人 C 有更高的残值假设，但更高的回报率导致它们可以支付的价格仍然没有出租人 A 高。在其他条件相同的情况下，AerCap 希望将飞机出售给出租人 A，以最大化它们的销售收益。

高级建模注意事项

在上面的讨论中，我们进行了非常简单的分析，没有包括可能影响回报计算的动态因素。有三个重要的考虑因素需要纳入上述模型，以使其更具动态性和现实性。首先，模型应该包括航空公司违约的可能性，因为这将影响出租人的收益计算。其次要考虑的重要因素是飞机的残值不是静态的，而是会随着时间的推移而改变。如果飞机变得不那么受欢迎（例如 A380 最初推出时很受欢迎，但后来其价值下降），或者承租人违约，迫使出租人以低于市场价值的价格出售飞机。最后，利率会随着时间的推移而变化，影响出租人的借贷成本，进而影响它们的盈利能力。上述违约风险、飞机残值风险和利率风险意味着净现值和内部收益率不应被视为静态数字，而应被视为可能结果的概率分布（Hallerstorm，2010）。蒙特卡罗模拟可将这些不确定性纳入模型，并在预测违约率、残值和利率方面获得更高的准确性。

结论

出租人面临着各种各样的决策，从寻找最低租赁付款，到在租赁结束时是否出售或重新租赁飞机，或将附带租约的飞机出售给另一出租人。对于出租人来说，租赁是一个资本预算决策，重要的现金流是购买价格、租赁租金、租赁期限、MR和残值。出租人通过贷款为租约融资。为了使租赁增值，租赁的净现值必须为正（或内部收益率应大于资本成本）。

财务模型可以通过对相关现金流建模、识别关键驱动因素以及针对不同方案对模型进行压力测试来帮助出租人作出决定。

案例分析：交易成本建模

计划用75%的债务购买一架价值2000万美元的飞机。具体信息如下：

- 租金率为0.58%。
- 租赁期限为10年（120个月）。
- 贷款期限为15年（180个月）。
- 银行收取的贷款利息为3.0%的伦敦银行间同业拆借利率加上每年0.75%的借贷利差。
- MR为62625美元，且将MR视为收入。第62个月的维修储备金流出为3757500美元。
- 保险费为每年26000美元（需要转换成月）。
- 资产管理费为每月租赁款的1%。
- 残值7320000美元

根据上述信息，计算以下参数：

1. 每月租金。

2. 贷款的支付以及租赁期间利息和本金的分配。租赁期（第121个月）结束时，大额尾付金是多少？

3. 计算杠杆回报率和无杠杆回报率。租约是否会增加出租人的收益？

致谢

我们要感谢Eddo Weijer和Joel Hussey为本章提供的指导和重要信息。

参考文献

Ackert, S. (2012a). *Basics of aircraft maintenance reserve development and management*. Retrieved from Aircraft Monitor <http://www.iata.org/whatwedo/workgroups/Documents/Paperless%20Supply%20Chain/Basics-AC-MR.pdf>.

Ackert, S. (2012b). *Basics of aircraft marker analysis*. San Francisco, CA: Aircraft Monitor, March.

Ackert, S. (2017). *Maintenance reserve guidance and general practices*. San Francisco, CA: Airline Monitor, Jackson Square Aviation.

Airbus. (2018, January 15). *Airbus 2018 price list press release*. Retrieved from Airbus Web site <http://www.airbus.com/newsroom/press-releases/en/2018/01/airbus-2018-price-list-press-release.html>.

Boeing. (2018). *About Boeing Commercial Airplanes*. Retrieved from Boeing Corporation Website <http://www.boeing.com/company/about-bca/#/prices>.

Boeing Capital Corporation. (2018). *Current aircraft finance market outlook*. Retrieved from Boeing <https://www.boeing.com/company/key-orgs/boeing-capital/current-aircraft-financing-market.page>.

Federal Aviation Administration. (2018, January 9). *Aircraft noise issues*. Retrieved from Federal Aviation Administration Website <https://www.faa.gov/about/office_org/headquarters_offices/apl/noise_emissions/airport_aircraft_noise_issues/>.

Forsberg, D. (2015, March). *Aircraft Retirement and Storage Trends*. Retrieved from Avolon <http://avolon.aero/wp/wp-content/uploads/2015/03/Avolon-White-Paper-FInal-30-March-2015.pdf>.

Hallerstorm, N. (2010, March). *Modeling aircraft loans and leases*. Retrieved from PK Airfinance <www.pkair.com/common/docs/modeling-aircraft-loan-and-lease-portfolios.pdf>.

Harris, D. (2018, May 17). *Equity returns squeezed for leased aircraft*. Retrieved from Ishka Global <https://www.ishkaglobal.com/News/Article/5806/Equity-returns-squeezed-for-leased-aircraft>.

Mason, S. (2017, August). *737 Max-taking flight: A product assessment*. Retrieved from Avolon <http://avolon.aero/wp/wp-content/uploads/2017/08/737Max_Thought_Leadership_Paper_CA7_web.pdf>.

Raghavan, S. (2017). Modeling an aircraft lease transaction for a lessor. *Journal of International Finance and Economics*, *17*(2), 15−21.

第十一章
租赁协议与谈判

章节大纲

　　飞机租赁协议详细全面地约定了飞机重要信息及出租人和承租人的权利义务。租赁协议应明确租赁飞机的型号、技术参数和重要部件，如发动机、起落架和辅助动力装置（APU）。租车或租房协议通常只有几页纸，但商用飞机租赁协议常超过 100 页，内容包括租金、租期（租赁期限及续租选项）、购机价格（适用于售后回租交易）、交付条件（适用于二手飞机）、租期内维修和退租条款。租约中其他重要章节还包括法律、税务、保险、维修储备金、保证金和转租等。租约谈判既是一门艺术，也是一门科学。如果说由市场决定的购机价格、租金等是一门科学，那关于维修储备金、保证金的收取以及退租条款的谈判更像是一门艺术，需要出租人和承租人相互妥协才能完成。如果谈判团队中没有技术、法律、税务和保险人员，那在同意租约某项条件之前，应征询他们的意见。

租约谈判过程简介

　　本章将介绍租约谈判过程及租约的详细内容。商用飞机租赁协议常常超过 100 页，是一份约定出租人和承租人之间各项租赁条件的法律文件。一旦出租人和承租人之间发生纠纷，双方应按租约条款执行。若双方无法达成一致，则会根据法官或仲裁人对租约条款的解读来解决纠纷。因此，理解租约谈判过程和租约各章节内容非常重要。我们在第三章已讨论了不同类型的租约，为了更好地理解本章，您可以再次阅读第三章相关内容。

租赁是出租人即资产所有人通过协议约定，在特定时间内向承租人让渡飞机使用权并定期获取租金的行为。因此，出租人并不运营飞机，仅将其视为投资。在飞机租赁行业，承租人承担飞机维修义务。租约同时约定了租赁是否可取消、承租人是否有权在租期结束购买飞机以及租期结束时飞机需要达到的条件和技术状态（退租条件）等。

租约谈判阶段

租约谈判有三个阶段：意向阶段、备忘录（MoU）或意向书（LoI）阶段和签约阶段，我们将分别讨论这三个阶段。

意向阶段

这是租约谈判的初级阶段，出租人初步了解承租人的租赁需求，将其与可供出租的飞机进行匹配。出租人有新飞机、二手飞机可供选择，同时也可为承租人提供融资。这一阶段的意向沟通通常是口头的，双方各自争取有利条件。出租人在充分了解需求后，向承租人提供某种飞机的参数规格。参数规格包括飞机的客舱布局、发动机型号、起飞重量、发动机推力、维修状态和价值较高的航电设备（见表 11.2）。

备忘录或意向书阶段

租约谈判到这一阶段，根据出租人与承租人是否合作过或是否在复杂法律、税务框架下签署新备忘录等不同情形，双方签署一份 2～16 页的书面文件。有些出租人为了在其他竞争者前达成交易，会选择更简单的备忘录。有些出租人则选择详细约定各项细节的备忘录。在竞争激烈的市场中，能够达成交易对出租人更有利，但在速度和细节之间应有权衡。通过签署简略的备忘录能较快地与承租人达成交易，但未来双方容易发生分歧，产生额外成本。总体而言，一份备忘录应包括承租人和出租人的详细情况、飞机型号和发动机型号（见表 11.2）、租期、租金、保证金、维修储备金（如有）、飞机维护、飞机文件、飞机注册、保险、退租条件以及是否允许转租等方面。飞机租赁交易中的备忘录或意向书均约定了交易要点，因此两者都可使用。这两类文件的条款都需要经过进一步谈判且尚无法律效力。

签约阶段

备忘录与租约的区别

租约谈判的最后阶段是签署租约。备忘录并无法律效力且需要经过双方内部批准，但租约是一份具有法律效力的文件，无须再经内部批准，且对所有条款进行了详细约定（见表11.1）。从备忘录到租约定稿通常需要60～75天。这一阶段通常需取得公司、董事会或风险委员会的批准，双方对租约草稿进行多次修改，对条款进行多次谈判。最终，双方同意租赁文件全部条款并签署，至此租约生效。

表11.1　　备忘录和租约格式内容

备忘录意向书——概括文件	租约——详细文件
1. 出租人	1. 出租人
2. 承租人	2. 承租人
3. 飞机描述	3. 飞机描述
4. 租期	4. 租期
5. 租金——固定/浮动	5. 租金——固定/浮动
6. （基准年美元和指数化）	6. （基准年美元和指数化）
7. 构型预算	7. 构型预算
8. 保证金和形式	8. 保证金和形式
9. 保险	9. 保险
10. 交付和注册	10. 交付和注册
11. 使用限制	11. 使用限制
12. 维护	12. 维护
13. 质保和支持	13. 质保和支持
14. 成本转移	14. 成本转移
15. 保密	15. 保密

续表

备忘录意向书——概括文件	租约——详细文件
16. 前提条件	16. 前提条件
17. 董事会批准和时间表	17. 董事会批准和时间表
18. 构型/交付条件	18. 构型/交付条件
19. 退租条件	19. 退租条件
	20. 无条件履行义务
	21. 支付
	22. 利率
	23. 款项扣留
	24. 飞机运营
	25. 维护、改装和更改飞机
	26. 转租赁和湿租权
	27. 报告和检查
	28. 赔偿
	29. 飞机和设备的灭失和损坏
	30. 税
	31. 飞机退回
	32. 法律和国家
	33. 违约事件
	34. 出租人权利
	35. 违约救济
	36. 修正
	37. 补充

表 11.2   **飞机规格表样本：A319**

飞机规格表

飞机数据

型号	空客/A319 – 100	生产线序号	
发动机型号	国际航空发动机/V2524 – A5	注册号	N510SG
生产日期	1999 年 4 月 29 日	当前座椅配置	144Y
序列号	1010	最大认证座椅配置	145 （FAA/EASA）

续表

机身小时	38425 小时	当前运营人	无运营人 – 飞机停场（AOG）
机身循环	40399 小时		
截至	2013 年 4 月 30 日		

营销要点

最大推力升级至	24408 磅
上一次大修	ESN V10535 – 2011 年 8 月 11 日
	ESN V10536 – 2012 年 8 月 31 日

重量和燃油数据

最大滑行重量		167329 磅	75900 千克
最大起飞重量		166447 磅	75500 千克
最大着陆重量		137788 磅	62500 千克
最大零油重量		128969 磅	58500 千克
基本空载重量		89254 磅	40485 千克
全部燃油容量	6303 加仑	42079 磅	19087 千克

备注：（加仑 × 6.67600 = 磅）（加仑 × 6.67600/2.2046 = 千克）

维修状态	日期	大修后经过时间	大修后经过循环
10 年检查	2008 年 9 月 9 日	11810 小时	11552 循环
5 年检查	2008 年 9 月 9 日	11810 小时	11552 循环
12 年检查	2010 年 3 月 25 日	7588 小时	7224 循环
6 年检查	2010 年 3 月 25 日	7588 小时	7224 循环
C1 检查	2011 年 10 月 5 日	3044 小时	2892 循环
起落架大修状态	日期	大修后经过时间	大修后经过循环
前起落架	2012 年 4 月 27 日	1299 小时	1289 循环
左起落架	2012 年 4 月 27 日	1299 小时	1289 循环
右起落架	2012 年 4 月 27 日	1299 小时	1289 循环

发动机序列号 V10535

总循环	31828	总小时	38486	截止日	2013 年 4 月 30 日
上次大修	2012 年 8 月 11 日	大修后小时	2409	大修后循环	1611
有限件	多个有限寿命件			有限件循环	7586

发动机序列号 V10536

总循环	35049	总小时	36619	截止日	2013 年 4 月 30 日

续表

上次大修	2012 年 8 月 31 日	大修后小时	14	大修后循环	4
有限件	多个有限寿命件			有限件循环	3819

航电设备	数量制造商/型号	部件号
导航		
ADF 接收器	2 柯林斯/	822 – 0299 – 020
空中数据内部参照装置	3 霍尼韦尔国际/	HG2030AD11
ATC 应答机	2 柯林斯/	822 – 0336 – 020
DME 询问机	2 柯林斯/	822 – 0329 – 020
加强地形距离警告系统	1 联合信号/	965 – 0976 – 003 – 206 – 206
多模式接收器	2 罗克韦尔/	822 – 1152 – 121
无线电高度接收器	2 柯林斯/	822 – 0334 – 020
TCASS II 处理器	1 ACCS – AN L3 通信/	7517900 – 10003
VOR 接收器	2 柯林斯/	822 – 0334 – 020
气象雷达控制装置	1 罗克韦尔 – 柯林斯/	622 – 5129 – 021
气象雷达收发器	1 柯林斯/	622 – 5132 – 622
通信		
客舱内部通信数据系统连接器	2 KID 系统 GMBH/	Z010H0005119
驾驶舱语音记录仪	1 Substandard/	980 – 6022 – 001
HF 收发器	1 柯林斯/	822 – 0330 – 020
LH 8.4 LCD 可收回监视器	7 罗克韦尔 – 柯林斯/	1303 153 – 101
LH 8.4 LCD 可收回监视器	7 罗克韦尔 – 柯林斯/	1303 153 – 100
座椅电子盒	48 罗克韦尔 – 柯林斯/	1142400 – 130
VHF 收发器	3 罗克韦尔/	822 – 1047 – 030
视频控制中心	1 罗克韦尔 – 柯林斯/	1303 194 – 002
视频系统控制装置	1 罗克韦尔 – 柯林斯/	610860 – 001
指示和记录系统		
飞机警告计算机	2 宇航/	350E053021010
固体飞机数据记录仪	1 联合信号/	980 – 4700 – 003
系统数获取集线器	2 宇航/	350E5151331

租赁交易中各方

租赁交易中，出租人一方最重要的是营销副总裁，承租人一方最重要的是首席执行官（CEO）、首席财务官（CFO）、机队负责人或经理。如果是新飞机，通常有一名熟悉制造商采购和飞机改装的构型负责人。如果是二手飞机，出租人一方通常有一名技术负责人，承租人一方通常有一名维修负责人。此外，出租人通常由信贷委员会审查航空公司的信用和风险情况，航空公司的董事会也需对出租人进行审查。最后，出租人和承租人都会派法律或合同团队参与谈判，也可能有税务专家或专业律师加入。一般是出租人谈判团队前往航空公司所在地，谈判团队通常由五人组成。有些航空公司有常设谈判团队，有些则从法律、技术、风险等领域抽调专家参与谈判（见表 11.3）。

表 11.3 租约谈判各方

出租人	承租人
1. 营销副总裁	1. CEO/CFO/机队主管/经理
2. 新飞机选型团队 – 规格和预算（仅对新飞机）	2. 维修主管
3. 技术	
4. 公司风险委员会	3. 董事会
5. 法务/合同	4. 法务/合同

飞机租赁协议概览

如前所述，租约是出租人和承租人之间具有约束力的法律合同，约定出租人在特定时间内向承租人让渡飞机使用权从而定期获取租金这一行为。因此，租约中详细约定了重要的租赁条件，以下将逐一介绍。

租金率

对于新飞机，交付日期通常在双方租约定稿之后的 18~36 个月。因此，租约是一项需较长时间才能执行的文件。也正因为如此，租金通常以某月或某年为基准，在交付前根据公式中的美元指数参考利率波动向上或向下调整。这种做法考虑了未来市场利率和借款成本的不确定性，确保在飞机真正交付时出租人获得与未来市场水平相当的合理收益，承租人支付与未来市场水平相当的合理租金。

租金也会随飞机生产构型的变化而上下调整。出租人收取的租金是根据飞机生产的最初构型决定的。如果交付前，航空公司希望升级或简化初始构型，出租人将根据新构型成本相应提高或降低租金。出租人通常在第一租期内将构型成本摊销完毕，尽管有些如增加起飞重量（最大起飞重量，MTOW）或增加发动机推力的构型改装对后续租期也有价值。

租金按基准年美元报价，并在实际交付日按制造商公布的价格修正公式进行调整，以便将这段时间劳动力和材料成本的上涨因素考虑在内。制造商可能会对成本通胀设置上限，在这种情况下，出租人可相应设置租金通胀上限，从而将制造商给予的优惠传递给承租人。出租人通常对设置租金通胀上限非常谨慎，除非制造商对飞机价格通胀设置上限，否则设置租金通胀上限对出租人不利。

二手飞机租金通常是固定值，因租约签署距交付时间短，一般为 6 ~ 12 个月，所以通常不对租金按利率指数进行调整。二手飞机的改装成本通常在租期内摊销。例 11.1 展示了一架新飞机的租金调整公式。

例 11.1　租赁租金调整

每月 500000 美元（交付美元）的基础租金基于假设的 12 年互换利率 2%（假设互换利率）。

交付日前 2 个工作日，基础租金应根据实际 12 年互换利率与假设互换利率差异每 1% 的百分之一（0.01%）向上或向下调整 324 美元，公式如下：

公式：基础租金 + （实际利率 - 假设利率）× N × 100

基础租金：500000 美元（交付美元）

实际利率：交付日前 2 个工作日的美元 12 年互换利率（在彭博 IRSB18 页面显示，保留两位小数并以数字而非比例显示）

假设利率：2%

N：324 美元

租期

通常一架新飞机的租期为 120 ~ 144 个月（10 ~ 12 年）。这是出租人摊销飞机构型成本并取得合理投资回报的最优区间。总体来说，出租人希望租期更长，而航空公司希望租期更短，但首个租期通常为 120 ~ 144 个月。

对于二手飞机，出租人通常会根据飞机维修状态设置租期。比如，对于一架刚完成 6/12 年结构维修检查的 A320 飞机，租期最好为 6 年而不是 5 年，以免下一租期承租人为了完成后续结构维修检查而不得不将飞机退出运营。因此，租期通常与重大机身维修检查计划一致。租期也会根据具体飞机和发动机型号的不同而变化；如果市场上某飞机或发动机的供给远大于需求，导致租金率降低，则出租人应在飞机大量供应市场前结束租约。航空公司的使用频率（飞机用于短途航班或长途航班）是另一影响最优租期的因素。航空公司的使用环境（飞机运营环境是正常、恶劣或腐蚀）也影响租期。例如，飞机若出租给一家以海岛为基地的航空公司，运营环境的盐度和腐蚀性高，那么租期较长可能导致机身和发动机损耗较高，维修更频繁更昂贵，飞机的残值降低。这一情况下应考虑较短的租期。

出租人和承租人都希望租期设置能实现各自利润最大化，因此租期长短需要经过反复谈判及双方妥协才能达成一致。出租人在设置租期时，也需要考虑飞机在生命周期中处于什么阶段。例如，飞机处于生命周期末端且租期内出租人又已将收取的维修储备金用于维修飞机，租期结束飞机拆解后价值很低，出租人会遭受较大损失。因此，对出租人来说，从现金流或生命周期角度考虑飞机何时退租最合适非常重要。

保证金

保证金是某一固定金额或几个月租金，后者通常是 2 ~ 3 个月租金。出租人与承租人协商按进度支付，第一次支付通常在备忘录签署后，以便让出租人停止营销这架飞机。保证金剩余部分的支付进度由双方协商决定。出租人通常基于其对客户管辖风险和信用风险的判断收取保证金。

管辖风险

保证金反映了该架飞机运营地的管辖风险，包括对航空公司违约或倒闭后出租人取回飞机的法律和政治补救措施的考量。例如，某些国家劳工法非常强势，如果当地法院认为航空公司停止运营飞机会导致雇员失业，那么取回飞机将更加困难。对于在这些国家运营的航空公司，出租人通常会收取更高的保证金。

信用风险

出租人通常基于管理团队、商业计划、公司财务情况、市场展望、竞争程度和运营地区对航空公司进行评级。保证金也反映了出租人承担的航空公司信用风险。

保证金可抵御包括未收到租金或储备金、未履行维修义务、飞机被留置、不当运营、保险免赔和飞机灭失等风险。保证金为现金或当地银行出具的信用证。信用证作为保证金更普遍，尤其是对于信用资质较好的航空公司来说。出租人需认可信用证的形式和内容，且信用证必须非常准确，否则当航空公司违约时银行可能不愿兑付，因为兑付后催收责任便转移给银行了。对于出租人来说，信用证最好由出租人本国银行而不是由国外银行开立，因为与当地银行的交易风险小于国外银行。如果航空公司坚持由国外银行开立信用证，出租人可要求由本国银行确认该信用证，减少交易风险。若发生违约，信用证会由当地银行兑付，当地银行再向外国银行追索。在某些国家，以信用证作为保证金优于现金保证金，因为如果航空公司破产，信用证保证金常被认为是破产前已支付的款项而受到保护，但现金保证金常被认为是用公司未来收入支付的而不受破产法保护。因此，在某些国家，信用证在破产时比现金更有利。如果破产时对现金和信用证的处理没有区别，那么出租人通常对两种保证金方式也没有偏好。

如果租期结束，无违约事件发生或正在发生，且退租时飞机符合约定退租条件，保证金将在租期结束将退还承租人。

保险

除责任险以外，其余两个主要的保险形式是机身和战争险（Scheinberg，2014）。对于一架新飞机，出租人会要求承租人按飞机账面价值的110% ~ 115%进行投保。高出的投保金额通常用于覆盖未来收益的损失和为飞机提供更高的流动性，以便飞机能够以更高价格出售给另一出租人而不需要原出租人提高保额。责任险通常是每名乘客300万～400万美元。免赔额限制基于航空公司的评级。评级高的航空公司可坚持较高免赔额，评级低的航空公司免赔额较低。航空公司自己投保同样基于其现今或未来的信用状况。最后，出租人可能坚持一条非歧视条款，要求航空公司对租赁飞机的投保金额不低于机队中的其他飞机。

安享权

安享权条款允许承租人在不违反支付租金、维修储备金等其他约定义务的情况下，飞机运营不受出租人干涉。出租人通常要求对飞机和相关记录进行定期检查，但只要承租人仍在履行租约义务，出租人无法干涉或指定航空公司在某地或以某种方式运营飞机。如果租约允许，承租人可以将飞机转租（见图11.1）。

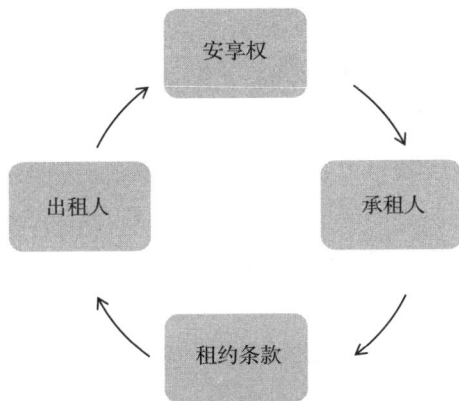

图11.1　租约概念：安享权

绝对责任条款

这一条款要求承租人（航空公司）不管遇到何种情况，包括遭受自然灾害，都需要支付租金。因为出租人依靠租金收入偿付银行借款，这一重要条款会影响出租人为飞机购买价款进行融资的能力。如果航空公司无法定期支付租金，也会影响飞机的流动性。最后，这一条款要求承租人在经历破产程序时依然支付租金，减少了不确定性（Littlejohns & McGairl，1998）。

飞机交付条件

新飞机交付时，飞机制造商和租赁公司之间签有购机协议。根据购机协议，租赁公司根据航空公司的构型要求订购某类飞机。航空公司接收飞机受季节性影响。通常在北半球，航空公司旺季是春天到夏天，而在南半球，旺季正好相反。因此出租人需要依据某种飞机的需求情况决定在恰当时间接收飞机。出租人应了解飞机的生产周期。在生产周期末期接收的飞机盈利性较差，因此出租人应对接近停产的飞机协商一个较低价格。比如，尽管空客在 A320neo 投产之后仍继续销售 A320ceo，但航空公司通常会选择技术更先进更省油的 A320neo，导致 A320ceo 的价格跌幅较大。

新飞机构型和状况

承租人对新飞机的构型要求包括发动机型号（若可选）和推力、包括客舱布局在内的内饰改装、客户购买设备（BFE）、机上娱乐系统（IFE）等。同时也要具体了解承租人的这些改装在未来如果处理。出租人应从第二、第三租期而不仅仅从第一租期角度考虑所安装设备的未来价值。比如，如果某承租人要求机上娱乐系统具有独立电视，下一位承租人也会需要吗？这一设备是否会过时？很有可能第一租期承租人需要这一设备，而第二租期承租人并不需要。出租人应进行成本—收益测算来决定是否与承租人就某一设备进行谈判。

最后，出租人应充分了解如联邦航空管理局（FAA）和欧洲航空安全局（EASA）等不同监管机构的标准要求。若第一租期承租人运营基地在美国，则飞机应符合 FAA 监管要求，但若飞机随后出租给欧洲航空公司，飞机应符合 EASA 监管要求。出租人也许希望让飞机同时符合 FAA 和 EASA 监管要求，但第一租期承租人并不想为满足 EASA 监管要求而支付额外费用。这时，出租人须判断为满足双重监管要求而额外支付的成本是否能由未来租金收入覆盖（见图 11.2）。

新飞机改装时间表

通常拥有新型技术的宽体机，如波音 787 或空客 350 需要的改装前置时

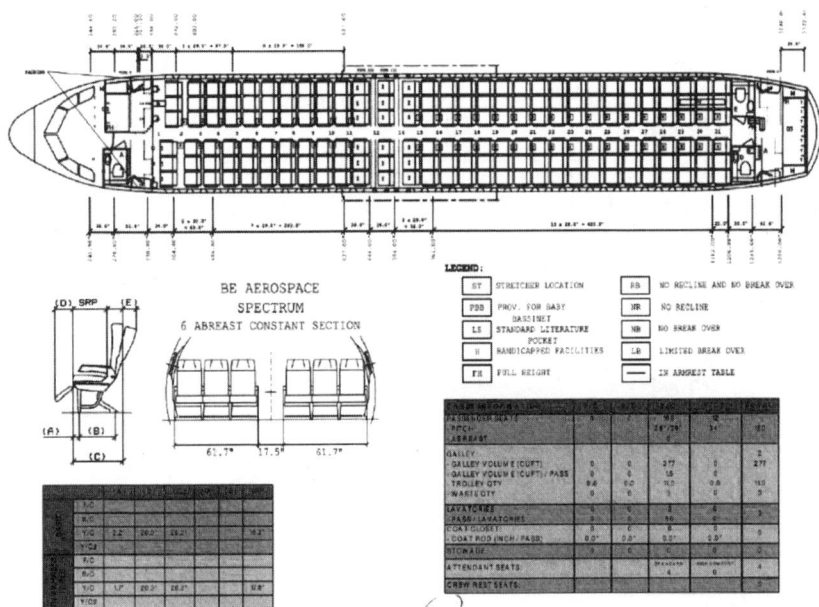

图 11.2　A320 - 200 客舱布局（LOPA）样本

间最长，34～36 个月不等。因为它们处于生产周期早期，波音或空客需要更长时间确定构型、设计、生产并交付飞机。这意味着出租人须提前很久从航空公司获取构型信息，通常这会给航空公司在谈判中带来一定优势。如果是现有技术的宽体机比如空客330 或波音777，需要在交付前14～16 个月进行改装。窄体机改装前置时间通常是交付前12 个月，且不会因飞机技术新旧有太大变化。如果交付前承租人发生财务危机或破产，出租人需要与制造商沟通哪些构型中哪些部分还可修改。如果是一架新型技术飞机，很不幸，并没有多少可以修改，出租人必须按照现有构型接收飞机（见图11.3）。

二手飞机：构型与状况

根据新的构型要求，出租人通常把将飞机转租给下一承租人涉及的改装费用称为初期预算（ROM）。初期预算包括内饰、机上娱乐系统、适航及其他费用。一旦改装费用确定，承租人和出租人将协商如何分摊该费用。

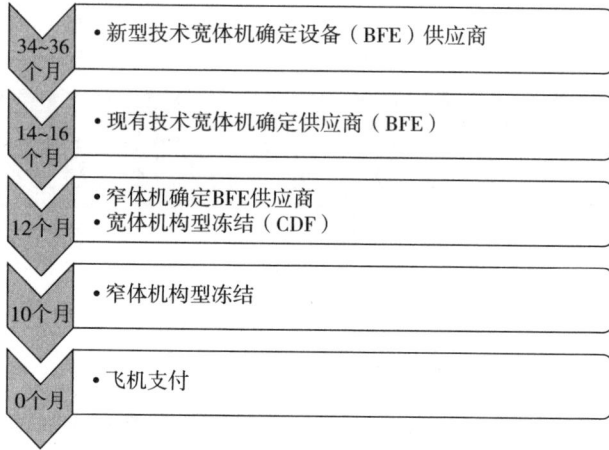

图 11.3   新飞机构型时间线

一般来说，出租人应在宽体机第一租期结束前 18 个月、窄体机第一租期结束前 12 个月确定改装方案。改装中，增加最大起飞重量或升级发动机推力需要的时间通常比预计更长。出租人还需要考虑新承租人对维修状态的要求是否与上一承租人退租时的维修状态匹配，以及飞机重要部件的维修情况，比如每台发动机自上次性能恢复后的飞行小时数，每台发动机寿限件的剩余寿命以及距下一次机身重大结构维修、起落架大修、辅助动力装置（APU）恢复的剩余时间。如果飞机很快要进行某一维修检查，出租人可能会考虑承担相应维修成本，以提高飞机在第二租期的竞争力。出租人还应保证飞机符合所适用的监管要求、适航指令（ADs）和服务公告。

飞机退租状态

这里主要从协议起草和租约谈判角度考虑。租赁协议中应明确约定飞机于何地退租、何方承担退租费用等，同时也需要留有灵活空间。出租人希望飞机能在下一个出租人或即将进行改装的维修地附近退租。因此租约条款应有一些灵活性。比如，如果租约明确飞机在冰岛雷克雅未克退租，但出租人希望在爱尔兰香农退租，并愿意承担从冰岛雷克雅未克调机至爱尔兰香农的费用，那租约中应有相关调机条款。退租时全面检查飞机维修记录也非常重要，如果没有完整维修记录，飞机将无法适用下一承租人的运营许可证，飞机价值可能大幅下降。租约的大部分篇幅用于约定出租人应向承租人提供记录、承租人租期内如何保管记录及租期结束如何将记录交给出租人。出租人通常希望承租人不断更新原始记录，并在租期结束时归还，还希望在记录上看到维修人员的"手指污渍"以证明记录是原始的且由航空公司妥善保管。说到这里，电子化记录越来越流行，纸质记录也是很快会成为过去。

退租过程中通常用一次试飞来证明飞机性能符合制造商标准。如果发现异常，将进行报告及修正。出租人和承租人双方代表都应在试飞现场，识别和确认试飞过程的异常情况。

飞机改装需要关注施工是否到位、记录是否完整、是否得到监管认可。如果有疏漏，可能需要出租人出一大笔钱重新施工，且飞机停场阶段会造成租金收入损失。

维修条约和储备金

我们在第九章详细描述了维修储备金，这里讨论维修储备金在协议起草和谈判中的注意点。

从出租人角度来看，理解交付时飞机维修状态以及退租时预期飞机维修状态之间的关系非常重要。出租人根据飞机再营销及下一承租人的预期要求设置退租维修状态。如果飞机在租期中曾发生事故，出租人会需要相关文件证明飞机已被修复或要求一份无事故证明。

维修条约的目的

维修条约的主要目的如下：

- 保证飞机在交付承租人前，处于双方同意的可接收状态；
- 约定承租人在租期内进行合格的维修检查的义务，以及维持机身、发动机和其他重要部件的最低维修和认证条件的义务；
- 约定承租人在租期内承担维修储备金的义务；
- 约定飞机在退租前应完成的维修检查。

维修储备金

回顾第九章，飞机有五大部件维修成本较高，故出租人通过收取维修储备金以补偿上述部件的维修成本。维修储备金通常以飞行小时（FHs）、

APU 小时、飞行循环（FCs）或日历日间隔进行计算。五大主要维修部件包括：

- 机身重大结构检查；
- 发动机性能恢复；
- 发动机寿命件；
- 起落架大修；
- APU 性能恢复。

出租人希望从承租人收取维修储备金的原因包括：

- 补偿以上不同飞机部件的使用消耗；
- 为下一次技术恢复提供资源；
- 在承租人破产时保护出租人。

一般作为维修储备金收取的现金会随着飞机一同转给下一位承租人。

租期终止方式

租约终止时，出租人根据租约会提供不同终止方式，比如提前终止、续租或回购。

提前终止

出租人通常会向承租人提供提前终止选择权，以便能与承租人就后续飞机达成交易。如果承租人同意签署新的租约或达成某一条件，例如承诺未来从出租人处租赁新一代飞机，出租人常常会同意提前终止租约。相比没有提前偿还选择权的租约，这样的安排使出租人更容易说服承租人签署租期较长的租约。提前终止选择权也给予航空公司根据当前市场出行需求调整机型和机队的灵活性。出租人也可能遇到在航空公司行使提前终止选择权时，市场租金水平高于原租约的情况。

附带提前终止选择权的飞机可能在交易时不受欢迎。比如一架附带 8 年租约但承租人可在租赁 5 年后选择提前终止租约的飞机，因为买方并不了解承租人是否会行使提前终止权，买方会按照 5 年的租金收入而不是 8 年的租金收入测算报价。此外，尽管承租人实际并不想行使提前终止权，但依然会以此作为谈判筹码试图降低租金。

续租

若双方对续租期内的新租金率达成一致，承租人可延续原租约。这对双方都有利。对于承租人来说，这一选择能保持机队稳定。对于出租人来说，这一选择减少了转租给新承租人带来的成本。如果双方提前约定了续租租金率，可能面临的问题是承租人在续租租金较高时不愿意协商续租，而在续租租金较低时更愿意直接续租。因此，出租人实际上限制了续租租金的上行空间，并承担了续租租金下行的风险。此外，续租后出租人需要重新约定退租条件和维修条件。

回购

回购选择权在经营租赁合同中非常少见。如果存在回购条款，回购价格一般设置为租约结束时飞机的市场价格。如果出租人给予承租人回购权，且承租人有可能行使回购权，那么出租人应提前准备不再营销这架飞机。

租约中其他技术条款

适航指令成本分摊

适航指令是飞机注册国或机型证书持有人监管机构发布的强制指令。出租人通常更关注机型证书持有人监管机构发出的适航指令，这些适航指令通常要求在特定时间内对飞机进行检查或改装。租约要求承租人保证飞机符合所有适用的适航指令。有些租约有成本分摊机制，出租人会分摊超过一定金额的适航指令成本。为保护下一位承租人，适航指令的合规要求会延续至租期结束以后，以保证租期结束后发布但须追溯适用的适航指令也得到实施。以下例子展示了适航指令成本分摊是如何在租约中约定的（见附录 2 第九部分和例 11.2）。

例 11.2　计算出租人与承租人之间适航指令成本分摊

如果承租人在退租期间实施一项适航指令的成本超过 75000 美元，出租人将在收到承租人关于实施适航指令成本明细发票的 30 天内向承租人按照下列公式中的"X"金额补偿成本中属于承租人部分，前提是没有违约事件发生或正在发生：

$$X = \frac{(Z - Y) \times (C - T)}{Z}$$

其中 X 是补偿承租人的金额。Y 是（1）与（2）之间的月数，（1）是完成上述适航指令的日期或上述适航指令原要求实施日期的较早者，（2）是租约终止或提前终止日期。当原要求实施日期在租约终止或提前终止日之后，Y 等于零。C 是承租人实施适航指令的合理费用，因实施适航指令导致飞机停止运营产生的成本不计在内，且应包含承租人收到的全部补贴和折扣。T 是以美元计的阈值，等于【　】美元。Z 是按月计的租期。

制造商授权部件（PMA）

制造商授权部件是对不是原始设备制造商（OEM）生产部件的误称。出租人禁止在飞机上安装未经原始设备制造商许可的部件。制造商授权部件是美国联邦航空管理局对部件制造商授权系统的简称，部件制造商授权系统是美国联邦航空管理局对第三方生产部件授权进行许可的系统。这些部件符合原部件的技术标准，但未得到原始设备制造商授权，是原始设备制造商指定部件的低价替代品。出租人禁止使用的其实是未经原始设备制造商批准的制造商授权部件。使用制造商授权部件实质上并不违法，但出租人通常禁止在飞机上安装制造商授权部件（Karen 和 Burns，2009）。以在发动机中安装 PMA 部件的情况为例，如果发动机随后进入原始设备制造商的大修工厂，不论这一部件的状态如何都会被丢弃。最近，发动机原始设备制造商称它们不会为未经许可的寿限件提供任何保证，未经许可的寿限件指安装任何未经原始设备制造商授权的部件或任何以未以原始设备制造商许可方式安装的部件。出租人面临的另一问题是经某一监管机构许可并安装在飞机上的制造商授权部件在第二租期时可能不被其他监管机构认可。这可能导致出租人不得不对上一承租人安装的制造商授权部件进行更换。

转租赁和发动机共享

租约可以允许承租人将飞机转租赁给另一承租人，或是将发动机和其他部件转移给承租人机队内的其他飞机（Karesh 和 Burns，2009）。尽管出租人并不希望承租人进行转租赁或发动机共享，因为这样会使飞机退租过程更为复杂，但租约中通常都允许承租人转租赁或共享发动机。尽管对航空公司有利，承租人和其他航空公司或维修工厂的发动机共享协议却会损害出租人利益。根据共享协议，被共享的发动机可能会装在另一航空公司的飞机上。因为使用被共享发动机的航空公司并没有和出租人签订协议，故承租人航空公司发生违约时，出租人很难取回发动机。

出售/购买协议

经营租赁交易有两种主要结构，自有订单或二手租赁和售后回租。在售后回租交易中，出租人从承租人手中购买飞机并立即租赁给承租人。附录1展示了一份售后回租交易的意向书。在自有订单交易中，出租人将已向制造商如波音或空客订购的飞机租赁给承租人。出租人从承租人获取构型需求并让飞机制造商按此生产。附录2展示了一份自有订单交易的意向书。

自有订单交易和售后回租交易的最大的不同之处在于售后回租交易卖方（承租人）和买方（出租人）之间除了租约外，还须签订购机协议。如果是新飞机，通常双方会和飞机制造商签署三方协议，约定如果卖方（承租人）违约，买方（出租人）继承卖方义务时如何支付预付购机款。

在售后回租交易中，承租人需要在较高购机价和较低租金之间权衡。这种权衡也叫高—高或低—低交易。为达到目标收益率，如果出租人支付了较高购机价，就会收取较高租金；如果出租人支付了较低购机价，就会收取较低租金。

从出租人角度来看，自有订单和售后回租这两种租赁交易结构代表了两种不同的公司发展路径，也拓展了新的交易机会。两种租赁交易结构也可平衡周期性风险，因为在不同市场周期时点，两种租赁交易结构展现了不同甚至常常相反的收益特点。市场强劲时，航空公司比市场疲软时更愿意为出租人自有订单飞机支付溢价。同时，出租人纷纷进入市场导致售后回租竞争激烈，购机价格提高，关键交易条件疲软，导致经济收益降低。如果出租人以主动资产交易为商业模式，那么经济收益降低有利于飞机出售，但也导致市场强劲时售后回租机会减少，自有订单机会增加。市场疲软时，这一机制会反转，因为承租人更愿意低价出售飞机，以增加现金流，降低租金。因此，在经济疲软时期，售后回租交易比自有订单交易盈利性更强。

交易参与方

租赁交易的主要参与方包括承租人（航空公司）、出租人和为交易提供融资的借款人。如果是新飞机交易而且存在 PDP 融资，那么制造商也会参与交易。

税务考虑

租约应约定承租人向出租人支付的款项不含如预提税、所得税、销售使用税和增值税等税费。

权利和义务的转让（例如预付购机款）

预付购机款是在制造新飞机时，买方向制造商支付的进度款。预付购机款金额最高可达飞机最终价格的 30%，是买方重要的现金支出。买方通常采用 PDP 融资。

售后回租交易中，承租人（航空公司）向制造商购买飞机，通过银行或第三方的抵押融资支付一定比例预付购机款。融资期间航空公司需要支付利息，本金通常在飞机交付时偿还，飞机作为抵押物。为提供担保，买方（航空公司）将其在购机协议下的权利留置给融资方。买方同时与制造商签署三方协议，约定制造商认可借款方拥有的留置权以及买方违约后各方对飞机的权利和预付购机款支付方式。一旦买方（承租人）无力支付租金或遭遇财务危机，出租人便可替代买方，这一安排保护了出租人利益（Gee，2009）。

上述安排还包括由制造商及出租人约定购机价格和其他商业条款，购机价格可能与承租人和制造商约定的不一致。在很多情况下，购机价格是买方（承租人）和卖方（出租人）之间才知道的保密信息。承租人违约情况下，出租人有权替代买方购买飞机并出售或出租给另一家航空公司，而不必担心替违约的承租人支付 PDP 遭受的损失。这时，出租人应关注它们替航空公司购买的飞机构型。如果违约的航空公司订购了较为独特的飞机构型，那么改装并再营销给其他航空公司的费用较高。因此，预付购机款融资通常给予资质较好的航空公司，或资质一般但飞机构型更主流的航空公司。

需要注意的是协议中可能有追回条款，如果买方能向法庭证明这些付款其实是交给制造商的保证金而不是补偿飞机制造成本，那买方可以追回预付购机款。为防止这一情况发生，大多数购机协议都约定买方向制造商支付预付购机款的义务是绝对和无条件，这样只有制造商对预付购机款享有利益，买方不享有。总体上讲，如果制造商的利益能被确认，预付购机款就不会被追回。

租约谈判的艺术和科学

谈判成功的关键是双方达成可接受的妥协。如果各方都想赢得每一点协商内容，那么租约谈判很难完成。即便成功了，接下来的商业合作也不会顺利。谈判开始前，各方应确定哪些内容是"必须赢"，哪些内容不太重要可以与更重要的点交换，以及谈判的底线在哪儿。

之前提过，从出租人角度来看，租约有两方面目的，第一是获得经济回报，第二是管理资产风险和信贷风险。租赁交易首先是由经济收益要求决定的，其他必备因素包括在售后回租中取得最优购机价格，详细的飞机构型和退租条件以及各项可能受融资成本影响而不同的交易条件。更进一步，需要对资产和承租人的融资能力进行独立尽职调查和考量。除以上关键因素之外，租约约定了对主要风险的缓释措施。这些缓释措施包括保证金、租金率、维修储备金以及财务承诺，如若航空公司流动性减少至某一阈值，将触发信用证转换为现金的条款。

租约谈判过程的科学

租约谈判是一门科学还是艺术呢？答案是它既是艺术又是科学。租约中有一些元素可以被认为是科学。对于出租人来说，从公司角度考虑的方面通常是典型的科学而不是艺术，如购机价格和租金率等财务指标。这是因为购机价格和租金率由市场决定，且很大程度上是由融资成本和收益要求决定的。出租人很难在财务指标上妥协，因为租金率和融资成本之差会随之减少。尽管租约通常由律师起草，但仍须由不同专家草拟商业和技术内容并进行确认。租约应滴水不漏，没有模糊、未提及的内容或富有争议的语句。这一点非常重要，因为起草租约和进行谈判的人通常不是以后以及8～12年后退租时解读租约的人。经验以及双人甚至三人复核都很重要。

租约谈判过程的艺术

租约谈判也是艺术，因为需要承租人与出租人相互妥协。租约谈判并不是竞赛，速度并不是追求目标，但过程太过缓慢也不利。正确的租赁条款是双方拥有良好合作关系，避免后续纠纷的重要前提，租赁应最终使双方都满意。尽管租约谈判的艺术性与不同承租人、不同出租人和不同交易类型有关，但以维修储备金和保证金等风险缓释措施为例，这些内容常常需要妥协和谈判。从出租人角度看，妥协程度取决于承租人过往租约的履约情况、承租人提供的额外担保以及承租人所在国家是否为《开普敦公约》缔约方。

对于承租人，如果正在购买出租人自有订单飞机，最重要的需求是可行性，包括时间及合适的机型和构型。除此之外，承租人应从出租人在租金率、租期和风险缓释措施方面的初始要求开始往下谈判，以保留更多灵活性，减少对承租人的约束和义务。承租人能否通过谈判取得更有利条件，通常取决于当时的需求供给情况。在售后回租交易中，航空公司通常对购机价格和租金率心中有数，因为这取决于市场上融资方数量和资本充足性。随后，航空公司应关注可否实现最大化购机价格或减少月租金负担的目标。对航空公司来说，其永远都在即期飞机销售收益和租期内租金持续成本之间权衡。

从出租人角度看，按从高到低的重要性，应分别考虑选择合适的资产、支付合理的价格、租赁产生合理的收益、管理租约和资产在租期内产生的风险。最后，拥有一套流程保证退租工作和再营销工作同步进行，并与第一租期一样严格要求。

因此，租约谈判是一个反复多次的周期性过程。从风险管理角度看，更是一个持续的过程。

总结和结论

本章关注租赁合同和租约谈判过程的要点。要点包括售后回租的购机价格，租赁期限，租金，交付飞机的技术构型，技术退租条件，上述条件偏差如何补偿，保证金，维修储备金，其他风险缓释措施和条款，安享权的限制，包括限制转租赁或在受限国家运营，租期和退租后适航指令维护条款和成本共享，限制变更飞机构型，限制使用制造商授权部件。本章附录提供了一份自有订单和一份售后回租意向书样本。

租约谈判既是一门艺术也是一门科学。对于出租人来说，购机价格和租金更像一门科学，因为这些因素与融资成本和投资收益要求有关。租约谈判的艺术性通常和不同出租人、不同承租人和不同交易类型有关。关于风险缓释措施如维修储备金和保证金等内容的谈判就需要妥协。出租人的妥协程度取决于承租人过往租约的履约情况、承租人能提供的担保措施或承租人所在国是否加入《开普敦公约》。本章末的案例分析模拟了一份租约谈判过程，可以让你练习从出租人或承租人角度谈判租约的能力。

案例分析：租约谈判

第一部分：出租人情况

全球美嘉飞机租赁有限公司

- 出租人总部位于纽约
- 在都柏林，纽约和香港设有办公室
- 拥有和管理机队数量 1224 架，机队价值 4500 亿亿美元[①]
- 现有 185 架波音订单和 212 架空客订单
- 客户超过 120 个，位于 62 个不同国家

---

① 原书有误，应为 450 亿美元。——译者注

行业背景

2018 年春，航空产业看起来蒸蒸日上，油价处于低位，劳动成本稳定。航空公司和租赁公司正处于持续盈利期。然而，危机即将到来。由于超低成本航空公司竞争激烈，每可用座位英里收入（RASM）不断下降，超低成本航空公司劳动力更年轻（便宜），机队更年轻，融资和租金成本较低。未来 24 个月利率预计至少增长 150 个基点，世界地缘政治不稳定性加剧。过去 9 个月，已有 4 家航空公司宣告破产：3 家在欧洲，1 家在俄罗斯。其中 3 家航空公司已停止运营，导致有大量飞机需要转租。尽管存在这些潜在警告信号，空客和波音依然拥有大量长期历史订单。

公司背景

外人看来，全球美嘉飞机租赁（GMAL）运营良好。利润持续增长推动公司股价达到历史高位。但 GMAL 的首席执行官汉斯·霍夫梅斯特（Hans Hoffmeister）曾在内部会议为因承租人破产而停场的 6 架二手 A320，2 架 B787，3 架 B737 和 4 架 A330 尚未找到新承租人而焦虑不安。如果下个月 GMAL 召开业绩电话会时，大部分停场飞机依然没有找到承租人签署备忘录，那这些停场飞机会对公司股价产生较大不利影响。此外，其中一家停止运营的航空公司，保加利亚的载旗航空——索菲亚航空（Air Sofia）还租赁了 4 架新 A320neo 飞机，计划于 2019 年第一季度交付。空客将在 2018 年中开始生产这些飞机，故更改构型的时间非常有限。生产后再改装的成本比生产前改装高 50%。这一额外成本可能导致原本盈利的交易在整个租期内都亏损。Hans 近期在内部全球营销会议上向员工强调，处置这些新飞机和二手飞机是公司首要任务。如果他在业绩电话会上报告上述情况，首席财务官曾预计股价可能下滑 30%。作为公司员工，每人的收入都包含合理的工资和以公司股权形式发放的奖金。因此这一消息对每个人都是不幸的。此外，过于急迫地将飞机按照不利的租赁条件处置同样会对可预见的未来收入造成损失。幸运的是，位于香港的营销团队已快完成二手 B737 和 A330 的处置。

市场背景

过去 GAML 达成的二手飞机租赁交易中，与本次破产取回的飞机类似的 A320ceo，租金为每月 22500 美元。你曾在市场听说二手 B787 的租金大约 800000 美元。正常交易需要 2～3 个月现金保证金以及现金或信用证形式的维修储备金。二手窄体机通常租期为 6 年，二手宽体机租期为 8 年。2017年新飞机租金大约 400000 美元，但近期 12 年租约的租金大约回落至 380000美元。

GMAL 的成本盈亏分析表明，在平均租期条件下，二手窄体机租金可减少约 15000 美元，新窄体机租金可减少约 30000 美元，宽体机可减少 70000美元而不亏本。租期每减少 1 年，相当于窄体机租金减少 5000 美元，宽体机租金减少 15000 美元。

目标

作为 GAML 的市场营销团队，你的目标是在最优条件下处置尽可能多的飞机。你了解信贷委员会更关注租约的租期和租金以外的部分，所以应对交易进行整体考虑。你近期发现首席执行官对处置飞机没有进展非常恼火，很可能因为他的奖金与公司股价相挂钩。

第二部分：承租人信息

Fly4Less 航空
- 基地位于斯坦斯特德机场的超低成本航空
- 航线覆盖欧洲、非洲、北美和亚洲超过 100 座机场
- 运营机队包括 30 架波音 787 和 110 架空客 320ceo
- 现有订单包括 20 架波音 787 和 220 架空客 320neo

行业背景

2018 年春，航空产业看起来蒸蒸日上，油价处于低位，劳动成本稳定。航空公司和租赁公司正处于持续盈利期。然而，危机即将到来。由于超低成本航空公司竞争激烈，每可用座位英里收入（RASM）不断下降，超低成本航空公司劳动力更年轻（便宜），机队更年轻，融资和租金成本较低。未来 24 个月利率预计至少增长 150 个基点，世界地缘政治不稳定性加剧。过去 9 个月，已有 4 家航空公司宣告破产：3 家在欧洲，1 家在俄罗斯。其中 3 家航空公司已停止运营，导致有大量飞机需要转租。尽管存在这些潜在警

告信号，空客和波音依然拥有大量长期历史订单。

公司背景

外人看来，Fly4Less Air（FLA）运营良好。航空公司开业 8 年，已成为世界最大的 ULCC 之一。两年前，FLA 在伦敦股票交易市场上市，投资人反馈良好。然而，随着机队年龄老化，分析人员开始质疑航空公司盈利增长的能力。为解决这一问题，FLA 年初向空客和波音订购了大量飞机。购机价格优惠，但直到 2021 年才开始交付，2025 年交付结束。分析师又开始议论自有订单的 PDP 付款会对航空公司的现金流产生影响。FLA 首席执行官珍妮·怀特赛特（Jane Whiteside）上季度曾向分析师承诺在自有订单交付前 FLA 将从出租人处获取飞机以加快机队增长，同时尽可能保证现金流。由于市场飞机供应紧张，分析师对 FLA 在中期内能够持续增长表示怀疑。Jane 可以在下个月业绩电话会上证明分析师们错了。如果 Jane 是正确的，股价肯定会上升。如果 Jane 错了，股价下降，航空公司的管理岗位将会换人。

本周初，Jane 把机队团队叫进办公室解释了航空公司面临的困境。她清楚表明公司需要在有利的条件下取得更可能多的飞机。FLA 以从供应商处取得最优价格从而保持低成本而闻名，采购飞机也不例外。传言前一任机队团队因为上一架租赁飞机的价格折扣比竞争者报道达成的折扣少 3% 而被解雇。她强调其他航空公司的倒闭应该是 FLA 的机会，机队团队应该达成令人满意的交易，不只租金，还包括其他租赁条件。从最近的行业会议中，团队了解到破产航空公司的大部分飞机已经与其他航空公司达成了意向，但 Jane 并不想听这些。她让机队团队离开办公室前，他们最后听到她说要达成不支付维修储备金的交易，租期越短越好，以与自有订单交付相吻合。

市场背景

在一次会议上，你和同行 Jim Morrison 喝过几杯，他就职于总部在伦敦的 Highfly Air，你了解到他们在夏季之前刚租赁了二手飞机，与破产航空公司停场飞机类似条件的 A320ceo 租金约为 225000 美元，二手 B787 飞机租金为 800000 美元。根据经验，你了解到二手窄体机一般租期为 6 年，二手宽体机租期为 8 年。对于新飞机，据说 320neo2017 年末租金约 400000 美元，但近期你听说 12 年租期租金已降至 380000 美元。

目标

作为 FLA 机队采购团队，你的目标是在最优条件下租赁尽可能多的飞机。根据租赁条件不同，就算只有几架飞机也比没有飞机好。你近期发现 Jane 让 Jim Morrison 来她办公室，很可能是为机队采购负责人面试，以防你的团队没有完成任务。另外，她给购买波音和空客飞机的团队升职并为他们的杰出贡献支付了丰厚奖金。

附录1　意向书样本（售后回租交易）

2017 年 9 月 15 日

Superjet Limited

航空楼，米加格莱德①，米索不达米亚

致：租赁副总裁

尊敬的先生：

这份意向书记录了 SuperJet Limited（SuperJet）和飞机航空租赁有限公司之间就一架 A320 – 200 飞机达成的意向，详细如下：

1. 购买方/出租人

飞机航空租赁有限公司，及/或其附属机构，所有者信托，被转让人或指定人（出租人会在承租人接受的国家注册并拥有不低于 25000000 美元的有形净值）。

2. 出售方/承租人

SuperJet（或前者任何附属机构或子公司）。

3. 飞机和交付日期

机身	发动机	MSN	计划交付月
A320 – 200	CFM56 – 5B4/3 PIP	1234	2019 年 10 月

---

① 此处为虚构地名。——译者注

飞机将是全新出厂状态，详细信息见附录 1。

出售方应在预计交付月开始前告知购买方预计交付日。

实际交付日是飞机从空客（制造商）在其位于图卢兹工厂交付的日期（交付日）。如果飞机因制造商原因推迟交付，购买方和出售方可能同意延长计划交付日。但如果交付日超过计划交付月结束后 6 个月，则购买方就没有义务购买飞机。

4. 购机价格

每架飞机 42000000 美元（交付美元）。

5. 购买飞机

飞机受出售方和制造商签订的购机协议（SuperJet PA）约束。出售方将向购买方（经制造商同意）转让其在 SuperJet PA 项下取得飞机（包括所有安装在飞机上的 BFE 部件）所有权（但出售方仍然保留支付所有预付款义务以及所有其他 SuperJet PA 项下义务）。出售方将于交机日向购买放出售飞机。

6. 租赁期限

72 个月。

7. 租金

承租人应从交付日开始，每月预付租金。

固定租金

每月 355000 美元（交付美元）基础租金是基于 2% 的 12 年掉期率（假设掉期率）。

基础租金根据交付日前两个工作日的实际 5 年期掉期率与假设掉期率之间 1% 的每一百分之一向上或向下调整 174 美元。公式如下：

掉期率公式	基础租金 +（实际利率 – 假设利率）× N × 100
基础租金：	355000 交付美元
实际利率	交付日前 2 个工作日的美元 5 年互换利率（显示在彭博 IRSB18，保留两位小数并以数字而非比例显示）
假设利率	2%
N	174 美元

8. 保证金

承租人按如下方式向出租人支付保证金 710000 美元：

签署本意向书后两个工作日内支付 355000 美元；

签署租约时支付 25000 美元；

交付日前两个工作日支付剩余部分。

保证金按 2% 计息，于租约终止日向承租人支付。没有承租人书面明确同意，保证金不能和出租人主要资金混用或用于飞机融资的转让或抵押。若租期结束或提前终止时，没有发生及正在发生的违约事件，保证金于租约终止日立即退回承租人。

（承租人有权在交付前或租期内，以承租人认可银行出具的不可撤销信用证替代现金保证金。承租人在租期内有权以现金替换信用证）

9. 维修租金

承租人应按照附录 2 向出租人支付维修租金。

10. 维护

承租人在租期内和退租时负责飞机所有需要的维修、检查、修理和改装。

飞机应按照承租人维修计划进行维护，维修计划应与制造商维修计划文件一致，并经过航空监管机构和出租人同意。飞机、发动机和部件的维护商应由出租人批准并拥有 FAA 或 EASA 145 章批准才能进行所需作业。

所有对飞机、发动机和部件的维修工作及相关材料均需符合相关 OEM 标准。租期内所有安装在飞机或发动机的部件均需满足相关 OEM 标准。

11. 飞机文件

承租人应按照航空监管机构、维修计划、FAA 或 EASA 及机场运营要求，保管飞机、发动机和部件相关的所有技术记录和文件。所有技术记录和文件都以英文记载。

12. 退租条件

承租人应将飞机按照附录 3 要求，于租期结束或提前终止（租期终止）时退回出租人。租约会对完整退租流程和条件进行约定。

13. 退租地点

米加格莱德、米索不达米亚或出租人与承租人约定的其他地点。

14. 注册

租期内，飞机应以出租人满意的条件，注册在米索不达米亚民航局，相关费用由承租人承担。承租人应承担所有在飞机注册国家完善及记录出租人对飞机、租约权利的全部费用。

如果《开普敦公约》在米索不达米亚或相关法域生效，承租人应根据公约采取一切可能的措施为出租人完成全部国际利益设立和登记工作。并向出租人提供一份 IDERA，授权出租人在租约终止时解除飞机注册，相关费用由承租人承担。

15. 转租赁和部件、发动机共享

无须出租人书面同意，根据租约中一般约定的条件，承租人有权将飞机转租给 SuperJet 集团下其他航空公司。根据上述转租约定，承租人有权变更飞机注册国家和常用基地。其他类型的转租赁需要取得出租人的书面同意，出租人不得无理拒绝。出租人因转租赁产生的其他费用，均由承租人承担。

承租人日常运营时，可按行业惯例，将发动机和部件与自身 A320 机队或其他航空公司、出租人签订常规交换或共享协议。

16. 保险

承租人应在出租人接受的保险公司，按出租人接受的保额和条件，投保机身一切险、机身战争险和责任险（包括战争责任险），并承担相应费用。相关限制和免赔额如下：

保险	
机身价值	购买价格的110%
最高免赔额	250000 美元
最低责任险投保额	750000000 美元

17. 税费

购买方应承担飞机买卖过程的全部税费。

承租人支付出租人的全部款项均不含米索不达米亚各类税费、关税、预提税、所得税、销售税、使用税、消费税和增值税。除出租人注册国对出租人综合净收入征收的以及因通过阿如巴租赁飞机米索不达米亚预提税目的征收的税款以外，全部税费由承租人承担。

18. 净租赁

本租约应是一项"净"租赁。承租人在租约下支付租金或履行所有其他义务是绝对及无条件的，除非出租人已违反租约约定。

19. 转让/融资

飞机所有权及出租人对飞机和租约的权益可自由转让，出租人或所有人保留通过上述权益进行杠杆融资或进行其他出租人或所有人认为必要的融资或安排。双方应满足（1）上述转移、转让、融资或其他安排不会影响承租人对飞机的安享权；（2）承租人不因上述销售、转让、转移、更新、处置或其他安排而产生额外义务或损害其权益；（3）出租人权益的受让人不是承租人的竞争者，并经承租人考虑同意。

承租人应在上述转移、转让、融资或其他安排中与出租人充分合作，如果上述转移、转让、融资或其他安排发生在交付日后，承租人因此产生的全部法律费用由出租人承担。

20. 交易费用

出租人和承租人各自承担谈判达成本次飞机买卖及租赁交易相应费用和成本，包括各自的法律费用。

21. 保密

此意向书单独向承租人出具，承租人应对此意向书条件保密，不得向除承租人负责分析、谈判和批准本次交易的相关员工、董事、官员和专业咨询方以外的人士透露信息，并告知相关人员保密要求。

22. 交易文件

承租人应起草一份租赁协议以及其他文件约定此意向书的条款以及其他正常售后回租项目的条款（包括但不限于：陈述和保证、前提条件、支付、维护、运营和其他约定、赔偿、违约事件）。

出租人和承租人协商一致，上述文件应在合理时间内尽快达成一致，并不晚于2014年10月15日或双方约定的其他时间（文件签署日）签署。双方同意为在文件签署日之前及时签署而友好协商。

此意向书不在于也不构成有约束力的协议。本意向书中约定事项仅在租约签署后具有法律效力。但意向书保证金、保密和购买协议停止营销等事项在本意向书签署之后便具有法律效力。

23. 支付

本意向书下所有支付给出租人的款项应按即刻可使用的美元支付至出租人通知的账户。

24. 停止营销

签署本意向书后，卖方/承租人同意不再营销本架飞机。

25. 前提条件

买方/出租人签署租约或相关文件的义务应取决于以下条件：

出租人收到全部要求的公司授权及必要的第三方确认；

在文件签署日前完成定稿交易文件；

出租人收到意向书保证金；

出租人认可飞机技术规格；

出租人收到认可的税务和法律意见，费用由出租人承担。

26. 有效性

本意向书替代之前所有提议和报价，并在【】日下班前有效（爱尔兰时间）。

27. 适用法律

本意向书、租约和其他交易文件以及其他由上述文件产生的非约定的义务应适用及符合米索不达米亚法律。

28. 无经纪人

双方在本交易中均未使用经纪人或类似代理人服务。各方应就此相互陈述，如果违反该陈述则应赔偿另一方。

为表示同意接受本意向书，请在有效期截止前，签署以下页面并将签字页返回出租人。

特此

飞机航空租赁有限公司

签字：

签字人：

职位：

日期：

SuperJet Limited

签字：

签字人：

职位：

日期：

附录 2　意向书样本（自有订单交易）

【日期】

Superjet Limited

航空楼，米加格莱德，米索不达米亚

致：租赁副总裁

尊敬的先生：

这份意向书记录了【航空公司】和【租赁公司】之间就两架 B737 - 800 飞机租赁交易达成的意向，详细如下：

1. 出租人

【租赁公司】及/或其子公司，附属机构，所有者信托，被转让人或指定人。

2. 承租人、第一承租人和保证人

承租人：【航空公司】

第一承租人：【航空公司子公司】

保证人：【航空公司集团母公司】应向承租人义务提供全面担保

3. 飞机和交付日期

机身	发动机	MTOW	MSN	计划交付月
B737 - 800 x 2	CFM56 - 7B26E	174163	TBA	TBA

飞机应为出厂新飞机，详细信息请见附录 1。

出租人应不晚于预计交付月开始前 1 个月通知承租人预计交付日期。

实际交付日期应是飞机在波音（制造商）西雅图工厂交付的日期（交付日期）。

4. 租期

120 个月。

5. 租金

承租人应在交付日期开始每月初支付租金。

固定租金

基础租金为【 】美元，基于假设的【 】年互换利率【 】%（假设互换利率）。

基础租金根据交付日前 2 个工作日的实际【 】年互换利率与假设互换利率的差异，每 1% 的百分之一（0.01%）向上或向下调整【 】美元，公式如下：

公式：基础租金 +（实际利率 – 假设利率）$\times N \times 100$

基础租金：【386000】美元（2017 年 1 月交付美元）。

实际利率：交付日前 2 个工作日的美元【10】年互换利率（显示在彭博 IRSB18，保留两位小数并以数字而非比例显示）。

假设利率：2%

N：【189】美元

6. 保证金

两个月实际租金，每架飞机现金【772000】美元，由承租人在（1）任何定值日前两个工作日或（2）交付日期前两个工作日的较早日支付。

保证金不计付利息，并可与承租人主要资金混同并用于飞机融资质押。若承租人已履行租约项下全部义务，保证金在租期结束后 30 天内退还承租人。

承租人有权在任何时候以不可撤销信用证替代现金。该信用证因由出租人认可且标普评级不低于 A – 级、穆迪评级不低于 A3 级的银行出具，信用证形式和内容经出租人同意（合理要求）。出租人收到上述信用证后，应尽快将现金保证金退还承租人。

7. 维修租金

承租人应向出租人按照附录 2 支付维修租金。

8. 维修

承租人在租期内和退租时负责飞机所有需要的维修、检查、修理和改装。

飞机应按照承租人维修计划进行维护，维修计划应与制造商维修计划文件一致，并经过航空监管机构和出租人同意。飞机、发动机和部件的维护商应由 EASA 批准。

9. AD 成本分摊

如果承租人实施一项基于终止性措施 AD 的成本超过 75000 美元，出租人在收到并认可承租人关于实施 AD 所产生直接成本的明细发票 30 天内，向承租人按照下列公式中的"X"金额补偿上述成本中属于承租人部分。若有违约事件发生或持续，出租人不再有义务补偿：

$$X = \frac{(Z - Y) \times (C - T)}{Z}$$

其中，X 是补偿承租人的金额。Y 是（1）完成上述 AD 日期或上述 AD 原要求实施日期的较早者和（2）租约终止或提前终止日期相隔的月数。当 AD 原要求实施日期在租约终止或提前终止日之后，Y 等于零。C 是承租人实施 AD 的合理成本，不考虑因实施 AD 导致飞机无法运营产生的成本，应包含所有承租人收到的补贴和折扣。T 是以美元计的阈值，等于【　】美元。Z 是租期月数。

10. 发动机共享

承租人满足以下条件，可将本发动机安装在承租人运营的飞机上：

上述飞机的租约或其他文件未禁止安装；

上述发动机安装在飞机的行为并不构成租约或其他文件或相关法律认为的所有权转移行为；

承租人或为所有人或机身其他出租人和抵押权人，出于保护出租人和融资方考虑，承租人须提供一份书面申请，说明其并不会因为上述发动机安装在上述飞机上就认为取得上述发动机的所有权（如果声明是为了明确其他出租人、所有人和融资方的利益，这份声明可能在上述飞机的租约或其他文件中）；

承租人不能歧视上述发动机和其他类似自有或租赁的发动机；

机身和战争险中出租人和融资方的权益，以及责任险中的被赔偿人的权益，均视同上述发动机依然安装在本机身；

一旦合理可行，在任何不晚于租期终止日的情况下，上述发动机应拆下并重新安装在本机身。

11. 改装

对不影响本飞机价值、效用或可用寿命的，不影响飞机状态或适航，不违反飞机相关保修或为维持飞机适航而进行的改装、修改或增补，且总价值低于 54000 美元，承租人不需要取得事先同意。

其他改装应事先取得出租人同意，出租人不得以不合理理由拒绝。

12. 飞机文件

承租人应按照航空监管机构、维修计划、FAA 或 EASA 及机场运营要求，保管飞机、发动机和部件相关的所有技术记录和文件。所有技术记录和文件都以英文记载。

13. 退租条件

承租人应将飞机按照附录 3 要求，于租期结束或提前终止（租期终止）时退回出租人。租约会对完整退租流程和条件进行约定。

14. 退租地点

【航空公司】的一个主要运营基地或其他租赁双方协商的地点。

15. 注册

租期内，飞机应以出租人认可的方式注册在承租人或允许转租人注册国家的监管机构，相关费用由承租人或允许转租人（如适用）承担。承租人应承担在飞机运营基地或注册国家完善、登记或重设出租人对飞机、租约的权益相关的全部费用，包括提前同意的为出租人出具当地法律意见的合理费用。

如果《开普敦公约》在相关法域生效，承租人应采取一切可能的措施为出租人、承租人设立和登记飞机的全部"国际利益"，并由承租人或允许转租人向出租人提供一份 IDERA，授权出租人或其指定人在租约终止或提前终止时解除飞机注册，相关费用由承租人承担。尽管有本条规定，承租人或允许的转承租人无须终止或重签相关协议。

16. 转租赁

同意承租人将飞机转租赁给（1）任何担保人下属或相关航空公司，包括第一承租人（取决于担保人对该实体至少51%的直接或间接控股）以及（2）任何被列为允许转租人的航空公司（总称，承租人们）。

飞机转租赁应基于从属、附属原则，转租期不超过租约期限。

上述转租赁出租人所产生的费用应由承租人承担。

17. 保险

租期内，承租人或允许转租人，根据情况不同，应依据 AVN67B 投保机身险、机身战争险、备件险、综合航司责任险和航司战争责任险或根据行业内运营该类飞机的国际航空公司标准和惯例投保。保险应直接生效，保险公司应是主要国际保险市场的参与者并通常经营航空保险。所有保险应与行业内在相似条件下运营相似飞机的航空公司惯例一致。承租人（或允许转租人，根据情况不同）的机身和机身战争险应按预设损失价值和不超过最高免赔额的免赔金额投保，详见下表。承租人（或允许转租人，根据情况不同）最低航空公司综合责任险不低于 75 亿美元。出租人和其融资方应作为附加被保险人和损失支付方，权益应体现在承租人的保险政策中。

保险	
机身价值	55000000 美元
最高免赔额	250000 美元
最低责任险投保额	750000000 美元

18. 税费

承租人支付出租人的全部款项均不含各类税费、关税，包括但不限于预提税、所得税、销售税、使用和消费税以及增值税。全部承租人及运营飞机相关税费均由承租人承担，但租赁交易中例外的通常包括（1）出租人在注册国或出租人经营地国、税务居民国对综合净收入征收的税（除了因为持有、注册、使用或运营飞机在上述国家产生的税）；（2）因飞机融资安排产生的税；（3）因飞机根据相关购机协议由制造商交付出租人过程产生的税；（4）因出租人疏忽或故意导致税。

19. 净租赁

本租约应是一项"净"租赁。承租人在租约下支付租金或履行所有其他义务是绝对及无条件的。

承租人应承担飞机交付、占有、使用、运营、所有、退租、维护、保险、进出口及遵守相关法规和适航指令的成本。

20. 转让/融资

飞机所有权权益和出租人在租约和飞机中的权益可以自由转移和转让。出租人或所有人保留利用上述权益抵押融资或进行其他出租人或所有人认为必要的融资及其他安排。双方应满足：

上述转移、转让、抵押、融资或其他安排不得影响承租人对飞机的安享权（出租人应保证在上述转移、转让、抵押、融资或其他安排中任何持有飞机或租约权益的主体向承租人和允许转租人保证安享权）。

受让方是有经验的资产管理人和出租人，转让前拥有至少25000000美元净资产，或由净资产不少于25000000美元的主体担保或支持。

受让人不是担保人、承租人或允许转租人的竞争者。

根据转让时适用法律，转让不会增加承租人、允许转租人或担保人的义务（包括财务义务）或损害任何权利或利益。

承租人应与出租人就上述转移、转让、抵押、融资或其他安排充分合同，如果上述转移、转让、抵押、融资或其他安排在交付日期后发生，出租人应承担承租人由此产生的全部合理法律费用。

21. 交易费用

出租人和承租人应各自承担谈判达成本次飞机租赁交易相应费用和成本，包括各自的法律费用。

22. 保密

这份意向书是单独向承租人和担保人出具的，承租人和担保人应对本意向书内容严格保密，不得向除负责分析、谈判和批准本次交易相关员工、董事、官员和专业咨询方以外的人士透露信息，并告知相关人员保密要求。

23. 交易文件

出租人律师应根据本意向书内容和其他正常租赁交易应有的条件（包括但不限于陈述和保证、前提条件、支付、维护、运营和其他保证、赔偿和违约事件）草拟一份租约和其他交易文件。违约事件包括但不限于：

- 到期日 3 天内无法支付租金；
- 到期日 5 天内无法支付其他金额；
- 出租人通知承租人违约后 15 天内未解决；
- 未按照租约投保。

交叉违约条款适用于出租人集团主体和承租人集团主体之间所有经营租赁飞机。对于承租人集团主体未来可能取得的对承租人集团主体的租约（取得租约），取得租约项下的违约事件只有在本飞机租约项下也属于违约事件的情况下才触发交叉违约。

租赁双方均希望上述文件尽快定稿并在本意向书签署 60 天后或不晚于租赁双方协商一致的其他日期签署（文件签署日）。出租人和承租人同意以在文件签署日前尽快签署协议为目的友好协商。

此意向书不在于也不构成有约束力的协议。本意向书中约定事项仅在租约签署后具有法律效力。但第 22 条【保密】和第 27 条【适用法律】在本意向书签署之后便具有法律效力。

24. 支付

本意向书下所有支付给出租人的款项应按即刻可使用的美元支付至出租人通知的账户。

25. 前提条件

出租人签署租约及相关交易文本的义务前提条件如下：

出租人、承租人/担保人收到全部必要的公司批准或必要的第三方批准；

出租人认可担保人的财务和商业条件（合理行为）；

在文件签署日前完成双方认可的交易文件谈判（合理行为）；

出租人收到认可的税务和法律意见。

承租人签署租约及相关交易文本的义务前提条件如下：

承租人收到全部公司文件及必要的第三方批准；

在文件签署日前完成双方认可的交易文件谈判（合理行为）；

承租人和出租人收到认可的税务和法律意见（合理行为）。

26. 有效性

本意向书替代前述所有提案和报价，并在【　】结束前有效。

27. 适用法律

本意向书、租约和其他交易文件应符合并受英国法管辖。

28. 无经纪人

双方在本交易中均未使用经纪人或类似代理人服务。各方应就此相互陈述，如果违反该陈述则应赔偿另一方。

为表示同意接受本意向书，请在有效期截止前，签署以下页面并将签字页返回出租人。

特此

【出租人】

签字：

签署人：

职位：

【航空公司】

签字：

签署人：

职位：

附录3　维修租金

租约结束时，承租人应根据租期内实际使用情况，为自新出厂或上次大修后使用的寿命支付维修补偿金（维修租金）。

维修租金率	
机身	
8 年结构检查	每日历月或部分的【　】美元

续表

10 年结构检查	每日历月或部分的【 】美元
12 年结构检查	每日历月或部分的【 】美元
发动机性能恢复返厂	每台发动机每飞行小时【 】美元
费率按照 10% 减免并按以下单元拆分：	
HPC23%	
HPT47%	
LPT17%	
发动机寿限件	每个寿限件的补偿应按照退租时制造商目录价格的100%乘以出厂实际飞行循环占制造商全部认证寿命循环
APU	每 APU 飞行小时【 】美元
起落架	每月或部分的【 】美元

注：FH，飞机小时；LLP，寿命限制件；APU，辅助动力装置；HPC，高压压缩机；HPT，高压涡轮；LPT，低压涡轮。

以下维修租金率是基于飞行小时与飞行循环为【 】8：1（假设比率），每年使用【 】飞行小时（假设使用）的假设得出。如果承租人按照与假设不同的小时循环比和年使用情况运营飞机，维修租金率将有所调整。

机身、发动机性能恢复，APU 和起落架的维修租金率是按照 2017 年 1 月成本计算，机身、APU 和起落架比率每年 1 月 1 日按【3】% 上涨。发动机性能恢复上涨应与制造商目录价格一致。

以下是每个部件有资质维修事件的描述：

"机身 8 年结构检查"——机身 8 年检应按照最新维修方案（MPD）完成 8 年结构检查、系统和区域检查以及所有计划进行的低级别检查工作。

"机身 10 年结构检查"——机身 10 年检应按照最新维修方案（MPD）完成 10 年结构检查、系统和区域检查和所有计划进行的低级别检查工作。

"机身 12 年结构检查"——机身 12 年检应按照最新维修方案（MPD）完成 12 年结构检查、系统和区域检查和所有计划进行的低级别检查工作。

"发动机性能恢复"——发动机返修应按照维修范围计划指引现有完成主要单元（至少 HPC 和 HPT 单元）性能恢复，同时完成计划内不少于【 】飞行小时的视情维护、时寿件和适航指令。

"起落架翻修"——将起落架返厂完成深度拆卸，以满足最新维修方案的系统和结构检查要求。

"APU 进气道翻修"——将 APU 返厂，根据现行维修手册完成进气道翻修及计划内不少于【 】APU 循环和【 】APU 小时的视情维护、时寿件和适航指令。

除此之外的维修工作（包括由质保或保险承担的、运营或维修不当造成的、异物损坏或快速换发维修或生产线可换组件维修）不进行补偿，具体在租约中约定。

附录4　退租条件

以下是主要退租条件的总结，详细退租条件应在租约中约定。

退租地点：（航空公司）某主要运营基地或租赁双方协商一致的地点。

飞机检查：退租前，承租人和出租人应对出租人实地检查飞机、发动机、飞机记录和未安装部件的实物检查时间表达成一致。退租日前，承租人应将飞机和飞机文件备好供出租人检查。最终检查包括（1）检查飞机手册和技术维修记录；（2）对所有发动机单元进行整套视频孔探检查；（3）进行包括起飞性能和发动机地面运行在内，不少于 2 个小时的接收试飞（按照运营人接收程序），相关费用由承租人承担。试飞应展示各发动机性能包括排气温度范围符合自上次性能恢复后的发动机飞行小时和飞行循环，且在海平面、标准气压条件、外界气温 30℃情况下以最大起飞推力 26000磅运行时不低于 20℃。

内饰条件：飞机内饰应干净，根据商业航空公司惯例，基本无尘土、污渍、尘垢、凹痕、裂痕或损坏。外观应由出租人在合理范围内接受，可有合理磨损。飞机应与交付时保持同样构型或双方友好协商一致。

总体条件：飞机应和交付时一致，已安装全套系统、设备、部件、附件、装饰和松散件，并为其使用目的保持良好工作状态，由出租人在合理范围内接受。

退租重量：退租时 MTOW 与交付时一致，不少于 174163 磅。

退租发动机推力：退租时运行推力与交付时一致，不少于 26000 磅。

适航事宜：飞机现有适航证、有效的适航评估证（如有）且有效期不少于 180 天，符合所有飞行标准要求的强制运营要求，商业航空公司可以在 EASA 成员国立即使用，无须额外工作。

如出租人要求，可以提供一份航空监管机构出具的出口证。

适航指令：退租日，所有航空监管机构、FAA 和 EASA 要求的适航指令已基于终止原则完成，包括（1）退租日前；（2）退租日后 180 天；（3）下次 C 检在退租日后，但 C 检类工作需要完成。不涉及终止原则的适航指令应按照最高标准完成。

退租机身检查：退租前飞机应完成承租人维修方案下（4500）飞行小时、（300）循环和（18）月或现有 C 检间隔中的飞机、结构、系统、区域和 CPCP 检查。

喷漆：应对飞机包括机身、机翼和尾翼喷上出租人要求的涂装，涂装应在喷漆前 21 天告知承租人。任何承租人涂装成本以外的费用应由出租人承担。如果出租人没有提供涂装要求，飞机应涂成白色。

定时和寿限部件：所有安装在飞机上的定时部件需有 FAA 表格 8130 - 3 或 EASA 表格 1，所有寿限部件需有可追溯至出厂的全部文件。

所有飞机或发动机的部件/组件（除了发动机寿限件外）的出厂飞行小时和飞行循环不得高于机身的 125%。全部部件/组件作为整体，出厂飞行小时和飞行循环不得高于机身的 115%。

根据承租人维修方案，定时部件距离下次维修事件不低于 6000 飞机小时、4000 飞行循环和 24 个月或剩余定时寿命的 40%。

视情或状态监测部件：租期内安装的视情或状态监测部件应可用并有

相应 FAA 表格 8130-3 或 EASA 表格。

发动机：每个发动机距下一次计划的发动机性能恢复剩余寿命不低于 4500 飞行小时、3000 飞行循环，距任何适用的适航指令剩余 4500 飞行小时、3000 飞行循环和 18 个月。同时没有在役缺陷。

发动机寿限件剩余寿命应不少于【 】循环。每个发动机寿险件文件应可追溯至出厂。

发动机孔探：完成认可的试飞或相关发动机运行后，退租前，两台发动机应根据飞机维修手册完成所有单元的气道孔探检查。所有超过飞机维修手册标准的缺陷应由承租人承担成本进行修复。为避免异议，任何在飞机维修手册在役标准内的缺陷应在退租前由承租人修复。

APU：APU 应在服务状态且自上次 APU 气道翻修后不超过 1500APU 运行小时，距第一次寿限件限制不少于 1000APU 循环。

起落架：原起落架应在退租时安装在飞机上。每个起落架都距下一次起落架返修不低于 4000 循环和 24 个月，寿限件应不高于机身出厂全部循环的 125%。每个起落架寿限件应可追溯到出厂记录。

轮胎和刹车：轮胎和刹车平均拥有不低于 50% 的可用寿命，每个部件单独应拥有不低于 40% 的可用寿命。

维修：所有对飞机、发动机和部件的维修都是永久的并按照原设备制造商的要求进行。对机身的结构维修应该符合制造商结构维修手册认证，如果维修超出了制造商维修要求工作范围，应以制造商维修指令为基础并由 FAA 指导。

致谢

感谢来自 Avolon 公司的 Dick Forsberg 为本章撰写提供指导和背景信息。

参考文献

Gee, C. A. (2009). Aircraft pre-delivery payment financing transaction. *Journal of Structured Finance, 15,* 11−21.

Karesh, J., & Berns, A. V. (2009). *Strategic issues in operating leases. World Leasing Yearbook.* London: Euromoney Institutional Investor PLC.

Littlejohns, A., & McGairl, S. (Eds.), (1998). *Aircraft financing* (3rd ed.). London: Euromoney Publications, PLC.

Scheinberg, R. (2014). *The commercial aircraft finance handbook.* London, United Kingdom: Euromoney Institutional Investor PLC.

第十二章
飞机价值及评估

章节大纲

飞机评估导论

评估的定义

价值是资产、商品或服务的估计货币价值。评估是确定资产公允价值的过程。一项评估需要以数字表示为单个值或区间值。

评估飞机是一个复杂的过程，但对航空业的所有成员都至关重要，因为航空业的主要资产是飞机本身。不同的利益相关者，例如航空公司、出租人和金融机构有兴趣获知飞机的精确价值。影响飞机价值的主要因素是年限、座位配置/容量、发动机推力、最大起飞重量（MTOW）、尺寸和燃油效率。例如，随着飞机机龄增长，飞机的劣化/磨损，新技术飞机的引入以及特定机型的生产线终止均将导致价值下降。

飞机价值还受维护文件的可用性、维护状态、未来收入及其运营成本的影响。外部环境因素，如利率、需求、燃油成本，生产周期、新的安全法规和环境法规也会影响评估。

对于任何评估，评估员需要收集有关飞机的信息。历史数据通常为评估人员提供了一个很好的起点。因此，在典型的飞机评估中，评估人员收集有关飞机历史的信息、过往运营成本、未来经济前景和维护记录。然后对这些元数据进行检查和分析，从而得出飞机价值。根据客户的需求，会有不同类型的评估。我们在下面讨论一些常见的评估类型。

评估类型

以下关于不同类型评估的定义基于 ISTAT（国际运输飞机贸易协会，2013）评估手册。

桌面评估

桌面评估不包括检查飞机和审查飞机维护记录。在桌面评估中，评估人员将从自己的数据库或客户提供的信息中确定飞机状况和主要维护状态。当客户可能不想花费必要的资源来支持对飞机的物理检查时，通常使用这些方法。例如，一架空客 A320 飞机可能位于亚洲，并且客户可能不想支付评估师到亚洲对飞机进行实地检查的费用。对于桌面评估中的评估人员来说，获得良好价值估计的重要因素是从客户或其他第二来源获得详细信息。桌面评估假设飞机处于半寿命状态。

扩展桌面评估

与桌面评估一样，扩展评估不包括对飞机的现场检查或审查飞机的维护记录，但它包括机身、发动机、起落架和辅助动力装置（APU）的维护状态信息，这些信息由客户或飞机操作员提供，或由评估师根据另一评估师的报告确定。因此，扩展桌面评估将提供包括飞机实际维护状态调整在内的价值意见。这些调整是在基于飞机半寿命状态的基础上进行。

全面评估

全面评估将包括对飞机及其维修记录的现场检查。检查的重点是确定飞机的整体状况及其维护记录，以支持评估人员的意见。本评估是对飞机和记录的高级检查，不包括对飞机或维修记录的详细检查（例如，打开飞机的检查面板或详细审查维修记录）。评估人员可以在飞机周围巡视，检查飞机，核实飞机的总体状况，并拍照以支持评估结论。全面评估将提供一份价值意见，其中包括以飞机半寿命状态为基础，并根据飞机实际维护状态和其他调整记录进行的调整。

综合评估

综合评估也包括对飞机及其维修记录的现场检查。并且，为了确保记录的完整和准确，需要进行更深入的详细评估，确定飞机是否完全符合法规要求且适航。这种评估通常是在飞机在一个司法管辖区注销并在另一个司法管辖区重新注册时进行的。

财务评估

当投资者对飞机价值感兴趣时，根据飞机租赁付款的未来现金流潜力和租赁结束时的残值进行财务评估。此评估通常与完整评估或桌面评估一起执行。

价值定义与评估术语

价值可以被认为是使用价值或交换价值。使用价值是指某一特定对象的效用，而交换价值是指该对象在购买其他货物时的购买力，这些都是该对象的所有权所产生的（Svoboda，2006）。当评估人员提到价值时，他们通常是指交换价值或当前市场价值（CMV）。然而，不同的行业协会对价值有不同的定义。在本章中，我们将重点介绍 ISTAT 和美国评估师协会（ASA）对价值的定义。

ASA 的价值定义

ASA 是一个非营利性的代表不同评估学科的国际专业评估师组织，如评估审核和管理、商业评估、宝石和珠宝、机械和技术专业、个人财产和不动产。ASA 在《机械和设备估值》（美国评估师协会机械和技术专业委员会，2011）中阐述了机械和设备（包括飞机）的价值。鉴于飞机等机械和设备的流动性，ASA 将其价值定义分为三大类：

1. 为转移而出售，或是类似或替代用途；
2. 继续（或作为已安装）使用资产，以达到其设计和收购的目的；
3. 清算。

公允市价

根据美国会计准则，"公平的当前市场价值是一种以货币表示的意见，该财产将于某一特定日期在自愿买方和自愿卖方之间易手，既不受任何购买或出售的强迫，又对相关事实有合理的了解"。

转移的公允市价

同样，根据美国会计准则，"转移公允市价是一种意见，以金钱的形式表示，在特定日期，财产将在自愿的买方和自愿的卖方之间易手，既不受任何购买或出售的强迫，又对相关事实有合理的了解，考虑将资产转移到另一地点"。

以假定收益持续使用的公允市价

ASA 将以假定收益持续使用的公允市价定义为"以货币表示的一种意见，在这种意见下，财产将在自愿买方和自愿卖方之间进行换手，不受任何购买或出售的强迫，并且对相关事实都有合理的了解，截至特定日期，未经核实而假定业务收益支持所报告的价值"。

带收益分析的持续使用公允市价

根据 ASA 的规定，带收益分析的持续使用公允市价"是以货币表示的，在这种情况下，资产将在自愿的买方和自愿卖方，不受任何购买或出售的强迫，且均对相关事实有合理的了解，截至特定日期，并由业务收入支持"。

当前公允市值——安装的

公允市场价值的最终定义，即"公允的当前市场价值是一种以货币形式表示的意见，在考虑被估价资产的市场条件的情况下，该财产将在自愿买方和自愿卖方之间易手，既不受任何购买或出售的强迫，又对相关事实有合理的了解，独立于资产安装或将安装的业务在特定日期产生的收益"。

所有定义都假定该资产能够在其当前位置使用，因此包括使其完全运营的直接和间接成本。上述的公允市场价值概念虽然看起来很相似，但有细微的区别。根据 ASA 的说法，持续使用的概念将资产视为企业的一部分，而安装的概念则将资产视为独立于企业，而不考虑资产是否使用。此外，由于连续使用概念假定资产的使用，因此证明确定的值很重要。而在假设收益概念下，评估师假设存在收益，在收益分析概念下，评估师必须提供报告价值的理由。

清算价值

清算价值是指当没有足够的时间允许在公平和公开的市场上出售时，

标的飞机的价格。清算价值通常低于公允市场价值。

有序清算价值

ASA 将有序清算价值定义为"对总金额的意见，以货币表示，通常可通过清算出售实现，在合理的时间内找到一个（或多个）买方，在特定日期，卖方被迫按原样、按现所在基地出售"。

强制清算价值

根据 ASA 的规定，强制清算价值是"对总金额的意见，以货币表示，通常可以通过适当的广告和公开拍卖实现，由卖方被迫在原样、原地、特定日期进行即时销售"。

续用清算价值

ASA 将续用清算价值定义为"总金额的意见，以货币表示，通常可以通过适当宣传的交易实现，卖方在某一特定日期被迫出售失效的非运营设施，前提是整个设施完整出售"。

清算价值和公允市场价值定义之间的重要区别在于清算价值假定强制出售，而在公允的市场价值下，卖方愿意并且没有强制出售。此外，虽然有序清算规定了合理的时间，但强制清算意味着一种紧迫感。最后，就地清算假设整个设施将完好无损地出售，而有序和强制清算则假设资产可以零散出售。

ISTAT 价值定义

ISTAT 评估师手册有其自己的价值定义，由 ISTAT 评估团体遵守（国际运输飞机贸易协会，2013）。我们将概述以下一些定义和概念，这些定义和概念对于理解 ISTAT 评估过程很重要（Ackert，2012）。

基准价值

ISTAT 将基准价值（BV）定义为"评估师对飞机处于开放、不受限制、稳定的市场环境中，供应平衡合理，并充分考虑其'最高和最佳用途'时基本经济价值的意见。飞机的基准价值建立在价值的历史趋势和价值趋势的预测上，并假设自愿、有能力和有知识的各方之间进行公平的现金交易，谨慎行事，没有胁迫，有合理的营销时间。在大多数情况下，飞机的 BV 假设其物理条件是同类型和年龄的飞机的平均值，它的维护时间状态是在半寿命状态、中期（或从高于平均水平的维护状态中受益，如果它是新的或几乎是新的，视情况而定）"。

基于上述定义，我们可以看到，基准价值假设一个均衡的市场，供求都是平等的，供求都不受短期事件的影响。

短期事件的例子可以是飞机燃油价格的波动、经济衰退、政治动荡，或者原始设备制造商（OEM）提供大幅折扣。因此，基准价值是一个理论价值，因为市场永远不会不受短期事件的影响，也永远不会在供求之间实现完美平衡。基准价值定义通常用于分析历史价值，并根据长期市场趋势预测未来残值。

市场价值或当前市场价值

根据 ISTAT 定义，市场价值或 CMV（当前市场价值）是指"在评估时的市场环境下，评估师认为飞机最可能的交易价格。CMV 评估飞机处于最佳用途时的最高价值，并假设销售交易的各方愿意、谨慎和懂行，没有匆忙出售的压力，交易将以现金或等价物，在公平基础上开放和不受限制的市场，有足够的时间与潜在买家进行有效的接触"。

CMV 代表评估师对当前市场条件下飞机最可能的交易价格的判断。CMV 假设的交易是开放式没有租约的单架飞机，有自愿的买卖双方。为了得出 CMV，评估人员将考虑特定飞机类型的感知需求、市场上的可用性以及与可靠行业资源的不同分析。与 BV 一样，CMV 假设飞机的维修周期为半寿命，评估人员将根据基于飞机的维修状况和其他相关因素的规范化过程得出平均值。

- 如果 BV = CMV，那么市场处于平衡状态；
- 如果 BV > CMV，那么市场支持更低的价格；
- 如果 BV < CMV，那么市场支持更高的价格。

在一个稳定的市场环境下，飞机的 BV 将趋向于与 CMV 保持一致。在供需不合理的情况下，BV 和 CMV 的差异表明市场不平衡。理论上，CMV 应该围绕 BV 波动，但实际上，价值与宏观经济事件和对系统的冲击有关，如衰退、金融危机、燃油价格飙升、流动性危机、网络泡沫和恐怖袭击。对飞机的 BV 和 CMV 的看法在飞机评估师中经常会有很大的不同。这种差异是由于方法上的差异和评估者对市场的看法（乐观或悲观）。但是，所有飞机评估师都遵循以下三个理念：

- 假设所有其他条件相同，给定类型飞机的价值存在系统关系。
- 假设所有其他条件相同，竞争飞机类型的价值之间存在系统关系。
- 所考虑的一种飞机型号的价值应与一架飞机的所有价值相联系。

未来基准值

未来 BV 代表评估师从初始点（通常是飞机的 BV）对未来飞机价值的预测。然后使用由 BV 产生的标准化数据点生成曲线，该曲线的扩展预测飞机类型的未来 BV。未来的 BV 以当前美元估算，并考虑通货膨胀。评估人员通常假设当前的通货膨胀率以预测未来的 BV。评估师不会试图预测未来市场价值，因为他们无法确定飞机的使用或未来维护需求及其未来价值。

调整后的当前市场价值

调整后的 CMV 反映的飞机 BV 或 CMV 已从假定的中年机龄状态调整为考虑实际的维修状态。最近完成了主要发动机性能恢复、机身和起落架工作会对飞机的价值产生积极影响。用货币来量化目标飞机的维修状态是很重要的，因为维修成本与价值高度相关。

软价值

软价值反映了处于衰退状态的底层市场飞机的价值。它通常以 BV 的百分比来计算。软价值曲线通常是 BV 曲线向下的比例位移。

当前市场价值与软价值的区别

- CMV 基于历史交易，而软价值则确定为 BV 的百分比。
- CMV 用于交易和价值评估，而软价值用于贷款方案和最坏情况或下行预测。
- CMV 可以是半衰期、全寿命或调整值，而软价值通常是半衰期或全寿命。

扣押价值、强制出售价值和清算价值

ISTAT 将这些价值定义为"评估师对飞机（或其他资产如发动机或备件）在异常情况下以现金交易方式出售的评估价格，该情况通常是在限定的营销时间段，卖方存在被强制出售、拍卖、清算、商业限制、法律纠纷等实质性降低卖方讨价还价因素，并给潜在买方一个大幅折扣的实际交易价格"。ISTAT 还要求，根据任务的性质，评估师在指定时间段内，根据处置条款限定其意见，如 60 天、90 天或 6 个月（视情况而定）。ISTAT 进一步补充道，"除了卖方受到不寻常的激励之外，交易各方被认为是自愿、有能力、谨慎和懂行的，以及谈判是公平的，通常在当时认为存在的市场条件下进行，而不是理想化的平衡市场"。

租赁抵押价值

租赁抵押价值通常是指附有租赁的飞机价值。租赁抵押估值也被称为证券化估值或财务估值。ISTAT 将租赁抵押价值定义为"评估师对租赁飞机价值的意见，给定特定的租赁付款流（租金和期限），以及租赁终止时的预计未来残值和适当的贴现率"。

因此，租赁抵押价值是标的飞机的现值，该飞机处于租赁状态，产生净现金流入（租金和维修储备金流入和支出，出租人的补偿），并包括使用适当贴现率的预测残值。这可能类似于评估师对 CMV 的意见。但是，评估师可能不完全了解与租赁相关的所有因素，如保证金、租赁购买选择权的终止、所有相关方的转租权、期限延长、回报条件、储备金支付和信贷风险（Forsberg，2016）。因此，评估师必须依赖客户提供额外的信息和指导，以得出适当的价值。在可能的情况下，评估人员在评估租赁抵押价值时，应寻求从客户处获得租赁协议的副本，但客户通常不愿意分享有关租赁的敏感信息，这使评估人员的任务具有挑战性。

除了上述 ASA 和 ISTAT 使用的重要价值定义外，这两个组织也使用其他定义。

残余价值

对于 ASA 而言，残余价值"是对全部财产或全部已退役财产的一部分可能预期的金额（以货币表示）的意见，在特定的日期，在别处可能使用。残值是对接近其经济寿命结束且接近退出服务的目标飞机预期价值的一种看法"。

对于 ISTAT 而言，残余价值"是指飞机、发动机或总成基于可回收用于其他飞机或发动机的可销售零部件的价值的实际或估计售价"。

ISTAT 还建议，残余价值应明确说明是否包括对移动成本的调整。

一般来说，随着飞机的老化，飞机上的发动机可能比机身更值钱，分拆飞机可能是更好的选择。

从会计角度看，残余价值是指资产在其账面折旧期内已足额折旧时的价值。

因此，在会计方面，残余价值可能与 CMV 不同。

在本章中，我们将使用 ISTAT 或 ASA 定义的残余价值。

报废价值

由于 ISTAT 和 ASA 对报废价值的定义是相似的，因此我们在这里仅看 ISTAT 的定义。ISTAT 将报废价值定义为"仅基于其金属或其他可回收材料含量的飞机、发动机或主要组件的实际或估计当前市场价值，不存在可销售的可重复使用零件或组件"。

报废价值通常是除去成本后的净值，在某些情况下，如果拆卸和处置成本很高（例如，在危险或复合装配块难以回收的情况下）并且超过了金属价值，报废价值可能是零。航空铝合金通常可用于汽车车轮、啤酒罐和卡车车身。

残值

残值是指飞机、发动机或其他部件在未来日期的价值，如租赁期结束。

残值、残余价值和报废价值的概念经常被误用或混用。因此，了解这些概念之间的关键和细微差别是很重要的。残值是飞机在某些未来日期（租赁结束和所有权期限结束）的价值，残余价值是指飞机的发动机、起落架和辅助动力装置等部件的再利用价值，而报废价值是指飞机的纯金属价值。

除上述价值定义外，以下概念和定义对于理解 ASA 和 ISTAT 评估过程很重要。

新再生产成本

新再生产成本是再生产具有与目标飞机相同或接近相似特征的精确复制品的当前成本。

新重置成本

新重置成本是指用具有与目标飞机相同或相似特性的新飞机替换目标

飞机的当前成本。为了在成本法（ASA 推荐的三种价值评估方法之一）下实现公平的 CMV，理解这一概念很重要。

半寿命和全寿命

半寿命和全寿命的概念对于 ISAT 评估师来说非常重要，因为他/她通常以飞机的半寿命状态为起点，并根据飞机当前的维护状态向上或向下调整值。

半寿命假定起落架、发动机、机体、寿命限制部件（LLPS）和其他部件处于上一次大修和下一次大修之间的中途。例如，飞机处于下一次 HMV（大修访问）检查之间中期，LLPS 为原始设备制造商规定的总寿命的 50%，所有发动机和辅助动力装置、起落架都在距离下一次大修之间的中期。

全寿命状态表示所有主要维护事件已经完成，并且所有主要部件均处于零使用时间状态或完全恢复；对起落架进行了检修，并进行了相关的 HMV 检查，使其恢复到零使用状态；在机身上，所有 LLP 均已更换，所有发动机和 APU 均已进行性能恢复（示例 12.1）。

示例 12.1　计算从半寿命到全寿命的维护调整

从半寿命状态开始的维护状态调整

组成部分	项目	成本（百万美元）	剩余寿命（%）	调整（百万美元）
C 检		0.25	100	0.12
HMV 1		0.95	100	0.47
HMV 2		0.73	100	0.36
起落架		0.46	100	0.23
发动机 1	恢复功能	2.59	100	1.29
	LLP	2.86	100	1.43
发动机 2	恢复功能	2.59	100	1.29
	LLP	2.86	100	1.43
APU	恢复功能	0.24	100	0.14
从半寿命状态的总调整				6.79

注：LLP，寿命有限部分；APU，辅助动力装置；HMV，大修访问。

评估目的

评估飞机有许多原因。其中包括买价的分配、破产、报废、融资、保险、所有权转让，以及各种类型的税收和税收规划（美国评估师协会机械和技术专业委员会，2011）。飞机评估师首先需要了解其评估的预期用途（Ackert，2012）。例如，如果对飞机进行未来销售或融资的评估，则需要对其适航性进行适当的评估。同样，如果一架飞机出于保险索赔目的需要评估，它可能表明该飞机不适航或可能受损。一旦确定了评估的预期用途和使用者，评估人员就可以了解评估的目的。评估师通常要求给出 CMV 的意见。这个值可以是批发价、库存价或零售价。评估师的工作是帮助客户根据其对评估的使用情况确定正确的价值定义。一旦评估人员确定了预期用途以及评估的使用者并得出了适当的价值定义，评估进程就开始了。下面我们将详细阐述评估的一些理由，并概述评估过程。

分配采购价格

当出租人和航空公司有兴趣购买多架飞机时，这些飞机的所有者想知道每架飞机的价值是多少，以便制定折旧计划，预测维修储备，建立适当的资产和其他相关记录。在这种情况下，飞机所有者可能想知道每架飞机的购买价格。因此，需要进行评估，以便在个别飞机之间分配购买价格。

破产

在破产的情况下，债权人可能更喜欢现金而不是设备。在这种情况下，可能需要进行清算价值评估。根据资产需要清算的紧急程度，相关价值可以是有序清算价值或强制清算价值。评估师将审查先前的法院程序和裁决，甚至可能在作出最终价值分配决定之前寻求法律顾问的指导。

融资

当金融机构或银行涉及资产支持贷款时，需要对抵押品（通常是标的飞机）进行评估。有严格的规则来管理借款人的借款金额。一般来说，借款金额不能超过评估人员评估的价值。为了保护金融机构或银行不受违约影响，并保证贷款完全收回，评估价值通常接近或基于清算价值。如借款人资信良好，金融机构可认可 CMV 定义下的评估。

保险

保险评估是最常见的评估之一。这是为了确定保险覆盖的价值，以投保损失险。业主、出租人、承租人、保险机构和经纪人都关心保险价值。保险价值接近新重置成本，因为保险覆盖范围通常作为重置保单提供。

税收

税收和收入通常是会计师事务所进行评估的主要动机。飞机所有人也可以将经济寿命以外的飞机捐赠给飞机博物馆或教育机构。在这种情况下，评估师需要向客户的法律团队、会计师和税务经理进行咨询，然后才能对价值作出最终决定。

评估过程

飞机识别

需要评估的飞机必须进行明确的识别和验证，以确认评估的项目和组件是否正确（美国评估师协会机械和技术专业委员会，2011）。对于发动机和 LLP，制造商序列号使识别适当资产变得简单。这使评估人员能够收集飞机制造商的名称、型号、类型、制造年份（YOM）以及其他需要交叉引用、识别和说明的相关细节。一旦完成这一步骤，飞机就可以根据评估规定进行正确评估。需要特别注意识别飞机发动机零件和 LLP。在操作飞机的过程中，发动机和其他部件通常会互换，以允许飞机不间断地运行。如果评估人员评估某架装有特定发动机的飞机，评价后发现飞机上未安装目标发动机，而贷款是基于飞机应该安装这台发动机，这将导致飞机的价值不正确。

同样，航空电子设备和其他相关的飞行仪器也应进行清点，以确保它们得到准确的核算。

物理评估

一些评估可能并不总是需要进行物理检查（Vasigh，2012）。检查飞机及其相关记录可能有助于进行评估。进行物理检查需要广泛的计划，因为飞机记录不与飞机一起保存，而且可能在多个位置。这些记录也可能以电子方式存储，这将使记录更容易获得。在计划过程中，应仔细处理与检查有关的所有安全问题，包括放行单、飞机拍照许可以及登机许可。表 12.1 强调了应包括在物理检查中的关键要素。

表 12.1 物理检查清单

要素	说明
制造商序列号（MSN）	它位于安装在飞机外部的强制性数据标牌上，以便从地面上看清楚
飞机登记号码	应在飞机外部涂漆，也可使用贴纸代替油漆
适航证书	要求在飞机内，乘客或机组人员可见
重量和平衡	
操作手册	
机翼	整体损坏检查
尾翼	整体损坏检查
机身	整体损坏检查
发动机	验证序列号并确保它没有被调换
飞机内部	整体损坏检查、座椅配置等
飞机外部	整体损坏检查

资料来源：机械和设备评估：机械和技术资产评估基础，第三版，美国评估师协会。

检查记录

根据要求的评估类型（桌面、扩展桌面、完整、全面），可能需要对记录进行不同级别的检查（美国评估师协会机械和技术专业委员会，2011）。一般的经验法则是飞机越老，其利用率越高，附带记录的数量就越多（Vasigh，2012）。检查飞机记录应以系统的方式进行，以识别关键要素。记录通常包括以下内容：

- 发动机维护计划；
- 机身维护记录；
- 计算机生成的维护记录；
- 螺旋桨（如有）维护记录；
- 联邦航空管理局（FAA）或欧洲航空安全局（EASA）表格；
- 任何事故或事件的记录。

飞机评估人员需要仔细检查所有相关记录的损坏历史、适航指令和维护历史。检查每个记录的原因如表 12.2 所示。

表 12. 2   **记录评审**

要素	说明
序列号	确保所有部件都属于目标飞机
连续性	如果记录自生产日期起未间断
减值历史	以前的任何事故或损坏
语言	这些记录是用什么语言写的？最好用英语
更换历史记录	最后一次内部更换和喷漆工作是什么时候完成的
设备	设备安装和批准的时间
检验历史	小检查和大检查日期

资料来源：机械和设备评估：机械和技术资产评估基础，第三版，美国评估师协会。

维护日志

所有操作人员均需维护和保存发动机、机身、设备和螺旋桨的维护记录（Vasigh，2012）。这些记录需要包含维修类型、维修日期、机修工授权书、FAA 证书和机修工授权飞机恢复使用的证书。这些记录还应包含将来需要进行的检查，符合联邦法规（CFR）的要求，如联邦航空局（FAA）和欧洲航空安全局（EASA）。

当维护记录和日志丢失或故意或意外导致不完整时，会发生事故（美国评估师协会机械和技术专业委员会，2011）。不管意图如何，缺失的维修记录或日志意味着飞机历史的一部分不可供评估人员回顾和审查，这将对飞机的最终价值产生负面影响。以下部件的更新可从维护记录或日志中找到，这将直接影响飞机的价值。

- 飞机机龄
- 对飞机的限制
- 以前使用的维护检查方法和当前状态
- 油漆和室内条件
- 适航指令状态
- 腐蚀更新
- 噪声分类和可能的机场限制
- 发动机大修和 LLPS 状态
- 预计运营成本、日常维护、燃油

折旧

飞机会随时间贬值，对于评估人员来说，了解折旧的程度是很重要的，以便得出飞机的价值，并帮助预测未来的价值。折旧是指随着时间的推移，由于物理、功能和经济上的陈旧性，资产价值的减少。折旧分为可修复和不可修复。可修复折旧是指在经济上合理修理的任何形式的折旧，不可修复的折旧是指在经济上维修不合理的任何形式的折旧，因为由此产生的价值增长小于维修成本。

物理折旧

物理折旧是指由于磨损、暴露于恶劣环境条件、劣化和物理压力导致目标飞机经济寿命到期而造成的飞机价值或效用的减少或损失。在对目标飞机进行物理检查时，需要对主要部件进行评估，以确定飞机的物理折旧程度。

物理折旧是由以下原因引起的：

- 使用过程中的磨损
- 因年龄而恶化
- 暴露在恶劣环境条件下

- 缺乏维护

- 压力和疲劳

由于磨损导致的物理状况通常更多的是由实际使用情况和目标飞机飞行的环境造成的，而不是由其年龄造成的。外观不一定反映飞机的物理状况。例如，一架油腻、肮脏、多尘的飞机不能反映飞机的实际折旧或剩余使用寿命或消耗的寿命。评估师还需要确保只测量物理磨损，而不考虑功能性丧失。某些组件的折旧通常比其他组件更容易确定。例如，LLP 到期是由原始设备制造商设定的，评估人员比较容易衡量它们的恶化程度。维护记录和日志应使评估师能够确定 LLP 的物理折旧。其他不受寿命限制的主要部件需要根据每个部件进行不同的分析。此外，飞机其他部件的折旧将影响飞机的总价值。在这种情况下，相较其他部件剩余寿命与机身剩余寿命相匹配的情况，飞机的价值将显著降低。

功能陈旧

功能陈旧是指与更高效或更便宜的替换飞机相比，由于目标飞机的不足或低效而导致的可用性或价值的减少或损失。功能陈旧是由于市场上的不足、产能过剩和先进技术替代品等因素而导致的功能效率或产能损失。简单地说，就是目标飞机无法经济地执行其最初设计的功能。例如，较新的飞机往往使较旧的飞机功能陈旧，因为与目标飞机相比，新飞机配备新一代的仪器仪表、先进的发动机、轻质材料和航空电子设备。

功能陈旧由以下原因引起：

- 产能过剩

- 缺乏实用性

- 技术进步

- 效率低下

- 设计变更

- 需求变化

评估人员有时可以测量功能性陈旧和某些形式的经济性陈旧，作为新重置成本和新再生产成本之间的差异。然而，一旦确定了新的重置成本，对物理劣化的扣除仍然是合理的。

经济陈旧

经济陈旧，也称外部陈旧，是指由于外部因素导致飞机的效用或价值的减少或损失。外部因素，如竞争加剧、高利率、环境或其他法规、产品需求减少或其他类似因素都可能导致经济陈旧。

经济陈旧可由以下原因引起：

- 原材料的可用性
- 管理能力
- 政府法规
- 竞争
- 盈利能力
- 劳动力供应的可用性
- 市场的可进入性
- 市场的可接受性

例如，政府法规第 3 阶段的噪声标准，使第 2 阶段的飞机由于新法规而失去价值。同样，联邦航空局要求一架飞机拥有三人机组而不是两人机组，也可能导致需要二人机组的飞机经济陈旧。

年龄/寿命分析

在评估飞机时，评估人员必须估计飞机的折旧程度，以确定其当前价值。年龄/寿命分析通常是评估人员用来测量飞机物理退化的方法（美国评估师协会机械和技术专业委员会，2011）。在此过程中，评估人员使用飞机正常使用寿命（NUL）和剩余使用寿命（RUL）的估计值，以达到飞机的有效寿命（EA）。然后计算折旧，即 EA 与 NUL 的比率（示例 12.2）。

年龄/寿命分析研究通常包括以下内容：

- 检查客户记录
- 检查目标飞机及其状况
- 确定目标飞机的 NUL

- 确定目标飞机的 EA
- 确定实际折旧

以下定义对于理解年龄/寿命分析很重要。

经济使用年限

根据 ASA 的说法，"预计某项资产可用于预期用途并可获利的时间段（时间跨度可能受过时和生理年龄变化因素的限制）"。

有效年龄

根据 ASA 的说法，"与同类新资产相比，资产的估计使用年限通常是通过从正常使用寿命中扣除资产的剩余使用寿命来计算的（换句话说，它是由资产的实际状况指示的年龄）"。

估计剩余（物理）使用寿命（RUL）

根据 ASA 的说法，"资产在恶化为不可用状态之前将继续使用的时期"。

正常使用（物理）寿命

根据 ASA 的说法，"通常以年为单位的寿命，即在某项资产恶化为不可用状态或退役之前使用该资产的寿命（该寿命来源于死亡率数据和对实际操作条件下特定资产的研究）"。

日历年龄

根据 ASA 的说法，"自一项资产最初建造以来经过的年数"。

总寿命

根据 ASA 的说法，"总寿命可以是因各种原因所致的正常使用寿命的延长"。

$$年龄/寿命 = 折旧率$$

年龄/寿命公式和比率

有效年限/总寿命 = 有效年限/（有效年限 + 剩余使用年限） = 折旧率

$$NUL = EA + RUL$$

或

$$NUL - RUL = EA$$

或

$$RUL = NUL - EA$$

注意，当飞机投入使用时，其 NUL 已确定。因此，随着时间的推移，EA 增加，RUL 减少。

示例 12.2　年龄/寿命分析

以下是 MD80 的信息：

- NUL 为 35 年
- 今天新的重置成本为 4000 万美元
- 目标飞机使用 7 年
- 维护是最新的，记录是有序的
- 飞机使用正常

使用年限/寿命分析得出物理折旧额。

解决方案

日历年龄 = 7 岁（给定）

得出 RUL：

NUL = 35 年

EA（正常维护）= 7 年

RUL = 35 - 7 = 28 年

得出物理折旧：

折旧（以百分比计）= EA/NUL = 20%

物理贬值金额 = 40000000 美元 × 20% = 8000000 美元

可补救和不可补救的折旧

可补救折旧是经济上合理修理的任何形式的折旧，其价值增加等于或大于补救成本。不可补救的折旧是指任何不经济合理修理的折旧形式，因为由此产生的增值小于成本。可补救和不可补救的折旧产生的主要原因是之前描述的物理退化、功能陈旧或经济陈旧。

会计折旧与评估折旧

对于评估人员来说，了解与评估目的相关的会计折旧和折旧之间的差异是很重要的。会计折旧是一种随时间进行的成本系统分配，可能与确定目标飞机的实际价值无关。相比之下，评估折旧可识别并确定折旧，以确定目标飞机的价值。因此，评估人员将调整由于物理磨损、功能陈旧或经济陈旧而导致的飞机折旧的价值。

飞机评估方法

在美国飞机评估行业中，有两个主要机构被认可进行飞机评估：

- ISTAT
- ASA

ISTAT 成立于 1983 年，在全球拥有 4000 多名会员。ISTAT 成员包括飞机制造商、维修机构（MRO）、运营商（航空公司）、出租人、融资机构和飞机评估师。ISTAT 由其内部规章制度和一个由现任成员组成和选举的志愿者 ISTAT 董事会管理。ISTAT 拥有自己的专业飞机评估师团队，他们在航空界为提高评估专业水平而严格工作。ISTAT 有四个阶段的评估师类别。

- 评估师
- 高级评估师
- 评估研究员
- 荣誉评估师

美国标准协会（ASA）成立于 1936 年。它是一个由评估师组成的多学科组织。ASA 是最古老和唯一代表评估专家所有学科的组织。ASA 成员对机械、宝石和珠宝、技术专长、房地产、飞机和个人财产等业务进行评估。飞机评估师列在机械和技术专业。他们必须完成评估课程的四个准则，完成专业评估实践统一标准（USPAP）和 ASA 道德规范考试，并提交评估报告以获得认证。USPAP 是公认的美国评估行业的道德和绩效标准。美国国会于 1989 年通过 USPAP，其中包含了各种评估服务的标准，包括房地产、个人财产、商业和大众评估。USPAP 每 2 年更新一次，以便评估人员获得他们需要的信息，以提供公正和周到的价值意见。根据评估经验，ASA 授予认证会员资格，要求有 2 年的全职评估经验；或注册高级评估师职称，需要 5 年的全职评估经验。

估值方法

下列是评估飞机的三种方法：

- 成本法
- 收益法
- 销售比较法

成本法

成本法是基于这样一个概念：一个经验丰富的买方不想为目标飞机支付比购买具有相同特征的替代飞机或类似飞机的成本更多的费用（Remsha，2014）。换言之，在这种方法中，对知情的买方而言，目标飞机的最大价值是目前生产具有相同或相仿特性的新飞机所需的成本。这个概念也被称为替代原则。在这种方法中，对所有形式的折旧进行成本调整，以达到目标飞机的价值。成本法表示如下：

$$新成本 - 折旧 = 价值$$

成本法的第一步是确定当前成本的适当水平，无论是新重置成本还是新再生产成本。新重置成本与再生产成本之间存在着重要的区别，评估人员应该意识到这一点。重置成本是指与目标飞机具有相同效用的类似资产的当前成本，而再生产成本是再生产该资产新复制品的当前成本。在大多数评估中，寻找替代飞机的替换成本比复制相同的资产更经济。对评估师进行再生产成本估算的一个有用之处是能够量化由于资本成本过高而导致的功能性陈旧。如果假设再生产成本大于资产的重置成本，则因资本成本过高而导致的功能性陈旧，可以按再生产成本与重置成本之间的差额计量。因为获得与旧飞机功能相同的新飞机通常成本较低，所以存在过剩的资本成本。当评估必须与基于指数或趋势计算的其他指标进行比较时，再生产成本也很有用。

一旦确定了当前成本，减去物理退化、功能陈旧和经济陈旧，即得出飞机的价值。下面我们看一个例子（示例12.3），计算物理折旧，并在新的重置成本下计算飞机的价值。

示例12.3 计算折旧和公平市场价值

以下是 B737 继续使用的信息，没有功能或经济性陈旧。

- NUL 为 25 年。
- B737 今天新产品的更换成本为 81000000 美元。
- 目标飞机 32 岁。
- 维护是最新的，记录是有序的。
- 飞机使用情况正常。
- 目标飞机在 5 年前完全翻新。估计这次翻新使飞机达到其使用寿命的 80%。
- 计算飞机的 EA。
- 使用年限/寿命分析计算物理折旧。
- 计算公平市场价值。

得出 EA

NUL = 25 年

恢复生命 5 年前 = 25 年 × 80% = 20 年

今日 RUL = 20 - 5 = 15 年

EA（NUL - RUL）= 10 年

得出物理折旧

折旧率（百分比）= EA/NUL = 40%

物理折旧 = 81000000 美元 × 40% = 32400000 美元

公平市场价值 = 81000000 美元 × 60% = 48600000 美元

确定当前新成本的方法

有很多方法可以确定目标飞机的当前新成本。主要方法是细目法和趋势分析法（美国评估师协会机械和技术专业委员会，2011）。

细目法

在细目法中，飞机的所有组件都被逐项列出并记录下来，这样所有这些组件的总和就反映了整个飞机的当前新成本。

在这种方法下，需要包括所有直接和间接成本。所有间接成本、直接成本和直接材料成本的总和称为装配成本。直接成本是劳动力、材料和其他相关费用，通常发生在资产或一组资产的购买和安装过程中。

包括飞机在内的机械或设备的直接成本示例如下：

- 安装直接人工成本
- 直接材料成本或采购价格
- 索具和移动
- 货运和装卸
- 管道
- 电气
- 地基

间接成本是指购买和安装一项资产或一组资产所需的费用，但通常不包括在购买发票中。

间接成本示例如下：

- 管理成本
- 法律费用
- 工程费用
- 许可证和许可证费用
- 保险

在细目法中，包括典型的直接和间接成本，但不包括非典型成本。例如，一个大型项目可能需要加班来完成，这被认为是正常情况，而在较短时间内使用加班劳动力完成项目可能被认为是不典型的，应排除在外。

虽然细目法比不太详细的方法能产生更高的精度，但可能并不总是实际的，也不可能创建所有组件或其各自成本的完整列表。细目法也很费时，评估者很容易忽略重要的组成部分，这将影响最终价值。通常情况下，飞机的详细规格和文件可能不可获得，使评估人员使用细目法变得困难。最终是否选择使用细目法将取决于客户要求的详细程度。若采用细目法，则估价人员应勤勉，并将结果与其他方法进行比较，以检查结果的一致性，然后得出最终的估价意见。

趋势法

在趋势分析法中，评估师估计目标飞机的新再生产成本，其中趋势系数或指数应用于目标飞机的历史成本，以将历史已知成本转换为当前新成本的估计。在这种方法下，历史成本是指飞机首次由第一所有者投入使用时的成本。

趋势法练习

指数是从飞机的历史成本中新确定飞机再生产成本的一种有价值的工具。我们看下面的一个例子（示例 12.4），其中详细说明了如何计算这一成本。

示例 12.4 使用指数来查找趋势因子

假设 1995 年制造的波音 777 的成本为 1 亿美元。

假设基准年为 1990 年，确定 2002 年飞机的再生产成本。

年份	指数
1990 年	100
1995 年	116
1996 年	121
1997 年	127
1998 年	132
1999 年	138
2000 年	143
2001 年	149
2002 年	154

趋势因子 = 当前指数（2002 年）/历史指数（1995 年）

154/116 = 1.3276

新当前成本 = 趋势因子 × 历史成本

= 1.3276 × 100000000 美元

= 132760000 美元

指数对计算新的再生产成本很有用，但并不表示新的替换成本，因为它们不反映技术的改进，随着时间的推移，这可能会降低当前成本。进一步的成本指数基于平均值，但目标飞机可能与平均值不同。评估师还应确保趋势分析适用于历史成本，而不是采购价格分配产生的成本，并且当使用的历史成本不排除间接成本或其他成本时。

收益法

收益法的基础是飞机的价值，是基于飞机未来产生收益潜力的当前或现在的价值（示例 12.5 和示例 12.6）。通用或航空企业的评估人员并没有广泛使用收益法，因为通常很难确定可直接归因于特定飞机的收益。此外，估价方法包括对未来收入进行预测，并在估价过程中使用有效的贴现率，这通常会对评估师可用的资源施加额外的限制，并可能延迟得出价值意见的过程。然而，USPAP 要求 ASA 评估师考虑所有三种价值方法，因此，对于 ASA 评估师来说，了解如何使用这种评估方法很重要。

收益法的一个用途是确定租赁抵押价值，评估人员需要根据未来租赁收益流的现值和飞机的残值计算飞机的价值。

因此，在本节中，我们将介绍基本术语和应用收入法的必要性并讨论收入法的应用实例。

飞机出租人将飞机视为一项投资。作为投资者，出租人需要了解飞机产生的预期回报，获得回报的时间段，以及投资的风险。在飞机租赁中，未来的租赁付款和飞机的最终残值通常是随着时间的推移而增加给投资者、出租人的。由于这些收益在未来会累积给投资者，投资者需要知道投资带来的所有未来收益的现值。为了解未来收益的现值，未来收益必须使用适当的折现率折现为现值，以便投资者了解该飞机是否值得今天进行投资。因此，收益法的本质是，今天的现值是基于飞机未来的贴现收益。

收益法有时也被称为贴现现金流（DCF）法。在 DCF 或收益法中，贴现率适用于飞机的一系列未来现金流（如租赁付款）以及租赁结束时的最终残值。随着时间的推移，现金流可以保持不变、增长甚至下降，这适用于浮动租金租赁，或者像固定租赁那样保持不变。在相同的时间段（一个月、一个季度或一年）内，一系列的等额付款被称为年金。一笔永远持续的年金被称为永久年金。对于永久性收入流，可以按如下方式说明收入法：

价值 = 收入/资本化率

资本化率等于贴现率减去预期的资本化收益增长率，其中，预期增长可以是稳定的（或零增长）、下降的（负增长）或上升的（正增长）。

示例 12.5　使用资本化率（收益法）确定价值

如果 A320 的预期收入为每年 20 万美元并永久有效，贴现率为 20%，使用收入法确定其价值。

价值 = 200000/20% = 1000000 美元

示例 12.6　使用贴现率（收益法）确定价值

- B747 每年的净运营收入为 25 万美元。
- 利率为 7.5%。
- 运营商可以在其经济寿命结束时以 100000 美元的价格出售它。
- 飞机还有 15 年的经济寿命。

这可以通过手工、财务计算器或 Excel 中的现值（PV）函数来解决。

$PV = 250000/(1+0.07) + 250000/(1+0.07) + \cdots + 250000/(1+0.07)^{15} + 100000/(1+0.07)^{15} = 1764539.63$ 美元

销售比较法

销售比较法通过比较与目标飞机相似的飞机最近的销售情况得出目标飞机的价值。如果可比飞机与标的飞机不完全相同，则可比飞机的售价会上下调整，以符合标的飞机的特性。就像成本法和收益法一样，销售比较法假设，一个知识渊博、见多识广的买方购买一架飞机所支付的费用不会超过购买具有相同效用的类似飞机的费用。

比较方法

直接匹配

该方法基于与相同飞机的直接匹配为目标飞机确定一个值。例如，King

Air 250 的成本和收入数据（准确的年龄、时间、品牌和状况）可以用作确定目标飞机价值的替代品。但是，在这种情况下，可能无法找到与目标飞机相同的飞机的近期销售情况，必须寻找类似的匹配或销售情况。

可比匹配

该方法基于对可比但不相同的飞机的分析，使用一些效用度量（尺寸、配置、成本等）来建立目标飞行器的价值，以此作为比较基础。例如，如果评估人员正在评估 Beechjet，并且找不到任何销售数据，但发现销售规模和条件相同的 CitationJet，则可以使用 CitationJet 的销售情况；但是，评估师必须针对差异调整这些值。对比较飞机的常规调整可能包括以下内容：

- 年龄和状况
- 航空电子设备和仪表条件
- 内部和外部条件
- 变更和损坏历史
- 机身、发动机和 LLP 的时间
- 两次主要维护检查之间的剩余时间
- 飞机位置
- 制造商和质量
- 各方的动机
- 售出数量

以下方程式以最简单的形式表示销售比较方法：

$$可比销售 \pm 调整 = 价值$$

年龄和状况

评估师必须对可比性进行的重要调整之一是调整飞机的年龄和状况，以与目标飞机相匹配。例如，如果评估 Beechjet 飞机，目标飞机的年龄为 10 岁，而 CitationJet 的年龄为 15 岁，则 CitationJet 的价值将按其实际销售价格向上调整，以便评估人员在 CitationJet 10 岁而不是 15 岁时对其价值进行实际估计。

更好的航空电子设备和仪器以及内部和外部条件都与价值有关。然而，对飞机状况的调整往往具有挑战性。虽然目标飞机的状况可能已知，但评估人员可能不知道可比飞机的状况。因此，研究可比性的条件是很重要的。

使用与维护

机身、发动机、起落架和 LLP 上所用的时间需要在类似于目标飞机的情况下进行调整。

飞机的位置

可比销售飞机的位置可能会影响销售价格。如果飞机位于外国，则可能会增加将飞机迁移至本国的额外费用。

制造商和质量

估价人员应尽可能将估价对象与同一制造商制造的可比对象进行比较。例如，正在评估的波音飞机应与另一架具有相同或类似特征的波音飞机进行比较。实际或感知到的飞机制造商的质量差异将影响价值，评估人员应了解这些对飞机价值的影响。

当事人的动机

买卖双方的动机也会影响目标飞机的价值。经销商以转售为目的购买的飞机，其价值与客户为其个人使用而支付的购买价格相差甚远。

销售数量

飞机的实际单价视出售的数量不同而相差很大。当航空公司从原始设备制造商处订购同一类型的 200 架飞机时，与试图订购定制飞机以满足特定客户的需求的出租人相比，总是会得到很高的折扣。

成本百分比

该方法简单确定了飞机销售价格与销售时的现行成本之间的比率。有了足够的数据，估价师可以检查和建立二手市场中销售价格、新成本和年龄之间的统计学关系。在这种方法下，假设评估人员收集了足够的数据，得出与目标飞机具有相似的尺寸、年龄和状况的飞机，与目标飞机在50% ~ 60%的新当前成本是相似的结论；谨慎的做法是得出目标飞机的价值在50% ~60%的新当前成本。

在讨论了三种价值方法，即成本法、收入法和销售比较法之后，我们来看一个使用所有三种价值方法的湾流 IV （G – IV）的简单示例（示例

12.7）。本章末尾的案例研究详细介绍了销售比较和 ISTAT 的估值方法。

示例 12.7   使用成本、市场和收入方法

使用这三种方法求 G–Ⅳ 的值。

你是一名评估师，被指派评估一架 1990 年以 1800 万美元成本购置的 G–Ⅳ。目前，一架新的湾流 450 的重置成本是 4000 万美元。你估计所有形式的折旧率都是 70%。资本化率为 15%。经纪商表示，类似的 G–Ⅳs 在市场上很容易买到，售价从 1000 万美元到 1600 万美元不等。运营商表示，每年的总运营收入为 200 万美元，减去 15% 的运营费用。通过上述三种方法计算公允市场价值。

成本法

重置成本：40000000 美元

折旧（减）：70%

公平市场价值：12000000 美元

销售比较法

平均市场售价（1000 万～1600 万美元）：13000000 美元

公平市场价值：13000000 美元

收益法

运营总收入：2000000 美元

营业费用（减去）：300000 美元

净运营收入：1700000 美元

资本化率：15%

公平市场价值：11333333 美元

当评估人员评估飞机时，飞机价值的典型值术语是相似类型、平均状态飞机的 BV 和 CMV。除 BV 和 CMV 外，客户还可能对调整值、抵押值、不良价值、部分（残余价值）价值、报废价值或减值报告（通常针对受损飞机）感兴趣。如上所述，BV 是假设供需平衡的理论值，而 CMV 是近期市场交易的实际值。BV 和 CMV 都设定飞机的假设平均状态与目标飞机相似或相同。平均状态飞机是指具有标准无限制适航证书，良好

权利，无损坏历史，附加组件的配置和级别的可操作适航飞机，这是其使用和使用寿命的典型特征，并且处于平均物理年龄、条件和平均使用飞行周期和小时数。平均状态的飞机不应该是存放的飞机。评估人员还假设机身、发动机及其部件和 LLP 来自原始设备制造商，并且飞机的发动机没有调换。

半寿命状态假设飞机的所有部件及其维护处于距离下一次主要维护/性能恢复/大修事件的中间状态。然后，评估人员将根据半寿命假设作出积极或消极的调整，以反映目标飞机的实际状况、飞行小时数和周期利用率、机身剩余寿命和发动机利用率。应当指出的是，当评估人员对某一标的飞机给出意见时，它只适用于涉及一架飞机的交易，因为涉及多架飞机的交易通常根据买方的购买力和购买的飞机数量进行折扣。

传统方法

基础价值估计

BV 是对基本经济价值的评估意见，具有合理的供需平衡。正如讨论的定义所示，BV 假定市场开放且不受限制，没有胁迫，并且有合理的时间销售飞机。它还假设它是一个单一的单位交易和半衰期条件，除非飞机是新的或几乎是新的。飞机的 BV 是基于历史趋势和飞机首次进入市场时的未来预期。飞机价值和独立变量（如年龄、航程、座位、操作员等）之间通常存在统计关系。由于折旧飞机价值往往会超时下降，由于采用了新技术而过时，并且随着发动机和其他部件老化，非常规维护活动增加，如图 12.1至图 12.3 所示。

未来基准值估计

未来的业务价值基于历史数据和前瞻性参数。根据当前通货膨胀率调整后的历史价值趋势将用于生成一般折旧曲线，然后生成前瞻性参数，如机队规模和分布、二级市场前景、生产周期和技术因素。该 BV 曲线将根据长期宏观经济趋势［如国内生产总值（GDP）和石油预测］进行进一步调整。国内生产总值的增长被认为是衡量航空公司客运量增长的一个很好的指标，这将影响对新飞机和二手飞机的需求，因此对飞机价值有直接影响。评估人员还跟踪利率趋势，因为借款成本会影响飞机需求。美国联邦储备委员会自 2008 年国际金融危机以来一直保持低利率以刺激需求。低利率环境有助于提高出租人的借贷成本，从而支持飞机价值。最后，评估人员跟踪原油价格和喷气机燃油价格趋势，因为它们与运营商的成本有关。喷气机燃油价格在 2014 年底暴跌，与 2010 年初相比，过去 3 年保持相对较低的水平。这些低廉的燃油价格对飞机需求既有利又有害。一方面，当飞机燃油价格较低时，运营商倾向于扩大对老式燃油效率低的飞机的使用，这抑制了对昂贵的燃油效率高的飞机的需求。另一方面，低燃油价格改善了航空公司/运营商的资产负债表，以及其财务比率，导致对飞机的需求增加。总的来说，出租人和运营商都赞成低燃油价格，因为它降低了航空公司的成本，从而提高了其财务实力，并导致对支持更高价值的飞机的更强劲需求。

最后，应用飞机特定的定性因素进一步定制曲线。评估师将分析每一种飞机模型，以确定其在任务能力、经济状况等方面的历史、当前和预计竞争地位，以及市场渗透。评估人员可能考虑的关键飞机特定因素包括飞机尺寸/范围、速度、发动机类型、服务数量、操作员数量、操作员集中度、地理分布、总产量和停放和储存的飞机数量。基于这些特征，评估人员将使用市场强度带曲线来描述飞机在基线曲线上的下降位置（见图 12.4）。根据这些因素，为每架飞机分配一个数值强度因子，其范围从 10（最强）到 1（最弱）。然后，评估人员将使用专有模型，根据飞机的实际更换成本，将这些强度因素转化为飞机的基础和未来价值，再然后根据当前市场信息持续监控和重新校准这些值。

图 12.1 显示了基于评估师专有数据库的事务数据点集群，以及通过该集群拟合的趋势线。R^2 为 0.56 表示年龄（独立）变量，在这种情况下，解释了价值（依赖）变量的 56%（Kelly，2008）。然而，在飞机投入使用后，根据市场上出现的新信息，BV 趋势可能会发生变化。例如，当空客 A380 首次推出时，人们对其价值有很高的期望，即随着时间的推移，其价值将保持良好，但由于缺乏飞机的二级市场和运营限制（如飞机重量、跑道长度和宽度），情况并非如此。此外，空客 A380 的尺寸和重新配置成本使出租人很难将飞机安排在经济可行的第二次租赁上。在这种情况下，评估人

员必须重新考虑 BV 曲线，并考虑价值随时间的急剧下降的情况（见图
12.1）。

　　理论上，飞机在某个时间点的 CMV 可以高于或低于 BV，并且应该围绕
BV 震荡。图 12.2 显示了飞机的 CMV 如何在 BV 超时期间波动。然而，在
现实中，CMV 往往随着宏观经济事件（如燃油价格上涨、战争和衰退）而
移动（见图 12.3 和图 12.5）。

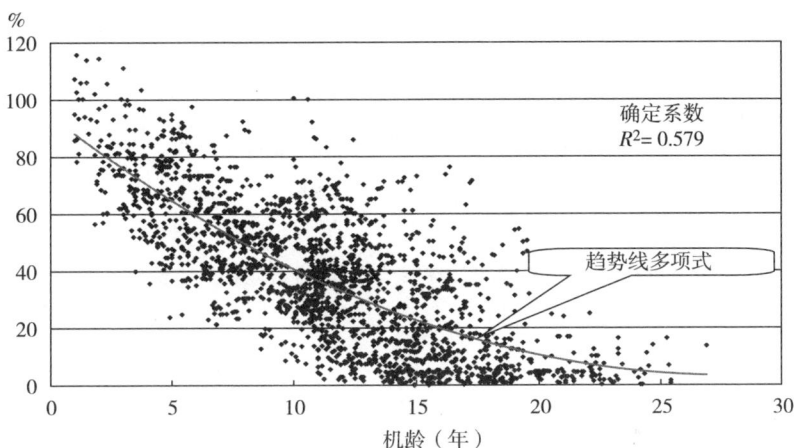

图 12.1　所有喷气飞机的实际值占实际原始值的百分比

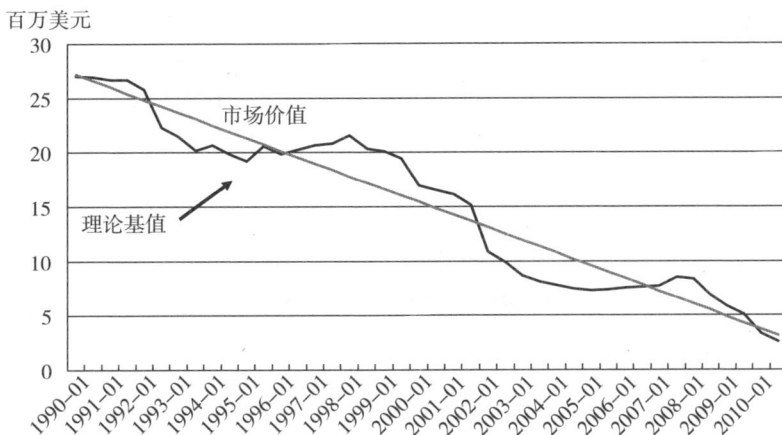

图 12.2　历史上的 737 - 300 蓝皮书价值 1990 年至今

未来价值假设每年通货膨胀率为1.5%

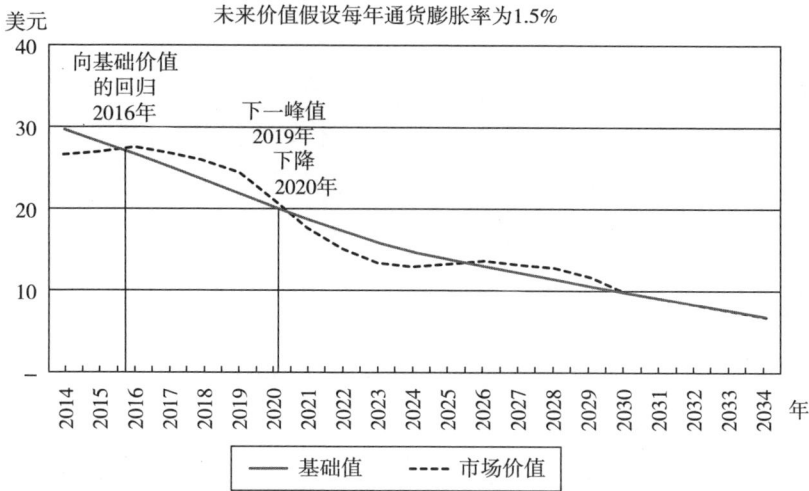

图 12.3　A320 – 200（2008 年）当前市场和未来价值

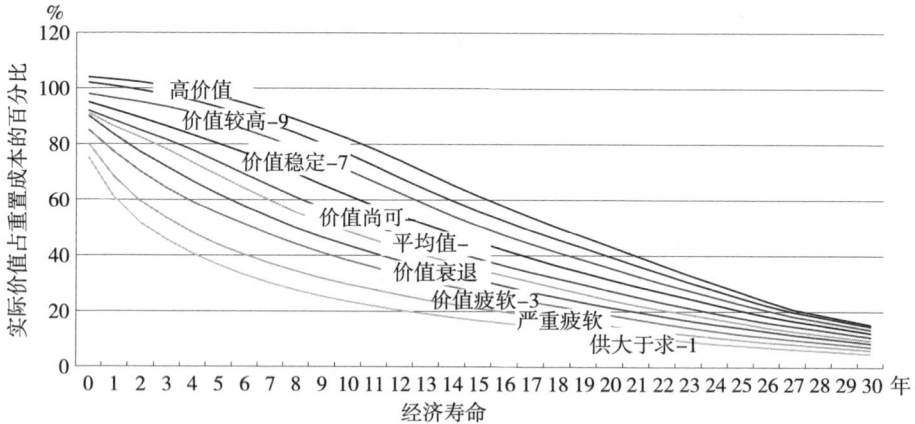

图 12.4　基线预测曲线：市场强度带曲线

计量经济学方法

上面概述的传统方法虽然对预测未来的基础价值很有用，但不能帮助预测未来市场价值。为了预测未来的市场价值，评估师可以使用经济计量方法，这一方法允许它们在其模型中引入额外的独立变量，也包括商业周期和罕见事件（如"9·11"恐怖袭击）的影响（Kelly，2008）。例如，评

卢比（十亿）

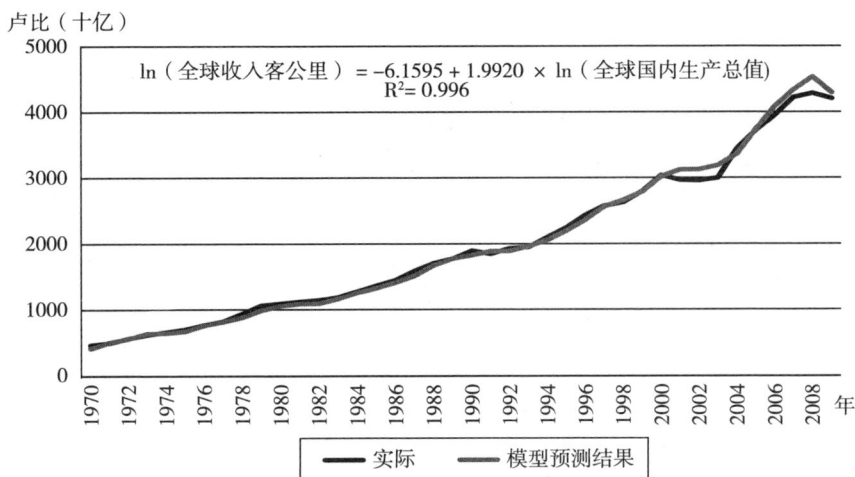

$$\ln（全球收入客公里）= -6.1595 + 1.9920 \times \ln（全球国内生产总值)$$
$$R^2 = 0.996$$

实际　　　模型预测结果

图 12.5　1970—2009 年世界交通与经济的相关性

估师可以考虑额外的独立变量，这些独立变量可以是飞机特性，如尺寸、范围、速度，或是与消费者相关的变量，如服务数量、操作员数量、集中度和共性。经济计量模型也有助于进行情景和敏感性分析，使分析更加稳健。传统的方法和经济计量方法在衡量价值方面并不是竞争关系，而是互补的两种方法。因此，虽然传统方法中考虑的机龄、通货膨胀和原始成本都很重要，但在计量经济学方法中引入额外的解释变量也有助于提高模型的可预测性，并有助于进行情景和波动性分析。

调整后价值评估过程

在一个典型的 ISTAT 调整后的价值评估过程中，评估师从半寿命 CMV 或半寿命 BV 开始。然后，根据不同的飞机规格，如 MTOW、机身改装（门、货物、机组人员和休息区）、航空电子设备、认证、内部以及飞机是否按小时或类似的发动机程序通电，调整价值。再然后根据飞机发动机、起落架和辅助动力装置的当前维护状态调整。根据评估类型（桌面评估与全面评估），评估师可根据飞机的实际检查进行调整。在这些调整之后，评估人员得到飞机的调整后的 CMV。示例 12.8 显示了从半寿命状态对飞机维护状态的调整。

示例 12.8　调整后价值评估

从半寿命开始计算调整。

在飞机上进行 HMV 检查的剩余时间为 100 个月。两次 MHV 检查间隔 120 个月，花费 500 万美元。从半寿命开始计算调整。

剩余寿命/HMV 检查——100/120 = 83%

剩余时间超过半衰期时间 = 83% – 50% = 33%

半寿命调整 = 50 万美元 × 33% = 1650000 美元

租赁抵押价值估算过程

租赁抵押价值或证券化价值是评估师对附带租赁协议的飞机的价值意见。该过程包括计算租赁租金的现值加上租赁期满时的残值，以及对租赁结束时合同约定的维护状态的任何补偿或调整（示例 12.9）。因此，租赁抵押价值可以表示为

抵押价值 = 剩余期限租赁租金现值 + 租赁结束时残值的现值
+ 维修状态现值／租赁结束时补偿调整

租赁租金可以每月或每季度支付，可以是固定的也可以是可变的。用来贴现这些租金的贴现率应该反映出承租人的风险。一般来说，风险越高，用于贴现这些价值的贴现率就越高。

残值将取决于以下因素：租赁结束时飞机的使用年限、发动机选择和其他规格、机队规模和分布、生产周期的阶段以及原始设备制造商的支持。通常可以使用不同的贴现率来计算残值的现值，而不是用来贴现租赁租金付款的现值。

维修状态补偿或调整将取决于租赁结束时合同约定的维修状态和约定的补偿。例如，租赁合同可以规定承租人应在全寿命条件下归还飞机，在这种情况下，应调整飞机价值，使其达到全寿命条件。

示例 12.9　一架 2012 年 A320 – 200 的租赁抵押价值

计算 2012 年 A320 – 200 的租赁抵押价值。

机型：A320 – 200 型

建造年份：2012 年

租赁到期日期：2022 年

月租赁费率：0.30 百万美元

剩余租期：50 个月

租金支付方式：先付

退租条件：全寿命

租金及残值的折现率：5.0%

保守估计下的残值系数：90.0%

基于通胀率为 1% 的未来基础价值：2450 万美元

基于通胀率为 0 的未来基础价值：2250 万美元

假设通胀率为 2%，将飞机恢复至全寿命状态需要花费 900 万美元。

● 通货膨胀率为 0 时，残值等于未来基础价值的 90% = 2250 万美元×90% = 2025 万美元

● 代表租赁终止价值（LEV）的假设残值 = 2025 万美元 + 900 万美元 = 2925 万美元

● 租金的现值 = 将 0.3 百万美元贴现，贴现率为 5% = 1352 万美元

● 残值的现值 = 29.25 百万美元贴现，贴现率为 5% = 2377 万美元

● 总租赁抵押价值 = 3729 万美元

评估报告格式及要求

评估报告的目的和目标是向客户传达评估师的价值观，并概述得出该结论所用的方法和信息。尽管对 ISTAT 和 ASA 评估师而言，评估报告的基本要素是相似的，但 ASA 评估师必须遵守北美的 USPAP 要求和美国以外的国际评估标准。此外，ASA 和 ISTAT 都有自己的道德要求。

在此，我们讨论 ISTAT 评估报告的基本要求。

报告日期

估价是对某一特定日期的价值意见。因此，评估应包含评估日期，这

一点很重要。

识别

评估报告必须按名称和类型标识报告的客户和用户。

资产说明

该报告应包含正在评估的资产或飞机的描述。对于飞机来说，这应包括登记、序列号、制造年份、乘客配置、MTOW、发动机类型、当前和以前的操作员。

评估目的

报告应包含报告的主要目标。例如，报告应该指定它是桌面、扩展桌面、完整评估还是全面评估。

假设

评估报告应详细说明用于得出最终价值结论的假设。例如，评估师可以对正在评估的飞机进行以下假设：

- 飞机整体状况良好，除非本报告中另有说明；
- 机身、发动机和其他主要部件的大修状态为半寿命或中期状态，除非另有说明；
- 飞机无重大事故或事故造成的任何重大损害；
- 已按照可接受的行业标准保存了历史维护记录；
- 飞机的规格对于这种类型和年份的飞机来说很常见；
- 飞机处于标准航线配置中；
- 除非另有说明，否则飞机是所有适航指令和服务公告的最新版本；
- 飞机改装状态被认为是这种类型和年份的飞机的常见情况；
- 其利用率被认为接近其类型和年份的平均水平；
- 除非另有说明，否则不受任何金融或租赁交易的约束。

定义

报告应包含报告中使用的不同定义。这些定义可包括所用价值的不同定义，如 BV、CMV、租赁抵押价值、调整价值等。

估价方法

评估应说明得出价值结论所采用的方法。虽然 ISTAT 没有规定方法，而且 ISTAT 评估师可以自由使用任何方法，但必须说明所用的具体方法以及基于所用方法得出的逻辑值结论。

或有事项和限制条件声明

报告应提及评估报告所依据的所有或有事项或限制条件。例如，桌面评估的评估人员可能会说，她/他没有实际检查飞机，仅根据客户提供的数据得出结论。

无利害冲突声明

评估应该是对价值发表的没有偏见的意见，因此，对评估人员来说，陈述自己对被评估的财产没有个人利益是非常重要的。

评估者签字

报告需要评估人员签字，以证明报告中得出的价值结论。

评估公司

有许多独立的公司和资源为各种飞机类型提供评估服务。这些公司可以访问自己的不同类型飞机的价值评估数据库，并提供航空咨询服务。金融机构、飞机经纪人、航空公司/运营商、法律公司、制造商和 MROs 会使用这些报告和价值评估结果去得出某架飞机的价格。所有这些公司都有大型喷气式飞机的数据，包括乘客方面的和货物方面的。一些公司还为通用航空飞机提供估价，并同时拥有 ISTAT 和 ASA 认证评估师。下面我们将讨论几家行业中最大的评估服务公司。

- AVITAS
- 航升飞行咨询（Flight Ascend Consultancy）
- 莫顿·拜尔和阿格纽公司（Morten Beyer & Agnew，MBA）
- 国际航空局（International Bureau of Aviation，IBA）

AVITAS

AVITAS 是一家成立于 1985 年的全方位服务航空咨询公司。AVITAS 为航空公司、金融机构、维修厂商、制造商、政府机构和律师事务所提供与飞机相关的专家咨询。它们在华盛顿、纽约和伦敦设有办公室。AVITAS 提供技术和维护咨询、估价和业务规划，以及预测服务。它们的客户包括金融机构、航空公司/运营商、法律公司、制造商和 MROs。AVITAS 每年为超过 5000 架的飞机和发动机提供评估服务。它们还出版了喷气式飞机、涡轮螺旋桨发动机和喷气发动机价值的蓝皮书，并提供了一个在线飞机和发动机价值系统。

航升飞行咨询

航升飞行咨询公司是 FlightGlobal、Reed Business Information 和 Relx Group 的一部分。Ascend 和它的前身已经提供了近 50 年的航空数据评估。它们评估商用飞机、涡轮螺旋桨飞机、公务飞机和通用航空飞机、直升机、发动机和模拟器。航升的咨询团队包括 ISTAT 和 ASA 认证评估师、事故专家和经济学家。它们根据自己对市场的看法使用自己独有的模型来支持自己对飞机估值、机队增长预测和资产评级的看法。Flight Ascend 提供 BV、CMV、未来 BV、软价值、飞机评级、租赁抵押价值、立即出售（不良）价值、部分出售（残余价值）价值、报废价值、受损飞机的价值减少，以及经 ASA 认证的符合 USPAP 的评估。

莫顿·拜尔和阿格纽公司

莫顿·拜尔和阿格纽公司是一家全球咨询公司，在美国、欧洲和亚洲设有办事处，自 1992 年以来为航空公司、政府和投资者提供广泛的服务。它们的咨询服务包括有形估值（如飞机、发动机和备件）、无形估值（航线、机位、航空公司和非公开股票）、融资和维修储备金建模、市场分析和评估、尽职调查、资产管理以及技术和审计服务。它们的团队包括 ISTAT 注册评估师、航空公司高管、A&P[①] 机械师、飞行员、工程师、注册会计师和法医。它们的客户包括私募股权和对冲基金、投资银行、航空公司、飞机和发动机出租人、政府机构、保险公司、飞机存储设施和零部件经销商。

莫顿·拜尔和阿格纽公司出版了红皮书，书中提供了飞机半寿命、全寿命状态下的基础价值、市场价值以及未来价值评估，评估考虑了超过 120 种飞机类型，并且考虑了不同租金率的影响。

国际航空局

IBA 是一家独立的领先航空咨询公司，成立于 1988 年，为出租人、运营商、金融家和投资者提供广泛的咨询服务。它们提供了一系列服务，包括市场分析和竞争情报、尽职调查、估价、基准取值、交易谈判、风险管理、资产管理、风险监控、诉讼、争议支持、卖方咨询、终止租赁选择权和再销售。

评估公司的完整列表可在 ISTAT 目录或网站 www. istat. org 上找到。

除上述提供全方位评估咨询服务的主要公司外，还有一些其他公司，专注于为公务和通用航空领域提供飞机价值指南。流行的指南有飞机蓝皮书价格文摘、客机价格指南、飞机价值参考和国际蓝皮书。正如我们前面所讨论的，评估公务和通用航空价值的最流行和可行的方法之一是销售比较法。不幸的是，由于缺乏标准化的交易数据，我们通常只能从这些飞机价值指南提供的基准值开始分析这些飞机的价值。

总结

在本章中，我们研究了评估人员如何得出飞机价值。评估本质上是一种基于系统过程得出的价值意见。飞机价值有多种形式，每种形式都可以

[①]　A&P 指飞机机体和发动机维修执照。——译者注

在详尽度上有所变化，这取决于它们的用途。确定飞机的价值对不同的利益相关者很重要，如租赁公司、金融机构、飞机经纪人、航空公司/运营商、法律公司、制造商和MRO。评估人员遵循的价值评估的基本方法是成本法、销售比较法或市场法和收益法。

进行飞机评估的主要组织有两个，即ASA和ISTAT。ASA主要致力于评估公务飞机和通用航空飞机，ISTAT则专注于商用飞机评估。此外，ASA和ISTAT都有各自的价值定义，这两个定义相似，但有细微的差异。有许多评估公司为不同类型的飞机提供飞机价值评估，涵盖从涡轮螺旋桨飞机到大型商用飞机的各种机型。

案例分析1 评估商用飞机猎鹰900B

你被要求评估一架1992年生产的猎鹰900B S/N 150 N578L飞机的公平市场价值（Fair CMV）。本案例研究的范围包括：

- 确定销售比较法、收入法或成本法是否与该飞机相关；
- 确定目标飞机的公平市场价值；
- 预期用户是美国银行和克里斯·史密斯（飞机所有者）；
- 预期用途是为了分析克里斯·史密斯先生的潜在贷款；
- 飞机的位置是堪萨斯州威奇托。

未对目标飞机、维护记录及其日志进行物理检查。但是，已经从各种来源获得了目标飞机的相关数据并进行了深入的研究，信息来源包括飞机所有者、联邦航空局登记处、飞机出售广告、专业数据库的使用以及公开的价值信息。

达索公司于1984年至1998年生产了猎鹰900B。达索公司总计生产了158架飞机，目前有155架飞机在服务中，其中105架位于北美，50架位于世界其他地区。目前，22架飞机在市场上销售，占现役机队总数的14.17%。出售飞机的价格从410万美元到800万美元不等，平均价格为550万美元，中位数为560万美元。这些飞机进入销售市场的天数（dom）介于13~1624天，平均数和中位数分别为302天和423天。飞机的总飞行时间在 3606～14712 小时，平均为 8793 小时，中位数为 9439 小时。2014 年的平均销售天数为 427 天，2013 年为 310 天。2014 年销售天数中值为 337 天，2013 年为 157 天。这架飞机平均每年飞行 470 小时。你估计飞机还有 5 年的寿命，残值为零。

所有大型公务飞机的待售比例（14.19%）高于 12.81%。由于大型商务喷气式飞机中有更多的现代机型可供选择，猎鹰 900B 的市场看起来比其他大型公务喷气式飞机的市场要疲软一些。这一事实可能会抑制猎鹰 900B 飞机的 CMV。猎鹰 9000B 的新重置成本为 8500 万美元。你估计所有形式的折旧都是 70%。你还认为，目标飞机的年运营收入将达到 25 万美元，运营费用将达到 15 万美元。资本化率（折现率）为 10%。

目标飞机的总体状况

根据飞机所有者提供的数据和其他专业数据库，目标飞机处于良好状态。机身于 2015 年重新喷漆。所有三台发动机和辅助动力装置均被纳入霍尼韦尔维护服务计划（MSP）。所有维修公告均符合要求。

资产标识	
制造商	法国达索
模型	Mystere Falcon 900B
建造年份	1991 年
飞机类型	固定翼多发喷气式飞机
机身总时间	4658 小时
着陆次数	3759 次
限时系统	无
循环寿命限制系统	无
机身状况	良好
飞机日志	原件
注册日期	2013 年 3 月 24 日
注册有效期	2019 年 3 月 24 日
适航证书日期	2013 年 1 月 25 日

机身维修状态	
制造检验人	西星航空/达索猎鹰喷气式飞机
维护注意事项	2C/4C/3B/7.1/GoGo Wi－Fi 预定于 2015 年 9 月@ WestStar
已知机身维护问题	无
限时系统	无
循环寿命限制系统	无
服务公告状态	当前遵守所有维修公告
广告符合	是
轮胎状况	良好
机身改装	未列出
损坏记录	未列出
客舱配置	14 人
面板布局	良好
窗户状况	良好

发动机（全部三个）	
发动机制造商	霍尼韦尔
模型	TFE731－5BR－1C
发动机型	涡扇发动机
反推力装置	是（发动机 2）
日志目录和注释	不适用
发动机总时间（TSN）	4498 小时
大修后时间	298 小时
发动机大修	霍尼韦尔
建议 TBO	4200 小时
引擎注释	参加霍尼韦尔发动机维护计划（MSP）
发动机改装	无

APU	
APU 制造商	霍尼韦尔
型号	GTCP36－150F
APU 总时间	2203 小时
推荐 TTO	4000 小时
APU 检修	霍尼韦尔
APU 注释	参加霍尼韦尔 APU 维护计划（MSP）

APU，辅助动力装置；ADs 适航指令；TBO，大修间隔时间；TSN，新开始时间；TTO，大修时间。

航空电子设备

注释：航空电子设备符合 1991—1994 年制造的猎鹰 900B 的正常标准。一个特殊条件是飞机有两个惯性参考系统（一些可比飞机有三个）。

销售数据比较法

项目	飞机 1	飞机 2	飞机 3	飞机 4	飞机 5
型号	猎鹰 900B	猎鹰 900B	猎鹰 900B	猎鹰 900B	猎鹰 900B
年份	1991 年	1994 年	1988 年	1994 年	1988 年
序列号	××	××	××	××	××
要价	4750000 美元	6290000 美元	5950000 美元	6950000 美元	4590000 美元
DOM	349 天	299 天	573 天	1065 天	58 天
TTAF	12289	5071	12535	7242	13071
降落	6444	2426	5716	4327	6752
发动机 1 TSN	11229	5011	10273	7128	12359
发动机 1SMOH 时间	7029	811	3606	2928	3959
发动机 2 TSN	11023	5011	9619	7071	12393
发动机 2 时间 SMOH	6823	811	3606	2871	3993
发动机 3 TSN	11349	5011	10682	7004	12608
发动机 3 时间 SMOH	7149	811	3576	2804	4208
发动机纳入维护计划（是/否）	是	是	是	是	是
APU 纳入维护计划（是/否）	是	是	是	是	是
部分所有制（是/否）	否	否	否	否	否
航空电子：其他	标准	标准	标准	标准	标准
航空电子设备：导航（LASREF）	2	3	N/A	3	3
损伤	否	否	否	否	否
内部翻新	2009 年	2011 年	2009 年	N/A	2007 年
外部涂装	2009 年	2006 年	2007 年（补漆）	2012 年（补漆）	2013 年

注：DOM，上市销售天数；APU，辅助动力装置；TTAF，机身总时间；SMOH，大修后；TSN，自新建以来的时间；LASREF，导航选项提供程序。

案例分析2　商用飞机评估空客 A320 – 200 概述

空客 A320 – 200 于 1988 年首次投入使用，此后，它在 150 座单通道飞机上的市场份额增长至略高于 50%。截至 2018 年，共有 4289 架 A320ceo 飞机投入使用，使用该飞机的航空公司达到 325 家，飞机订单达到 4768 架。A320neo 于 2015 年投入使用，其销售额在 2018 年 2 月底达到 4071 架（订单数量），并继续保持强劲。

要求你根据以下规格数据确定 A320 – 200 的 CMV。

A320 – 200 规格	
建造年份	2007 年
长度	37.6 m
翼展	34.1 ~ 35.8 m
高度	11.8 m
最大起飞重量	78000 kg（最大）
最大着陆重量	66000 kg（最大）
工作空重	42100 kg
最大零燃油重量	62500 kg（最大）
最大有效载荷	16600 kg
标准燃油容量	27200 L（最大）
最大有效载荷范围	6100km
巡航速度	840 km/h
最高时速	890 km/h
最大工作高度	11900 m
起飞场长度	2090 m
着陆场长度	1530 m
发动机	IAE V2500 – A5 2 × 26500 磅（最大）
燃油效率	19.1 g/pass km
燃油流量	2600 kg/h
乘客	150 人（2 级）
机舱长度	27.5 m
轿厢宽度	3.7 m

您的专有评估模型为通用的 A320 – 200 生成了以下值。

通用 A320 – 200 的价值

建造年份	CMV	CMB	2016 年	2017 年	2018 年	2019 年	2020 年	2021 年	2022 年
2001 年	14.1	15.2	14.3	13.4	12.5	11.7	10.9	10.1	9.3
2002 年	15.2	16.5	15.5	14.6	13.7	12.8	11.9	11.1	10.3
2003 年	16.5	17.9	16.9	15.9	14.9	13.9	13.1	12.2	11.3
2004 年	18.0	19.4	18.3	17.2	16.2	15.2	14.2	13.3	12.4
2005 年	19.7	20.9	19.7	18.6	17.6	16.5	15.5	14.5	13.6
2006 年	21.7	22.5	21.3	20.1	19.0	17.9	16.8	15.8	14.8
2007 年	23.5	24.3	23.0	21.7	20.5	19.4	18.3	17.2	16.1
2008 年	25.5	26.1	24.8	23.4	22.2	21.0	19.8	18.6	17.5
2009 年	27.4	28.1	26.6	25.3	23.9	22.6	21.4	20.2	19.0
2010 年	29.4	30.1	28.6	27.2	25.8	24.4	23.1	21.8	20.6
2011 年	31.6	32.3	30.7	29.2	27.7	26.3	24.9	23.5	22.2
2012 年	33.9	34.6	32.9	31.3	29.8	28.3	36.8	25.4	24.0
2013 年	36.3	37.0	35.3	33.6	32.0	30.4	28.8	27.3	25.9
2014 年	39.2	39.5	37.3	36.0	34.3	32.6	31.0	29.4	27.9
2015 年	43.5	43.5	41.6	39.8	37.9	36.2	34.4	32.7	31.1

注：CMV，当前市场价值；CMB，当前市场基础。

请完成包含以下信息的桌面评估报告。

- 方法和定义
- 宏观分析
- A320 市场分析
- 可比飞机
- 竞争前景
- 可能作出的调整
- 价值评估

参考文献

Ackert, S. (2012, March). *Basics of aircraft marker analysis*. San Francisco, CA: Aircraft Monitor.

AVITAS, Inc. (2018, October 14). *Appraisal Services*. Retrieved from https://www.avitas.com/:online.avitas.com/value_definitions.jsp.

AVITAS. (2017 2nd Half, 2017−2037). *Bluebook of Jet Aircraft Values*. Chantilly, VA: AVITAS.

Forsberg, D. (2016, Februrary 18). *Values and valuers: An assessment of the aircraft valuation business*. Ballsbridge, Dublin, Ireland: Avolon.

International Society of Transportation Aircraft Trading. ISTAT Appraisers program, International Board of Governors. (2013, January 30). Retrieved from: <http://www.istat.org/appraisers>.

Kelly, D. B. (2008). Forecasting aircraft values: An appraiser's perspective. *Airfinance Annual*, 24−30.

Machinery and Technical Specialty Committee of the American Society of Appraisers. (2011). *Valuing machinery and equipment: The fundamentals of appraising machinery and technical assets*. Reston, VA: American Society of Appraisers.

Remsha, M. J. (2014). The cost approach and its relationship to the sales comparison and income approaches. *The Journal of International Machinery and Technical Specialities Committee of the American Society of Appraisers*, *30*(1), 6−31.

Svoboda, R. S. (2006, January/February). Value in use vs. value in exchange. *Valuation Strategies*, 27−48.

Vasigh, B., Taleghani, R., & Jenkins, D. (2012). *Aircraft finance*. Fort Lauderdale, Florida, USA: J. Ross Publishing.

第十三章
跨境交易的税收和考虑

章节大纲

税收和租赁

关键税务问题

    我们将在本节开始讨论重要的税务问题，稍后讨论跨境租赁交易，因为跨境租赁交易涉及一些与税务相关的问题，一开始先理解这些税务问题很重要。所有交易都涉及结构性税务风险，但可以通过利用相对税务友好的地区进行交易来管理这些税务风险。承租人还将向出租人提供赔偿，以防止交易所依据税收优惠丧失。发生在交易过程的多个点需要考虑税务问题，包括租赁的发起、飞机的转移和租赁的开始。由于税务存在于交易的各个方面，因此在构建租赁协议时，它们是所有相关方的一个非常重要考虑因素。

关于飞机租赁发起的税收问题

建造和发起飞机租赁时要考虑的主要税目包括潜在的印花税、进口税和登记税。在商定租约并且飞机在其新的区域注册时征收这些税。

印花税

一旦承租人与出租人协商并拟定租赁协议，就可能需缴纳租约开始时，飞机所在地区和租约履行所在的地区各种行政税。印花税是历史上对各方之间签署的大多数合同，包括销售票据、抵押、债券、期票和租赁协议等征收的行政文件税（Ajayi，2018）。印花税的目的是确保特定地区的文件合法性的公证。通常不需要支付印花税，除非文件实际进入需要支付印花税的地区，或者当事人希望这些文件在法庭上被认为是可执行的。在法律诉讼取回飞机时，出租人必须在提交诉讼前对文件支付印花税。每个地区都有自己的租赁协议印花税规则，但大多数文件在法律上不可强制执行，除非已缴纳印花税且文件已盖章。

进口税

跨境飞机租赁涉及将飞机从出租人的地区移至承租人的地区。当资产改变所有权和国籍时，进口税、关税和/或增值税（VAT）可能适用于该交易［National Business Aviation Association（NBAA），2018］。在每次跨境交易中，应咨询当地税务机关，以确保相关各方了解必须缴纳的税款和关税，以及利用可能适用的任何条约或临时税收减免，以减少税负。

当资产进口到一个国家时需缴纳增值税，缴纳的增值税是通过消费而不是收入来计量。进口飞机的增值税可以是价值的固定百分比，也可以根据租赁条件确定。有些国家特别是一些欧盟成员国，对于由合格的国际商业运营商所运营的进口飞机，增值税税率为零。然而，并非所有欧盟成员国都同样适用零税率，因此对于承租人进口飞机到欧盟来说，了解相关地区税款如何应用非常重要。增值税可以直接应用于符合条件的航空公司，也可以应用于最终用户是合格航空公司的两个出租人之间的交易。

所有飞机交易都必须为交易飞机设立适当的欧盟增值税条件。符合条件的飞机是由航空公司在国际航线上运营的飞机。有些国家对"国际"一词的解释不同，航空公司主要不在该国或国内运营，或者航空公司可以通过在管辖范围内飞行的航空里程数或国际航班相对于国内航班的比例来获得资格。飞机也必须在民事登记处登记，并且必须确立飞机的承租人，这意味着承租人通常被列为进口商，有主要义务免除纳税。有些司法管辖区在缴纳全部飞机进口税后才予放行，而有些地区则允许递延增值税，通常通过银行担保方式来缓释非欧盟出租人的潜在违约风险。由于增值税的复杂性和风险，与增值税管辖范围内的大多数租赁方的租赁交易条款均包括要求承租人证明已支付适当税款。

注册税

一旦租赁协议谈判达成并支付所有印花税和进口税，每个辖区的当地航空管理局将收取登记税以登记飞机。需要确定是由飞机所有者/出租人还是由承租人负责注册飞机并支付适当的费用和税金。有些当地航空管理局是以所有者为基础，有的是以运营商为基础。例如，美国联邦航空管理局注册是以所有者为基础，在美国注册的飞机所有人必须为美国公民。世界上大多数其他注册机构都是基于运营商的，运营商承担飞机纳税义务。在选择飞机注册管辖区之前，出租人和承租人应从税务角度选择最佳注册地。

飞机租赁业务中的涉税事宜

在租赁过程中也应关注税务事宜，包括预提税、销售税、印花税、保证金和维修储备金。

预提税

预提税是租金的一部分，当支付出租人租金时政府立即收取，出租人对租赁收入缴纳所得税可扣除该预提税。出租人在租赁谈判时需要考虑预提税，因为在整个租赁期间出租人需要支付预提税。有的地区也要求出租人在承租人所在地报送所得税，此举可能导致双重征税。在跨境租赁交易时，公司可以对境外收入缴纳税金进行境外收入抵扣。

双重征税

出租人和承租人在不同地区内经营会导致双重征税的发生，出租人要在自己纳税居民地及承租人纳税居民地缴纳所得税。这意味着出租人对于同一收入进行两次纳税。这是出租人与在不同的税收管辖区的承租人签订租赁协议时，需要考虑的因素。为了避免出租人对于同一收入缴纳两次所得税，一些国家签订了避免双重征税协定。由于承租人通常不承担这些税负，承租人对租赁合同中的双重征税事宜不一定关心。但是，可以在租赁合同中约定双重征税由出租人和承租人共同分担。

各国之间的双重征税协定有多种形式。一种形式是出租人在承租人所在地缴纳优惠税率的所得税，而不是两个地区的全额所得税。另一种形式是出租人在所在地缴纳经过抵免境外纳税后的差额。例如，如果外国所得税税率是15%，出租人的本国所得税税率为20%，出租人将在外国支付15%，在本国支付剩余的5%。最后一种形式是出租人免缴国外所得税。在签订租赁合同前，同样需要确定租赁业务在双方地区都被视为同一租赁性质业务，以确保双方地区税务统一对待。例如，某一租赁业务在一个地区被视为融资租赁，而在另一个地区则被视为经营租赁。

一般而言，承租人承担其所在地税务变化的风险。这意味着承租人需对由于当地税法的变化给出租人带来的额外税负进行赔偿。在租赁合同谈判中，应该明确各方具体负责的税种，以及确保在预提税及双重税收方面使用所有可用的扣除额和税收抵免的程序及情况。

销售和消费税

如本章前面所述，增值税是适用于跨境租赁交易的销售和消费税。承租人通常负责与交易相关的销售和消费税。承租人在某地区运营时，应了解增值税协议或可用的特殊费率。例如，欧盟对与合格航空公司的交易允许使用零增值税税率，这使增值税成为航空公司的主要考虑因素。增值税有两种不同的方式进行管理：一种是基于资产现金价值，在租赁开始时全额支付；另一种是随租金支付，采用分期付款。如果承租人的地区适用于第一种方式，可能会在初始阶段给承租人带来不应有的负担，因此在这种情况下需要考虑增值税。

印花税

租赁期间的印花税包括承租人可能承担的所有地方税，包括当地销售税、预提税、所得税、资产税、使用税或租赁文件和租赁付款的文件税。承租人负责跨境租赁交易涉及该地区的所有地方税。

保证金及维修储备金

当出租人收到保证金时，不对保证金缴税。但如果在租约结束时，保证金不归还给承租人，则视为应税收入。维护储备金是承租人定期向出租人支付的资金，通常与租金一起支付，用来支付对机身、发动机、起落架和辅助动力装置（APU）的维护费用。由于这些付款是与租金一起支付的，因此通常需要对出租人征收预提税。以上为保证金和维护储备金的通常处理方式，但是考虑到这些税金需要在租赁过程中支付，因此必须在租赁前确定对每个交易和地区的具体处理。

飞机转让的涉税事宜

销售税

销售税适用于所有资产转让，资产销售如何征税取决于若干考虑因素，包括销售地区、销售类型、资产是私人还是商业用途，是否适用特殊税率或制度。事实上，在大多数情况下，交易如果计划得当，则不需要为资产支付销售税，但销售税通常不能被豁免。

就销售所在地区而言，确保在销售时飞机物理上位于"税务友好"地区是很重要的，这样可以减少过高的销售税，甚至完全消除。在大多数情况下，销售税是在飞机物理所在地征收的，因此销售规划时，资产处于最佳税务位置至关重要。进行额外调查以确保遵循规则，同时为了利用交易中所有可用的税收优惠。通常飞机购买者承担飞机转让时涉及的销售和使用税。在转让飞机进行租赁的情况下，承租人应承担交易中的所有转让或使用税。

交易的类型和分类会影响飞机转让的销售税。例如，从税务角度来看，确定具有购买选择权的融资租赁是租赁还是有条件出售很重要。有些地区可能会将具有购买选择权的融资租赁视为未来出售资产的租赁。即使是相同的交易在不同地区分类也不尽相同，不同交易在不同地区有特定的税务处理方式。许多地区通过审查是否有所有权或受益所有权转让，来确定交易是否应税。

在某些地区，根据飞机是商用还是私用而征税。用于商业目的的资产通常与私人使用的资产在税务上受到不同对待。航空公司使用的商用飞机在出售时的税率与其相同飞机在用于非商业目的时，例如用于公共紧急服务，不尽相同。由于税收待遇存在差异，了解飞机在销售时的使用目的非常重要。

在起草租赁协议需要确定谁负责支付飞机出售或转让时的税负和销售成本。特别是飞机转让时需要将飞机转移到另一个地区，飞机的燃油和机组成本会非常昂贵。在某些情况下，卖方收取的销售税费用可在交易后收回。由于收回销售税过程通常很长并烦琐，所以通常在销售协议中约定卖方必须协助购买者收回销售税。

印花税

如前所述，印花税与租赁、销售和资产转移过程的各个方面都相关。印花税通常受转让国或出售国地区管辖。它们通常不需要支付，除非文件实物被带入该地区，或相关方需要将其作为具有约束力的法律文件提交给法院。

所得税及资本利得税

租赁和销售飞机通常需要由出租人/卖方缴纳所得税。对于飞机卖方，在出售飞机获得资本收益时需要缴纳所得税和/或资本利得税。对于出租人，在收到保证金、租金和维修储备金时，需要缴纳所得税。值得注意的是，对于出租人而言，由于存在应纳税资产出现在多个地区内的可能性，资产转让可能在多个地区有纳税义务，而无论飞机具体停在哪个地区。这种双重征税受各国之间不同的税收协定的约束，因此应在进行交易之前进行分析，以确保交易相关各方利用最优税收待遇。

通常，卖方承担交易中的所得税风险，但双方应该进行协商，并在协议中明确，例如在买方地区谁应该承担任何额外的收入或资本利得税。

注册税

当飞机转移时，还需要转让所有权，这伴随相关费用和税收。首先，飞机必须从其现有管辖区的登记处注销。然后，必须在其新的管辖区注册处重新注册。这个过程需要时间和金钱，所以必须事先就哪方承担注册过程中的风险和成本达成一致。注册过程也必须注意当地可能有自己的地方税。

税务及合同

正如本章到目前为止所讨论的那样，参与交易的各方对于全部税务因素均完全理解并达成一致很重要，以确保所有的涉税事宜均被妥善处理，从而交易成功。通常，一方将承担交易中的大部分税务风险，另一方承担信用风险。例如，如果负责税务的一方破产而无法缴纳税金，免责方将负责缴纳。通过税收总额或写入协议的税收补偿条款来确保一方承担税务风险。地方税务问题往往不包括在税收总额或税收补偿条款中，因此双方都必须知道适用于交易的所有地方税。

如果没有正确支付交易涉及的税金，可能会导致巨额罚款，并由非免责方承担。但是，如果非免责方必须承担因免责方提交纳税申报疏忽而产生的处罚或罚款，赔偿条款可能不包括这类罚款。

当前税务考虑因素

以下部分讨论当前经营租赁、融资租赁和售后回租在财务报表上的会计计量及确认。我们还会介绍评级机构给航空公司评级时所使用的财务比率，以及它们如何受租赁的影响。然后我们讨论拟议的确认经营租赁的新会计准则，以及对这些财务比率的影响。在本节关于税收和租赁的部分，我们将了解两家美国航空公司：达美航空，它是一家传统航空公司，以及精神航空公司，它是一家超低成本航空公司（ULCC），以更好地了解租赁会计准则对于财务报表和信用评级的影响。经营租赁在旧会计准则下，显示在财务报表的脚注中；而在新会计准则下，经营租赁在资产负债表上确认。表13.1和表13.2分别显示了当前达美航空，精神航空公司机队情况。

精神航空公司112架机队结构高度依赖租赁，其中大约52%的飞机为租赁。这种策略是典型的超低成本航空公司机队结构。由于资金限制和维持年轻机队以最大限度地降低运营成本并提高效率的需要，这些航空公司倾向于租赁大部分飞机。

相比之下，传统航空公司达美航空 856 架飞机中约 22% 为租赁，并且较少依赖租赁为该航空公司机队融资。此外，达美航空 75% 的租赁飞机采用经营租赁而非融资租赁。像达美这样的主要航空公司采用较低比例租赁策略，是因为其能够与飞机制造商谈判获得有利的购机价格，同时发现从长远来看，拥有大部分核心机队并为其提供资金比较适合。

表 13.1　　　　　　　　精神航空公司目前机队

精神航空公司 2017.12.31				
目前机队				承诺
飞机类型	自有/架	租赁/架	平均年限/年	购买/架
A319	8	23	10.9	0
A320ceo	21	30	3.9	6
A320neo	0	5	1.1	48
A321	25	0	1.2	5
总共	54	58	5.1	59

资料来源：精神航空年度报告。

表 13.2　　　　　　　　达美航空公司目前机队

达美航空公司 2017.12.31								
目前机队						承诺		
飞机类型	自有/架	融资租赁/架	经营租赁/架	合计/架	平均年限/年	购买/架	租赁/架	未确定购买/架
B717-200	3	13	75	91	16.3			
B737-700	10			10	8.9			
B737-800	73	4		77	16.3			
B737-900ER	52		37	89	2.3	41		
B757-200	88	9	3	100	20.4			
B757-300	16			16	14.9			
B767-300	2			2	24.5			

续表

飞机类型	自有/架	融资租赁/架	经营租赁/架	合计/架	平均年限/年	购买/架	租赁/架	未确定购买/架
B767－300ER	55	2		57	21.7			
B767－400ER	21			21	17			
B777－200ER	8			8	18.1			
B777－200LR	10			10	8.8			
A319－100	55		2	57	15.8			
A320－200	55	3	4	62	22.4			
A321－200	14		20	34	0.8	93		
A321－200neo						100		100
A330－200	11			11	12.8			
A330－900neo	28		3	31	9	25		
A350－900	6			6	0.2	19		
A220						75		50
MD－88	92	17		109	27.5			
MD－90	65			65	20.9			
合计	664	48	144	856	16.7	353	0	150

资料来源：达美航空年度报告。

经营租赁

经营租赁目前不体现在航空公司的资产负债表上，但对于公开交易的公司需要在其财务报表脚注中披露。经营租赁租约通常时间短（不到飞机使用寿命的90%），没有购买选择权。经营租赁目前作为航空公司机队租赁投资组合未来租赁付款总额的现值进行披露。在损益表上，将经营租赁的租金列示为经营费用，通常科目为租金费用。表13.3和表13.4显示了精神航空和达美航空2017年财务报表附注中披露的经营租赁。

可以看出，这两家航空公司以不同的方式披露其经营租赁。精神航空包括飞机和备用发动机租赁的融资租赁、经营租赁，以及房地产设施租赁。达美航空显示其主线的经营租赁租金以及达美航空的合约承运人。

表 13.3　　　　　　　**精神航空公司经营租赁披露**　　　　单位：千美元

年份	融资租赁	经营租赁		经营及融资租赁负债合计
		飞机及多余发动机租赁	房地产设施租赁	
2018 年	537	204292	45737	250566
2019 年	504	189106	36852	226462
2020 年	188	180842	25870	206900
2021 年	28	170643	12740	183411
2022 年	—	150212	11931	162143
2023 年及以后	—	419908	61211	481119
最少租金支付额	1257	1315003	194341	1510601
减去：利息部分	94			
最少租金支付额现值	1163			
减去：短期部分	476			
长期部分	687			

资料来源：美国证券交易委员会（2017b）。

表 13.4　　　　　　　**达美航空公司经营租赁披露**　　　　单位：百万美元

年份	达美租金支付额[1]	合约承运人飞机租赁付款额[2]	合计
2018 年	1469	266	1735
2019 年	1322	267	1589
2020 年	1189	241	1430
2021 年	983	173	1156
2022 年	883	153	1036
之后	8819	471	9290
合计最低租赁租金付款额	14665	1571	16236

注：1. 包括作为建造义务的付款。

2. 代表达美与 Compass 航空；LLC；喷气快运；GoJet 航空公司；LLC；Republic 航空 和 SkyWest 航空签订的合同协议中的最低租赁义务。

资料来源：美国证券交易委员会（2017a）。

融资租赁

融资租赁在航空公司的资产负债表中作为资产和相关负债列示。融资租赁的价值在租赁期内摊销，通过资产折旧和利息（租金）减少了负债和资产。在损益表中，对融资租赁的支付分为资产折旧费用和利息费用。表

13.5 显示了达美航空如何在财务报表中解释和披露其融资租赁。

表 13.5   **达美航空公司融资租赁披露**   单位：百万美元

融资租赁	合计
2018 年	116
2019 年	92
2020 年	65
2021 年	41
2022 年	24
之后	126
最低租赁付款额合计	464
减去：租赁付款额中利息部分	（70）
未来最低融资租赁付款额现值	394
减去：融资租赁流动负债	（97）
融资租赁长期负债	297

资料来源：美国证券交易委员会（2017a）。

售后回租

售后回租交易允许航空公司以打折价直接从制造商购买飞机，并以低价（或高价）将其出售给出租人，然后从出租人处以低租金（或高租金）将其租回。售后回租允许航空公司以出售飞机获得现金流，同时保持飞机不体现在资产负债表中。在财务报表中，售后回租显示为经营租赁，租金费用列示在利润表中。

财务比率

表 13.6 中计算的是基于现行会计准则，DBRS（道明债券评级服务，2018）通常用于航空公司信用分析的财务比率。

表 13.6   **达美航空和精神航空部分财务比率**

财务比率	达美航空	精神航空
现金流/债务	89%	53%
债务/息税折旧摊销前利润	0.76	1.85
息税折旧摊销前利润/利息	21.93	17.26
债务/资本	47%	78%

资料来源：Raghavan, S., & Zarb, B. 飞机租赁新会计变更的影响 [J]. 国际金融与经济，2018, 18（2）：49 - 58。

这些比率用于评估航空公司的信用。不同的评级机构使用这些比率的不同范围来确定评级，该评级决定了一家航空公司是否具有投资者级别或以下。这些比率也用于评估航空公司的业绩，以维持债务和其他融资条款。随着新的会计准则于 2019 年 1 月生效，这些比率会产生变化，并将对航空公司产生负面影响。我们将在本章的下一节详细介绍。

税法变化

近年来美国财务会计准则委员会（FASB）和国际财务报告准则委员会（IFRS）一直致力于将财务会计准则统一。因此，FASB 已通过 ASC 842，IFRS 已通过 IFRS 16，这两个规则都试图将 12 个月以上的经营租赁或融资租赁反映在公司资产负债表上，以试图提高航空公司真实债务的透明度。以前的租赁准则是在 20 世纪 80 年代制定的，并没有反映经营租赁与负债类似，因此应反映在公司当前负债。

由于经营租赁在航空业中广泛使用，航空公司会受这些新的会计变化的影响。之前的租赁准则允许航空公司将经营租赁不体现在资产负债表中，从而并没有真实反映航空公司的负债。根据普华永道（2016）的报告，新的变化将导致全球航空公司的资产负债表中债务增幅的中位数约为 47%，大约 50% 的航空公司负债将增加 25%。普华永道（2016）的报告还指出，会计准则变更于 2019 年 1 月生效后，航空公司将成为第二大受影响的行业（在零售业之后）。因此航空公司必须在会计准则变更之前将会计准则变更的财务影响明确告知利益相关者，以防止任何不利的市场事件。

会计准则变换

在 ASC 842 和 IFRS 16 新规则下，租赁资产和相关负债在资产负债表中的确认和记录有了变化。值得注意的是，将租赁分为经营租赁与融资租赁的标准并未改变。变化主要是，大多数经营租赁现在必须体现在资产负债表上，而不是作为脚注显示。这会影响资产负债表中资产和负债比例以及在损益表中折旧和利息支出部分。

图 13.1 显示了新税制变化对资产负债表和损益表的影响。图的上半部分显示了，根据新的会计准则，经营租赁必须显示在资产负债表的资产和负债方面。以前经营租赁租金费用，在损益表上必须分为利息支出和折旧费用。新准则对损益表产生的影响为增加息税折旧摊销前的收益（EBIT-DA）、息税前利润（EBIT）。在资产负债表上，由于租赁和涉及的负债导致债务将增加，权益将下降。在现金流量表上，来自经营活动的现金流量将增加，而来自融资活动的现金流量会减少。

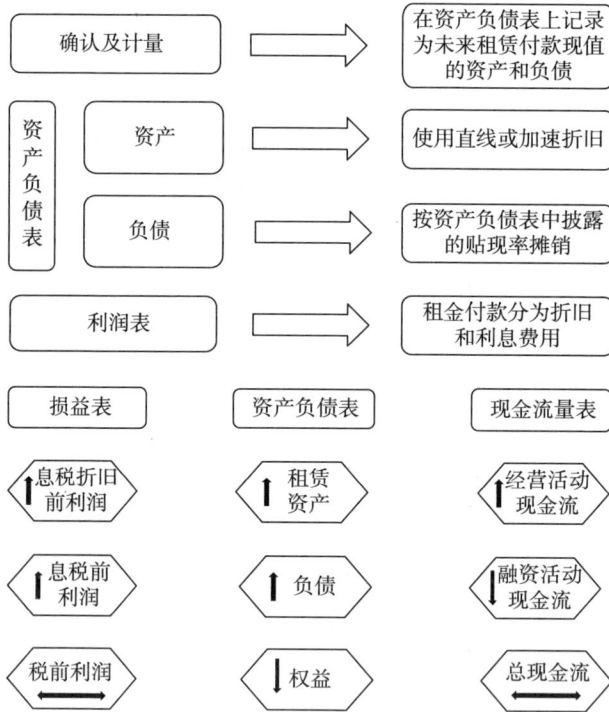

图 13.1 新税法变化对于资产负债表和损益表影响

对出租人影响

大多数专家都认为会计准则的变化对出租人影响很小，因为将租赁分为经营租赁或融资租赁的测试没有变化。此外，出租人已将其所有的租赁资产（经营租赁和融资租赁）显示在资产负债表上〔普华永道（2016），

Lovell（2016）和德勤（2016）]。然而租赁公司会因其航空公司客户受到新准则变化的影响而受到影响。出租人需要了解租赁如何影响承租人的资产负债表，因为需要对目前租约进行重新谈判并构建新的租赁结构来吸引航空公司。出租人现在不仅需要与其他出租人竞争，还必须与制造商竞争航空公司的业务，因为对一些航空公司来讲，选择直接购买飞机比租赁更具吸引力。出租人需要特别关注支付溢价租金以使资产不体现在资产负债表上的承租人，因为所有租赁无论如何都需体现在资产负债表上，所以这些航空公司目前可能希望购买飞机。新的税法可能会加大出租人之间竞争，这可能会降低回报并可能导致飞机租赁行业并购增加，因为一些出租人能更成功地应对新准则。

对航空公司影响（承租人）

机队规划和购买或租赁决策

一般来说，航空公司所需的飞机类型不会改变，因此一般的机队规划决策不会受到影响。当新法律于 2019 年 1 月生效时，某些航空公司租赁和购买的战略可能会发生变化，特别是对于达美航空等传统航空公司而言，它们可能更倾向于购买飞机而不是租赁飞机。对于超低价航空运营商，如 Spirit 和 Frontier 航空公司来说，租赁可能会继续提供其所需的运营灵活性，并使这些航空公司获得使其经营成功的技术先进的飞机。对于这些运营商而言，新的会计准则可能不会对运营产生影响，但预计会影响其财务比率，因为经营租赁会体现在其资产负债表上。

售后回租

许多航空公司参与售后回租交易的目的是获取较低的租金，同时资产还不用体现在其资产负债表中。由于会计准则的变更，所有租赁必须体现在资产负债表上，因此可能会导致销售和回租下降（Lovell，2016）。

租赁合同和重组

航空公司或将要求对一些现有的租赁合同重新谈判，以应对会计规则的变化。租约需要包含目前尚未包含在租赁合同中的新条款，以及对现有条款的更改。租赁合同的整体结构应尽量减少对航空公司财务报表的影响。

租期预计也将缩短，因为航空公司的目标是尽量减少新变化对它们负债和杠杆比率的影响（德勤，2016）。在其他条件相同的情况下，租金率也可能需要减少，以便使租赁对于其替代品——购买飞机和利用债务融资具有竞争力。

融资决策

关于会计变更是否会影响航空公司融资决策，几乎没有达成共识。根据德勤（2016）进行的一项调查，一些受访者认为航空公司融资成本将增加，而出租人的资金成本将保持不变。如果航空公司的融资费用增加，这可能会推动航空公司寻求新的、创新的资金来源，包括公共和私人股权，以及增级设备信托凭证信托证书（EETC）等金融工具。

财务比率

预计航空公司财务报告中的权益价值将下降，会影响如债务与权益比率，债务与资产比率等杠杆率。虽然资产和负债的价值在期限的开始和结束时保持不变，但是随着时间的推移，租赁资产的折旧速度将快于租赁付款的减少速度，导致财务报告中的股权价值的减少（Lovell，2016）。股权下跌可能反过来影响航空公司的股价。

只要评级机构目前在作出信用评级决策时考虑了表外融资，会计规则的变化不会影响航空公司的信用评级。但是，随着财务比率的变化，这些比率不再属于信用机构划定的范围，信用评级可能会随之改变。除了财务比率变化之外，信用评级机构的另一个考虑因素是资本市场上定价风险的变化，因为额外的风险可能导致评级下降。

Raghavan 和 Zarb（2018）研究了如果来自脚注的经营租赁的现值转移到资产负债表上，新会计准则变化对美国航空公司财务比率的影响。表13.7 显示了将达美和精神航空表外经营租赁转移至其资产负债表上后，财务比率的变化。

对于两家航空公司而言，覆盖率（例如现金流比债务，息税折旧摊销前利润比利息支出）预计在变化后将大幅下降，而杠杆率（债务比息税折旧摊销前利润，债务比资本）预计将大幅增加。例如，精神航空公司现金流量比债务和息税折旧摊销前利润比利息预计分别下降44%和49%；债务比息税折旧摊销前利润和债务比资本预计将增加 84%。而达美航空现金流量比债务和息税折旧摊销前利润比利息预计分别下降 64% 和 63%；债务比息税折旧摊销前利润和债务比资本预计将分别增加 175% 和 190%。Raghavan 和 Zarb（2018）的分析表明，新的会计准则预计将对信用评级机构使用的财务比率产生重大和负面影响。

表 13.7　　　　会计准则变化后达美航空及精神航空财务比率

财务比率	达美航空	变化（%）	精神航空	变化（%）
现金流与债务比	33%	−64	29%	−44
息税折旧摊销前利润与债务比	2.08	175	3.4	84
息税折旧摊销前利润与利息比	8.13	−63	8.81	−49
债务与资本比	137%	190	144%	84

资料来源：Raghavan, S., & Zarb, B. 飞机租赁新会计变更的影响［J］. 国际金融与经济学杂志，2018，18（2）：49−58。

收益

由于会计准则变更，预计总体收益将增加，因为折旧和中间费用将增加，并且损益表中的租金费用将不存在。洛弗尔（2016）预计息税前利润和息税折旧摊销前利润将增长 33%。由于收益的增加取决于航空公司租赁资产规模，一些航空公司将受到更多的影响。

随着损益表中的经营租赁费用转为资产负债表上的租赁，经营租赁的租金将在损益表中分为折旧和利息支出。根据现行会计准则，租赁费用在租赁过程中通常是统一的金额。然而，新的会计准则将会在前期记录租赁付款，这意味着最初收入减少，随着租约的延续增加，租金的利息支出部分减少。简单地说，在租赁开始时，利息费用相对较大并随着时间的推移而减少，因为租金付款采取摊销。因此，在其他条件不变的情况下，收益会随着承租人的租约时间的推移而增加。

折现率

ASC 842 和 IFRS 16 有关贴现率的主要变化是，现在用于计算未来贷款支付现值的折现率必须在资产负债表上披露。折现率用于确定利息费用以及资产负债表上的租赁价值。航空公司可以使用其借贷成本或隐含在租约中折现率。假设航空公司将使用其借贷成本，出租人则不会披露租约中使用的贴现率，以防止航空公司知道出租人最初购机价格。从理论上讲，航空公司的借贷成本不应该改变，因为航空公司没有任何根本上的改变，这种变化只是一种会计更改。但是，由于财务比率和其他软性因素的变化，航空公司的信用评级可能会受到影响，这可能反过来改变航空公司的借贷成本，从而改变其折现率。

债务契约

租赁被视为债务，并且航空公司将经营租赁体现在其资产负债表中，航空公司的贷款人可能觉得有必要改变债务契约，以反映它们对航空公司信誉的最新看法。

一般来说，债务契约应该基本上不受会计准则变化的影响，但这也取决于各航空公司。一些航空公司目前的运营情况远低于它们所需的债务水平，并对变化有一些缓冲，而有些航空公司则更接近于允许的最大负债水平。因此，对某些航空公司而言，随着会计准则的变化，可能会违反债务契约。但通常信贷协议都有内置的条款，保护公司免受会计规则中期变更的影响。这意味着，如果一个公司由于会计规则改变违反债务契约，它们不能受到贷方惩罚。此外，大多数贷方在确定债务契约时已经考虑了资产负债表外租赁的财务重要性。

汇率波动

新的租赁法将进一步使航空公司暴露于汇率波动风险，因为航空公司尝试对冲其与以美元计价的租金相关的外汇风险。购机价格均为美元，所以出租人均以美元定租金，以减轻其外汇风险。承租人需要支付美元租金，并通过外汇合约减轻其自身的风险。预计汇率波动很可能会影响小型和区域性航空公司，因租赁不是其机队结构选择，而是运营必需的。国际航空公司每个报告期的租赁负债会将美元转换为当地货币，从而使这些航空公司面临额外的汇率波动。

国际财务报告准则第16号（IFRS 16）和国际财务报告准则第9号（IFRS 9）结合在一起会复杂化，因为航空公司在IFRS 9生效日期2018年1月1日后已对冲过租金汇率风险。由于租赁费用将重新分类为折旧和利息费用，使之前对租金的对冲策略无效，航空公司必须制定新的策略来对冲汇率风险。这可能导致承租人推动出租人以其他货币（如欧元）制定租赁合同，以减轻外汇风险。然而，一些航空公司认为，即使出租人以其他币种制定租赁合同，航空公司自行进行货币互换可能仍然更便宜，因为出租人可能会收取其他货币租金的溢价。出租人不愿意签订多种货币的租约，可能会促使航空公司选择购买飞机而不是经营租赁飞机，因为购买不受规则变更的影响，航空公司可以直接享受折旧和利息费用好处。随着跨境购买的增加，这将给出口信贷机构（ECA）支持跨境交易带来更多压力。随着航空公司寻找创造性的方式来构建交易，可看到增级设备信托凭证和附带购买选择权的日本经营性租赁（JOLCO）交易在市场上增加（Lovell，2018）。

科技的考虑

为了将经营租赁转移至资产负债表，航空公司可能要求科技部门升级专业软件和其他基础设施，这可能会给航空公司带来挑战，特别是对于拥有大量租赁飞机机队的航空公司来说（O'Callaghan，2017）。航空公司正在探索新软件的选项，这些软件旨在管理新的会计变更。软件和基础设施的这些变化预计将增加航空公司的成本，特别是对于拥有大型租赁飞机资产组合的航空公司而言。

跨境租赁交易

跨境租赁涉及来自不同地区参与租赁交易的各方。出租人从制造商或其他卖方购买飞机并继续将飞机在一定期限内租赁给不同国家的承租人，以换取预定的租金。第三方融资人也可以介入租赁，这或将引入第三个地区的法律，使交易更加复杂化。交易所涉及的每个地区都有自己的一套法规和法律，确保各方对飞机的所有权权益以及对交易的不同税务处理。本节重点介绍各国跨境租赁交易的税务处理和其他考虑因素，并简要介绍主要租赁市场。

美国——租赁市场概览

飞机租赁行业诞生于美国，当时麦克唐纳·道格拉斯于 1968 年推出了供应商飞机融资业务，以支持其飞机销售。国际租赁金融公司（ILFC）成立于 1973 年，是美国最早成立的航空租赁公司之一，比成立于 1975 年的爱尔兰第一家租赁公司吉尼斯皮亚特航空公司（GPA）还早两年。吉尼斯皮亚特航空公司最终被通用电气金融航空服务公司（GECAS）收购，而国际租赁金融公司则被荷兰埃尔凯普飞机租赁公司（AerCap）接管。截至 2018 年，排名前 50 的飞机租赁公司中有 12 家总部设在美国。此外，在全球排名前 10 的飞机租赁公司中，有 4 家是美国出租人，3 家是爱尔兰出租人，中国、新加坡和阿拉伯联合酋长国各有一名出租人进入前 10 名。大多数国际航空购买或租赁飞机合同均使用纽约州法或英国法，因为这些地区有高明、复杂且完善的商业法律机构适用于飞机交易。

从历史上看，美国一直是飞机租赁的主要中心，尽管最近它已被爱尔兰所取代。与其他市场类似，美国租赁交易的经济情况受税收优惠、资本成本、租金和飞机残值的驱动。虽然资本和租金的成本是市场和信贷驱动的，而税收优惠取决于定期变化的税法。租赁结构允许美国承租人通过锁定租赁期间的租赁费率来间接享受与出租人所有权相关的税收优惠。出租人根据其折旧假设和利息扣除税收优惠对租赁进行定价，从而通过降低租金的方式将其中一些利益转移给承租人。通常情况下，承租人可以完全获得税收优惠，因为承租人并不一定要赔偿出租人在交易中由于税率变化而丧失的税收优惠。但是，如果税率出现有利的变化，出租人可以保留未计入现有租赁交易中的那部分税收优惠。从 2018 年 1 月 1 日开始，美国的联邦企业税率从 35% 降至 21%，美国出租人在此次减税前进行的租赁交易中所获取的税后收益率得到提高。

2017 年底实施的《减税和就业法》改变了美国飞机租赁行业的税收格局。除了将联邦企业税率从 35% 降低至 21% 之外，还对 2023 年 1 月 1 日之前投入使用的新、旧设备实施了 100% 的加速折旧。对于在该日或之后投入使用的资产，加速折旧比例每年下降 20%，直至 2027 年达到零。租赁给政府机构、非营利机构或外国个人/机构的资产不适用此规定。售后回租中，只要承租人的设备不变，出租人对旧设备申请费用扣除没有任何限制。例如，在折旧和使用飞机后，航空公司可以购买已经折旧和使用过的飞机，也可以与出租人签订售后回租协议。如果飞机在美国航线上使用，出租人可以对飞机购买价格这部分费用进行扣除，即使飞机的使用者（承租人）没变。

爱尔兰——租赁市场概览

与美国类似，爱尔兰在 20 世纪 70 年代早期是飞机租赁先驱的发源地。吉尼斯皮亚特航空公司（GPA）作为爱尔兰第一个出租人，在 20 世纪 80 年代成为欧洲领先的飞机租赁公司。从那时起，爱尔兰就已成为飞机租赁行业的世界中心。大多数全球商用飞机租赁公司都在爱尔兰开展业务。世界上约 55% 的商用飞机租赁都由爱尔兰的公司管理。除了作为航空产业远见者（如托尼·瑞恩先生）的母国外，爱尔兰还为飞机租赁者提供了许多经济优势，这些优势是爱尔兰政府有意识努力的结果。爱尔兰政府通过迅速解决企业疑虑，为航空业提供支持，也为该行业保持了良好氛围。以下是爱尔兰吸引全球航空租赁公司驻扎的经济因素清单：

- 爱尔兰与约 70 个国家有全面的双重征税协定网络，可以减少或取消收取租金的预提税（Osborne – Kinch，Coates 和 Nolan，2017）。
- 在爱尔兰注册成立的公司对贸易利润缴纳较低企业税，税率仅为 12.5%。
- 折旧期限为 8 年（Osborne – Kinch 等，2017）。
- 采用公认会计准则（IFRS，US GAAP 或 Irish GAAP）的灵活性（Osborne – Kinch 等，2017）。
- 爱尔兰公司没有最低资本要求（Sivaramakrishnan，2017）。
- 出售飞机时无须支付印花税（Sivaramakrishnan，2017）。
- 跨境租金付款无增值税。

- 易于成立特殊目的公司（SPV）（Sivaramakrishnan，2017）

日本——租赁市场概览

日本拥有完善的飞机租赁市场，其历史可以追溯到 20 世纪 60 年代初，这主要归功于其史上成功和互利的融资战略。日本帮助大部分亚洲以及世界各地的飞机交易进行融资。日本航空产业由两个集团主导，日本航空集团和全日空集团；低成本航空子公司在 2010 年才开始盛行，从而使该国飞机租赁需求增加。日本仍然是飞机租赁行业中"附带购买选择权的日本经营性租赁"（JOLCO）的主要玩家。

自 20 世纪 70 年代以来，日本租赁公司开发了多种租赁形式，使日本成为跨境租赁市场的重要参与者（Stokes and Runagall，2011）。20 世纪 70 年代初，日本租赁行业首先发展了武士（Samurai）租赁，即由日本出租人向外国承租人租赁离岸建造的设备。武士租赁的租约通常是长期的，在日本出租人的资产负债表中被列为进口，以帮助减少日本的贸易顺差。日本财务省在 20 世纪 80 年代初改变了与武士租赁相关的法律，武士租赁随之过时。

接下来是将军（Shogun）租赁，这是一个从日本出租人到国际承租人的长期租约。将军租赁为外国承租人提供廉价的长期飞机融资。另一种形式的租赁是金蝉脱壳（Kagonuke）式租赁，它只是一种租赁形式的贷款，允许公司从日本的非金融机构筹集数十亿美元的融资。一般通过第三方 SPV 进行，日本借款人通过利率差异对冲风险。然而因为日元利率开始飙升，这种租赁方式在 20 世纪 80 年代后期变得不再流行。由于政府法规的变化，20 世纪 80 年代流行的租赁形式让位于日本杠杆租赁（JLL）和随后 90 年代萌生的日本经营租赁（JOL）。

日本杠杆租赁

日本杠杆租赁是在 20 世纪 80 年代中期被开发出来的，直到 20 世纪 90 年代末，它一直是一种非常流行的租赁形式，能用于所有可折旧的设备。

直到日本政府通过了一项规定，减少了日本杠杆租赁中出租人的税收优惠，该规定完全结束了市场对日本杠杆租赁的使用。宽体飞机租赁12年，在余额递减的基础上折旧10年；窄体飞机租赁10年，在余额递减的基础上折旧8年。前一段租赁期的折旧费用超过了投资者的应纳税所得额，这使投资者将纳税义务推迟数年。日本杠杆租赁不会列示在资产负债表上，因此可以帮助投资者（通常是中小型私人公司）提高盈利率。日本杠杆租赁吸引投资者的其他特征是，涉及租赁安排的投资者身份对于租赁所有各方都是未知的，包括彼此之间，且投资者并不承担任何残值风险。

日本杠杆租赁中，20%～30%的购机资金由日本私募股权投资者提供，这被称为匿名伙伴关系（Tokumei Kumiai）安排。匿名伙伴关系安排基本上是一种沉默的伙伴关系，其中被动投资者为合伙企业提供资金，然后由所有者和出租人运营。购机资金的缺口以贷款补充，贷款币种由航空公司选定。通常是航空公司主要现金流的币种，以降低其外汇风险。匿名伙伴关系安排购买飞机并将其出租给外国航空公司。为了让承租人支付日元部分的租金，它们要么进行一笔在支付时到期的日元存款，要么签订外汇合约。银行贷款的浮动利率通常由航空公司换为固定利率，然后支付给贷款银行。然后，该航空公司向出租人支付两笔付款：一笔用于向日元投资者支付股权收益，另一笔以其选择的货币向出租人支付，与出租人在贷款上的债务义务相匹配。

1998年10月，日本政府颁布了税制改革政策，改变了日本杠杆租赁结构的规则。新法律大大减少了与日本杠杆租赁相关的税收优惠，使杠杆租赁还不如普通贷款有吸引力，日本杠杆租赁从此不再流行。

日本经营租赁

日本经营租赁起源于1998年的日本税制改革，第一次日本经营租赁交易发生在1999年。然而，21世纪初期继续进行的税制改革，使符合日本经营租赁的要求非常复杂，2003年，投资者除普通租赁和融资租赁外，不愿尝试其他方式。日本经营租赁最重要的要求为"90%测试"，租赁付款的现值不能超过出租人购机成本的90%。

日本经营租赁在其前身日本杠杆租赁的基础上，根据更严格的税法进行了一些修改。投资者在交易中不再匿名，积极投资者要承担残值风险。对积极投资的要求迫使一些不了解租赁行业的投资者退出了日本经营租赁市场。作为出租人的 SPV 投资者，可以使用承租人航空公司提供的任何为降低汇率风险的币种。此外，必须证明交易是真正的租赁，因为日本经营租赁的税收优惠不适用于伪装成租赁或融资租赁的销售。在租约结束时有购买选项的日本经营租赁被称为附带购买选择权的日本经营租赁（JOLCO）。JOLCO 的选择权必须在租赁到期或即将到期时行使，并且必须以飞机的公平市场固定价格回购，从而让投资者承担飞机残值风险。投资者还承担了由于折旧扣除规定的变化而导致的残值风险。现在对于任何国际承租人来说，折旧只能以直线法计算，减少可能的税收损失结转，而国内承租人可以继续在减少余额的基础上扣除折旧。与日本杠杆租赁类似，JOLCO 的租金在租赁期内保持固定，因此承租人与银行/贷方进行利率互换，以便银行向承租人支付固定息票来换取承租人的浮动利息。

21 世纪初期，欧洲航空公司，尤其是汉莎航空公司，是日本经营租赁的主要用户，国内主要用户则是日本航空。2009 年，随着全球经济衰退，融资变得昂贵，降低了日本经营租赁所带来的利润，日本经营租赁的使用受到抑制。然而，有更多的航空公司从 2009 年到 2011 年开始使用该结构，包括荷兰皇家航空、SAS、英国航空、马来西亚航空、中国国际航空、中国东方航空、EasyJet、瑞安航空和 TAM。虽然目前由于严格的税收限制，日本经营租赁不再是常见的跨境租赁形式，但 JOLCO 交易结构仍被某些欧洲和日本国内航空公司使用。

德国——租赁市场概览

德国飞机租赁市场在 20 世纪 80 年代随着德国杠杆租赁（GLL）的发展而在全球流行，在德国对税收全面修订取消投资者折旧税收优惠后，该租赁于 1999 年被淘汰。德国杠杆租赁被德国经营租赁（GOL）取代，后者仍然是德国设计飞机租赁时采用的相关形式（Schott，2011）。租赁由有限合伙企业管理，合伙股份出售给投资者，具体如下。

德国没有明确规定租赁的法律，因此租赁交易根据租赁期限和其他因素分类为租赁协议或分期付款购买协议。与日本不同，德国结构化租赁交易的权益部分由个人投资者与企业投资者共同出资。原因是在租赁发展时，德国个人税率明显高于公司税率。在跨境交易中，由于德国是欧盟成员国，如果设备租赁给主要服务于国际航线的航空公司，则该交易符合欧盟零增值税税率的条件。此外，预提税不适用于非德国居民租金或利息支付。德国也有税收协定，这些协定也减少或取消了其他国家的预提税。

德国租赁主要面向国内，跨境交易相对较少，原因是其租赁交易偏好德国或欧洲制造的设备（空客飞机），尽管没有法律规定必须如此。

融资租赁和 SPV 许可要求

德国租赁的一个重要方面是，在德国进行租赁交易需要融资租赁和 SPV 管理许可。在 2009 年《德国年度税收法》及《德国银行法》中，德国要求所有提供融资租赁服务的公司、管理租赁交易和资产的 SPV 公司拥有许可证。如果交易方是组织融资租赁并管理 SPV 以进行租赁交易的出租人，则交易中的该方有资格"提供融资租赁服务"。如果满足以下所有条件，则可以对 SPV 进行例外处理：

- 管理单个对象。
- 不提供其他需要许可证的服务。
- 没有作出自己的商业决策。
- 由位于欧洲经济区的公司管理，只要它们在自己的国家持有融资租赁许可证。

在以上例外情况下，SPV 在德国进行融资租赁可能不需要许可证，但母公司仍需要许可才能管理 SPV。该许可要求给在德国签订租赁协议的公司造成了额外的限制，公司在决定是否参与德国结构租赁时必须牢记这一点。

德国杠杆租赁

德国杠杆租赁在 20 世纪 80 年代初开始流行，直到 1999 年重大德国税收改革取消了投资者利益。日本杠杆租赁与德国杠杆租赁在同一时期流行，但是德国杠杆租赁的结构与日本杠杆租赁不同。德国杠杆租赁用于窄体、宽体飞机和货机融资，但在德国杠杆租赁末期，投资者不再偏好窄体机。

在德国杠杆租赁中，德国投资者支付飞机初始购买价格的 20%～50%，其余由银行贷款提供。投资者组成有限合伙企业，称为 Kommanditgesell-schaft（KG），由一个或多个活跃的合作伙伴管理，通常是负责 KG 业务的基金/资产管理人。KG 投资者通常是高收入的德国个人投资者，因此 KG 由数千名个人投资者组成，以资助飞机购买。然后飞机被租给一家航空公司，该公司定期向出租人支付租金。

德国杠杆租赁对投资者的好处是它们可以根据其对 KG 的初始投资的比例进行税务折旧扣除，使投资者能推迟它们的纳税义务。折旧可以在直线或余额递减的基础上进行，如果折旧在余额递减的基础上开始，可以在以后转为直线法以继续使投资者受益。此外，虽然投资者正在利用飞机所有者的优势，但它们没有必要在其资产负债表上体现该飞机。使用德国杠杆租赁的航空公司受益于相对便宜的飞机融资。

德国税法折旧的一个重要特征是折旧不是由合法拥有飞机所有者扣除，而是由具有飞机经济所有权的一方扣除。对于德国杠杆租赁的成功至关重要的是，KG 在租赁期内保持了飞机的经济所有权。这是通过确保租赁期限为资产有效税收寿命的 40%～90%（通常为 12～14 年）来实现的。然而，KG 的投资者根本无法扣除折旧，除非 KG 能够证明它有税前盈利，以表明没有设立"税收延期计划"或者设置税收损失结构。《德国所得税法》规定，税收延期计划产生的损失只能在未来用于抵消来自同一来源收入，而非其他来源的收入。

德国杠杆租赁开始时，德国严格的税收规定要求投资者、KG 和承租人对以获得利益的德国租赁涉及的各种税法保持谨慎。然而，1999 年德国的税收改革导致了德国杠杆租赁的消亡，因为该改革几乎消除了德国杠杆租赁带来的好处，使类似结构的德国经营租赁得到发展。

德国经营租赁

在德国杠杆租赁失去税收优惠后，德国经营租赁于 2000 年左右开始发展。德国经营租赁与德国杠杆租赁类似,但它的建立和出售方式更加结构化。

与德国杠杆租赁一样,德国经营租赁的权益部分由个人投资者融资,剩余的飞机购买价格由银行贷款支付。KG 由一个或多个活跃的部分人员经营,他们通常是该领域的资产管理人员。在德国经营租赁安排中提供股票的 KG 经理必须准备一份招股说明书,类似于为交易所交易证券编写的招股说明书,必须提交给德国金融服务监管局并由其批准。一旦获得批准,个人投资者可以通过安排人的销售计划、独立分销商或通过银行和金融机构购买 KG 股票。德国经营租赁的股票不是公开交易的证券。然后,KG 购买一架新的或二手的飞机,并将其出租给航空公司以获得固定的租金。德国经营租赁可以在租赁期结束时附带购买期权,但它不是该租赁结构的必要特征。

德国经营租赁直到 2001 年底才开始流行,当时"9·11"袭击事件已经震撼了整个行业。2007 年,当新加坡航空公司决定使用德国经营租赁结构为其最初拥有的两架 A380 提供资金时,德国经营租赁再次受到欢迎。临近 2018 年,两架飞机租约到期,并于 2018 年初返还德国融资者。彼得斯集团是该飞机的德国所有者,由于无法与其他承租人谈妥租赁条件,决定将该飞机拆分并出售其组件。彼得斯集团表示,该交易有望为投资者带来正面回报,但预计投资者实现的最终回报将达不到他们最初的预期(Hepher, 2018)。作出该决定的部分原因是每架 A380 高达 4000 万美元或更多重新配置的成本,以及早期飞机通常要求变现较高的部件价值的现实。

在经历 2008 年国际金融危机期间短暂下滑后,德国经营租赁重新回归市场,主要集中在宽体机和货机上。尽管窄体德国经营租赁市场正在改善,宽体机仍然是最受欢迎的德国经营租赁投资。目前德国经营租赁结构的发展包括投资飞机组合而不是单一飞机,以帮助投资者在多种飞机类型以及在全球市场上实现多元化。

英国——租赁市场概览

租赁飞机的想法是在 20 世纪 60 年代初从美国传到英国的,美国在 20

世纪 50 年代前几年开始租赁。美国制造商波音（Boeing）和麦克唐纳·道格拉斯（McDonnell Douglas）将租赁作为产品融资和支持的一种形式。一家英国制造商——英国飞机公司（BAC）开始这样做，以帮助为英国直线和包机提供飞机融资。最初，租赁在英国金融机构中并不受欢迎，因为它们高度关注飞机租赁所涉及的责任风险。

然而，由于资本折旧允许飞机所有者在第一年 100% 抵扣航空器购买价格，只要它们有应税收入可抵销，20 世纪 70 年代英国飞机租赁行业大幅增长。当时大多数英国航空公司没有足够的应税收入来抵扣100% 的资本折旧，因此利用租赁来间接获得递延收益。出租人购买飞机并 100% 扣除资本折旧；然后出租人会以减少租金的形式，将好处转移给承租人。这将有效地降低融资利率，并低于传统银行融资的利率，使租赁成为更具吸引力的选择。100% 的资本折旧法从 1984 年被逐步取消，改为每年减计飞机账面价值。到目前为止，英国的租赁市场已经很成熟，因此折旧法的变化并未影响租赁市场。从那时起，租赁安排变得非常复杂，以规避和利用所涉及的所有地区的税法。

20 世纪 90 年代初英国经济衰退，航空产业整体低迷，飞机租赁业衰退尤其显著。在此期间，几乎没有任何租赁融资活动。然而，到 1995 年，英国经济开始改善，租赁行业慢慢重新站稳脚跟。1997 年，英国通过了两项影响该行业的财政法案。第一个法案改变了长期资产的性质以及折旧比例，第二个法案改变了有关销售回租安排的规则。

《2006 年融资法》是长期融资租赁的开始，它使税收延期租赁变得无关紧要，并促使英国公司（包括出租人和承租人）考虑跨境租赁（如 JOLCO）可能带来的税收延期的好处。2011 年，英国企业所得税税率下降，2012 年英国资本折旧减少，这有助于继续扩大英国跨境租赁行业。

跨境租赁

从历史上看，由于英国相对不利的国内税收环境，在英国入境跨境租赁交易比出境跨境租赁更为常见。英国的航空公司历来利用日本杠杆租赁、日本经营租赁和美国租赁，最大限度地从国内税收减免中获益。但是，英国出租人在进行出境租赁交易时不能使用日本杠杆租赁或日本经营租赁结构，因为它们与英国税收租赁法律相悖。虽然过去二十年来英国的跨境交易量大幅增加，但仍存在相当大的问题，包括预提税、转让定价问题、常设机构（PE）问题等。因此，涉及英国的租赁交易仅对所在的地区无法自行享有所有权带来的税收优惠的承租人具有吸引力。例如，当航空公司没有应有的应纳税所得额用于扣除全额折旧时。

传统上，英国和美国涉及跨境租赁交易有长期关系。最初，美国和英国之间的租赁结构非常简单，但随着两个地区租赁的税法变得严格，租赁结构也随之变得复杂，以最大化双方的税收好处。从历史上看，美国和英国政党已经能够组织双重所有权租赁交易，这加强了两国之间的租赁关系。双重所有权交易意味着通过美国租赁结构和英国租赁结构的结合，两个地区的当事人都可以享有所有权的税收优惠。只要协议包含购买选择权，美国承租人就可以就飞机融资租赁安排申请折旧。英国出租人可以从没有所有权，但能证明它们未来将拥有所有权的资产中获得资本折旧（折旧费用）。法律与经济所有权的谨慎平衡，允许美国和英国租赁双方在同一资产上主张所有权权益。

英国税务环境

与英国跨境租赁最相关的税法是围绕资本折旧，税务折旧和反避税的法律。值得注意的是，由于反避税法，某些租赁交易可能会使出租人丧失资本折旧的资格。反避税法旨在减少通过与英国公司的租赁交易，扣除英国资本折旧的非英国居民公司的数量。仔细查看这些法律对参与方适当地构建交易至关重要，这将确保出租人不会丧失资本折旧的资格。

1997 年的两项财政法案改变了英国租赁税收环境的格局。在 1997 年第一部财政法案之前，资本折旧可以在第一年减计 25%，在接下来的几年折旧比例减少。财政法案将所有可折旧资产的折旧率降至 6%。2011 年 1 月，新的财政法案将第一年的折旧率提高至 8%。1997 年的第二部财政法案规定，折旧只能用于公司实际拥有资产当年的部分。为了能够计提该项资产的全部折旧，即 6%，公司必须在纳税年度的第一天购买资产。为了应对这项新法律，出租人建立了投资组合，全年都在发生飞机收购，以使飞机组合的年度折旧金额最大化。出租人按照飞机资产池的价值计算资本折旧，而不是单一飞机。投资组合价值每年针对新飞机收购和旧飞机处置进行调整。第二部财政法案还对售后回租协议施加了新的限制，这实际上终结了英国国内的售后回租结构。这两项财政法案迫使现有的租赁结构进行重组，以绕过这些新的、更严格的法规。

影响英国税收租赁行业的最后一项重要税收法规是《2006 年融资法》，该法案引入了长期融资租赁的概念。长期融资租赁基本上是资本设备、机器和工厂资产的融资租赁，其租赁期为资产的大部分可折旧年限，租赁用作资产融资的一种形式。在这种情况下，理论上承租人有资格获得资本减免，而出租人对利息部分缴税，承租人将利息费用作为税前扣除。有关长期融资租赁法律的目的是避免租赁成为一种比借贷更便宜的资本融资安排。该法律主要是试图终止英国的税收租赁。该法律以及 1997 年的财政法案在塑造英国飞机租赁和融资业的未来方面具有巨大的影响力，在英国进行租赁协议谈判时应牢记这一点。

法国——租赁市场概览

从历史上看，法国跨境飞机租赁市场规模很小而且有限。然而，自 2010 年以来，由于亚洲业务的发展，以及亚洲投资者和航空公司购买、租赁法国和大欧盟生产的飞机相关活动扩大，法国跨境飞机租赁市场一直在增长。交易通常包括空客和 ATR 飞机、赛峰（Safran）飞机发动机以及带有 CFM 发动机的飞机，因为进行这些交易的法国银行倾向于支持法国产品。总体而言，法国不一定是跨境租赁的首选管辖区，因为严格的租赁分类法可能会使租赁中的某一方丧失对飞机上的折旧利益的资格。法国税务机关有权根据权利概念或滥用权利概念对租赁交易的性质进行重新分类，以防止出租人以避免税收或获得超过公平水平的税收优惠为目的而构建租赁交易（Valentin 和 Perus，2011）。

由于与其他地区（尤其是德国和美国）在所有权税务上的差异，法国跨境租赁交易有很大的双重机会。从本质上讲，法国出租人可以持有法国飞机的所有权，作为法律上的所有权人享有折旧好处，而在不同地区的承租人可以对同一资产享有经济所有权，并在其本国申请折旧好处。在法国，飞机在 12 ~ 15 年间以直线法折旧，但销售的新飞机可用余额加速下降法折旧。一旦余额加速下降法折旧扣除水平低于直线折旧的水平，出租人就可以在飞机经济寿命的剩余时间内转换为直线法。值得注意的是，折旧扣除额在租赁的前 36 个月受到限制，具体取决于飞机的使用地点，以限制出租人可以就其应税收入提出的折旧金额。

出口信贷交易

自 2000 年代后期和 2010 年初以来，出口信贷已成为重要的飞机融资工具。为法国跨境飞机租赁交易提供担保的主要出口信贷机构包括 COFACE（科法斯）、Euler Hermes（裕利安宜信用保险公司）和 ECGD（出口信贷担保局）。通常用于资助这些交易的银行包括法国农业信贷银行、法国兴业银行和法国巴黎银行。

出口信贷不直接给予试图为这些交易融资的航空公司或出租人。在交易中，融资银行之间建立了一种合伙公司——经济合作集团（GIE），以促进交易。经济合作集团是非合伙公司的独立机构，利润和损失直接分配给合作伙伴。一旦建立了经济合作集团，它就会从制造商那里购买飞机并将其租给航空公司。出口信贷机构保证贷款源于法国，德国或英国银行的担保贷款占飞机购买成本的 85%，而剩余的 15% 是通过直接贷款融资而没有出口信贷机构担保。

最近的租赁交易使用了位于开曼群岛的 SPV 而不是法国经济合作集团，尽管结构几乎相同。其他方面的发展包括出口信贷交易与日本杠杆租赁和中国税务租赁的组合，以最大化租赁结构的税收优惠。

跨境租赁

法国税务机关对租赁的分类限制了法国出租人将飞机租赁给不同地区的承租人的租赁好处。若出租人享有折旧好处，则租赁必须构建为信用保释。信用保释本质上是一种带有购买选择权的租赁，但是带有购买选择权的租赁条件决定了税务机关是否会接受它。例如，如果预期购买选择权将被行使或法定所有权在租赁期间或结束时易手，税务机关可以将交易重新分类为有条件或分期付款销售，从而取消对出租人的所有税收优惠。如果出租人不能享受折旧好处，那么承租人不会获得资本折旧，因为折旧好处不计算在内。尽管如此，信用保释通常被许多其他地区视为分期付款，这一安排中法国出租人仍拥有资产的名义所有权，外国承租人则是经济所有人。

法国承租人要获取折旧带来的收益，唯一方法是在交易开始时持有飞机的合法所有权。在法国税务机关看来，该交易根本不应被视为租赁，而是有条件或分期付款销售。承租人将外国飞机带入法国，适用的税款包括预提税、增值税和其他法国特定税。法国承租人向外国出租人支付的租赁或租金付款的预提税的税率为33.33%。法国与外国的双重税收协议，以及在国际航线上使用80%或以上的飞机，可以减少或取消这种预提税。对于主要在国际航线上运营的飞机，也适用零增值税税率。但是，如果不满足这一要求，注册在法国的飞机向境外出租人支付的租金需支付19.6%的增值税。可能适用其他法国特定税，如法国TVA①和流转税，这取决于具体交易，因此在构建交易时应告知地方议会。

中国——租赁市场概览

虽然西方租赁公司传统上占据了全球飞机租赁市场的主导地位，但中国市场几乎全部由本地企业控制。中国的经济环境受到严格监管，历史上，飞机出租人和承租人都归政府所有。然而，随着中国租赁公司、银行和投资者不断扩大其在飞机租赁市场的影响力，不断增长的中国中产阶级推动了空中交通需求的持续增长，为私人资本开辟了新的机遇。这种扩张的推动导致该地区对低成本航空公司和新飞机的需求激增。

自2007年以来，中国金融机构一直在积极开展航空租赁活动，2017年

① 法国增值税，Taxe sur la valeur aioutée。——译者注

中国金融机构占中国市场份额的 75% ~ 80%（Aviationpros，n. d. ）。

预计到 2022 年，中国资本将占 2610 亿美元飞机租赁市场的三分之一以上。随着国内航空旅行需求的加速增长，中国预计将成为未来 20 年内增长最快的飞机销售市场。国际航空运输协会认为，到 2022 年，中国有望取代美国成为世界上最大的航空市场。

为促进中国金融租赁业的发展，2011 年商务部发布了《关于"十二五"期间促进融资租赁业发展的指导意见》。鼓励形成租赁业发展中心，以提升国家重点经济发展区融资租赁功能。截至 2018 年，中国已形成三个中心，包括天津东疆保税港区，上海外高桥保税区和北京天竺综合保税区。

租赁给中国的飞机可能会因出租人的所在地以及出租人司法管辖区是否与中国有双重征税协定而产生不同的税务（Ling，2011）。在中国，租赁业务的利润按 25% 的税率征收企业所得税。然而，有一些特殊的自由贸易区和当地金融激励政策吸引租赁公司在这些地区建立业务。中国的预提税规定很复杂。例如，中国飞机出租人与外国母公司在向母公司分配收入时将需要缴纳预扣税；增值税规则也很复杂，取决于飞机类型以及是否在自由贸易区购买；印花税税率还取决于合同的类型（经营或融资租赁）。

另一个重要的考虑因素是，中国出租人与中国航空公司之间的任何协议都必须受中国法管辖，而不是英格兰与威尔士法，虽然英格兰与威尔士法通常用于飞机租赁。

香港税制

鉴于香港在中国的独特地位以及其作为亚洲商业中心的地位，正在向中国内地扩张的国际航空租赁公司自然会考虑在香港设立基地。许多中国内地飞机租赁公司利用香港作为国际平台为其业务筹集资金。香港特区政府已认识到其在亚洲飞机租赁领域的作用，并确保制定对飞机出租人具有竞争力的税收政策。例如，香港不对飞机租赁付款征收销售税，从而使整体税制更加简单。此外，在出售前不少于 3 年的合格租赁活动中使用的飞机，所有资本利得均可免税。此外，香港和中国内地签订了双重征税协议，该协议为出租人向中国内地承租人出租飞机提供了 5% 的预提税率。

2017 年 3 月 10 日，香港特区政府出台新法规，为飞机租赁业务提供具有竞争力的税收优惠，包括：

- 合格飞机出租人和合格飞机租赁管理人的优惠税率为 8.25%，比当前 16.5% 的所得税税率低 50%；
- 作为无折旧额的补偿，合格飞机租赁人向非香港航空运营人租赁飞机所得的预计应纳税额，将相当于出租人税基的 20%，即总租金减去可扣除的费用，但不包括折旧（香港税务局，2017）。

印度——租赁市场概览

凭借其在东西半球之间的地理位置和不断增长的中产阶级人口，印度有良好的发展定位，预计到 2022 年印度将成为仅次于美国和中国的第三大民用航空市场。然而，印度航空业发展仍在初期，需要在基础设施方面进行大量投资。再加上完善的司法、税收制度，印度是进行跨境租赁非常有优势的国家（Bilawala，2011）。

根据 1961 年所得税法第 10（15A）条规定，印度航空公司的跨境租赁可获得特别税收豁免，直到 2005 年，财政法案规定该豁免不再适用于 2007 年 4 月 1 日以后的跨境租赁。撤销豁免后，直接税主要受 1961 年所得税法或印度与各国之间的双边税收协定的约束。直接税负的程度取决于租赁协议的性质。主要考虑因素是非纳税居民出租人在印度是否有应税常设机构，常设机构的利润是否应该在印度纳税。

在印度，货物从一个州运输到另一个州受州销售税的约束。但是，商品使用权只有根据 1956 年的"中央销售税法"（一项联邦税法）才能征税。因此，从一个州到另一个州的飞机租赁付款被视为州际交易行为，不受州销售税的约束。此外，跨境租赁交易的特点是进出口不受中央销售税的限制。在印度境内或跨境进行的租赁付款不会产生各州的销售税或中央销售税。

目前在印度，如果提供服务的地点在印度，则对服务交易征收服务税。这意味着位于印度的承租人将对其租赁交易缴纳服务税。商品及服务税

（GST）是印度承租人的另一个考虑因素。商品及服务税是对租赁租金和租赁飞机进口所征收的。最近，印度政府免除了对租赁进口的飞机、发动机和飞机零件的商品及服务税，从而解决了承租人在飞机进口和支付租金时的双重征税问题。

应考虑与租赁或融资交易有关的各种协议的印花税影响。印度的印花税在不同的州可能会有所不同。一些州制定了自己的印花税法，而其他州则采用了1899年的印度印花税法，并对其进行了具体的修订。

如上所述，飞机的进口须缴纳关税，但中央海关会发布一些豁免。与跨境交易相关的豁免是：

- 飞机由运营商或代表运营商进口的，用于运营计划的航空运输服务或计划的航空货运服务；
- 飞机是由运营商进口的，该运营商经民航部主管当局批准进口飞机，提供非计划乘客或非计划航空货运服务。

因此，建议进口商就协助清关的必要批准向民航部咨询。

为支持民用航空市场的发展，印度政府最近提出了国家民用航空和外国直接投资（FDI）政策的改革。2016年国家民用航空政策（NCAP 2016）明确废除了所谓的5/20规则，该规则要求印度航空公司在国内航线上飞行5年，并在允许其开始国际运营之前拥有20架飞机。2016年国家民用航空政策取消了5年的国内飞行要求，但保留了20架飞机规则。关于外商直接投资政策，《2016年综合外商直接投资政策通知》宣布将外国直接投资补贴提高至100%（之前为49%），使其对航空业的外国投资者更具吸引力。

巴西——租赁市场概览

巴西是拉丁美洲最大的航空市场，在2000年代和2010年初期间表现出持续增长。这种增长带来了航空公司对满足其飞机机队要求的巨大需求，使巴西成为海外出租人的重要市场。

2014年，巴西陷入严重的经济衰退。巴西货币雷亚尔大幅贬值，给巴西航空公司施加了压力，因为租赁飞机的租金必须以美元计算。这导致巴西航空公司的飞机销售和租赁飞机回收激增，租赁市场在 2010 年代中后期大幅减少。目前，巴西的经济和航空运输业正缓慢而稳定地回升至历史水平。

2016 年 10 月，巴西将爱尔兰、奥地利、库拉索和圣马丁列入其避税天堂名单，使这些国家与巴西（以及已列入该名单的国家）之间的交易成本极高。巴西与这些国家之间的交易现在要求征收 25% 的预提税，而不是将它们列入避税天堂列表之前的 15%。巴西的航空公司每年仅对与爱尔兰交易就需要支付约 10 亿巴西雷亚尔（3.16 亿美元）的预提税，不包括与其他避税国家的交易。爱尔兰正在呼吁巴西政府将爱尔兰从该名单中删除，以便再次与巴西公司进行交易。由于许多飞机租赁公司都在爱尔兰，税收的增加正在减缓航空公司从政治和经济危机中复苏的速度。

巴西的跨境租赁市场主要限于巴西承租人从外国出租人租赁飞机。由于相关的税收负担和法规，目前没有与巴西出租人进行跨境租赁的市场。

租赁交易受巴西中央银行（BACEN）和巴西国家货币委员会的严格监管，所有租赁交易必须提交给两个组织并由其批准（Sheard 和 Falkenburger，2011）。租赁交易的类型包括融资租赁、商业租赁、经营租赁和跨境租赁。

融资租赁和商业租赁基本相同，只有购买选项作为差异化因素。在融资租赁的情况下，购买选择权通过承租人与出租人之间的协商确定，而不必设定为市场价值。但是，在商业租赁中，购买选项必须设置为市场价值，这样才有资格作为税收用途的商业租赁。

跨境经营租赁是巴西最常见的租赁形式，因为以这种方式构建租赁具有税收优惠。跨境融资租赁并不常见，因为在巴西进口飞机通常会产生过高的税务影响。由于巴西的临时入境特别制度，跨境经营租赁不需要缴纳进口税，这将在下一节进一步讨论。跨境经营租赁的主要考虑因素是租赁期限和购买选择权。租赁期限必须小于飞机的使用寿命，租约不得附加购买选择权。很少有专门针对跨境租赁的法律，因此它们通常符合国内租赁法的标准。

正如我们已经提到的，根据交易类型和交易方，巴西的租赁税负可能很高。主要的税收考虑因素包括临时入境特别制度、预提税、进口税和双重征税协定。临时入境特别制度是跨境经营租赁在巴西最常见的原因。这

种制度规定只要飞机不是永久属于巴西，就可以暂不对进入巴西的飞机
（或其他资产）征收进口税。进口税根据飞机在巴西的时间长短支付。此
外，除了资本利得外，租赁付款不征税。通过暂停征收对租赁飞机的全额
进口税，巴西使经营租赁更具吸引力。除飞机外，外国出租人向巴西承租
人出租的所有备件和发动机均不征税。

　　在构建跨境租赁时，巴西的进口税可能是一个令人望而却步的因素。进
口税主要适用于购买和入境融资租赁，但不适用于经营租赁，正如我们之
前所讨论的那样。在海关缴纳的税款包括进口税、制成品税和商品和服务分
配税。但是，飞机特别是航空公司在经批准的航线上使用的飞机，可以免除
许多这些税，但不能免除进口税。

　　双重征税条约也是构建租赁交易的重要考虑因素。巴西与几个欧洲国
家、墨西哥和日本签订了双重征税协定。

　　此外，租赁飞机到巴西的出租人应研究外汇管制和破产风险。巴西的外
汇管制过去一直非常严格，但目前的情况并不那么严重。现在，主要控制措
施是账户只能用当地货币，迫使巴西承租人与巴西中央银行批准的银行签
订外汇合同，以便对飞机支付美元。所有跨境交易必须在巴西中央银行和财
务运营登记处进行登记，并获得批准。承租人必须提交租赁协议以供批准。
一旦租赁协议获得批准，承租人必须制定付款计划，其中包括向外国出租
人支付的金额和日期，以便批准购汇合同并将资金转移到巴西境外。

　　出租人的另一个考虑因素是破产风险以及在承租人违约的情况下收回
飞机的能力。巴西于 2011 年批准了《开普敦公约》和《航空器议定书》，
改善了在破产情况下，出租人和贷方取回飞机的国际权利。2005 年 2 月，巴
西修订了破产法，更好地与美国第 11 章重组破产保持一致。这项破产法赋
予承租人 180 天停留期间的重组权，使出租人无法在此停留期结束前取回飞
机。如果资产对业务运营的运作至关重要，那么出租人在此期间无法收回
资产。2005 年 11 月，该法进一步修订，以排除 180 天停留期间的租赁飞机，
这意味着承租人仍需支付租金以按照租赁协议保留飞机。目前的破产法对
出租人有利，因为它们通过《开普敦公约》和巴西的破产法改善了对其资
产的获取能力。

阿联酋——租赁市场概览

阿联酋航空业的历史始于 1985 年，拥有 1000 万美元的初始资金的阿联酋航空公司，从巴基斯坦国际航空公司湿租两架飞机（Emirates Airlines，时间不详）。之后，阿联酋获得了广泛的航空资质：成为两家全球航空公司（阿提哈德和阿联酋航空）和两家低成本航空公司（Fly Dubai 和阿拉伯航空公司）的所在地，拥有全球知名机场以及广泛的辅助航空部门，如飞机部件制造和飞机租赁。

阿联酋对飞机租赁和金融业来说是一个有吸引力的地区，主要原因如下：

- 阿联酋建立了广泛的双重征税协定网络，其中 81 个已生效，另有 32 个在谈判中（ADGM，2017）；
  - 零企业所得税；
  - 无预提税；
  - 跨境飞机租赁交易的增值税为零；
  - 不适用印花税；
  - 完整的普通法环境；
  - 没有外国所有权限制；
  - 对利润汇回没有限制；
  - 独立法院和金融服务监管机构。

位于阿联酋的主要飞机融资和租赁公司：

- Waha Capital 是一家阿布扎比投资公司，管理多个行业的资产，其中包括飞机租赁。它成立于 1997 年，并于 2010 年收购了 AerCap 20% 的股份。
- 迪拜航空航天（DAE）——全球十大租赁公司之一。DAE 于 2006 年成立，并于 2017 年收购了 AWAS。
- Sanad 是一家位于阿布扎比的飞机发动机和零部件出租人。Sanad 由 Mubadala Investment Company 于 2010 年成立。
- GE Capital（通用资本）于 2013 年与 Mubadala Investment Company 成

立合资公司。

新加坡——租赁市场概览

随着亚洲商用飞机需求的增加以及中国金融机构日益重要，该地区将继续成为飞机租赁行业的焦点。作为亚洲最大的金融中心之一，新加坡为希望扩大在亚洲业务的出租人提供了一个有吸引力的基地。新加坡一直在与中国香港竞争以吸引飞机租赁业务。2017 年 2 月 20 日，新加坡政府宣布更新飞机租赁计划（ALS），将其延长 5 年至 2022 年 12 月 31 日。原始的飞机租赁计划将于 2017 年到期。所有经批准的飞机租赁公司均可从中受到以下激励：

- 租赁飞机或飞机发动机和合格辅助活动所得收入的优惠税率为 8%（低于主要税率 17%）。
- 购买飞机或飞机发动机所获得的贷款的利息和合格的相关付款免预提税。
- 激励期限为 5 年。可以考虑延长激励，但公司承诺对其飞机租赁活动进行进一步扩展计划（新加坡经济发展局，2017）。

新加坡与 80 多个国家和地区签订了双重征税协定。此外，新加坡政府一直在与主要国家重新谈判条约，以取消或减少预提税对飞机和飞机发动机付款的影响。自 2011 年 4 月起，新加坡和爱尔兰拥有全面的避免双重征税税收协定，为爱尔兰出租人提供新加坡预提税的全面保护。避免双重征税税收协定允许新加坡和爱尔兰合作开发跨境飞机租赁解决方案，并为飞机租赁商在这两个飞机租赁中心运营提供更大的灵活性。

在全球十大飞机租赁商中，有 8 家在新加坡开展业务（Lovell，2017）。此外，新加坡是中银航空租赁有限公司的所在地，该公司是全球顶级飞机租赁公司。该公司成立于 1993 年，并于 2006 年被中国银行收购。

总结

本章介绍了跨境租赁交易中的重要税务考虑因素，区域飞机租赁市场的简要概述，并强调了它们之间的差异和相似之处。还讨论了最近的会计准则变化，即航空公司需在资产负债表上披露其经营租赁，以及这些变化对飞机租赁的影响。

税务问题可以在交易过程的多个时点发生，包括租赁的起源，飞机的转移和租赁的开始。由于税务存在于交易的各个方面，因此在构建租赁协议时，它们是所有相关方的一个非常重要的考虑因素。

跨境飞机租赁交易可能涉及两个或多个地区以及不同的税收和监管制度。虽然美国和爱尔兰仍然是世界上最大的跨境飞机租赁中心，但由于有利税法的颁布施行，新的飞机租赁中心正在亚洲和中东产生，并促进了经营租赁的日益发展。

虽然对航空公司在资产负债表上披露经营租赁的新会计准则将如何影响飞机租赁行业存在一些担忧，但大多数人认为它对行业的影响微乎其微。

参考文献

ADGM. (2017). *UAE double tax treaty network*. Abu Dhabi: Abu Dhabi Global Market. Retrieved from https://www.adgm.com/media/189469/aviation-booklet-web-version.pdf.

Ajayi, D. (2018, June 8). *Detail*. Detail Solicitors. Retrieved from: <http://www.detailsolicitors.com/media/archive1/articles/article15.pdf>.

Aviationpros. *The Chinese march on the aircraft finance market*. Aviationpros. (n.d.). Retrieved from: <http://www.aviationpros.com/press_release/11670109/the-chinese-march-on-the-aircraft-finance-market>.

Bilawala, M. (2011). India. In R. Murphy, & N. Desai (Eds.), *Aircraft financing* (pp. 151–157). London: Euromoney Institutional Investor PLC.

DBRS. *Rating companies in the airline industry*. DBRS Website. (2018, January). Retrieved from: <https://www.dbrs.com/research/322323/rating-companies-in-the-airline-industry>.

Deloitte. *Aircraft leasing sector—Implication of the new leasing standard*. Deloitte. (2016). Retrieved from: <https://www2.deloitte.com/ie/en/pages/tax/articles/aircraft-leasing-new-leasing-standard.html>.

Emirates Airlines. *Emirates, our story*. (n.d.). Retrieved from: <https://www.emirates.com/us/english/about-us/>.

Hepher, T. (2018, June 5). *A decade after debut, first A380 jumbos to be broken up*. Reuters. Retrieved from: <https://www.reuters.com/article/us-airbus-a380/a-decade-after-debut-first-a380-jumbos-to-be-broken-up-idUSKCN1J10R2>.

Hong Kong Inland Revenue. (2017). *The Inland Revenue (Amendment) (No. 2) Ordinance 2017*. Hong Kong: Hong Kong Inland Revenue. Retrieved from https://www.gld.gov.hk/egazette/pdf/20172110/es3201721106.pdf.

Ling, W. (2011). China. In R. Murphy, & N. Desai (Eds.), *Aircraft financing* (pp. 157–162). London: Euromoney Institutional Investor PLC.

Lovell, C. (2016, October 3). *IFRS "kills sale-and-leaseback" as an off balance sheet option*. Ishka Global. Retrieved from: <https://www.ishkaglobal.com/News/Article/5513/IFRS-16-kills-sale-and-leaseback-as-an-off-balance-sheet-option>.

Lovell, C. (2017, May 8). *Will Hong Kong's new tax rate lure lessors?* Ishka Insights by Ishka Global. Retrieved from: <https://www.ishkaglobal.com/News/Article/5613/Will-Hong-Kongs-new-tax-rate-lure-lessors>.

Lovell, C. (2018, January 16). *IFRS rules likely to cause currency volatility for airlines*. Ishka Global. Retrieved from: <https://www.ishkaglobal.com/News/Article/5742/IFRS-rules-likely-to-cause-currency-volatility-for-airlines>.

National Business Aviation Association (NBAA). *European Union aircraft importation*. (2018, June 8). Retrieved from www.nbaa.org: <https://www.nbaa.org/admin/taxes/intl/eu-importation/>.

O'Callaghan, B. (2017, December). *Balancing the books: IFRS 16 and aviation finance*. Retrieved from <https://www2.deloitte.com/content/dam/Deloitte/ie/Documents/FinancialServices/ie-Balancing-the-Books-IFRS-16-and-Aviation-Finance-Report_Dec2017-5.pdf>.

Osborne-Kinch, J., Coates, D., & Nolan, L. (2017). *The aircraft leasing industry in Ireland: Cross border flows and statistical treatment*. Central Bank of Ireland.

Price Waterhouse (PwC). *An industry focus on the impact of IFRS16-Airlines*. Price Waterhouse Website. (2016 April). Retrieved from: <https://www.pwc.com/gx/en/audit-services/ifrs/publications/ifrs-16/ifrs-16-implications-for-the-airlines-industry.pdf>.

Raghavan, S., & Zarb, B. (2018). Implications of the new accounting changes for aircraft leasing. *Journal of International Finance and Economics, 18*(2), 49−58.

Schott, K. (2011). Germany. In R. Murphy, & N. Desai (Eds.), *Aircraft financing* (pp. 167−173). London: Euromoney Institutional Investor PLC.

Sheard, E., & Falkenburger, F. (2011). Brazil. In R. Murphy, & N. Desai (Eds.), *Aircraft financing* (pp. 132−139). London: Euromoney Institutional Investor PLC.

Singapore Economic Development Board. (2017). *Aircraft leasing scheme*. Singapore: Singapore Economic Development Board. Retrieved from https://www.edb.gov.sg/content/dam/edb/en/why%20singapore/Incentive-ALS.pdf.

Sivaramakrishnan, P. (2017, October 12). *Ireland as a hub for the aviation industry*. Cogency Global. Retrieved from: <https://www.cogencyglobal.com/blog/ireland-as-a-hub-for-the-aviation-industry>.

Stokes, D., & Runagall, M. (2011). Japan. In R. Murphy, & N. Desai (Eds.), *Aircraft financing* (pp. 177−184). London: Euromoney Institutional Investor PLC.

United States Security and Exchange Commission. *Delta Airlines Inc. Form. 10-K*. United States Security and Exchange Commission. (2017a, December 31). Retrieved from: <http://d18rn0p25nwr6d.cloudfront.net/CIK-0000027904/1b58e244-f144-431a-afb7-1aaceed67f10.pdf>.

United States Security and Exchange Commission. *Form 10-K, annual report, Spirit Airlines, Inc*. United States Security and Exchange Commission. (2017b, December 31). Retrieved from: <http://ir.spirit.com/static-files/7dfdf0dc-22cf-4cf4-8b8a-70118a4ecfaf>.

Valentin, C., & Perus, S. (2011). France. In R. Murphy, & N. Desai (Eds.), *Aircraft financing* (pp. 162−167). London: Euromoney Institutional Investor PLC.

第十四章
发动机租赁

章节大纲

出厂时，发动机价值通常约占飞机整体价值的30%。如果维护妥当，20年后发动机的价值可占飞机整体价值的70%。相反，在20年的使用期内，机身可能贬值80%～90%。这就是航空公司和出租人如此关注发动机维护的原因。由于飞机是航空公司用来赚取利润的关键工具，因此它们必须通过购买或租赁的方式取得备用发动机，以保证发动机返厂（ESV）期间的飞机运营需求。作为一名金融专业人士，为了更好地进行发动机管理决策，了解影响发动机残值的主要因素非常重要。此外，原始设备制造商还提供售后服务方案（例如，全面维修、TrueChoice），以帮助航空公司实现最大化发动机价值，并对未来维修事件和费用进行更准确预测。

喷气发动机工作原理

牛顿第三运动定律指出，每一个作用力都有一个相等的反作用力。

换句话说，如果物体1对物体2施加力，那么物体2对物体1施加的力相等，但方向相反。这是喷气推进的基本原理。事实上，术语"喷射"是指以与运动方向相反的方向排放的物质流。在喷气发动机中，空气是排出的物质，作用/反作用是产生推进飞机所需的推力。

喷气推力是通过内燃产生的，但与火箭发动机不同，飞机发动机是吸气式的。早期的喷气推进试验尝试采用火药，但这仅产生类似烟花效果，无法维持推动。直到燃气轮机的发展，这项技术才变得实用。在燃气轮机中，外部空气先进入内部压缩机，再进入内部燃烧室与燃油混合，然后点燃成为高温高压气体。涡轮既为压缩机提供动力，也利用高温高压气体的热能，通过排气喷管最终转变为推力（Sonntag 和 Borrgnakke，2007）。

涡轮喷气发动机有很多种，包括冲压式喷气发动机、涡轮螺旋桨发动机、涡轮喷气发动机和涡轮风扇发动机。例如，在涡喷发动机中，所有抽出的空气都经过压缩机、燃烧室和涡轮。然而，目前商用飞机上最常用的发动机是涡轮风扇发动机。

涡轮风扇发动机

与通过压缩机输送所有空气的涡轮喷气发动机不同，涡轮风扇发动机与进气风扇一起工作，如图 14.1 的横截面图所示。注意，当风扇由涡轮驱

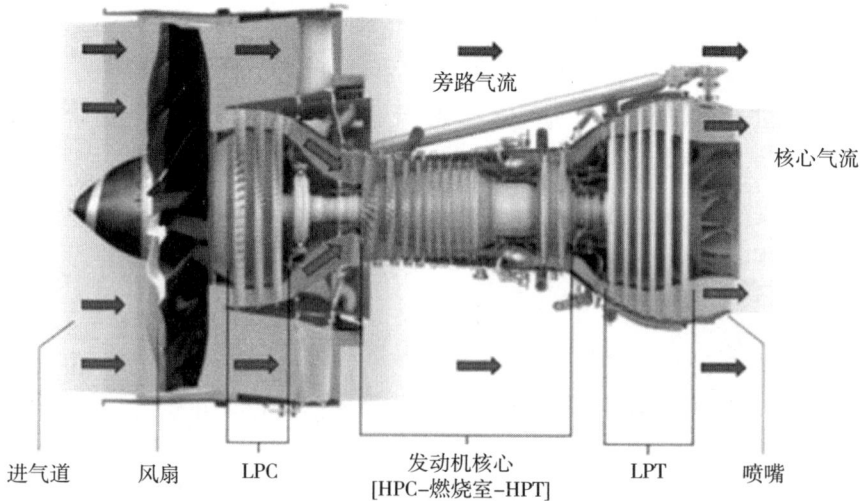

进气道　风扇　LPC　　发动机核心　　　LPT　喷嘴
　　　　　　　　　[HPC–燃烧室–HPT]

资料来源：Ackert（2011）。

图 14.1　涡轮风扇发动机

动时，它实际上将大部分进气引导至核心机外围。这股气流绕过压缩机和涡轮，最终在排气喷管处遇到高温气体。上述机制导致两重效果。第一，喷出气体的每秒质量更高，相当于获得更大的推力；第二，旁路空气无须燃烧，因此不需要任何燃油。

由于涡扇发动机燃油效率更高和动力更强，大多数商用喷气式飞机都使用这种发动机（Mattingly，2006）。

模块

涡轮风扇发动机由六个主要组件构成，通常称为模块。这种模块化设计不仅缩短了转换时间，还减少了备用发动机的储备需求。每个模块都有单独的序列号、有限的寿命额定值和特定的检查阈值（Ackert，2011）。

1. 风扇/低压压气机（LPC）——发动机的第一级由风扇叶片、压气机盘和压气机壳体组成。风扇的作用是引导部分进气气流通过围绕核心机的旁路管道。大多数风扇叶片是用钛制造的，尽管某些新一代发动机，如GE90 的叶片会采用先进的复合材料。压气分为几个阶段，第一阶段从 LPC开始。请注意，目前所有涡轮风扇发动机运行时采用轴向气流，这意味着空气流经发动机时与轴平行（而不是径向）移动（Ackert，2011）。压气通过两个主要组件进行：转子叶片和定子叶片。空气流经的每一排叶片都具有不同翼型。

2. 高压压气机（HPC）——HPC 是发动机核心机的第一个部件，空气在被送至燃烧室之前通过第二套定子和转子组件进一步加压。早期的喷气式发动机使用一组以一个速率旋转的压缩盘，而大多数新型发动机使用多组同心盘，每组同心盘以不同的速率旋转。这使发动机在不同的条件和速度下运行更有效。

3. 燃烧室——燃烧室作为发动机核心机的中心部件，位于压气机和涡轮之间。在这里，喷入的燃油和吸入的高压气体被点燃形成能量，然后通过涡轮送出喷管。燃烧室的主要部件包括内外壳体、燃油喷嘴和高压喷管导叶。目前大多数涡扇发动机的燃烧室都是环形或圆圈状。

4. 高压涡轮机（HPT）——HPT 连接并驱动 HPC。HPT 从燃烧室提取能量并将高温高压气体降至较低的温度和压力。HPT 由多个部分组成，每个部分有一排固定翼型（喷嘴、定子叶片或导叶）和一排动转子叶片。级数取决于每个特定发动机所需的扭矩。从根本上讲，涡轮的工作原理就像一个小齿轮，当空气被吹到它的倒转叶片上时，它就会旋转。空气首先流经定子叶片，降低压力，增加切向速度。想象一匹旋转木马在旋转，然后突然脱离，飞离了游乐设施。一旦空气进入转子叶片，能量就会被吸收，涡轮风扇旋转并为压缩机提供动力。根据发动机类型不同，旋转速度可能高达 1500 英尺每秒（ft/s）。（Mattingly，1996；Rolls – Royce，1996）。

5. 低压涡轮机（LPT）——LPT 模块位于 HPT 下游，由第二组定子和叶片组成，以进一步提高高温气体的输出。喷嘴定子罩和涡轮后框提取剩余的燃烧能量，驱动进气风扇和 LPC 转子总成。

6. 附件传动装置——HPT 和 LPT 产生的机械能通过附件传动装置驱动辅助部件，包括燃油泵、液压系统、气动和电气系统。附件传动装置通过外部安装的齿轮箱工作。对一台高旁路发动机，附件传动装置工作需要发动机提供高达 500 马力（Rolls – Royce，1996）。

HPC、燃烧室和 HPT 统称为发动机的热段，而进气风扇和 LPC 构成了冷段。与涡轮喷气发动机类似，根据绕过核心的气体质量与通过核心的气体质量比例，涡扇发动机被划分为低涵道或高涵道。这就是所谓的涵道比。早期型号涡扇发动机的涵道比约为 2:1，这意味着每有 1 千克空气流经核心就有 2 千克空气流经旁路（Mattingly，2006）。然而，正如本章所述，如今许多涡轮风扇具有更高的涵道比，仅旁路气流就占发动机总推力的 85%（Ackert，2011）。

原始设备制造商

第一个喷气发动机专利是 1913 年在一架冲压式飞机上获得的。但由于没有耐热材料，喷气发动机很长时间后才得以生产。这种发动机更适合武器等军事用途。第一台燃气涡轮发动机专利于 1930 年获得，并作为少数公司［包括罗尔斯—罗伊斯（RR）维兰德（Welland）、尼恩（NENE）、达特（DART）和德温特（Derwent）］制造发动机的基础（罗尔斯—罗伊斯，

1996）。如今，几乎所有的喷气式飞机都由涡轮风扇发动机，具体说是由高旁路涡扇发动机提供动力。但低旁路发动机、涡轮螺旋桨发动机和涡轮喷气式发动机仍在小型飞机上使用，并具有广泛的军事用途。

作为发动机租赁的融资方，了解发动机的机械装置和运营使用等基本知识非常重要。了解正在研发和销售为航空公司机队提供动力的发动机的原始设备制造商也同样重要。表 14.1 显示了机身型号以及适用发动机的配置列表。

表 14.1 　　　　　　　　　　**商用飞机的发动机选项**

飞机型号	发动机数量	发动机选项 1	发动机选项 2	发动机选项 3
A319／A320／A321	2	CFM56 – 5B	V2500	
A319neo／A320neo／A321neo	2	Leap – 1A	PW1100G	
A330	2	CF6	PW4000	Trent 700
A330neo	2	RR Trent 7000		
A350	2	Trent XWB		
A380	2	GP7200	Trent 900	
737 – 300／400／500	2	CFM56 – 3B		
737NG（–600／700／800／900）	2	CFM56 – 7B		
737 Max（–7／8／9）	2	Leap – 1B		
747 – 8	4	GEnx – 2B		
757	2	RB211	PW2000	
767 – 300ER／300F	2	CF6	PW4000	RB211
777 – 200LR／300ER／F	2	GE90		
787 Dreamliner	2	GEnx – 1B	Trent 1000	
ERJ 145 family	2	AE 3007		
E – 170／175／190／195	2	CF34		
CRJ（all variants）	2	CF34 – 8		
Airbus A220	2	PW1500G		

资料来源：公司网站。

请注意，从表 14.1 中可以看出，某些机身型号可以使用几种不同的发动机。例如，A330 运营商有三种不同的发动机选项，来自三家不同的原始设备制造商。此外，正如空客、波音和庞巴迪在机身市场占据主导地位一样，如今民用喷气发动机市场份额也集中在几家重要公司。

通用电气

通用电气（GE）公司成立于 1892 年，由爱迪生 GE 公司（由托马斯·爱迪生领导）和托马斯·休斯顿电气公司（由查尔斯·科芬领导）合并而来。两家公司的总部都位于美国东北部。该公司已发展成为一家涵盖多个行业领域的国际企业集团，重点关注航空、运输和能源。该公司注册地一直在纽约，但总部位于波士顿。通用电气公司价值数十亿美元，拥有并经营着许多子公司。事实上，福布斯全球在 2000 年把通用电气评为世界第四大公司。通用电气于 1941 年研制出第一台涡轮发动机（W.1），从此在航空工业中占有一席之地。通用电子在 20 世纪 70 年代初发展迅速，成为喷气发动机制造市场极为重要的公司。如今，通用航空的主要发动机产品包括为 B767 和 A330 提供动力的 CF6；为庞巴迪 CRJ、挑战者、巴西航空工业公司 E‑Jets 和中国商飞 ARJ21 提供动力的 CF34；为 B777 提供动力的 GE90；以及为 B787 和 B747‑8 提供动力的 GEnx。通用电气还通过发动机联盟（EA）与其他几家制造商合作，包括普惠公司（P&W）以及 CFM 国际公司（FlightGlobal，2016）。

普惠

普惠（PRATT & WHITNEY，P&W）是一家位于美国东北部的航空航天制造商。弗雷德里克·伦施勒于 1925 年在辞去莱特兄弟（Wright Brothers）原公司的行政职务后成立了普惠。P&W 是联合技术公司的全资子公司，该公司生产各类工业产品，包括供暖、通风和空调（HVAC）系统、航空航天系统、电梯、当然还有飞机发动机。P&W 于 20 世纪 50 年代进入喷气发动机市场，产品广泛应用于民用和军用航空领域。P&W 在 20 世纪 50 年代后期从 JT3 和 JT4A 型号开始生产商用喷气式发动机。这些发动机是为波音

707 和道格拉斯 DC - 8 设计的。该公司随后发布了 JT8D，它曾为第一架 B727 - 100 飞机提供动力。该型号的后期版本推力高达 17000 磅。如今，该公司的主要产品包括为 B757 提供动力的 PW2000；为 B747、B767、B777、A300、A310、A330 和 MD - 11 提供动力的 PW4000；以及为最新的 A320neo、空客 A220、巴西航空公司 EJETS E2 和三菱支线飞机（MRJ）开发的 GTF 发动机。P&W 还与竞争对手 GE 和 RR 合资经营。这些公司通常被称为三大航空发动机制造商（FlightGlobal，2016）。

罗尔斯—罗伊斯

罗尔斯—罗伊斯（RR）是三大制造商中唯一不在美国成立的公司。该公司由 19 世纪的一家工程公司发展而来，1906 年在英国正式成立。尽管该公司因豪华汽车产品而广为人知，但这部分业务最终还是被出售给了汽车制造商宝马（BMW）。20 世纪 70 年代初，RR 面临财务问题，在政府收购后重组为 RR Group plc。截至 2011 年，所有权属于 RR 控股。该公司不仅是最大的民用和军用飞机发动机制造商之一，而且还是海洋产品、核服务、往复式发动机和分布式能源系统的主要制造商（Rolls - Royce，2017）。

该公司于 1914 年制造了第一台飞机发动机，自 20 世纪 50 年代以来一直在生产飞机发动机。如今，在全球 2000 多架商用飞机上都可以找到 RR 发动机，该公司为 20 多种飞机型号，包括窄体机、宽体机和支线飞机提供动力。关键产品包括为支线和私人喷气式飞机提供动力的 BR700；为 A330、A330neo、A340、A350、A380、B777 和 B787 提供动力的 Trent 系列以及在巴西航空工业公司生产线上的 AE 3007。该公司与通用电气和普惠公司共同经营合资企业（FlightGlobal，2016）。

CFM 国际

CFM 国际是法国赛峰公司和美国通用电气公司的合资企业。CFM 于 1974 年成立，主要是为了开发 M56 发动机。CFM 最著名的产品是 CFM56 涡轮风扇发动机，该发动机同年在通用电气工厂首次演示。如今，该发动机型号仍在生产，并被装备在数千架军用和民用飞机上，其中包括 A320 和

B737。另一著名产品是 LEAP 涡轮风扇发动机。规格如表 14.2 所示。这是
CFM 的最新产品，将用于 A320neo、B737MAX 和中国商飞 C919 等窄体飞
机。截至 2016 年 3 月，CFM 的 LEAP - 1A 发动机订单为 1544 台，P&W 的 S
1100G - JM 发动机订单为 1312 台，而 A320neo 只能在以上两种发动机之间
选择一种（FlightGlobal，2016）。截至 2017 年 10 月 31 日，仅 A320neo 飞机
就获得全球航空公司和租赁公司 8000 多架订单。[①]

表 14.2　　　　　　　　　**LEAP1 涡扇发动机型号的特点**

型号	扇直径（英寸）	涵道比	静推力（磅）	燃油消耗量的改善（与上一代发动机相比）（%）	适配机型	投产年份
LEAP - 1A	78.7	11:01	24500 ~ 32900	-15	A320neo	2016 年
LEAP - 1B	68.4	09:01	23000 ~ 28000	-15	B737MAX	2017 年
LEAP - 1C	75	11:01	27980 ~ 30000	-15	COMAC C919	2016 年

资料来源：美国美林银行（2015）和 CFM 国际（2017）。

发动机联盟

1994 年，空客公司宣布计划开发一种大型客机，命名为 A3××，后来
命名为 A380。与此同时，波音公司正在考虑用自己的新型大型客机取代
747。普惠和通用都没有具备足够高的推力范围（70000 ~ 85000 磅）的发动
机产品。因此，1996 年，通用电气和普惠成立了一家名为 EA 的合资企业。
两家公司都预计这一细分市场具有很大全球需求，但都不能证明花费 10 亿
美元研发一台新的中心线引擎是合理的。两家合作似乎风险较小，这使公
司能够利用 GE90 和 PW4000 过往成功经验。合资公司的计划是开发一种高
容量、长距离的飞机发动机 GP7000。如今，这种发动机为著名的 A380 飞机
提供动力，可提供高达 81500 磅的推力。根据 EA 的说法，A380 选择
GP7000 发动机更省油，与 RR Trent 900 发动机相比，每架飞机每年可节省
50 万美元（发动机联盟，2017）。

---

① www. aircraft. airbus. com/market/orders - deliveries.

国际航空发动机

国际航空发动机公司（IAE）成立于 1983 年，是由 RR、P&W、MTU 航空发动机和日本航空发动机公司设立的合资企业。2011 年，RR 出售了 IAE 的股份。今天，IAE 仍注册在瑞士，并凭借 V2500 发动机成为单通道飞机市场的行业领导者。公司注重持续改进，努力走在技术前沿。V2500 被选为巴西航空工业公司 KC–390 和 MD–90 飞机的发动机，并为 45% 在役 A320 飞机提供动力（国际航空发动机 IAE，2017）。

就市场份额而言，图 14.2 显示了由装有上述制造商发动机的商用飞机的数量。虽然每家原始设备制造商在市场中都有重要地位，但 CFM 市场份额最大，在役 11300 多架飞机使用 CFM 发动机提供动力并拥有确定装配 CFM 发动机的 4641 架飞机订单和 777 架飞机订单可选配。

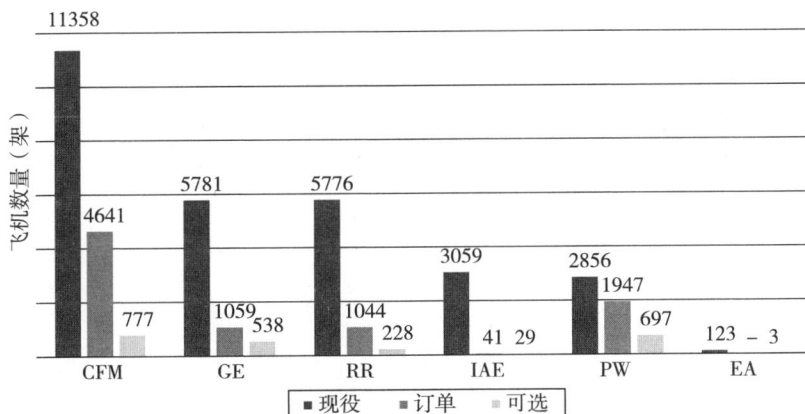

资料来源：作者于 2018 年 4 月使用 FlightGlobal 的数据绘制。

图 14.2 商用飞机配备有由不同的 OEM 制造的发动机

窄体发动机市场

从历史上看，波音 737 系列飞机在窄体或单通道飞机市场中占据主导地位，但空客凭借 A320 成为主要竞争者。两家公司在窄体机市场的份额合计为 96%。同样，适配发动机的市场份额集中在主要原始设备制造商，即

CFM，如表 14.3 所示。具体来说，CFM56 是窄体机市场中最受欢迎的发动机（见图 14.3）。

表 14.3　　　窄体机市场中的发动机原始设备制造商

原始设备制造商	B737	B757	B737MAX	A318	A319/320/321	A319/320/321neo	Comac C919
RR		×					
P&W		×		×			
GE							
CFM	×		×	×	×	×	×
IAE					×		
EA							

RR，罗尔斯—罗伊斯；P&W，普惠；GE，通用电气；IAE，国际航空发动机；EA，发动机联盟。

资料来源：FlightGlobal（2016）。

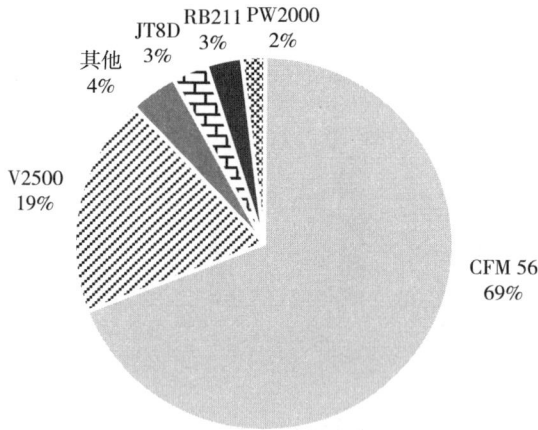

资料来源：作者于 2018 年 4 月使用 FlightGlobal 的数据绘制。

图 14.3　发动机 OEM 窄体机市场份额

在本节中，我们将详细介绍一些常用发动机在窄体机市场中的研发和使用情况。

CFM56——CFM 国际

CFM 国际的 CFM56 是一种高涵道比涡扇发动机。发动机的 LPC、燃烧室和 HPT 均由 GE 制造，而进气风扇、变速箱、排气和 LPT 则由赛峰斯奈克玛制造。CFM 国际是波音 737 的独家供应商，而 A320 家族的运营商可以在 CFM56 和 IAE 生产的 V2500 之间进行选择。

CFM56 – 5 系列是专门为空客飞机设计的。在这个系列中有三个不同的子变体：5A、5B 和 5C。5A 系列最初是为中短程 A320 系列设计的，而 5C 是为空客的远程 A340 设计的。5C 是 CFM56 系列中推力最高的发动机。

5B 是 5A 的改进版，是空客最常用的发动机。事实上，目前空客飞机上安装的 CFM56 – 5B 系列发动机已超过 3000 台。截至 2017 年，在全球运营的所有 A320 飞机中，装备 5B 发动机的飞机约为 60%。此外，在 5B 系列中有 9 个变体，范围从 5B1 到 5B9。最近，该公司还开始开发第 10 种变体，即 CFM56 – 5BX/3。这是性能改进计划的一部分，旨在制定技术标准，将燃油效率提高 0.5%，并将维护成本降低 1%。

接下来是 CFM56 – 7B，它是波音 NG 窄体飞机的独家发动机，也是商用航空领域最畅销的机型之一。截至 2017 年 11 月，全球 B737 上使用的 CFM56 – 7B 发动机超过 8000 台，其中一半装备在 737 – 800 飞机上。这一成功部分是因为 CFM 是波音 737NG 飞机的唯一发动机供应商，同时也因为发动机的可靠性、可修复性和耐久性。

与 5B 系列一样，7B 系列也有五种变体：7B20、7B22、7B24、7B26 和 7B27。最后两位数字表示推力额定值，单位为千磅。还有一些子变量用后缀表示，代表新技术或升级功能。例如，您可能会发现一个名为 CFM56 – 7B27/2 的引擎模型。"/2"意味着该发动机配备了一个双环燃烧室，可将排放量降低 40%。

CFM 还为 CFM56 – 7B 研发了一些改进型号，例如技术植入和演进。技术植入可将发动机的燃油效率提高 1%，排气温度（EGT）边界提高 10 度。这是通过升级高压和低压涡轮部件并重新设计高压燃烧室叶片实现的。按照技术植入标准制造的发动机将以"/3"后缀表示。

表 14.4 展示了 CFM56 发动机系列的概要，包括推力额定值、旁路比和每个变量的应用。

表 14.4　　　　　　　　空客和波音飞机 CFM56 规格

家族	模型	推力/磅	旁路比	适用机型
CFM56 – 5	CFM56 – 5B3	33000	5.4	A321
	CFM56 – 5C2	31200	6.6	A340 – 200/ – 300
	CFM56 – 5B2	31000	5.5	A321
	CFM56 – 5B1	30000	5.5	A321
	CFM56 – 5B4	27000	5.7	A320
	CFM56 – 5A3	26500	6	A320
	CFM56 – 5A1	25000	6	A320
	CFM56 – 5B5	22000	6	A319
CFM56 – 7	CFM56 – 7B27	27300	5.1	B737 – 800/ – 900/BBJ
	CFM56 – 7B26	26300	5.1	B737 – 700/ – 800/ – 900
	CFM56 – 7B24	24200	5.3	B737 – 700/ – 800/ – 900
	CFM56 – 7B22	22700	5.3	B737 – 600/ – 700
	CFM56 – 7B20	20600	5.5	B737 – 600/ – 700
	CFM56 – 7B18	19500	5.5	B737 – 600

资料来源：CFM International (2017)。

总的来说，CFM56 – 5B 和 – 7B 的市场需求相对稳定，尽管随着返厂维修数量的增加，这一需求可能会增加。目前 CFM56 – 5B 和 – 7B 的市场价格在 350 万~700 万美元，租金率在 45000~76000 美元（飞机商务，2016）。

V2500——国际航空发动机

IAE V2500 是装配在空客 319、320 和 321 机型上的高涵道比涡轮风扇发动机。它还被选中为波音 MD – 90 和巴西航空工业公司 KC390 提供动力。

V2500 – A5 系列是由 V2500 – A1 系列开发而成，于 1993 年开始使用。A1 系列的主要缺点是排气温度边界相对较低。发动机对 A321 的适应性较差，因此需要更高的推力设置。在开发 A5 系列时，IAE 采用了更宽的机芯直径和无罩风扇叶片，以提高效率并降低异物损坏（FOD）的风险［国际航空发动机（IAE），2017］。发动机还增加了一个额外的 LPC 组件，以提高排气温度边界。

与 CFM56 - 5B 和 - 7B 一样，V2500 - A5 系列有几个子型号，以满足不同的改进标准。最新的升级版本是 V2500 - A5 SelectTwo，大大减少了燃油消耗。

目前已有某些适航指令（ADs）和服务公告对 V2500 - A5 系列产生了影响，包括在 HPT 轮毂的 3 号轴承和 HPC 3 - 10 鼓上的一些制造缺陷。这导致发动机需更频繁返厂维修以及更换 LLP 和零件，不仅影响在役发动机的运营，而且也会延迟 IAE 生产交付新发动机的时间。备用 V2500 - A5 发动机需求因此大幅增加，租金率的溢价也大幅上升。目前，V2500 - A5 系列的市场非常活跃，尤其是高推力版本。V2500 - A5 系列发动机的市场价格从 420 万 ~ 730 万美元不等，而租金率在 50000 ~ 90000 美元（飞机商务，2016）。

世界各地在役飞机上安装了 2800 多台 V2500 - A5 系列发动机，其中一半为 A320。V2500 - A5 系列有五个主要变型：V2522 - A5、V2524 - A5、V2527 - A5、V2530 - A5 和 V2533 - A5。型号数字表示发动机的起飞推力，范围从 22000 ~ 33000 磅。例如，V2522 - A5 上的推力为 22000 磅。同样，V2527 - A5 上的推力为 26400 磅。V2527 - A5 是 A320 飞机的唯一选择，而 A321 可选择 V2530 - A5 或 V2533 - A5。IAE 为 A319 提供了多种选择，包括 V2522 - A5、V2524 - A5 和 V2527 - A5（见表 14.5）。

表 14.5　　　空客和麦克唐纳·道格拉斯的 V2500 发动机规格

系列	型号	推力（磅）	涵道比	适用机身型号
V2500	V2533 - A5	33000	4.5	A321
	V2530 - A5	31300	4.6	A321
	V2528 - D5	27800	4.7	MD90
	V2527 - A5	26400	4.8	A320
	V2500 - A1	25000	5.4	A320
	V2525 - D5	25000	4.8	MD90
	V2524 - A5	24000	4.9	A319
	V2522 - A5	22000	4.9	A319

资料来源：国际航空发动机（IAE，2017）。

窄体机市场展望

窄体机市场的价值和规模仍然是最大的。空客推出 A320neo 后，波音公司推出了 737Max 系列与之竞争，首架 B737Max 于 2017 年交付。发动机的情况类似，为保持在竞争中的领先地位，制造商正在研发不同型号发动机。

CFM 国际公司的 Leap 发动机是一种高涵道比涡扇发动机，根据机身的不同，其推力范围在 23000 ~ 30000 磅。与当前的 CFM56 系列相比，该发动机的燃油消耗降低了 15%。Leap 的产量增长与 2017—2018 年 B737 Max 和 2016—2017 年 A320neo 家族的产量增长同步。它还被中国商飞 C919 选中（CFM 国际，2017）。

波音主力 737Max 飞机将由 LEAP – 1B 为其提供动力，但空客的 A320neo 可选择由 CFM 的 LEAP – 1A 或 P&W 的 PW1100G – JM 为其提供动力。PW1000G 系列是另一种高旁路涡轮风扇发动机，旨在提高燃油效率。P&W 表示燃油消耗减少了 16%，并计划在 2019 年前再减少 2%。PW1500G 被选为 A220、MRJ、巴西航空工业公司第二代 E2 喷气式飞机的专用发动机，以及伊尔库特 MS – 21 的可选发动机。

出租人的选择

空客从 60 家航空公司和出租人那里收到了 4502 份确认订单，其中 63% 的公司已经宣布了它们选择的发动机。LEAP – 1A 拥有 54% 的市场份额，而 PW1100G – JM 拥有 46% 的市场份额。出租人是 neo 客户群的重要组成部分，对新窄体机发动机的成功至关重要。根据 FlightGlobal 2016 年的机队分析数据库，11 个出租人占 984 个 neo 订单的 22%。截至 2016 年，neo 客户中，34% 选择了 LEAP – 1A，28% 选择了 PW11000G – JM，38% 尚未决定。

与机身租赁一样，多样化是发动机租赁的常见策略。许多出租人正从不同的制造商订购多种发动机，以满足窄体机市场不断增长的需求，并最大限度地提高其投资组合的流动性。

宽体发动机市场

宽体飞机的发动机市场比窄体飞机的发动机市场更加多样化。当谈到长途喷气式飞机的动力时，主要参与者是 RR、GE 和 P&W，如表 14.6 所示。请注意，虽然 CFM International 和 EA 也在这一细分市场中制造发动机，但它们的规模要小得多。

表 14.6　　　　　　　　　　宽体机市场发动机原始设备制造商

原始设备制造商	B747	B767	B777	B787	A330	A340	A350	A380
RR	×		×	×	×	×	×	×
P&W	×	×	×		×			
GE	×	×	×	×	×			
CFM						×		
IAE								
EA								×

注：RR，罗尔斯—罗伊斯；P&W，普惠；GE，通用电气；IAE，国际航空发动机协会；EA，发动机联盟。

资料来源：FlightGlobal（2016）。

从图 14.4 中，我们看到一半的宽体商用喷气机由 Trent（RR）或 CF6（GE）提供动力。在本节中，我们将详细介绍这些发动机和其他发动机在宽体市场中的开发和应用。

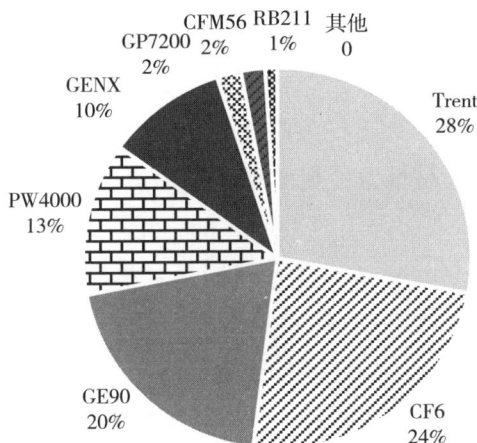

资料来源：作者于 2018 年 4 月使用 FlightGlobal 的数据绘制。

图 14.4　发动机 OEM 宽体机市场份额

CF6——通用电气

CF6 是一系列高涵道比涡扇发动机。发动机的推力范围在 41500 ~ 69800 磅，为长距离飞行的宽体飞机提供动力。例如，澳航在 B747 - 400 上使用四个 CF6 引擎，从达拉斯飞往悉尼的 15 小时航线是世界上最长的直达航班之一。

表 14.7 详细说明了 CF6 系列的规格。它最初于 1971 年在 DC - 10 上投入使用，是通用电气为商用飞机研发的第一台主要涡轮风扇发动机。目前，CF6 为 B747、B767、A300、A310、A330、DC - 10 和 MD - 11 提供动力。CF6 - 80C 和 - 80E 在机队中装备较多，而 CF6 - 50 和 CF6 - 80A 正逐步退出市场。

表 14.7　　　　　　　　　　　　CF6 发动机型号规格

系列	型号	推力（磅）	涵道比	适用机身型号
CF6	CF6 - 80	48000 ~ 69800	5.2	B767, A310, B747, MD - 11, A330
	CF6 - 50	51500 ~ 54000	4.2	DC - 10, B747, A300
	CF6 - 6	41500	5.2	DC - 10

资料来源：通用航空（2017）。

GE90——通用电气

GE90 是通用航空、日本 IHI 和意大利 Fiatavio 共同推出的发动机产品。该发动机专为波音 777 设计，并于 1995 年问世。GE90 的推力等级从 74000 ~ 115000 磅不等，为飞行某些长航线的飞机提供动力。

GE90 不仅被认为是推力最高的宽体发动机之一，也是最省油的发动机之一。回想一下我们之前关于风扇叶片的讨论。发动机生产中使用的材料对性能有很大影响，GE90 是第一台采用复合材料风扇叶片的发动机（GE 航空，2017）。这有助于将油耗降低 5% ~ 6% 并将氮氧化物排放量降低 33%。发动机的运转也比同类发动机型安静。

表 14.8 详细说明了 GE90 系列的两个主要变型（GE90 - 94B 和 GE90 - 115B）的规格。再次注意，最后 2 位或 3 位数字表示推力，分别为 93700 磅和 115300 磅。波音 777 一度是最畅销的远程大型宽体飞机。2007 年，空客的 350 XWB 和波音的 787 梦幻客机成为了 B777 的替代品。因此，为了使

777 更吸引客户，波音公司开发了 777 – 300ER，它提供了 300 型的载客量和 200ER 型的航程，最大零燃油重量增加 5000 磅和推力提高 1% ~2.5%，以增加在高海拔区起飞重量。777 – 300ER 是 777 家族中最常见也是最成功的子型号之一。FlightGlobal 称，截至 2018 年 4 月，共有 757 架 777 – 300ER 在役，全部配备 GE90 – 115B，其中 80% 的 777 在役发动机由 GE90 提供动力。GE90 也是最昂贵的发动机。2016 年，GE90 – 115B 的市场价值在 2050 万 ~2290 万美元。租金率从 21 万 ~26 万美元不等。

表 14.8   **GE90 发动机型号规格**

系列	型号	推力（磅）	涵道比	适用机身型号
GE90	GE90 – 94B	93700	8.4	B777 – 200，B777 – 200ER
	GE90 – 115B	115300	9	B777 – 200LR，B777 – 300ER

资料来源：通用航空（2017）。

GEnx——通用电气公司

GEnx 是一款高涵道比涡轮风扇发动机，旨在取代 CF6。今天，它是商业航空史上最畅销的高推力发动机，共有两种型号。GEnx – 1B 用于 B787 – 8、B787 – 9、B787 – 10，而 GEnx – 2B 用于 B747 – 8 洲际飞机和货机（见表 14.9）。

表 14.9   **GEnx 发动机型号规格**

系列	型号系列	起飞推力（磅）	涵道比	适用机身型号
GEnx	GEnx – 1B	69800 ~74100	7.9 ~8.3（爬升顶部）	B787 – 8，B787 – 9，B787 – 10
	GEnx – 2B	66500	7.4	B747 – 8

资料来源：通用航空（2017）。

与 GE90 一样，GEnx 在风扇叶片中加入了碳纤维复合材料，以减轻重量并提高燃油效率。LPT 同样采用钛铝合金叶片，进一步降低发动机总重量（GE 航空，2017）。与 CF6 相比，这一系列可节省 15% 的燃油，在翼时间延长 30%。GEnx 使用的零部件数量减少 30%，这将极大影响航空公司和出租人的维护成本。根据 FlightGlobal 的数据，GEnx 系列的排放量最高也不超过监管要求的95%。

就价格而言，目前 GEnx – 1B 系列发动机市场价格从 1620 万 ~ 1820 万美元不等，租金率介于 21 万 ~ 28 万美元。[①]

GE9X——通用电气

波音公司称，777X 将是世界上最大、效率最高的双引擎飞机。这架全新客机建立在 777 和 787 系列的成功基础上，将由全新的 GE9X 发动机提供动力。通用电气认为，GE9X 将是通用电气有史以来生产的每磅推力最省油的喷气发动机。它可达到大约 10∶1 的涵道比、60∶1 的总压比和 8 – db 的 5 级噪声限值。发动机的推力等级为 100000 磅，最大的前风扇直径为 134 英寸（通用航空，2017）。GE9X 发动机的认证测试于 2017 年 5 月开始，飞行测试于 2018 年 3 月开始，预计将于 2019 年进行认证。截至 2018 年 3 月，GE 宣布获得了近 700 个 GE9X 订单（通用航空，2017）。

PW4000——普惠公司

普惠的 PW4000 系列是另一系列高涵道比涡扇发动机，推力范围为 52000 ~ 99040 磅。PW4000 是在 JT9D 系列发动机的基础上发展而来，被认为是现在市场上最成熟的产品之一。它还以卓越的性能持久性、灵活性和较长在翼时间而著称（Pratt&Whitney，2017）。

今天，PW4000 为 A300、A330、B747 – 400、B767 和 B777 飞机提供动力。此外，根据风扇叶片尖端直径不同，该系列包括三个子系列：94 – 、100 – 和 112 – 。94 系列发动机用于 B747 – 400 和 B767 – 200/300，有 11 种不同型号，从 PW4052 到 PW4462。100 – 系列是专门为空客 A330 开发的，推力为 64500 到 70000 磅。100 – 系列有 3 种不同型号：PW4164/68/68A – 1D、PW4168A 和 PW4170。最后，112 – 系列用于 B777 – 200/200ER 和 B777 – 300。112 – 系列也有 3 种不同型号：PW4074/74D/77/77D、PW4084D/90/90 – 3 和 PW4090/90 – 3。112 – 系列是普惠最大的商用喷气发动机，推力高达 98000 磅（见表 14.10）。

---

① myairlease. com，2017 – 07.

表 14. 10　　　　　　　　　　　**PW4000 发动机型号规格**

系列	型号（英寸）	起飞推力（磅）	涵道比	适用机身型号
PW4000	94	52000 ~ 62000	4. 8 ~ 5. 0	B747，B767，747，MD – 11，A300，A310
	100	64500 ~ 70000	5. 0	A330 – 200，A330 – 300
	112	74000 ~ 98000	5. 8 – 1 ~ 6. 4 – 1	B777 – 200，B777 – 200/ER，B777 – 300

资料来源：普惠公司（2017）。

　　PW4000 系列是 B777 – 200 的主流发动机，但仅为 20% 的 B777 – 200ER 提供动力。根据 FlightGlobal，2018 年 4 月 PW4000 装备在超过 820 架飞机上。目前，半寿 PW4000 系列发动机的市场价格从 250 万 ~ 990 万美元不等，租金率则在 40000 ~ 160000 美元。其中，PW4090 的租金最高。[①]

　　Trent——罗尔斯—罗伊斯

　　来自 RR 的 Trent 系列是在 RB211 基础上发展而来。它包括不同版本的三转子高涵道比涡轮风扇发动机，推力范围 53000 ~ 95000 磅，涵道比高达 10. 1。三转子发动机在中远程发动机上很常见，与双转子发动机相比，它们具有更粗的轴和强化的叶片，可提高性能和效率。起飞时，波音 787 梦想客机上的两台 Trent 1000 发动机能够提供 150000 磅的总推力，相当于大约 1500 辆活塞动力汽车的功率。叶片本身的旋转速度超过 900 英里/小时（罗尔斯—罗伊斯，2017）。

　　Trent 发动机安装在 A330、A340、A380 和 A350XWB 以及 B777 和 B787 上。Trent 有不同型号，包括 500、700、800、900、1000、XWB，最近还有 7000。Trent XWB 是专为 A350XWB 设计的，空客计划用 A350XWB 取代 A340，并与波音的梦想客机和 B777 竞争。XWB 发动机有 3 种型号，有 3 种不同的额定推力：XWB – 75、XWB – 79（A350 – 800）、XWB – 84（A350 – 900）和 XWB – 97（A350 – 1000）。XWB 的优点是燃油效率提高 15%，二氧化碳排放量降低 20%，氮氧化物排放量降低 60%。

　　2014 年，RR 推出了另一款发动机 Trent 7000。这是为了与通用电气竞

①　myairlease. com，2017 – 07.

争，争夺 B787 的市场份额，Trent 7000 发动机比通用电气的 GEnx 发动机油耗低 3%，此外，Trent 7000 是 A330neo 的专用发动机。

宽体机市场展望

尽管飞机和发动机市场的增长前景依然强劲，但近 70% 的新交付飞机是窄体机及其配套发动机。这主要是由于低成本航空公司的快速增长。2017 年，行业预测到 2036 年将有近 30000 架窄体客机交付，而宽体客机的预计交付量为 9100 架（波音公司，2017）。

既然我们已经详细介绍了市场上的主要发动机型号，我们就从发动机出厂之后说起。以下部分，我们将介绍发动机的关键部件和维修间隔以及出租人需要了解的发动机维护情况。

发动机维修

发动机维修计划由飞行循环数（FCS）、飞行小时数（FHS）或日历月构成。一般来说，对发动机进行定期检查和日常维修的主要目的有三类：

- 维持飞机运营以保证收入
- 减少发动机衰减以保值
- 满足最低监管标准

发动机工作参数

回顾我们对飞机发动机的介绍，原始设备制造商生产的涡扇发动机组件都需在特定参数内工作。维修本质上是维持上述工作参数。因此，可使用以下指标诊断和分析发动机整体健康状况：

发动机涵道比——流经核心机周围的气体质量与流经核心机的气体质量的比例。与之相反的是核心比。在较新的涡轮风扇发动机中，旁路空气提供大部分的推力。因此，高涵道比意味着高推力，且高涵道比发动机比低涵道比发动机效率更高。此外，涵道比越高，进气风扇越大。

N1 转速（风扇转速）——风扇转速与设计转速之比（RPM）。N1 转速波动可能是发动机停车的迹象。N1 速度低可能是熄火的迹象（Ackert，

2011）。

发动机压缩比（EPR）——输出端（排气口）总压力与进气端（进气风扇）总压力之比。换句话说，EPR 是整台发动机的压缩比。一般来说，高 EPR 意味着效率更高，但有些发动机制造商也用 EPR 衡量发动机推力。

EGT——在排气口测量的温度。EGT 用来衡量发动机相对于设计工况的工作效率。换句话说，EGT 越高表明磨损和衰减对发动机部件寿命和性能的影响越大。高 EGT 也可能是发动机衰减的直接迹象。

EGT 裕度——起飞时发动机峰值 EGT 和最高限值之差。EGT 裕度用于评估和跟踪发动机的健康状况。因此，当发动机是全新的或性能恢复时，裕度值最高。注意，EGT 裕度对外界空气温度（OAT）的变化特别敏感。随着 OAT 的增加，推力设置不变，EGT 也会增加。见表 14.11 中的示例。

维修轻微损坏和进行预防维护常在基地进行，这被称为在翼维修。但对重大损坏或完整性能恢复，必须将发动机拆下送至发动机维修厂进行检查和维修。这一过程被称为离翼维护或返厂维修。

表 14.11　　　　　　　　　CFM56－3 EGT 裕度表

CFM56－3 推力为 235000 磅 标准 EGT 裕度 = 30℃		标准 EGT 裕度 = 30℃		
OAT（℃）	0	10	20	30	40
可用 EGT 裕度（℃）	126	94	62	30	0

注：OAT，外界空气温度；EGT，排气温度。

资料来源：飞机商业（2006）。

在翼维修

在翼发动机维修也被称为航线维护，重点是监测发动机物理状态。例如，RRTrent 发动机中安装了传感器，用于远程检测发动机状态和关键参数，如 EGT、EGT 裕度、N1 转速、压缩比、RPM 等。这些数据从空中即时传输到地面控制中心，然后自动上传到 RR AeroManager 网站。航空公司可以通过网站轻松查看整个机队发动机的健康状况。

另一个用于在翼维修的关键工具是孔探。每个孔探设备都配有摄像头和柔性线缆，机械师可借助孔探设备检查发动机内部，这些区域在不拆卸发动机的情况下通常无法进入。孔探通常用于检查发动机的不同组件是否有缺陷、裂纹、烧坏或异物损坏（FOD）。

飞机维修成本占航空公司运营成本的10%～15%。其中，每年维修成本的35%～45%是因计划维修产生的。换句话说，这是达到特定发动机小时数、发动机循环和/或日历月后应完成的标准维修工作。维修成本的60%～70%通常与故障维修及相应材料成本有关。

离翼维修

如前所述，离翼发动机维修指发动机返厂维修（ESV）。以下是需要拆下发动机进行返厂维修的主要原因：

1. EGT 裕度衰减；

2. LLP 达到使用寿命；

3. 孔探检查失败；

4. 发动机振动。

EGT 裕度衰减

随着发动机使用衰减，EGT 裕度将减小，直到变为零。如图 14.5 所示，EGT 红线温度是一种警告，表明高于该温度就可能导致故障。EGT 裕度衰减是由于压气机和涡轮叶片逐渐磨损造成的。即使经过全面性能恢复，修理后发动机的 EGT 裕度也不会恢复到初始值。理想情况下，一次大修最多可将发动机 EGT 裕度恢复至初始的 70%～80%。EGT 裕度值可持续监控，因此可据此计算 EGT 裕度衰减率，甚至可预测下一次返厂维修时间。因此，航空公司经常对发动机进行定期维修，以避免故障损坏加速（Ackert，2011）。

LLP 包括发动机转子和主要静态结构部件，或在持续适航说明的适航限制中确定为 LLP 的部件。这些部件都在监管机构批准的制造商维修手册中列明。使用寿命由原始设备制造商规定，以飞行循环上限为准。通常，航

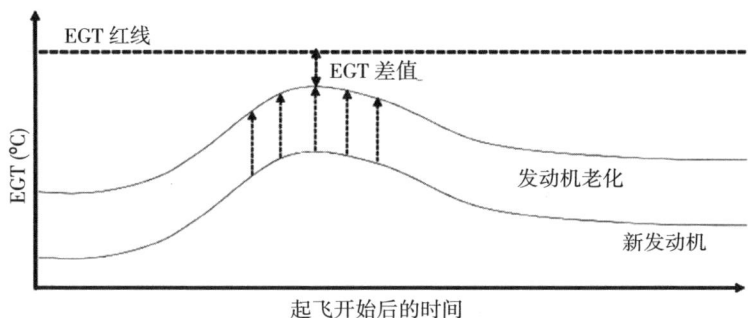

图 14.5　EGT 裕度衰减

空公司在 LLP 达到 90%~95% 的剩余寿命（未使用寿命）时选择拆下发动机维修。如 LLP 的发动机剩余寿命为 10000 FC，那发动机飞行循环达到 9000~9500FC 时，将被拆下飞机并送至维修厂。表 14.12 展示了如何计算 CFM 55-3 发动机上 LLP 的 10% 剩余寿命。

表 14.12　　　　　　　 **CFM56 -3 发动机的 LLP 剩余寿命率计算**

	LLP	飞行循环限制	成本（美元）	美元每飞行循环	10%剩余寿命（美元）
1	风扇和增压模块	30000	305000	10.16	11.29
2					
3					
4	低压涡轮机（LPT）	25000	485000	19.40	21.56
5					
6					
7					
8					
9					
10					
11	高压压气机和涡轮	20000	755000	37.75	41.95
12					
13					
14					

续表

	LLP	飞行循环限制	成本（美元）	美元每飞行循环	10%剩余寿命（美元）
15					
16					
17					
18					
19					
	总成本		1545000	67.31	74.80

注：10%的剩余寿命率＝成本/（90%×FC限制）。

不幸的是，LLP的更换成本相对较高。以CFM 56 – 3为例，它包含19个LLP，其中3个在风扇和增压模块上，7个在LPT转子模块上，9个在HPT转子模块上。CFM 56 – 3替换LLP的零件成本约为1500000美元（Ackert，2011）。但是，如果剩余寿命（绿色时间）符合租约的最低要求，则可使用经认证适航的旧零件代替新零件进行更换。

硬件衰减

所有发动机部件都会衰减。因此，融资方和运营商应该知道，每个部件都有一个预期失效的时间。常见的衰减原因包括低循环和高循环疲劳、热机效应和元素腐蚀。

其他拆卸原因

举个例子，为修复因鸟撞击引起的外来物损坏或如油耗过高或振动过度等其他故障，都需要将发动机拆下返厂维修。有时，根据适航指令要求，发动机使用一定时间需要强制拆下返厂维修，即使发动机没有其他故障。

返修率

返修率是衡量发动机整体可靠性的重要性能指标。航空公司、发动机出租人甚至原始设备制造商都使用这一指标。从航空公司的角度来看，返修率是预测机队所需备用发动机数量的关键工具。如果知道返厂维修周转时间，航空公司可以使用返修率最大限度地提高发动机使用率，避免影响飞机日常运营。同样，从出租方的角度来看，获取返修率是预测需求的关键因素。注意，发动机制造商通常对设备可靠性有一定保证。换言之，即使超过了首次保修期限，运营商（和出租人）也可以就额外的返厂维修成本向制造商追偿。以下是购买协议中的条款示例：

原始设备制造商向运营商保证，从发动机装备上飞机进行首次商业运行开始至保修期结束，发动机每 1000 有效飞行小时的返修率累计将不超过保证的［＊＊＊＊］。根据本保证，若发动机返修率累计超过保证值，发动机原始设备制造商将为超过保证返修率之外的每次适用的发动机返厂维修向运营商赔偿［＊＊＊＊］美元。

资料来源：Ackert（2015）。

通常，SVR 测量时间为 12 个月，已获得累计数据。SVR 的公式是

$$SVR = \frac{期间内的返厂维修次数 \times 1000}{期间内发动机小时数}$$

返厂维修次数指为维修而拆下发动机的次数。

表 14.13　　　　　　　　　　　　SVR 计算

机队	在翼时间	拆卸
1 号发动机	18500 FH	×
2 号发动机	18900 FH	
3 号发动机	21000 FH	×
4 号发动机	20010 FH	
5 号发动机	19305 FH	
6 号发动机	19605 FH	
7 号发动机	20300 FH	×

另一种测量发动机可靠性的方法是平均拆卸间隔时间（MTBR）。MTBR 是总 SVR 的倒数：

$$MTBR = \frac{期间内发动机工作小时数}{期间内发动机拆卸次数}$$

航空公司和出租人通常对整个机队的发动机可靠性进行衡量。举例来说，假设 A 公司拥有和租有表 14.13 中列出的 7 台发动机。在给定的 12 个月期间，每台发动机的飞行时间都不同。此外，有几台发动机在一年中被拆下进行维护。

上述发动机组的 SVR 计算如下：

$$SVR = 3 \times 1000 \div (18500 + 18900 + 21000 + 20010 +$$
$$19305 + 19605 + 20030) = 0.0218$$

同样，MTBR 的计算方法如下：

$$MTBR = (18500 + 21000 + 20300) \div 3 = 19933$$

一台普通窄体飞机发动机在使用寿命内需三次返厂维修进行性能恢复（见图 14.6）。第一次返厂维修通常发生在 10000 ~ 12000 飞行循环。第一次性能恢复后的 6000 ~ 8000 飞行循环，需要进行第二次返厂维修。最后，再经过 5000 ~ 7000 飞行循环进行三次返厂维修。

最后一次返厂维修的飞行循环间隔最短。发动机越旧，越容易衰减。这就是需要对老旧发动机增加检测频率的原因。此外，随着发动机的使用，SVR 逐渐稳定并更加精确。术语"稳定"最终意味着 SVR 率逐渐与平均在翼时间保持一致（Ackert，2015）。

需要特别注意的是通常有两个返修率——计划发动机拆修率（SER）和非计划发动机返修率（UER）。一般来说，定期拆卸发动机有三个主要原因：

1. 强制更换 LLP；
2. 满足 AD；
3. 性能恢复。

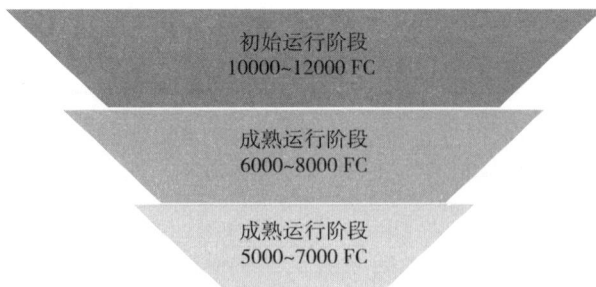

初始运行阶段
10000~12000 FC

成熟运行阶段
6000~8000 FC

成熟运行阶段
5000~7000 FC

图 14.6　发动机生命周期

返修率用来衡量特定型号发动机拆下进行维修的频率。返修率通常在原始设备制造商维护手册中有详细说明，故运营商和融资方可提前规划，尽量减少中断飞机运营。

非计划发动机返修率衡量在达到正常的维修间隔之前，发动机拆下维修或翻修的频率。这种情况通常是因发动机发生意外异常对运营造成风险所致。因此，当非计划发动机翻修率增加时，会对运营可靠性产生较大负面影响。当发动机 OEM 发布产品改进服务包或更新维修流程时，非计划发动机返修率会捕捉到上述变化的影响。

制造商许可件

作为维修部分的最后一点，出租人、运营商和技术人员必须了解某些规定。监管机构不仅对飞机部件何时更换有强制要求，还对这些部件的生产来源有强制要求。总的来说，所有更换的零件都必须经过认证，但零件不必直接来自原始设备制造商。另一种方式是由原始制造商的监管机构（FAA 或 EASA）向第三方制造商授予零件制造商许可（PMA）。

2001 年经济衰退期间航空公司营业收入大幅下降，为了削减运营成本，航空公司广泛接受使用 PMA 部件（尽管出租人并不接受）。从那时起，随着更多类 PMA 部件被授权生产，PMA 部件越来越普遍。然而，PMA 审批也越来越困难，因为 PMA 制造商必须证明自己生产的部件与 OEM 生产的部件相同甚至更好。根据 FAA（2008）特别适航信息公告，所有 PMA 申请人必须通过以下两种方式之一证明部件设计符合相应适航标准：（1）表明该 PMA 部件设计与型号证书中的部件设计相同，或（2）通过试验和计算，证明 PMA 部件设计满足原部件的适航性要求。[①]

补充型号合格证（STC）是由监管机构对飞机偏离原型号合格证（TC）的许可。补充型号合格证在引用原始型号合格证的基础上许可进行改装及改装如何影响原始设计。为确保补充型号合格证安全地适用该产品，美国联邦航空局将决定是否需要额外的许可、限制或其他条件。

历史上，原始设备制造商利润很高，这为 PMA 生产商创造了定价空间，它们可以承担对 OEM 部件逆向工程和维持许可的成本并仍以折扣价

---

① 联邦航空局，2008 年；第 1 章，图 14.1。

销售。PMA 制造商表示它们的产品比原始设备制造商的产品便宜 30% ~ 50%。为了反驳这一说法，原始设备制造商认为坚持使用 OEM 部件从长远看会成本更低，因为一旦制造工艺与原始部件不同，PMA 部件可能会带来安全风险。最近，一些 PMA 制造商已经瞄准了 CFM56，因为该发动机交付数量很大。

原始设备制造商一直在努力通过以下方法维持其在备件市场的份额：

- 长期服务协议；
- 性能更好、科技含量更高的发动机，零件难以复制；
- 质保因使用 PMA 部件而失效。

尽管如此，PMA 市场仍存在一定不确定性，特别是在 FAA 发布关于全球资质和影响发动机硬件的新监管要求下。此外，如果航空公司使用 PMA 部件，发动机出租人出租装有 PMA 部件发动机的能力以及发动机的再出售价值都会受到影响。

发动机经济因素

除了维修以外，还有很多经济因素会影响发动机价值。正如我们前面所讨论的，稳定的发动机需要更详细的监控，技术也逐渐过时。一般我们可以根据发动机的年龄和生命周期将其分为新、稳定或老旧三类。表 14.14 显示了这些不同阶段对发动机价值的影响。

发动机以上不同阶段各有成本优势和劣势。如像 CFM56 - 3 和 CF650 这样的老旧发动机生命周期即将结束，因此市场上可用材料和发动机型号很可能供应充足，委任工程代表（DER）维修和 PMA 零件供应也一样。但是，维修工作将从制造商指定的维护、修理和大修商（MRO）转移到小型独立且以老旧发动机维修为主的专业机构。最后，发动机的租金率和残值相对较低，尤其是在燃油价格较高的情况下。这就是为什么许多低成本航空公司，特别是发展中国家的低成本航空公司喜欢运营老旧飞机的原因。

表 14. 14 发动机经济寿命周期

项目	新发动机	稳定发动机	老旧发动机
需求	高	替代技术的兴起；子机队转移到二级运营商	低；因技术被取代而停产
维修要求	状况良好，且在保修期内；无须返厂维修	安装在机翼上；需要性能恢复	维修计划对适航性至关重要
备用发动机需求	低；随着车间参观的增加略有增加	增加以覆盖大修和机队转换	对具有绿色时间发动机需求高，避免维护
备用发动机可获得性	有限	活跃的交易市场	飞机拆解增加，发动机供应增加
发动机价值	原始设备制造商逐年提高新价格；无溢价	少许折旧；维修状态是主要因素	呈指数递减；由"绿色时间"或由拆解决定

资料来源：美国美林银行（2015）。

现在，考虑 2017 年几种发动机型号的生命周期。如表 14.15 所示，与生命周期即将结束的 JT8D 相比，新的 LEAP 系列发动机融资成本较高，二手零件供应较少。但要注意，新型发动机的燃油效率要高得多，这一直是飞机发动机发展中的关键技术因素（见表 14.14 和表 14.15）。

表 14. 15 发动机型号和不同的寿命周期

项目	新发动机	稳定发动机	老旧发动机
代表性发动机	NB：LEAP – 1A/PW1000G WB：GE90nx, T1000	NB：CFM56 – 7/V2500 – A5 WB：PW4000 – 94	NB：JT8D/CFM56 – 3 WB：JT9D/ CF6 – 50
融资/租赁成本	高	中	低
维修成本	中	高	低
燃油效率	高	中	低
MRO 竞争	高	中	低
DER/PMA 可获得性	低	中	高
供应/已用零件	稀有	中	高
主要关注点	购置成本	MRO 成本	燃油消耗

AviTrader 称，新技术发动机的市场份额从 2000 年的 11% 上升到 2010 年底的 47%。在这段时间里，即使有些发动机的技术寿命还未结束，这些老旧发动机要么封存在机库中，要么送到发动机拆解厂。根据德国 MTU 维修公司的数据，"航空公司已经从最近的经济衰退中走出来了……比以往任何时候都更加注重效率，高油价意味着燃油消耗占直接运营成本（Doc）的比例比过去高得多，而对于搭载低燃油效率发动机的老旧飞机来说，这一比例更高"（AviTrader，2011）。这在今天是正确的，也是为什么发动机技术生命周期可能与其经济生命周期不匹配的原因。

残值

对发动机租赁的一个常见误解是，发动机租赁市场比飞机租赁市场小。恰恰相反，根据 ICF International（2015），全球商用飞机机队总价值约为 6000 亿美元，其中 2580 亿美元为租赁飞机，3520 亿美元为航空公司自有飞机（见图 14.7）。同样，备用发动机的总市值约为 290 亿美元，其中 100 亿美元为租赁发动机。但当我们把飞机市场价值分为机身价值和发动机价值时，上述情景会发生变化（见图 14.8）。由此可见，发动机市场的规模几乎占整个市场的 40%。

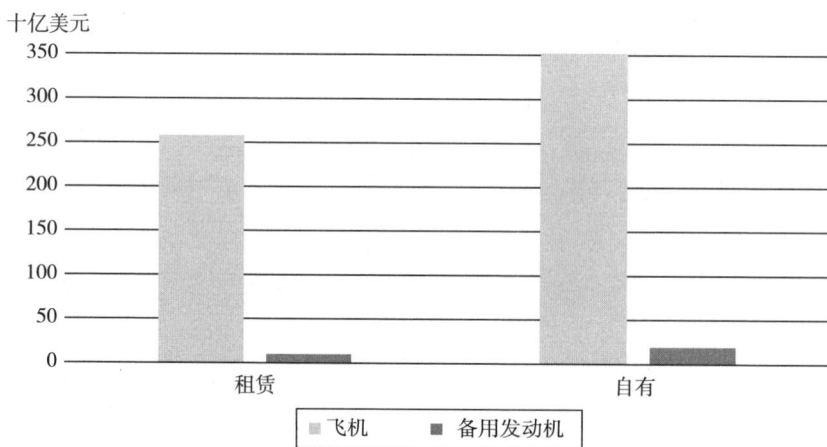

图 14.7 商用飞机和备用发动机的总市场价值

在价值方面，发动机价值曲线与机身价值曲线有很大不同。例如，一台 5 年的发动机与一台 25 年的发动机在维修状态相似时发动机价值相同，而一架 25 年的飞机机身只有其原始价值的 10%～20%。原因是发动机可以反复恢复到接近新出厂状态。而机身是一项不断贬值的资产，在正常使用寿命（通常为 25 年）中持续贬值（见图 14.9 和图 14.10）。

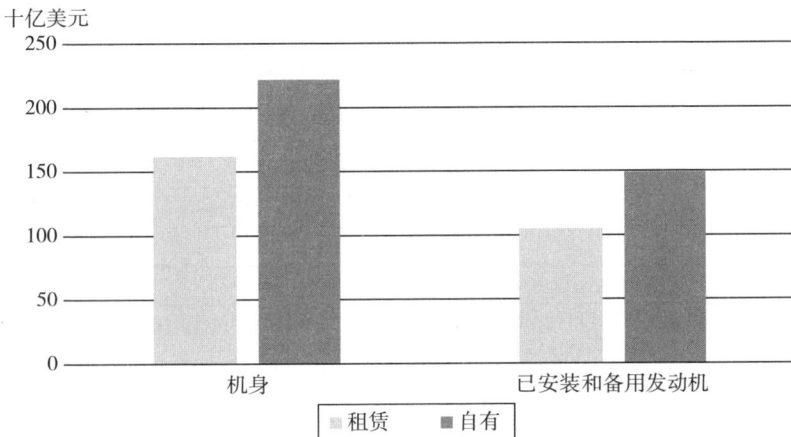

十亿美元

图 14.8 商用机身和已安装/备用发动机的价值

如前所述，假设发动机维修状态良好，发动机价值是稳定的。若维修状态差，发动机在租赁或使用寿命结束时可能会损失 60% 以上的价值。这叫作残值。在会计概念中，残值是指资产完全折旧后的剩余总价值。对于出租人来说，发动机残值有三个部分：

1. 返厂维修价值——发动机下一次返厂维修前的运行时间和能力。

2. LLP 维修价值——每个 LLP 在达到其寿命极限之前可以运行的循环数。

3. 核心价值——剩余发动机价值，包括发动机参数牌和非 LLP 部件。只要核心价值高于残值，通常会对发动机继续进行大修。但当核心价值下降至残值以下时，发动机通常会被拆解出售。

出售或拆解的一个驱动因素是航空公司是否需要把这台发动机作为备用发动机。如果没有需要，航空公司要么将发动机修理再销售，要么将其拆解为零件出售。一些专业拆解机构会购买具有足够长剩余寿命的发动机，然后在发动机状态耗尽之前，通过短期出租来赚取利润。由于对备件需求较高，我们看到更多如 CFM56 - 7B 这样流动性高的发动机被拆解。但如果仍然需要，航空公司会对维修发动机的成本和租赁或购买发动机的成本进行衡量。

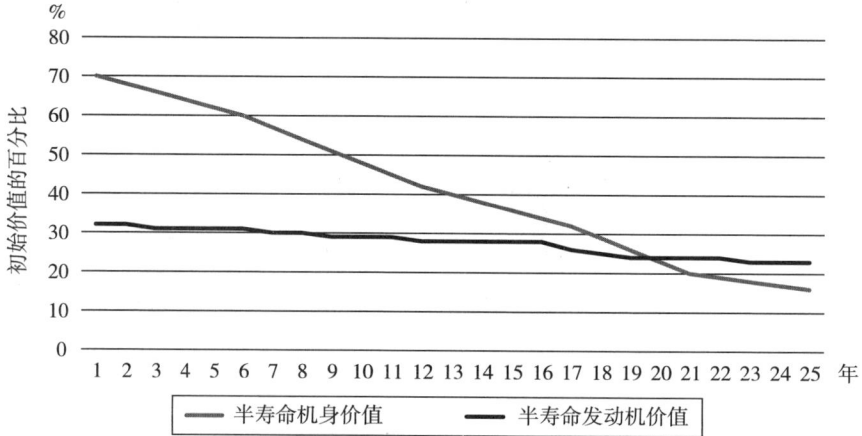

图 14.9　机身和发动机价值趋势

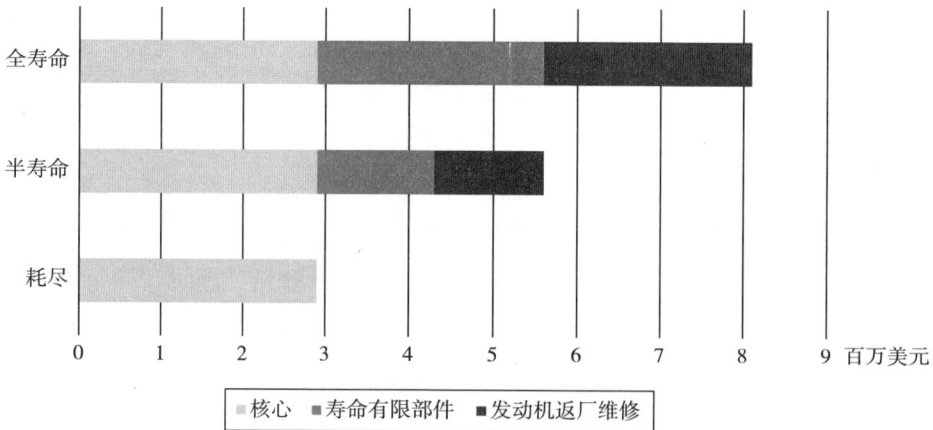

图 14.10　不同条件下的 CFM56 - 7B 发动机价值

发动机租赁概念

既然我们已经介绍了发动机运行、维修、制造和发动机经济因素，现在我们可以详细说明发动机租赁的过程。在最后一节中，我们将介绍出租人关注的关键概念，包括原始设备销售、租赁业务模式、融资/租赁成本、退租条件和售后服务方案。

原始设备（OE）销售

机身原始设备制造商起初通常提供单一发动机选项或多个发动机选项（通常为 2 个）。两种发动机选项对航空公司和出租人更有利，因为这能使机队配置更灵活，也让它们对发动机原始设备制造商更有议价能力。但因为末期运营每种发动机的航空公司有限，选择哪一种发动机需要与由此带来的可能较低残值进行衡量。

单一发动机选项

当机身制造商想向客户提供一定性能或燃油消耗保证时，它们会提供单一发动机选项。在这种情况下，发动机价格将包含在飞机总价格中。机身原始设备制造商将与发动机原始设备制造商就该发动机采购的大部分或一定门槛数量协商价格。航空公司将与发动机制造商单独签署支持服务合同，包括初始支持服务包、备用发动机、培训等。单一发动机选项的主要例子是 B737Max。在这种情况下，发动机的定价尤为关键，因为波音公司希望这架飞机能够与空客 A320neo 进行有力竞争。

多种发动机选项

遇到多种发动机选项时，商务模型会发生变化。在这种情况下，航空公司将与发动机和机身原始设备制造商各自协商发动机价格和机身价格。这样好处是客户可以自由协定发动机价格，无论是否附带支持服务包。当然，航空公司可以通过请第三方维修服务商投标单独提供此类支持。

机身制造商常希望客户（如航空公司、出租人）至少在宽体飞机交付前 2 年和窄体飞机交付前 18 个月决定使用哪种发动机。但发动机通常要在飞机最终交付前的 1~2 个月才能安装在机身上。

发动机租赁业务模式

发动机是一项昂贵的资产。正如一位出租人所指出的，"新一代发动机的高昂成本使发动机租赁更具吸引力。为波音 777 制造的 GE90 发动机价格达 3250 万美元。20 年前，当我进入发动机租赁业时，这就是你买一架新飞机的价格。现金储备充裕的航空公司，如新加坡航空公司和阿联酋航空公司，可以很容易地筹集到资金自己购买发动机，但对于小型航空公司和初创航空公司来说，租赁似乎是更好的选择。这就是为什么发动机租赁业在过去 20 年里一直快速增长"。[①] 对于航空公司来说，通过租赁可以立即使用价格较高的资产，但支出现金很少，或者通过售后回租交易释放资本金。这个概念将在下面详细讨论。

与原始设备制造商一样，发动机租赁商也提供多种产品。发动机租赁分为两种：短期租赁和长期租赁。

短期租赁

发动机短期的期限为 2 天至 9 个月之间。航空公司一般在发生计划外维修或返厂时短期租赁发动机，以避免飞机停场。故障发动机修复后，租赁发动机就可退回。除出租人以外，还有 MRO 也专门从事这些短期租赁交易，为发动机在计划和非计划返厂维修期间提供备用发动机。

出租人在短期租赁合同中提供多种租赁方案供客户选择，其中一个方案是可选多台发动机。这被称为发动机共享池，发动机共享池不仅包括出租人的库存发动机，还包括参与共享的航空公司的发动机。另一个方案是 100% 服务保证。这项方案需要签署单独合同，通常提供给备发需求较大的大型航空公司。一旦签署协议，出租人有义务在飞机停场 24 小时内提供租赁的发动机。还有一个方案是批量租赁天数。选择此方案的客户将获得一定租赁天数，可同时或在特定时间内用于租赁多个发动机。有些发动机出租人甚至会为航空公司定制附加方案，帮助航空公司逐步淘汰老旧发动机。

---

① John Sharp，发动机租赁金融公司总裁兼首席执行官。

发动机出租人收取日租金或月租金（MLR）。一般来说，短期租赁的租金往往高于长期租赁，当然这在某种程度上取决于租赁发动机的型号和状态。承租人也需要支付维修储备金和保证金。维修储备金以发动机的推力级别、小时循环比和 LLP 费用为基础。一台高推力和低小时循环比的发动机所需维修储备金更高，尽管对信用优良的航空公司通常免收维修储备金。这种情况下，出租人在租约结束时按使用小时和循环收费，用以支付租赁期间的维修成本。保证金形式通常为现金或信用证，租约结束时返还现金，或退租后注销信用证。

长期租赁

长期租赁的期限通常持续 1～10 年。出租人很少在没有签订长期租赁协议的情况下购买发动机。作为飞机采购订单的一部分，航空公司也可向原始设备制造商直接以折扣价购买备用发动机，然后按接近目录价出售给租赁公司。在这种情况下，出租人和航空公司签订长期租赁协议，航空公司获得发动机的使用权。这种交易模式被称为售后回租。出租人向航空公司按月收取租金。对许多以长期租赁为主的发动机出租人来说，其高达 80%的发动机租赁交易属于售后回租。

对于长期发动机租赁来说，退租条件至关重要，这也是租赁协议的主要内容。同样重要的还有维修准备金和保证金。维修储备金同样基于发动机推力级别、小时循环比和 LLP 费用，推力大、小时循环比小的发动机维修储备金通常是最高的。航空公司的信用状况对发动机长期租赁尤为重要，出租人可能对信用较高的客户免去维修储备金。另外，航空公司可能会以与制造商签有售后服务协议（ASA）为由试图免于支付储备金，即便如此，出租人仍会在租期结束时按使用时间和循环收取维修费用。

备用发动机租赁模式

大多数航空公司在某一时点会为其 15%的在翼运行发动机储备备发。这是为了保证在发动机大修期间机队正常运行。然而，随着不断引入新技术和 OEM 监测方案，这一比例已降至 8%～10%。许多快速发展的低成本航空公司机队只有一种飞机型号，拥有大量同型飞机和至少一台备用发动机。这台备用发动机通常存放在航空公司基地机场的机库中。航空公司发展前5年只需要一台备用发动机就够了，因为假设没有外来物损伤（FOD）或其他非计划维修，这段时间发动机不需要返厂。但随着首次返厂维修临近，航空公司开始需要更多的备用发动机以保障大修期间的飞机运营，因为很多飞机是在短时间内集中交付的。换句话说，机队中许多发动机的循环数和小时数相同。

航空公司租赁备用发动机的一个原因是出租人承担残值风险。尤其是当航空公司试图退出老旧机队或引入新技术时，航空公司仍能从备用发动机资产中获利。此外，从预算角度来看，备用发动机租赁使航空公司更容易预测运营成本。大多数公司根据机队规划、发动机维修方案和资本要求制定备用发动机策略。对于那些拥有MRO和优质的资产负债表的航空公司来说，租赁备用发动机可能不那么有吸引力。但对许多盈利能力不佳的小型航空公司来说，租赁备用发动机有助于推动发动机更新，并获得新技术。这常常通过售后回租、长期租赁和短期租赁组合来实现。对大多数航空公司来说，长期租赁和短期发动机共享池都非常重要。这能帮助它们更好地处理发动机非计划拆下或度过返厂维修高峰期。

出租人

显然，没有普遍适用的发动机租赁模式。某家出租人的业务集中在某信用风险较高的区域，另一家出租人可能选择只出租某一型号发动机。总的来说，每家发动机出租人在目标市场、库存和执行方面都有各自战略。

独立发动机出租人

对与原始设备制造商没有股权关系的发动机出租人，我们经常使用"独立"一词。位于加州的威利斯租赁公司（Willis Lease）和位于爱尔兰的发动机租赁金融公司（ELFC）就是例子。两家公司自20世纪80年代起进入发动机租赁行业。2014年，ELFC成为三菱日联租赁金融有限公司的子公司。ELFC拥有200多台发动机，是最大的银行系发动机租赁公司。ELFC商业模式倾向于长期租赁，大部分交易都是售后回租。某些发动机出租人甚至拥有自己的拆解厂，能让它们支持航空公司减少退出老旧发动机的费用。

　　与 ELFC 不同，威利斯租赁公司不属于任何金融机构。这样的好处是灵活性更强。虽然银行系出租人的资金成本可能较低，但它们所受限制严格。Willis 开创了合作式发动机共享池的新模式，该项目首次于 2003 年在中国推出，2006 年在北美推出。中国项目涉及五大航空公司和 300 多架波音 737NG 飞机。北美项目更为庞大，涉及超过 700 架 B737NG 飞机。项目参与方包括美国航空公司、西南航空公司和达美航空公司。共享池模式使航空公司能够通过合作重新评估备用发动机需求，重新部署资金，获得更好的发动机利用率（AviTrader，2011）。

　　最后，TES 航空服务公司是发动机风险管理公司的例子。该公司位于英国，自 2006 年以来一直从事发动机租赁行业。TES 作为"绿色时间"出租人，找到了一个细分市场，专门从事老旧发动机租赁。它们的策略是收购和出租仍有剩余使用寿命的老旧发动机。因此，TES 的租约大部分都是短期或中期。与其他租赁公司和 MRO 一样，TES 还提供发动机机队管理服务，包括在发动机返厂维修期间满足使用需求，以及提供必要的 LLP 或其他耗材。

　　厂商系发动机出租人

　　过去 10 年，原始设备制造商一直积极参与发动机租赁、MRO 维修和售后服务领域。通用电气、RR 和 P&W 三大公司都有发动机租赁办事处和下属发动机租赁公司子公司。

　　通用电气发动机租赁（GEEL）是通用电气的全资子公司。该公司拥有 400 多台发动机，是发动机租赁行业最大的公司之一。GEEL 拥有多种型号发动机，不仅包括 GE 生产的，还有 CFM 国际、RR、P&W 和 IAE 生产的。GEEL 提供多种发动机租赁产品，包括一天短期租赁、长期经营租赁、售后回租、发动机互换、长期融资购买权和资产管理等。此外，得益于其母公司 GE 金融的庞大业务，GEEL 拥有强大全球影响力、丰富的经验和良好的声誉。

　　RR & Partners Finance（RRPF）是罗尔斯—罗易斯和美国融资方 GATX 设立的合资企业。RRPF 管理超过 300 台发动机。但与 GEEL 不同，RRPF

只出租 RR 和 IAE 发动机。根据副总裁 Bobby Janagan 的说法，"我们对 RR 发动机设计的技术知识，对 RR 和 IAE 发动机运营客户的广泛了解，以及可利用 RR 的二手零件交易部门在发动机的投资期结束后拆解退出，使我们能够较竞争对手更容易获得低成本资金"（AviTrader，2011）。

普惠发动机租赁公司（PWEL）是最新进入发动机租赁市场的公司。P&W 一直是一家独立的保修服务商，直到约 12 年前，P&W 决定通过提供一系列综合服务进入发动机售后市场，包括短期发动机租赁、长期发动机租赁、售后回租和资产交易。PWEL 拥有超过 200 台发动机，包括 PW4000、PW2000、V2500、CFM56、JT9D 和 JT8D。该公司也是全球服务合作伙伴计划的一员。

最后，香农发动机服务公司（SES）是 CFM 国际的全资子公司。该公司的著名产品是 100% 可用性保证方案（GAF），这是一种减少航空公司飞机停场风险的保险。客户签署一台或多台发动机租赁协议，并根据发动机机队的维修情况和需求支付年度使用费。GAF 的主要优点是租赁发动机在 24 小时内可用。但为了保证这一时间，SES 仅支持一种发动机——CFM56 系列。SES 在三大洲拥有超过 250 台发动机和 12 个发动机共享池，也是 CFM56 发动机最大的出租人。

如上所述，独立发动机出租人和厂商系发动机出租人各有优缺点。当出租人参与发动机制造时，它们可以提供如未来购买部件或未来维修的折让等独特产品，作为整体出售报价的一部分。它们还可以利用维修厂来存储部件和库存发动机。一些航空公司觉得与原始设备制造商打交道并不公平，而更愿意与独立出租人合作。事实上，一些独立出租人能赢得合同仅仅是因为它们不属于任何原始设备制造商。当然这最终取决于航空公司和具体情况。尽管如此，独立出租人与厂商系出租人的竞争变得越来越困难。

发动机交付

当出租人收到客户租赁发动机的申请时，首先要检查是否已签署租约。如果没有签订租约，出租人将向客户发送报价和发动机参数。一旦潜在承租人接受，双方便进行租约谈判。客户签订租约后，出租人准备发动机交付。交付前，收取保证金和第一个月租金对出租人非常重要。此外，出租人应取得保险/再保险证书、代理函（如适用）和接收证书。能取得对合同的法律意见就更好了。收到文件后，出租人可以放心地将发动机交付客户。下面的流程图详细说明了各阶段如何进行（见图 14.11）。

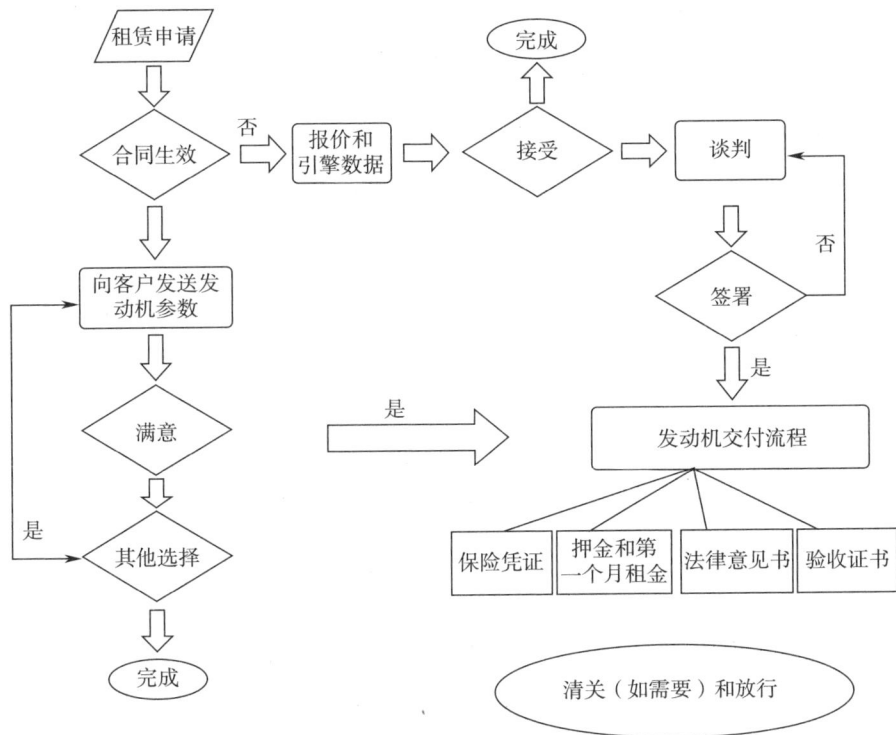

图 14.11 发动机交付流程

售后服务模式

我们最后讨论制造商提供的售后服务。如前所述，航空公司可能已与制造商签订了发动机质保协议。一般原始设备制造商提供的售后服务方案有两种：时间和材料（TMS）模式或长期模式，也称期限模式。

时间和材料模式

TM 售后服务方案是协议的标准模式，航空公司在发动机返厂时支付所需的维修费用和备件费用。这种模式背后的策略是，原始设备制造商将新发动机以较低利润出售给航空公司，但可从备件销售中获利。通常，前 5 ~ 7 年的备件销售收入有限，且很大程度上取决于发动机使用情况。例如，发动机在飞机执行短途航线情况下衰减更快。窄体机发动机第一次大修的成本通常为 250 万 ~ 300 万美元，宽体机发动机的大修成本通常为 500 万 ~ 600 万美元。上述维修成本是在不需要返厂更换 LLP 的情况下预计的。如需返厂更换 LLP，维修成本将增加一倍。下一次返厂维修将在 5 ~ 7 年之后进行。

长期模式

长期服务模式越来越普遍。对于新开发的发动机尤其如此，因为新技术的可靠性需要一定的时间才能建立。20 世纪 90 年代中期，RR 创造了"小时包修"的概念，它推出了全面服务方案，以帮助客户优化运营和维修预算。随后，通用电气模仿推出了名为 On Point 的服务方案，普惠公司随后也推出了它们的版本，即机队管理服务方案。以下总结了当今市场上一些有名的服务方案。

• TotalCare——RR 在民用航空领域的旗舰品牌，为不同航空公司定制。它提供包括航线维修、初始供应、备用发动机、租赁发动机、可互换资产、动力装置维修、发动机大修、维修物流、油耗优化等一系列服务在内的全面资产管理。费用取决于客户选择哪些服务，服务可在全球范围内提供。根据服务方案，航空公司定期向 RR 按照发动机飞机小时或循环支付费用。当发动机拆下进行维修时，RR 承担维修费用并将发动机在完全性能恢复后交换还客户。这一方案对航空公司的优势在于维修成本固定、飞机可用时间增加和财务风险降低。[①]

• Truechoice——通用电气为航空公司、出租人和 MRO 在发动机生命周期内提供多项和定制化的服务方案。服务方案内有四类产品。TrueChoice Flight Hour 提供 FOD 保障、技术升级、SD/AD 保障、计划和非计划发动机返厂以及备用发动机可用性保障，同时支付方式灵活。TrueChoice Overhaul 提供时间和材料返厂维修服务并可定制维修范围，而 TrueChoice Material 提

---

① Rolls – Royce TotalCare™ https：//www. rolls – royce. com/sustainability/performance/sustainability – stories/totalcare. aspx.

供新的、二手和 OEM 认证的一系列部件。最后，TrueChoice Transitions 涵盖了绿色时间租赁、交换、材料回购和快速维修内容定制，以及为出租人推出的用于所有权人或运营人变更的产品。该服务还包括数字解决方案，用以收集飞行数据，评估发动机健康状况，提高燃油效率，简化维修费用支付流程，并可以其他航空公司为基准评估机队运行状况。[①]

定价

大多数从出租人处租赁飞机的航空公司都需要每月支付维修储备金或在租赁结束时支付维修补偿。然而，如果发动机适用于售后服务方案，航空公司已经向原始设备制造商支付上述费用。为了防止航空公司支付两倍的费用，原始设备制造商提供一种可转服务，这意味着航空公司支付给发动机制造商的现金可以转让给飞机出租人及其未来的承租人。由于这种可转性，出租人只需要"充值"费用弥补返厂维修费用与原始设备制造商通过服务方案已收取现金之间的差额。定价方案可基于寿命或期限。

需要注意的是，对基于期限定价方案（见图 14.12），出租人可能不会从上一承租人那里获得资金。这是因为基于期限定价方案目的是收取足够资金来覆盖一段时间内的维修成本，在大多数情况下，这段时间就是一个租赁期。因此，发动机在租赁期内很可能返厂维修，并应在租赁期内收取维修费用。发动机制造商在发动机大修之前很可能没有收取足够覆盖维修成本的储备金；因此，维修成本在整个租赁期内分摊平均计算。

基于寿命定价方案不是基于服务方案中的一段租赁期。相反，它是以发动机全部寿命（通常为 25 年左右）为基础计算的。通过历史数据可以预测返厂维修成本和性能恢复日期。在返厂之前制造商就收取了足够资金，性能恢复后，基于寿命定价的费率将降低（见图 14.13）。

如今，许多新发动机都采用某种长期服务方案，特别是技术含量较高的发动机。事实上，80%～90% 的 Trent 发动机和 80%～85% 的 CFM Leap 发动机都是如此。近期对这些服务方案的需求增长的原因在于它们能提供一系列优势：

---

① GE Aviation，TrueChoicet Transitions http：//www. geaviation. com/commercial/truechoice－commercial－services/true－choice－transitions.

百万美元

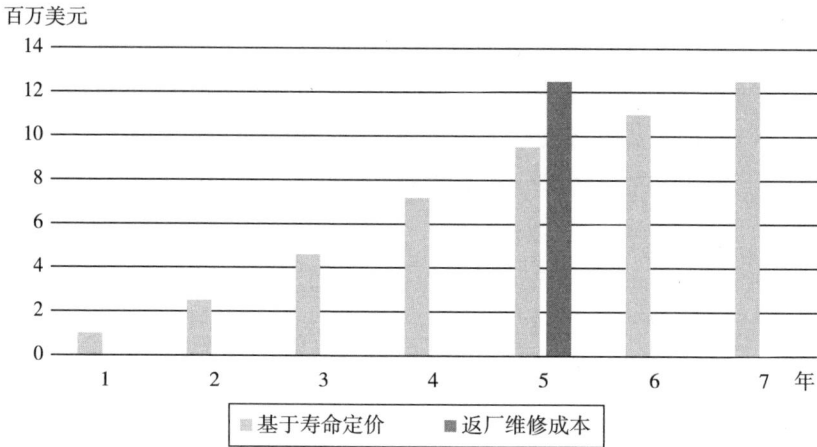

图 14.12　期限基准定价

1. 航空公司可向原始设备制造商转移发动机维修的技术和财务风险；

2. 航空公司的成本更具预测性，且与收入成正比；

3. 相对 PMA 制造商，原始设备制造商可以维持自己在维修市场的份额；

4. 原始设备制造商的收入周期性波动更小；

5. 由于成本/支出稳定，航空公司收入更能抵御经济衰退；

6. 原始设备制造商和航空公司之间利益更为一致；

7. 与 T&M 模式相比，原始设备制造商在 10～15 年内收入更高；

8. 出租人通过确保发动机状况能够实现资产价值最大化。

请注意，航空公司、出租人和原始设备制造商都从上述优势获益。仅 RR 一家在 2014 年从售后服务方案中获得的收入就超过总收入的 50%。这为原始设备制造商如何从产品销售者转变为服务提供商提供了一个优秀样本（AviTrader，2011）。历史上，原始设备制造商可从发动机维修中获利，但在小时包修服务方案中，一旦发动机出现故障，制造商便不再获利。因此，发动机在翼时间和生命周期成本变得越来越重要，因为返厂维修的时间意味着金钱，而这正是制造商获得大部分收入的地方。这就是为什么在这种商业模式下，航空公司和原始设备制造商的目标是真正一致的。

百万美元

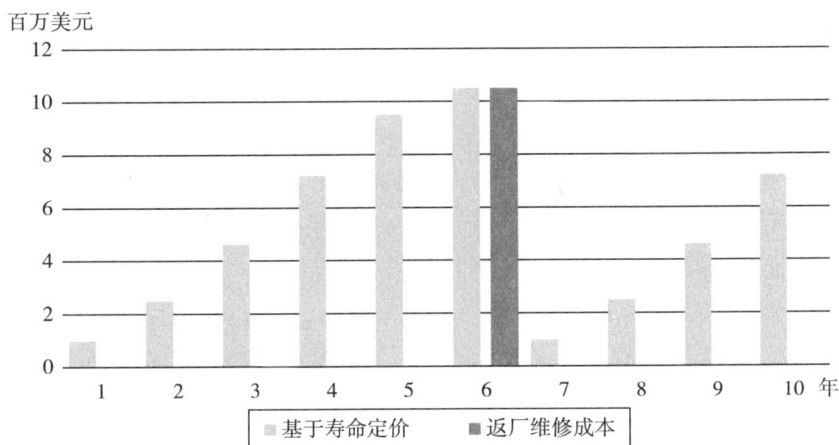

图 14.13 寿命基础定价

结论

在本章中，我们讨论了航空公司如何通过采购备用发动机维持飞机使用率。一种方法是直接向原始设备制造商购买备用发动机。或者，它们可以通过售后回租向出租人租赁发动机，除了维修成本之外，只需每月支付一定费用。它们还可以与发动机出租人签订租约只在返厂维修期间租赁发动机，即短期租赁。一些租赁公司甚至专门从事发动机绿色时间租赁，以帮助航空公司退出老旧机队。另外，发动机技术越来越可靠，在翼时间也越来越长。新型发动机的内置传感器可以提供更精确的运行数据并提高发动机可靠性。然而，发动机越可靠，对备件的需求就越低。这可能在未来几年对出租人产生更大的影响。好消息是航空公司越来越不热衷于自购备用发动机，因为这并不是航空公司核心业务。因此，越来越多的备用发动机将通过长期融资租赁获得。出租人以前为发动机收取维修储备金，但现在，如果承租人加入原始设备制造商的售后服务方案，出租人愿意免除维修储备金。综上所述，发动机租赁是一个动态的市场，对出租人来说，快速反应并在窄体或宽体飞机发动机、新技术或老旧发动机等市场中找到自己的细分市场，这一点非常重要。

案例研究

霍克航空公司（Hawk Airline）的基地位于美国西海岸。目前，该公司
拥有 5 架波音 737 - 400 飞机，飞机均由两台 CFM56 - 3C1 发动机提供动力，
每台发动机的推力为 23500 磅。机队中每架飞机每天平均运行 8.35 飞行小
时及 5 个飞行循环，每年预计运行 3157 飞行小时和 1825 飞行循环。根据历
史记录，发动机非计划返修率为每 1000 飞行小时 0.029 次［发动机飞行小
时与飞行循环（EFH 与 EFC）之比为 1.67］。这意味着每 34482 小时发动机
很可能产生一次返厂维修，相当于每 20648 飞行循环发生一次。示例 14.1
列出了全部发动机总飞行小时数、总飞行循环数和自上次大修后循环数。

示例 14.1   大修后的发动机组利用率

发动机	EFH	EFC	CSO	OAT 为 20℃时的 EGT 裕度
1	19720	13185	1185	45
2	13502	8194	8194	18
3	22350	13902	2200	41
4	26780	20600	5023	21
5	34250	20757	200	46
6	18720	12830	150	54
7	13502	8194	8194	19
8	16789	9875	9875	16
9	8830	5518	5518	22
10	8830	5518	5518	22

注：EFH，发动机飞行小时数；EFC，发动机飞行循环数；CSO，自大修后循环数；EGT，排气
温度；OAT，外部空气温度。

基地机库中有两台备用发动机，为发动机返厂维修期间飞机运营提供
保障。据工程师报告，备用发动机中的一台很快将超过经济维修状态
（BER）。霍克航空的财务经理需要详细评估不同 BER 备用发动机更换方案。
示例 14.2 列出了工程师报告中对 BER 发动机替代品的预计使用情况。

示例 14.2　　　　　　　　　　**BER 备用发动机的预计使用情况**

年限	飞行小时	飞行周期
1	650	430
2	700	467
3	900	600
4	700	467
5	400	267

　　调换方案：由于 CFM56 – 3C1 发动机已停止生产，Hawk 航空无法从原始设备制造商购买全新的发动机。但原始设备制造商可提供一台调换来的半寿命发动机，在下一次大修或更换 LLP 之前，这台发动机还剩余 9000 飞行小时和 6000 飞行循环。这台调换来的发动机价格为 130 万美元。

　　租赁方案：同样，由于 CFM56 – 3C1 已停产，Hawk 航空的第二个选择是向发动机出租人长期租赁备用发动机。月租金为 15000 美元，并按每飞行小时 55 美元和每飞行循环 70 美元支付维修储备金。此费率假设发动机在租期的第 5 年不会进行任何大修，并在第 5 年后符合退租条件。长期租赁方案见示例 14.3。

　　绿色时间选项：第三个选择是 Hawk 航空自行购买绿色时间发动机，假设市场上所有绿色时间发动机在需要大修或更换 LLP 前都有大约 3000 飞行小时和 1700 飞行循环。从第 0 年到第 2 年，绿色时间发动机的市场价格为 60 万美元。第二年之后，价格将降至 55 万美元。

示例 14.3　　　　　　　　　　**长期租赁方案**

租赁期限	自交付之日起 5 年
月租金	15000 美元，每月支付
保证金	3 个月租金，在接受租赁方案后支付，在租赁期满后可退还
维修准备金率	按月支付
每发动机飞行小时	55 美元
每个发动机飞行循环	70 美元
维修准备金率调整	维修准备金率在整个租赁期内是固定的
退租条件 1	经认证，可使用，距下一次大修剩余至少 5000 小时
退租条件 2	每个 LLP 至少还有 3000 循环

所有预测均假定 Hawk 航空税率为 35%，调换发动机和绿色时间发动机 5 年折旧后残值为 10 万美元。

附加信息

B737 – 300/ – 400/ – 500 系列也被称为波音 737 Classics。这是第二代 B737 飞机，目标是中短程，窄体飞机市场。CFM56 – 3 是 737 Classics 机型的唯一发动机选项。CFM56 – 3 有三种型号：3B1、– 3B2 和 – 3C1。Hawk 航空发动机返厂维修的三个主要原因是 EGT 裕度下降、EFH：EFC 比率高以及 LLP 无剩余循环。

根据历史数据可以得出稳定期 – 3C1 发动机的 EGT 衰减率，推力设定为 23500 磅，发动机在西海岸使用，平均外部空气温度约为 20 ℃。在第一段 1000 飞行循环中，EGT 裕度减少了 12℃，在第二段 1000 飞行循环中减少了 6℃，之后每 1000 飞行循环减少 4℃。据此，2000 飞行循环后，发动机 EGT 裕度保持在 44℃（见示例 14.4）。预计需要进行性能恢复之前，发动机在翼飞行时间约为 13000 小时。

示例 14.4　　　　　　　　　　　**CFM56 – 3 EGT 裕度表**

稳定期的 CFM56 – 3 推力为 23500 磅			标准 EGT 裕度 = 30℃		
标准 EGT 裕度 = 30℃					
OAT（℃）	0	10	20	30	40
可用 EGT 裕度（℃）	126	94	62	30	0

注：EGT，排气温度。

资料来源：飞机所有人和运营人指南（2006），CFM56 – 3 维修分析与预算。

LLP 是发动机管理需要考虑的另一个主要因素。CFM56 – 3C1 有 19 个 LLP。风扇和增压器模块中有三个 LLP，寿命限制为 30000 EFC，总价值为 305000 美元。此外，在 LPT 模块中有 7 个 LLP，寿命限制为 25000 EFC，总价值为 485000 美元。其余 9 个 LLP 在 HPC 和 HPT 模块中，寿命限制为 20000 EFC，总价值为 755000 美元。

问题 1. CFM56 – 3C1 发动机按 10% 剩余寿命计算的 LLP 维修储备金率

是多少？

问题2. 五年内将有多少台发动机需要返厂维修（根据示例14.1中列出的全部发动机计算）？

问题3. 计算三种方案的五年现金流。

参考文献

Ackert, S. (2011). *Engine maintenance concepts for financiers: Elements of turbofan shop maintenance costs* (2nd ed.). Aircraft Monitor.

Ackert, S. (2015). *Keeping score: Analysis of an engine's shop visit rate.* Aircraft Monitor.

Aircraft Commerce. (2016). *The used market for regional & narrowbody engines.* Aircraft Commerce, Issue No. 109, December 2016/January 2017.

Aircraft Commerce. (2006). *CFM56-3 aircraft owner's and operator's guide: Maintenance analysis & budget.* Aircraft Commerce, Issue No. 45, April/May 2006.

AviTrader MRO. (June, 2011). *Engine life cycles: When to repair, when to replace.*

Bank of America Merrill Lynch. (June 9, 2015). Power on—Commercial aerospace engine primer. *Industry review: Aerospace and defense.*

Boeing. (2017). *Current market outlook: 2017−2036.*

CFM International. *Company Website: Engines.* (2017). From <https://www.cfmaeroengines.com/engines/> Retrieved November 13, 2017.

Engine Alliance. *Our Gp7200 Powers the A380. Empowering the operator.* Company Website. (2017). Retrieved from <http://www.enginealliance.com/gp7200/>.

FAA. (June 23, 2008). Parts manufacturing approval process. US Department of Transportation Federal Aviation Administration National Policy. Order 8110. 42C.

Flight Global. *Commercial engines 2016: TurboFan Focus.* Industry Reports. (2016). Retrieved from <https://www.flightglobal.com/resources/special-reports/>.

FlightGlobal. (2016). Engine selection trends on the A320neo. *FlightGlobal News*, March 22, 2016.

GE Aviation. Company Website: Commercial Engines. (2017). From <https://www.geaviation.com/commercial/engines/cf6-engine> Retrieved November 18, 2017.

ICF International. (2015). Engine residual values. In: *Presented at Aircraft and Engine Trading & Remarketing Day.* Shanghai, June 3, 2015.

International Aero Engines (IAE). Company Website: Company History. (2017). From <http://i-a-e.com/history.html> Retrieved November 13, 2017.

Mattingly, Jack D. (1996). *Elements of gas propulsion.* New York: McGraw Hill.

Mattingly, Jack D. (2006). Elements of propulsion: Gas turbines and rockets. *AIAA education series.* Reston, VA: American Institute of Aeronautics and Astronautics.

Pratt & Whitney (P&W). *Company Website: Products.* (2017). <http://www.pw.utc.com/PW400094_Engine> Retrieved November 18, 2017.

Rolls-Royce. Company Website: Products. (2017). From <www.rolls-royce.com/products-and-services.aspx> Retrieved November 18, 2017.

Rolls-Royce. (1996). *The jet engine.* (5th ed.). Derby, England: Rolls Royce plc.

Sonntag, Richard E., & Borrgnakke, Claus (2007). *Introduction to engineering thermodynamics.* Hoboken, NJ: J. Wiley & Sons.

后 记

近年来，我国飞机租赁业务发展迅猛，以工银租赁、交银租赁、国银租赁等为代表的银行系金融租赁公司迅速崛起，深耕国际、国内市场，开创了中国飞机租赁业务的新纪元。

工银租赁自成立以来，坚持走专业化、市场化、国际化的创新发展之路，开创了保税租赁、出口租赁、联合租赁等多项国内首创业务模式，打破了外资飞机租赁公司对中国市场的长期垄断，并积极支持 C919、ARJ21 国产飞机等高端制造业发展，实现了中国总装大飞机首次出口，促进民族航空制造业不断发展壮大。2018 年 3 月，经监管机构和股东批准，工银租赁在香港设立全资子公司——工银航空金融租赁公司。根据 Flight Global 的全球租赁公司排名，工银租赁机队价值已排名世界第六。

飞机租赁业务是一项复杂的系统工程，从业人员不仅要掌握飞机与金融相关专业知识，也要熟悉飞机租赁交易过程中涉及的贸易、会计、税务、法律、保险、估值和维修等跨专业知识。《飞机租赁和融资：国际飞机购置和管理的成功工具》这本书提供了较为详尽的专业内容和案例，是读者了解国外同业先进经验、掌握飞机租赁业务知识的绝佳参考，也是我们翻译本书的初衷。

在编委会的专业指导和帮助下，本书编写得以顺利完成。本书各章翻译成员如下：目录、致谢、前言、第一章、第二章，蔡斌；第三章、第四章，郭维克；第五章、第十章，平时利；第六章、第十三章，李欢欢；第七章、第八章，金朦；第九章、第十一章，倪冰；第十二章、第十四章，苏延华。

　　我们还要特别感谢中国金融出版社的李融女士和李林子女士，她们为本书中文版权的引进和顺利出版倾注了大量心血，并提出了许多富有建设性的意见。

　　衷心希望读者能从《飞机租赁和融资：国际飞机购置和管理的成功工具》一书中有所收获。

工银金融租赁有限公司

2019 年 11 月